普通高等教育“十一五”国家级规划教材

环境生态学导论

李　元　主编

科学出版社
北　京

内容简介

本书在阐述环境生态学的概念及特点的基础上，简明扼要地论述了生物与环境的关系、生物种群与群落以及生态系统的基本理论，深入分析了环境污染、生态破坏、全球变化与生物的生态关系，系统探讨了生物多样性与生物安全，充分强调了生态监测与评价、生态环境管理与规划的理论和原则。

本书适合用作高等院校生态学专业、环境科学专业、农业资源与环境专业、环境工程专业以及其他相关专业“环境生态学”课程的教材，也可作为从事相关专业教学、研究的人员和研究生的参考书。

图书在版编目(CIP)数据

环境生态学导论/李元主编. —北京：科学出版社，2009
(普通高等教育“十一五”国家级规划教材)
ISBN 978-7-03-022066-0

Ⅰ.环… Ⅱ.李… Ⅲ.环境生态学-高等学校-教材 Ⅳ.X171

中国版本图书馆 CIP 数据核字(2009)第 056400 号

责任编辑：甄文全 丛 楠 沈晓晶 / 责任校对：赵桂芬
责任印制：徐晓晨 / 封面设计：北极光视界

科学出版社出版
北京东黄城根北街 16 号
邮政编码：100717
http://www.sciencep.com

北京凌奇印刷有限责任公司印刷

科学出版社发行 各地新华书店经销

*

2009 年 5 月第 一 版 开本：787×1092 1/16
2019 年 1 月第八次印刷 印张：18 1/2
字数：420 000

定价：59.00 元

(如有印装质量问题，我社负责调换)

《环境生态学导论》编委会

主　　编　李　元

副 主 编　祖艳群　段昌群　王国祥　岳　明

编　　者（按姓氏笔画排序）：

于福科　王国祥　冯虎元　冯　源

李　元　张国盛　陈海燕　岳　明

段昌群　祖艳群

前　　言

全球环境变化已经威胁着生物的生存。环境变化与生物之间的生态关系是人类在 21 世纪无法回避的挑战。如何调控环境变化与生物之间的生态关系，减轻环境变化对生物的影响，利用生物来保护和改善环境已成为亟待解决的课题。在此形势下，环境变化与生物之间的生态关系问题受到越来越广泛的关注，环境生态学也得到了快速的发展。环境生态学是环境科学与生态学相互交叉、相互融合而逐步形成的一门新兴的学科。环境生态学研究人为干扰的环境条件下生物与环境之间的相互关系。环境生态学以生态系统作为研究对象，通过对环境变化与生物之间的相互关系的系统研究，以及对介于环境科学与生态学之间有关科学问题的深入探讨研究，构建保护和改善生态环境的理论基础，促进生态系统的可持续发展。

根据教育部 2005 年关于普通高等教育“十一五”国家级教材规划，李元于 2005 年 10 月提出了主编《环境生态学导论》教材的申请。经科学出版社申报，教育部组织专家评审，网上公示，本书于 2006 年 8 月列入了普通高等教育“十一五”国家级规划教材计划（教高［2006］9 号通知)。《环境生态学导论》一书由李元提出编写提纲，李元、祖艳群、段昌群、王国祥和岳明共同确定提纲，于 2006 年 7 月 24～27 日在昆明召开的教材编写会上，经全体编写人员讨论通过了编写提纲，然后，由多位学者共同执笔编写。本书共包括 10 章。第一章绪论由云南农业大学李元编写；第二章生物与环境由云南大学段昌群、张国盛编写；第三章生物种群与群落由西北大学岳明编写；第四章生态系统由云南农业大学李元、冯源编写；第五章环境污染与生态修复由云南农业大学祖艳群编写；第六章生态破坏与生物的生态关系由南京师范大学王国祥编写；第七章全球变化及其对生物的影响由兰州大学冯虎元编写；第八章生物多样性与生物安全由云南大学段昌群、于福科编写；第九章生态监测与评价由南京师范大学王国祥编写；第十章生态环境管理与规划由云南农业大学陈海燕编写。初稿完成后，由李元审稿，并对各章提出修改意见和建议，各位编者进行了认真的修改。然后，由李元、祖艳群和陈海燕再次审稿并提出修改意见和建议，各位编者再次进行了全面的修改和完善。最后，由李元定稿。

本书在阐述了环境生态学的概念和特点的基础上，简明扼要地论述了生物与环境的关系、生物种群与群落以及生态系统的基本理论，深入分析了环境污染、生态破坏、全球变化与生物的生态关系，系统探讨了生物多样性与生物安全，充分强调了生态监测与评价、生态环境管理与规划的理论和原则。本书突出了环境变化与生物的生态关系这一特点，构建了“环境生态学”新的知识体系和章节结构，是一部综合、系统、规范的“环境生态学”教材，体现了素质教育和创新能力培养的结合，保证了教学需要，将促进“环境生态学”教学质量的提高和学科建设的发展。

本书的特色和创新之处包括五个方面。

一、在体系和内容方面有较大的创新。在定义了“环境生态学”概念及特点的基础上，以环境问题与生物为主线，从生态学基础、环境问题与生物的关系、生物多样性与生物安全、生态环境管理等方面进行分析；反映了环境生态学研究的最新成果，既结合了编者近年来的研究成果，又综合了国内、外大量相关资料，并加以归纳和总结，内容新颖，条理清晰，适于教学。

二、生态学基础部分简明扼要。生态学基础部分系统阐述了生物与环境、种群、群落和生态系统等主要内容。

三、环境问题与生物的关系部分分析深入。环境问题与生物的关系部分充分考虑环境对生物的影响以及生物对环境的适应和作用两方面，包括环境污染与生物的生态关系、全球变化与生物的生态关系、生态退化与生物的生态关系。系统分析了近年来备受关注的主要环境因子，如温室效应、酸雨、臭氧衰减与UV-B辐射增强、重金属、农药对植物的生态作用，以及环境污染和生态破坏的生态修复。

四、充分反映了生物之间的相互作用和相互关系。该部分深入讨论了生物多样性与生物安全，包括生物入侵与生物安全，转基因生物与生物安全。

五、生态环境管理部分充分体现生态调控的思想。生态环境管理部分阐述了应用生态学原理进行生态监测、评价、管理与规划的理论与原则。

本书在编写过程中，得到云南农业大学和科学出版社的大力支持，以及各参编单位的积极协助，在此一并致谢。本书参考了多部相关的教材、著作、论文和有关资料，在此表示衷心的感谢。

环境生态学学科领域广泛、发展迅速，由于编者学识有限，书中难免有不足之处，恳请各位专家、学者和读者批评指正，以便改进和完善。

李　元

2009年1月9日

目　录

第一章　绪　　论

摘要：本章主要介绍环境生态学的概念、特点、产生和发展，阐述环境生态学的研究内容与方法，分析环境生态学与生态学、环境科学等其他相关学科的关系。在分析环境生态学产生的历史背景的前提下，理解环境生态学的科学含义。

20世纪，随着全球人口激增和工、农业的快速发展，人类与生态环境间的矛盾也日益突出。全球生态破坏和环境污染已经威胁到人类的生存。20世纪产生的许多重大的全球性环境问题给人类敲响了警钟。正确处理人类生存、发展与环境保护的关系，是人类可持续发展的关键，这依赖于人类对生态学理论的掌握与运用。生态学是研究生物与环境之间相互关系的科学，是人类可持续发展的理论依据。改善人类活动方式，减轻对环境的影响，利用生物来保护和改善环境，是环境生态学的任务。

第一节　环境生态学的概念与特点

环境生态学是生态学的应用学科之一，是一门新兴的边缘学科，是伴随着环境问题的出现而产生和发展的交叉科学。环境生态学运用了生态学的理论，阐明人与环境的相互作用关系，阐明人类干扰对生态环境结构和功能的影响，并且探求解决环境问题的生态途径。

一、环境生态学的概念

环境生态学（environmental ecology）是研究人为干扰的环境条件下，生物与环境之间的相互关系的科学。环境生态学研究人为干扰下，生态系统结构内在的变化机制和规律、生态系统功能的响应，寻求因人类活动的影响而受损的生态系统的恢复、重建、保护的生态学对策。即运用生态学理论，阐明人与环境间的相互作用及解决环境问题的生态途径的科学（盛连喜，2002）。从生态学的发展和环境问题的形成来看，它着重从整体和系统的角度出发，研究在人类活动的影响下，生物与环境之间的相互关系。

在人类干扰自然的过程中，既有生态破坏的问题，又有环境污染问题。环境生态学的任务就是利用生态学原理来解决这两类问题。环境生态学应用广泛，最突出的包括生态破坏恢复的生态对策、生态环境质量评价、环境生态设计及环境生态工程等。目前，环境生态学对保护和合理利用自然资源、环境污染治理、生态破坏的恢复起着越来越大的作用。通过环境生态学的研究，保护、恢复和重建生态环境、保障生态平衡具有重要意义。

二、环境生态学的产生与发展

环境生态学的产生始于环境问题的出现和严重化。了解环境问题的产生与发展，有利于深刻理解环境生态学的产生与发展。

1. 环境与环境问题

环境（environment）是某一主体周围的一切因素的总和。生态学中所说的环境通常指自然环境，如光、温、水、气、土壤等。人类环境包括自然环境与社会环境。社会环境如政治、法律、科技、文化等。

环境问题（environmental problem）是指人类在利用和改造自然的过程中，对自然环境破坏和污染所产生的危害人类生存的各种负反馈效应，包括生态破坏和环境污染。生态破坏指因不合理开发和利用资源而造成的对自然环境的破坏，如森林破坏、水土流失、土地沙化等。环境污染则是指人类排放的污染物对环境的危害，如 SO_2 污染、农药污染、重金属污染等。世界八大公害事件就是环境污染事件。由于自然力的原因所引起的环境问题称为第一环境问题，或原生环境问题（first environmental problem），如火山、海啸、地震、台风等引起的环境问题，这些环境问题通常被称为自然灾害。由人类活动引起的环境问题，称为第二环境问题，或次生环境问题（secondary environmental problem）。第二环境问题是环境生态学研究的主要对象。

2. 环境问题的产生与发展

随着人类生产力的发展和人类文明的不断提高，环境问题也相伴产生和发展，并由小范围、低程度的危害发展为大尺度、严重化的危害。环境问题的产生和发展可划分为早期农业环境问题、近代城市环境问题和当代全球环境问题。

早期农业环境问题阶段涵盖了从人类出现直至产业革命之前这段漫长的历史时期。在原始社会中，生产力水平低下，人类依赖自然环境，农业生产方式主要是以狩猎动物和采集野生植物为主，对环境的影响不大。到了新石器时代，由于生产工具的进步和生产力的逐渐提高，出现了烧垦农业，随后是非机械化的固定农业。人类对自然界的干扰越来越大，环境问题也随之产生了。这个阶段的环境问题主要是生态破坏，如砍伐森林和破坏草原。

近代城市环境问题阶段是从产业革命到 1984 年首次发现南极臭氧空洞为止。在这个阶段，城市环境问题突出，环境公害事件频发。18 世纪末欧洲的一系列发明和技术革新大大地提高了人类社会的生产力，人类开始以空前的规模和速度开采、消耗能源和其他自然资源，从而导致了化石燃料燃烧引起的大气 SO_2 污染、重金属和有机物引起的水和食品污染，以及汽车尾气引起的光化学烟雾等城市环境问题。

20 世纪 50～70 年代，近地表范围内的环境污染问题剧增，发生了一系列震惊世界的环境公害事件，最典型的就是世界八大公害事件。据统计，1953～1973 年 20 年间全世界共发生公害事件 52 起，死亡人数达 14 万之多。

当代全球环境问题始于 1984 年由英国科学家发现，并于 1985 年由美国科学家证实在南极上空出现“臭氧层空洞”，并由此掀起关注全球环境问题的热潮。当代全球环境问题主要包括温室效应、臭氧层耗损、酸雨、大气污染、水污染、土地退化、森林破坏、生物多样性锐减等。

3. 环境生态学的产生与发展

20 世纪 50 年代以来，人们开始意识到环境污染所造成的危害是全面的、长期的、严重的，并且逐渐将环境问题提升到生态平衡破坏、资源浪费的高度对其进行重新认识，试图寻求一条既能保证经济增长和社会稳步发展，又能够维持生态良性循环的、全新的发展道路。

美国生物学家卡逊（Carson），1962 年的《寂静的春天》一书的问世是环境生态学诞生的标志。卡逊在书中以大量的事实指出了农药污染导致动物死亡，产生了春天一片“寂静”的现象；阐述了人与自然环境之间的正确关系。她指出问题的症结：“不是敌人的活动使这个受害的世界的生命无法复生，而是人们自己使自己受害。”该书引起了人类社会对农药的争论以及对环境问题的关注，标志着人类社会在环境问题上的觉醒。

1972 年，联合国人类环境会议在瑞典斯德哥尔摩召开。会议通过了《联合国人类环境会议宣言》，宣言就有关自然保护、生态平衡、污染防治、城市化、人口、资源等一系列范围广泛的人类环境问题，从道德、环境战略等不同角度，阐明了在保护和改善人类生存环境方面应采用的共同原则。其中，人类社会的发展要与资源的提供能力相适应，要考虑环境问题等限制性因素的作用和人口增长压力等思想，都为环境生态学的理论体系的产生奠定了基础。

世界环境与发展委员会（WCED）1987 年向联合国提交了题为《我们共同的未来》的研究报告。系统研究了人类面临的重大经济、社会和环境的问题，以“可持续发展”为基本纲领，提出了一系列政策目标和行动建议。报告把环境与发展这两个紧密相关的问题作为一个整体讨论，认为资源、环境是人类可持续发展的基础，实现了人类有关环境与发展思想的重要飞跃。事实上，这就是用生态学理论来分析和解决环境问题，是对环境生态学学科的推动和深化。

1992 年，联合国环境与发展大会的召开及大会所达成的共识，标志着国际社会对环境与发展问题认识的深化。大会一致通过的《里约宣言》的 27 条原则成为国际环境与发展合作、在全球范围内推动可持续发展的指导方针。大会正式确立可持续发展是当代人类发展的主题。标志着全球开始探索协调环境与发展的途径，以及人类可持续发展的理论与方法。在此背景下，环境生态学得到了快速发展。

三、环境生态学的特点

环境生态学是一门新兴的学科，它是生态学与环境科学相互交叉、相互融合而逐步形成的。环境生态学不仅涉及生态学领域的各个学科，也涉及环境科学领域的各个学科。环境生态学以生态学和环境科学理论为基础，应用生态学和环境科学的技术和方法来研究人类干扰的环境条件下，生物与环境之间的相互关系、这种关系的内在机制以及保护和改善生物与环境之间的关系。因此，环境生态学不同于以研究生物与环境之间相互关系为主的经典生态学；也不同于以研究人类环境质量，以及保护与改善环境质量的环境科学。

环境生态学的研究内容兼有环境科学和生态学这两大学科的研究重点，在生态与环境领域内有其特定的生态思想及环保理念，形成一套独有的研究和解决环境问题的理论与方法。它侧重于从整体上去研究生态系统的结构和功能变化的机制与规律，探索人类干扰下，人类活动对环境的影响，寻找解决环境问题的生态学途径。

在研究尺度上，环境生态学向微观和宏观两个方向发展。研究尺度包括分子、细胞、个体、种群、群体、生态系统、生物圈，并以生态系统为主要的研究尺度。

此外，环境生态学的研究需要发展国际合作。例如，对于全球性的人口、粮食、能源、资源和环境五大问题，联合国教科文组织于 1970 年设立了人与生物圈计划。

环境生态学的研究方法与系统分析、工程技术相结合，并应用现代技术新方法。如分子生物技术、遥感、地理信息系统、自动电子仪器、同位素、3S 技术、生态建模和计算机技术等越来越广泛地应用到环境生态学中。

环境生态学理论研究与应用研究全面发展，与环境重大问题密切结合，在许多领域广泛应用，如绿色技术、清洁生产、生态设计、生态工业园、生态农业、生态保护及生态恢复等。

世界八大公害事件

(1) 马斯河谷烟雾事件：发生于1930年比利时马斯河谷中，谷内工厂排放大量二氧化硫，又遭遇逆温天气，使上千人发生胸疼、咳嗽、流泪、呼吸困难等。一周内近60人死亡，千人患呼吸系统疾病。

(2) 洛杉矶光化学烟雾事件：发生于1943年美国洛杉矶市，大量汽车尾气在紫外线照射下产生光化学烟雾，刺激人眼睛、灼伤喉咙和肺部，引起呼吸系统衰竭直至死亡，植物大面积受害。

(3) 多诺拉烟雾事件：发生于1948年美国宾夕法尼亚州多诺拉镇，空气中二氧化硫等有毒有害物质严重超标，6000多人发生眼痛、咽喉痛、流鼻涕、头痛、胸闷等症状，20人死亡。

(4) 伦敦烟雾事件：发生于1952年英国伦敦市，烟尘和二氧化硫在浓雾中积聚不散，先后死亡4000多人。

(5) 四日市事件：发生于1961年日本四日市，废气严重污染大气，许多居民患上哮喘、支气管炎、肺气肿、肺癌，多人死亡。

(6) 水俣病事件：发生于1953～1956年日本熊本县水俣市，人们食用被汞污染的鱼、贝等水生生物，造成中枢神经中毒，60多人死亡。

(7) 富山骨痛病事件：发生于1955～1972年日本富山县，人们食用被镉污染的河水和稻米而中毒，死亡一百多人。

(8) 日本米糠油事件：发生于1968年九州爱知县一带，人们食用含多氯联苯的米糠油后造成中毒，患者超过5000人，其中16人死亡。

第二节　环境生态学的研究内容及研究方法

运用生态学理论、保护和合理利用自然资源、治理环境污染、恢复和重建被破坏的生态系统、满足人类生存发展需要是环境生态学的主要研究任务。近几十年来，随着科学技术的发展，环境生态学的研究领域不断扩展，内容更加充实，更与当今世界最前沿的科技接轨，取得了大量突破性的成果。在研究方法上与系统分析、工程技术相结合，将现代新技术新方法应用于环境生态的研究中来。

一、环境生态学的研究内容

随着科学技术的发展和大规模的人类生产活动，人干预生物和环境的过程不论从规模还是速度上都远远超过自然过程。因此，作为一门综合性的边缘学科，环境生态学着重研究人类活动影响下生物与环境的相互关系，以避免人类生产和生活对环境造成不利影响，并保护和改善人类生存环境。这是阐述环境生态学研究的主要内容和未来的主要研究方向。

1. 人为干扰下生态系统内在变化机制和规律

自然生态系统受到人为的外界干扰后，将会产生一系列的反应和变化。研究人为干扰对生态系统的生态作用、系统对干扰的生态效应及其机制和规律是十分重要的。研究主要包括各种污染物在各类生态系统中的行为、变化规律和危害方式，各种污染物在各类生态系统中的行为变化规律和危害方式，人为干扰的方式和强度与生态效应的关系等问题。

2. 生态系统受损程度及危害程度的判断

生态系统受损程度的判断是研究生态学的重要任务之一。而生态学判断所需的大量信息来自生态监测。生态监测是环境生态学研究的基础和必要手段，生态监测就是利用生态系统生物群落各组分对干扰效应的应答来分析环境变化的效应程度和范围，包括人为干扰下生物所产生的生理反应、种群动态和群落演替过程等生态要素的动态变化。

3. 生态系统保护的理论与方法

各类生态学系统在生物圈中执行着不同的功能，被破坏后所产生的生态后果也有不同，如水土流失、土地沙漠化、盐碱化等。环境生态学就是利用生态学的基本原理，人为地改变和切断生态系统退化的主导因子或过程，调整、配置和优化系统内部及其与外界的物质、能量、信息的流动过程，使生态系统的结构、功能和生态潜力尽快地、成功地恢复到一定的或原有的乃至更高的水平。

4. 环境污染防治的生态学对策的研究

环境污染防治主要是解决从污染发生、发展直至消除的全过程中存在的有关问题和采取防治的种种措施，其最终目的是保护和改善人类生存发展的生态环境。根据生态学的理论，结合环境问题的特点，采取适当的生态学对策并辅之以其他方法手段或工程技术来改善和恢复恶化的环境，是环境生态学的研究内容之一。

5. 受损生态系统的恢复与重建技术

退化生态系统的恢复与重建是将环境生态学理论应用于生态环境建设的一个重要方面。恢复与重建要求在遵循自然规律的基础上，通过人类的作用，根据技术上适当、经济上可行、社会能够接受的原则，使受损或退化的生态系统重新获得有益于人类生存与发展的功能。

6. 生态规划与区域生态环境建设

生态规划主要是以生态学原理为理论依据，对某地区的社会、经济、技术和生态环境进行全面综合规划，调控区域社会、经济与自然生态系统及其各组分的生态关系，以便充分、有效、科学地利用各种资源条件，促进生态系统的良性循环，使社会、经济持续稳定地发展。生态规划是区域生态环境建设的重要基础和实施依据。区域生态环境建设是根据生态规划，解决人类当前面临的生态环境问题，建设更适合人类生存和发展的生态环境的合理模式。

7. 生态风险评价

生态风险评价主要是利用定量方法来评估各种环境污染物对生态系统可能产生的风险及评估该风险可接受的程度，为生态环境的保护与管理提供科学依据。

8. 生物多样性与生态安全

生物多样性是生物及其与环境形成的生态复合体以及与此相关的各种生态过程的总和，它包括数以千百万计的动物、植物、微生物和它们所拥有的基因以及它们与生存环境形成的复杂的生态系统。生物多样性是维持基本生态过程和生命系统的物质基础。生态安全是指生物个体或生态系统不受侵害和破坏的状态。生态安全取决于人与生物之间、不同的生物之间的平衡状况。生物多样性是生态安全的重要组成，生物多样性的丧失，特别是基因和物种的丧失，对生态安全的破坏将是致命和无法挽回的，其潜在的经济损失是无法计算的。

二、环境生态学的研究方法

环境生态学是现代生态学的重要内容，又是环境科学的组成部分，理解人为干扰与生态系统内在的变化机制、规律之间的相互关系，是环境生态学的研究关键所在。因此，环境生态学研究应以解决实际环境问题的生态学研究方法为主，又具有自身学科特色的研究手段。

1. 调查统计分析

调查统计是环境生态学研究的主要方法之一。早期的生态学研究多数是生物生活史记载和博物学行为的野外调查。濒危生物种群数量变化、矿物资源现存量变化、污染区域生物数量变化、草地荒漠化发展趋势等问题的解决，首先是通过调查统计获得第一手资料数据，再分析其规律，设计出解决方案。

调查统计分析有多种方法，如不定期普查、抽样调查、定点调查、问卷调查、航空调查、遥感调查、地理信息系统调查等。

2. 科学实验

科学实验是环境生态学重要的研究方法。环境问题的解决需要通过科学实验研究其机制，再提出相应的生态措施。

科学实验分野外实验和室内实验，有的则是两者结合，依所研究的生物水平和环境问题而定。野外实验可建立定位实验站。野外实验主要针对生物种群、群落、生态系统和生物圈与环境的关系及生态过程。室内实验主要是探索生物个体、细胞和分子与环境相互关系的机制和内在规律。

3. 系统分析

系统分析是一种进行科学研究的策略，它以一种系统的、科学的方法找出生态系统内各组分之间的关系、各组分内不同的影响力，这有助于决策人找到一种解决复杂问题的思路。通过系统分析可以建立一系列反映事物发展规律的系统模型，对系统进行模拟和预测，寻找最佳答案。

系统分析中应用最多的方法有多元统计学、多元分析方法、动态方程、多维几何、模糊数学理论、综合评判方法、神经网络理论等一系列相关的数学、物理研究方法。目前，应用比较广泛的系统分析模型有微分方程模型（动力模型）、矩阵模型、突变量模型及对策论模型等。

4. 历史资料分析

有一些环境问题涉及历史变迁，需要从历史资料分析中得到启示。例如，区域生态环境变迁及其影响因素、自然灾害的发展及其变化趋势、人均资源利用量的变化与发展、可持续发展思想的形成等，都需要查阅大量的历史资料。历史资料包括文献资料、考古结果、孢粉分析资料、底层分析资料、年轮分析资料等。该方法对于阐述较大时间尺度的环境变化是十分重要的。

对于沙漠生态环境的研究来说，大量的科研历史资料是一种宝贵的可利用资源。对这些长年积累的资料进行研究和分析，能使其更好地为沙漠化监测和预测、治沙技术措施、沙漠自然资源的持续利用和生存环境的优化提供科学依据。

第三节 环境生态学及其相关学科

环境生态学与其他学科领域的交叉研究十分活跃，特别是生态学与环境科学。这两大类学科对发展环境生态学理论与方法体系具有重要意义。

一、环境生态学与生态学的关系

1. 生态学

生态学（ecology）一词最早由德国的海克尔（Haeckel）于 1866 年在其所著的《有机体普通形态学原理》一书中提出，他认为生态学是研究生物与环境相互关系的科学。也就是说，生态学探索了有机体与其环境之间相互作用的规律及机制，是研究生物的生存条件以及生物与其环境之间相互关系的科学。生态学的理论基础是进化论物种起源的“自然选择”和“最适者生存”两项基本原则。

1895 年丹麦哥本哈根大学的瓦尔明（E. Warming）的《以植物生态地理为基础的植物分布学》（后改名为《植物生态学》）和 1898 年德国的辛柏尔（Schimper）的《以生理学为基础的植物地理分布》两本专著的问世，标志着生态学这门学科正式诞生。继德国的海克尔之后，著名的美国生态学家奥德姆（Odum）1956 年把生态学重新定义为“研究生态系统结构和功能的科学”。到 19 世纪后期，生态学与其他学科交叉，产生了许多分支学科，其中包括环境生态学。

现代生态学与许多经典学科结合在一起，相互渗透而形成许多边缘性学科。生态系统成为生态学研究的重点对象，同时生态学发展呈两极化趋势，即宏观扩展到生物圈的功能研究，微观向分子领域深入。现代生态学已经成为一门融自然科学和社会科学于一体的综合性科学，并成为环境科学、农业科学的理论基础。

2. 环境生态学与生态学的关系

环境生态学是生态学学科体系的组成部分，是依据生态学理论和方法研究环境问题而产生的新兴分支学科。在诸多的相关学科中，环境生态学与生态学的联系最为密切。

环境生态学注重从整体和系统的角度，研究在人为干扰下生态系统结构和功能的变化规律，以及因此而对人类产生的影响，并寻求因人类活动影响而受损的生态系统恢复、重建和保护的生态学对策。它任务的重点在于运用生态学的原理，阐明人类活动对环境的影响以及解决环境问题的生态学途径，保护、恢复和重建各类生态系统，以满足人类生存与发展需要。

环境生态学与生态学的分支学科（如恢复生态学、污染生态学、人类生态学、资源生态学）息息相关。它们在研究范畴上有很多交叉之处，它们之间存在着相辅相成和相互促进的关系。恢复生态学和污染生态学的研究和发展可为环境生态学提供丰富的素材，促进其发展，环境生态学的效应机制研究也可丰富前两者的理论基础。人类生态学研究人类生态系统以及人类与自然生态环境之间的相互作用与相互关系，而这些正是环境生态学研究的出发点和立足点。资源生态学的研究对象是资源生态系统，这个庞大而复杂的生态系统及其各种组分均按生态学原理相互联系、相互制约，而生态学原理正是环境生态学理论基础的重要组成部分。

二、环境生态学与环境科学

1. 环境科学

环境科学（environment science）是 20 世纪 50 年代以后，由于环境问题的出现而诞生和发展的新兴学科，环境科学是研究人类环境质量以及保护和改善环境的科学。环境科学的产生既是社会的需要，也是 20 世纪 70 年代后自然科学、技术科学、社会科学相互渗透并向广度和深度发展的一个重要标志。

环境科学的研究内容可概括为：研究人类社会经济行为引起的环境污染和生态破坏；研究生态环境系统在人类干扰下的变化机制及规律；确定环境质量及环境恶化的程度；研究保护和改善环境的理论和方法，研究环境规划与管理的理论与方法。环境科学是一门融自然科学、社会科学和技术科学于一体的交叉学科，具有许多分支学科，如环境生态学、环境监测与评价、环境工程、环境治理与修复、环境化学、环境生物学、环境地学、环境经济学、环境物理学以及环境规划与管理等。

2. 环境生态学与环境科学的关系

环境生态学是环境科学的分支学科之一。在环境科学研究中，人们提出使用生态学理论，这促使了环境生态学的产生，环境科学和生态学为环境生态学奠定了理论基础。

环境科学在研究人类环境质量、保护自然环境和改善受损环境的过程中，都是以生态学为基础的，并以生态系统平衡为原则和目标。环境生态学理论将丰富和发展环境科学。环境科学研究的是人与环境，生态学研究的是生物与环境。而环境生态学把二者研究范畴包含在内，研究人、生物与整个自然界之间的关系。环境生态学采纳了生态学、环境科学的理论和技术。因此，环境学家把环境生态学当作环境科学的一个分支学科，它隶属于基础环境学。

环境生态学一方面关注环境背景下生态系统自身发生、演化和发展的动态变化以及受扰后生态系统的治理与修复，另一方面致力于自然-社会-经济复合生态系统的规划、管理与调控研究。在环境科学体系中，环境生态学同环境监测与评价、环境工程、环境治理与修复以及环境规划与管理的关系尤为密切。环境化学、环境生物学和环境物理学是环境生态学中关于人为干扰效应及机制分析的基础和科学依据。而生态监测能反映监测结果的长期性和系统性，弥补物理和化学监测的不足，完善环境监测的内容和效果。环境生态学还可为环境工程、环境治理与修复和环境规划与管理提供理论依据，提高污染治理的生态效果，提高环境决策的科学性、提高环境保护的效益。

三、环境生态学的相邻学科

环境生态学是生态学与环境科学相互交叉、融合而形成的新兴学科。因此，它与生态学的分支学科、环境科学的分支学科均有密切的关系。在生态学和环境科学领域，与环境生态学相邻的主要学科是污染生态学、恢复生态学、资源生态学、环境生物学、环境工程学。

1. 污染生态学

污染生态学是研究环境污染条件下生物与环境之间的相互关系的科学。它把生态系统作为一个整体进行系统分析，进行生态模拟和建立生态系统模型，以便阐明污染物进入生态系统引起的生态效应以及生态系统对污染物的净化功能。在污染的生物防治上，主要是通过系统分析，既要考虑人工防治措施，又要考虑生态系统的净化能力，以便确定区域生物防治的最佳方案。

2. 恢复生态学

恢复生态学是研究生态系统退化原因、退化生态系统恢复与重建的技术与方法、生态学过程与机制的科学。研究在自然灾害和人类活动压力条件下受到破坏的自然生态系统的恢复与重建。恢复生态要求在遵循自然规律的基础上，通过人类的作用，根据技术上可行、经济上适当、社会能够接受的原则，使受害或退化生态系统重新获得并有益于人类生存与生活。

3. 资源生态学

资源生态学是研究资源综合开发及生态环境变化规律的一门科学。研究对象是资源生态系统，也就是研究资源开发、利用、保护和管理的生态过程，以使资源发挥其更大的效用。

资源生态学把生态学规律作为基础理论，以生态学方法为基本研究方法，重点进行资源生态系统的结构与功能分析，试图寻求系统中不同层次的组织原理，以求结构与功能的协调，人为控制资源系统向有利于人类方向平衡发展。这对资源系统的开发和人工系统的调控都有重要的指导意义。

4. 环境生物学

环境生物学是研究生物与受人类干预的环境之间的相互作用的机制和规律。它有两个研究领域：一个是针对环境污染问题的污染生态学；一个是针对环境破坏问题的自然保护。

环境生物学以研究生态系统为核心，向两个方向发展：从宏观上研究环境中污染物在生态系统中的迁移、转化、富集和归宿，以及对生态系统结构和功能的影响；从微观上研究污染物对生物的毒理作用及对遗传变异影响的机制和规律。

5. 环境工程学

环境工程学主要运用工程技术的原理和方法，防治环境污染，合理利用自然资源，保护和改善环境质量。

主要研究内容有大气污染防治工程、水污染防治工程、固体废物的处理和利用、噪声控制等，并研究环境污染综合防治，以及运用系统分析和系统工程的方法，从区域环境的整体上寻求解决环境问题的最佳方案。

思　考　题

1. 什么是环境生态学?
2. 环境生态学与生态学、环境科学有什么关系?
3. 环境问题是如何产生的?
4. 简述环境生态学的发展趋势。

推 荐 读 物

程胜高，罗泽娇，曾克峰. 2003. 环境生态学. 北京：化学工业出版社

李元，朱鲁生，祖艳群等．2008．农业环境学．北京：中国农业出版社
柳劲松，王丽华，宋秀娟．2003．环境生态学基础．北京：化学工业出版社
盛连喜．2002．环境生态学导论．北京：高等教育出版社
张合平，刘云国．2002．环境生态学．北京：中国林业出版社

参考文献

蔡晓明．2000．生态系统生态学．北京：科学出版社
陈立民，吴人坚，戴星翼．2003．环境学原理．北京：科学出版社
程胜高，罗泽娇，曾克峰．2003．环境生态学．北京：化学工业出版社
国家环保总局行政人事司．2004．环境保护基础教程．北京：中国环境科学出版社
胡小飞，谢宝平，陈伏生．2002．生物多样性与生物安全．常熟高专学报，16（4）：51～55
鞠美庭．2004．环境学基础．北京：化学工业出版社
李元，朱鲁生，祖艳群等．2008．农业环境学．北京：中国农业出版社
李振基，陈晓麟，郑海雷等．2000．生态学．北京：科学出版社
柳劲松，王丽华，宋秀娟．2003．环境生态学基础．北京：化学工业出版社
钱易，唐孝炎．2000．环境保护与可持续发展．北京：高等教育出版社
盛连喜．2002．环境生态学导论．北京：高等教育出版社
张合平，刘云国．2002．环境生态学．北京：中国林业出版社
张金屯．2003．应用生态学．北京：科学出版社

第二章　生物与环境

摘要：生物的生存环境多种多样，生物生存受环境的制约，同时，生物的生命活动又不断影响和改变着环境。生物和环境在相互作用、相互依存中形成统一的整体。本章主要阐述了生物和环境间的相互作用基本规律和机制，光、温度、水、空气和土壤因子对生物的影响以及生物的适应。

生物时刻不能脱离它所在的环境。一方面，环境给生物提供必需的生存条件，如大气给生物提供了呼吸用的O_2，也提供植物光合作用必需的CO_2，太阳光给所有生物直接或间接提供了能量等；另一方面，生物又能施加影响于环境而使环境发生变化，如大面积的森林可以持水保土、调节气候，当它们被破坏后将导致水土流失、气候变化等。生物与环境的关系就是各类生物与环境中有机因子和无机因子的相互依赖、相互制约和相互协调的关系。

第一节　环境与生态因子

地球表面有深邃的海洋、广袤的陆地，有高耸的山脉、干旱的沙漠、宽广的平原和盆地、大大小小的河流湖泊、种类繁多的生物，这些为地球上的所有生物提供了多种多样的生存环境。环境（environment）是指生物有机体赖以生存的所有因素和条件的综合。或者说，环境是指某一特定生物群体外的空间以及直接或间接影响该生物群体生存的一切事物的总和，是由自然界的光、热、空气、水分及各种有机和无机元素相互作用所共同构成的空间，同时还包括对该生物产生直接或间接影响的其他生物。环境是一个相对的概念，可以认为环境是相对于特定的生物而言的，或者说是相对于特定生物而存在的。

环境是由各种各样的因素（因子）和条件组成。环境因素（environment factor）是指直接参加生物有机体物质和能量循环的组成部分。例如，绿色植物的生存需要一定的光、二氧化碳、水、氧以及氮、磷、钾、钙、镁、铁等营养元素，这些都可以称为绿色植物的环境因素。环境条件（environment condition）是指为环境因素提供物质和能量基质的组成部分。例如，为绿色植物提供物质和能量的一定的地质、地貌、水文、土壤、气候等，称为绿色植物的环境条件。环境因素和环境条件是相对的，有时是可以相互转化的。

地球上所有生物都依赖于其所提供的环境支持，主要受地球表层构造的影响。地球的表层构造是指地球岩石圈、大气圈、水圈和生物圈，它们共同构成了生物生存的自然环境。地球表面各圈层是互相渗透甚至是互相重叠的。

一、自然环境

（一）大气圈

大气的存在与人类、生命有机体息息相关，是自然环境的重要组成部分和最活跃的因素。大气是连续包围地球的气态物质，其下界是地面，1200km 高度为其物理上界。世界气象组织根据气温的垂直分布，将大气分为对流层、平流层、中间层、暖层和散逸层。

对流层的温度垂直变化明显，水平分布不均，越近地面气温越高，纬度越高气温越低。这种状况有利于空气的垂直对流和水平运动。空气的对流运动使高低层空气得到交换，近地面的热量、水汽和杂质通过对流向上空输送，导致一系列天气现象的形成。

地球大气的主要成分为氮（78%）和氧（21%），其次为氩（0.93%）、二氧化碳（0.03%）和水蒸气等。此外还有微量的氖、氦、氪、氙、臭氧、氡、氨和氢。地球大气富含氧气是生命活动的结果，而它对于生命的进一步发展有着重要的意义。

大气运动在全球水、热平衡中起着独特的作用，其水热状况对比与分布对地表自然景观的形成和地域分异有着深刻的影响。

从大气与地表自然环境之间的关系来说，对流层具有特别重要的意义。对流层下界是地面，上界因纬度和季节而不同。根据观测，对流层的平均厚度在低纬度为 17～18km，中纬度为 10～12km，高纬度为 8～9km。夏季对流层的厚度大于冬季，例如，南京夏季对流层厚度可达 17km，冬季只有 11km。对流层集中了整个大气质量的 3/4 和几乎全部水汽，它具有以下三个基本特征：①在一般情况下，对流层中气温随高度增加而降低；②空气对流运动显著；③天气现象复杂多变。

在对流层和平流层之间，还存在一个厚度数百米至 1～2km 的过渡层，称为对流层顶。其气温随高度增加变化很小，甚至没有变化，它抑制对流层内的对流作用进一步发展。

平流层气温基本上不受地面影响；至 30km 高度以上时，由于臭氧含量多，吸收了大量的紫外线；平流层水汽含量极少，因而没有对流层内出现的那些天气现象，只在底部偶然出现一些分散的贝云。平流层气流运动相当平稳，并以水平运动为主。

（二）水圈

水圈（hydrosphere）是地球表层水体的总称。由地球上的海洋、河流、湖泊、沼泽、冰川、积雪、地下水和大气中水等水体构成的一个环绕地球表层的不连续的圈层。水圈的总质量只占地球的很小部分（0.024%），它是地球外壳的基本自然圈层。海洋是水圈中最大的连续水体，平均深度为 3700m，面积为地球表面积的 70.8%。海水的主要成分是 O 和 H，此外还有 Cl、Na、Mg、S、Ca、K、C、B 等。河流和大气中的水是水圈中水分交换最活跃、更新最快的水体。水与大气及地表岩石中的各种物质相互作用，产生各种沉积物、矿物及可溶性盐。水还作为最活跃的营力促进地貌的发育。

水圈是地球外圈中作用最为活跃的一个圈层，它与大气圈、生物圈和地球内圈的相互作用直接关系到地球表层系统的演化。水圈也是外动力地质作用的主要介质，是塑造地球表面最重要的角色。

（三）岩石圈

岩石圈（lithosphere and pedosphere）是 Barrell Joseph 1914 年根据板块理论提出的地球圈层概念，其范围是从上地幔软流层向上至地表的由岩石组成的空间，包括地壳。岩石圈厚度不均一，大洋部分在洋中脊的最新部分只有 6～8km，在最老部分则有 100km；大陆岩石圈厚度大都为 100～400km。地壳是地球表面的构造层，只占地球体积的 0.8%，据其性质可分为大陆地壳和大洋地壳。大陆地壳一般厚度为 33～35km。我国青藏高原是世界上地壳厚度最大的地区之一，平均厚度达 70km。岩石表面经物理风化、化学风化和生物风化作用形成风化壳，其中已经发现 90 多种化学元素。岩石圈六大板块之间相互碰撞、错动、拱抬与张裂，形成了地球上各种各样的山脉、峡谷、断层和海沟，喜马拉雅山脉就是印度板块向亚洲板块冲撞挤压后隆起的巨大褶皱。

（四）土壤圈

风化壳经过气候、生物、地形长时间的作用形成土壤。土壤是陆生植物生存的场所，更是植物生长所必需的矿质养料的储备地。土壤也是一个独立的圈层——土壤圈（pedosphere）。土壤是地球陆地生态系统的基础，在陆地生态系统中起着重要作用：①保持生物活性、多样性和生产性；②调节水体和溶质流动；③储存并循环营养元素；④稳定和缓冲环境变化等。

土壤是植物生长繁育和生物生产的基地。在陆地上生长的植物基本都要依靠土壤提供机械支撑、养分及水分供应等作用。通常把土壤供应和协调植物对水、肥、气、热要求的能力称为土壤肥力。土壤肥力的状态影响着植物是否可以生存以及生长发育的好坏。肥沃的土壤能同时地满足植物对水、肥、气、热的要求。土壤是农业发展的物质基础。没有土壤就没有农业，也就没有人们赖以生存的衣、食等基本原料。

以上三个自然圈，是生物圈的物质基础，是地球环境最基本的组成要素。

（五）生物圈

生物圈（biosphere）一词是 1875 年由 Edward Suess 提出的，他认为生物圈是指地球上有生命活动的领域及其居住环境的整体。1934 年苏联科学家 В. И. Вернадский 给生物圈的定义是生物圈是由对流层（大气圈的下层）、水圈和风化壳（岩石圈的表层）三个地理圈的总和所组成，是地壳的一部分。生物圈主要由生命物质、生物生成性物质和生物惰性物质三部分组成。生命物质又称活质，是生物有机体的总和；生物生成性物质是由生命物质所组成的有机矿物质相互作用的生成物，如煤、石油、泥炭和土壤腐殖质等；生物惰性物质是指大气低层的气体、沉积岩、黏土矿物和水。

根据生物分布的幅度，生物圈的上限可达到海平面以上大致 23km 的高度，在地面以下延伸至 12km 的深处，其中包括流层的下层、整个对流层以及沉积岩圈和水圈。但绝大多数生物通常生存于地球陆地之上和海洋表面之下各约 100m 厚的范围内。在这一广阔的范围内，最活跃的是绿色植物，它能截取太阳的辐射能量，吸收大气中的 CO_2 和 O_2 以及土壤中的水分和养分，使地球各个自然圈之间以生物为枢纽，发生各种物质和能量的转化和循环，形成了无机界和有机界之间的物质和能量运动。生物的生命活动促进了能量流动和物质循环，并引起生物的生命活动发生变化。生物要从环境中取得必需的能量和物质，就得适应环境，环境发生了变化，又反过来推动生物的适应性，这种反作用促进了整个生物界持续不断地变化。目前，生物圈中已经记录在册的生物约有 240 万种。

二、生态因子及其作用特征

（一）生态因子的概念

生态因子是指环境中对生物的生长、发育、生殖、行为和分布等有着直接或间接影响的环境要素，如光照、温度、水分、食物和其他相关生物等。生态因子中生物生存所不可缺少的环境要素也称生物的生存因子。

所有生态因子构成生物的生态环境。具体的生物个体和群体生活地段上的生态环境称为生境，其中包括生物本身对环境的影响。生态因子和环境因子是两个既有联系，又有区别的概念。

生态因子的作用是多方面的。生态因子影响着生物的生长、发育、生殖和行为，改变生物的繁殖力和死亡率，并且引起生物产生迁移，最终导致种群的数量发生改变。当环境中的一些生态因子对某一种生物不适合时，这种生物就很少甚至不可能分布在该区域，因此，生态因子还能够限制生物物种的分布区域。但是，生物对自然环境的反应并不是消极被动的，生物能够对自然环境产生适应。由此可见，生物和环境之间的相互关系是相互的和辩证的。

（二）生态因子的分类

在任何一种生物的生存环境中都存在着很多生态因子，这些生态因子在其性质、特性和强度方面各不相同，它们彼此之间相互制约、相互组合，构成了多种多样的生存环境，为各类不相同生物的生存进化创造了无数的生境类型。各种各样的生态因子可以分成两类、六个基本类型。

1. 非生物因子

（1）气候因子。气候因子包括光照、温度、大气、降水（湿度）等。气候因子往往被称为地理因子，因为它们依地理位置（经、纬度及海拔）而变。在气候因子里，太阳辐射是主要的能量因子，又被称为宇宙因子。根据各因子的特点和性质，还可再细分为若干因子。如光因子可分为光强、光质和光周期等，温度因子可分为平均温度、积温、节律性变温和非节律性变温等。

（2）土壤因子。土壤因子是气候因子和生物因子共同作用的产物，包括土壤结构、土壤的理化性质、土壤肥力和土壤生物等。土壤是营养元素转化的重要场地。

（3）地形因子。地形因子指地面沿水平方向的起伏状况，包括山脉、河流、海洋、平原等，和由它们所形成的丘陵、山地、河谷、溪流、河岸、海岸以及各种地貌类型。地形因子并不是植物生活所必需的，而是通过影响气候和土壤，间接地影响植物的生长和分布，因而被认为是一种间接起作用的因子。

2. 生物因子

生物因子包括动物因子、植物因子、微生物因子及其各种相互关系，如捕食、寄生、竞争和互惠共生等。生物之间的相互关系，或者是由于争夺资源和生存空间，或者是通过改变环境而相互影响；植物为动物和微生物提供食料与栖息地，由此而引起的相互关系也是十分复杂的，包括和它们所形成的生物联系等。

3. 人为因子

人为因子包括耕作因子和人为（直接的和间接的）对于各种生态因子的改变（有意的和无意的）所产生的生态效应。人类活动对自然界的影响越来越大、越来越带有全球性，分布在地球各地的生物都直接或间接地受到人类活动的巨大影响。

除了上述的分类方法以外，Smith 于 1935 年根据环境因子作用大小与生物数量的相互关系，将生态因子分为密度制约因子和非密度制约因子。Мончадский 于 1958 年根据生态因子的稳定性程度，把生态因子分为稳定因子和变动因子。

（三）生态因子作用的基本特征

1. 生态因子的综合作用

各种各样的生态因子是综合作用于生物，不存在孤立的某一个生态因子单独作用。每一个生态因子都是在与其他因子的相互影响、相互制约中起作用的，任何因子的变化都会在不同程度上引起其他因子的变化。例如，光照强度的变化必然会引起大气、土壤温度和湿度的改变，这就是生态因子的综合作用。

生态因子会随时间、空间变化而变化，构成了生态环境的多样性和复杂性。即使是同一地点不同时间的生态因子也不完全相同。同时，生物本身对生态因子的需求也在变化。

2. 主导因子

由于对生物起作用的诸多因子是非等价的，常常会有 1～2 个因子为主导，成为主导因子。主导因子的改变常会引起其他生态因子发生明显变化或使生物的生长发育发生明显变化，如光周期现象中的日照时间和植物春化阶段的低温因子就是主导因子。一般说来，植物生活所必需的条件——光照、温度、水分、土壤等，常常会在一定条件下成为主导因子。对生物而言，主导因子不是绝对的，而是可变的，它随时间、空间以及生物有机体的不同发育时期而发生变化。

3. 生态因子间的不可代替性和部分补偿性

生态因子中植物生活所必需的条件（生活条件）对植物的作用虽不是等价的，但都是同等重要而不可缺少的，一个因子的缺失不能由另一个因子来代替。如果缺少其中任何一种，就会引起生物的生长受到阻碍，甚至死亡。这就是植物生态因子的不可代替性和同等重要性定律。

但是，在一定条件下，某一因子在量上的不足可以由相关因子的增强而得到部分补偿，并有可能得到相近的生态效果。例如，增加二氧化碳的浓度，可以补偿由于光照减弱所引起的光合强度降低的效果。然而因子之间的补偿作用也并非是经常的和普遍的。

4. 限制因子

各个生态因子都存在量的变化，大于或小于生物所能忍受的限度，超过因子间的补偿调节作用，就会影响生物的生长和分布，甚至导致死亡。对生物的生长、发育、繁殖、数量和分布起限制作用的关键性因子称为限制因子（limiting factor）。限制因子和主导因子在某些情况下是一致的，但在概念上，主导因子着重于植物的适应方向与生存状况，而限制因子则着重于植物对环境适应的生理机制。关于限制因子的研究，著名的是 Liebig 的最小因子定律和 Shelford 的耐受性定律。

（1）最小因子定律（law of minimum）。19 世纪，德国化学家 Liebig 在研究谷物的产量时发现，谷物常常并不是由于需要大量营养物质而限制了产量，而是取决于那些在土壤中极为稀少且为植物所必需的元素（如硼、镁、铁等）。如果环境中缺乏其中的某一种，植物就会发育不良，如果这种物质处于最少量状态，植物的生长量就最少。以后人们将这一发现称为最小因子定律。而影响植物生长发育的这个最小因子就是限制因子。植物的生长取决于那些处于最少量因素的营养元素，后人称之为 Liebig 最小因子定律。在实践中应用最小因子定律，还要注意 Liebig 定律只能严格地适用于稳定状态，即能量和物质的流入和流出是处于平衡的情况下才适用；要考虑因子间的替代作用。

(2) 耐受性定律（law of tolerance）。1913 年，美国生态学家 Shelford 提出了耐受性定律。他指出，一种生物能不能存在与繁殖，要依赖于一种综合环境的全部因子的存在，但只要其中一项因子的量或质不足或超过了某种生物的耐性限度，则会使该物种不能生存，甚至灭绝。与最小因子定律不同的是，在这一定律中把因子最小量和最大量并提，把任何接近或超过耐性下限或上限的因子都称为限制因子。

生物对每一种生态因子都有其耐受的上限和下限，上、下限之间就是生物对这种生态因子的耐受范围，也称为生态幅（ecological amplitude）或生态价（ecological valence）。对同一生态因子，不同种类的生物耐受范围是很不相同的，就在同一个种的不同个体中，耐受性也会因年龄、季节、分布地区而有不同。生态幅广的生物称为广生性生物，反之就是狭生性生物。耐受性定律允许考虑生态因子之间的相互作用，如因子的补偿作用。当一种生物对某一生态因子不处于最适合状态时，它对其他生态因子的耐受性限度可能下降。一般说来，如果一种生物对所有生态因子的耐受范围都比较宽，那么这种生物在自然界的分布也一定很广，反之亦然。

5. 生态因子作用的阶段性

生物生长发育有阶段性，这种阶段性形成是由于生态因子规律变化的结果，如季节性物候、昼夜温差等生态因子的规律性变化导致了植物生长发育的阶段性。每一个生态因子或彼此有关联的因子结合对同一生物的各个不同发育阶段所起的生态作用是不相同的。如短日照是导致落叶树木秋季落叶的主导因子；低温对冬小麦的春化阶段是必不可少的，但在其后的生长阶段则是有害的。同时，生态因子一旦对生物产生影响，其作用就不可逆转。

6. 生态因子作用的直接性和间接性

直接参与生物生理过程或参与新陈代谢的因子属于直接因子，如光、温、水、土壤养分等。例如，光可以促进需光种子的萌发、幼叶的展开、叶芽与花芽的分化；而那些通过影响直接因子而对生物作用的因子，属于间接因子，如海拔，坡向，坡度，经、纬度等就是间接因子，它们对生物的作用不亚于直接因子。例如，四川二郎山的东坡湿润多雨，分布类型为常绿阔叶林；而西坡空气干热、缺水，只能分布耐旱的灌草丛，同一山体由于坡向不同，导致植被类型各异。

第二节　主要生态因子的作用及生物的适应

在自然界，生物对环境的适应及其生态分化随时都在发生，适应的方向和分化的途径主要由生物及其所面临的环境条件而定。生物在与环境长期的相互作用中，形成一些具有生态意义的特征。依靠这些特征，生物能免受各种环境因素的不利影响和伤害，同时还能有效地从其生境获取所需的物质、能量，以确保个体发育的正常进行。自然界的这种现象称为生态适应。生态适应是生物界中极为普遍的现象，一般区分为趋同适应和趋异适应两类。

趋同适应是指不同种类的生物，由于长期生活在相同或相似的环境条件下，通过变异、选择和适应，在形态结构、生理特性、发育以及适应方式和途径等方面表现出相似性的现象。趋同适应的结果是不同分类地位的生物在适应方式和生态功能上相同或相近，因此可以把各种各样的植物归纳为几类不同的生活型。趋异适应是指同种生物的不同个体群长期生活在不同的环境条件下，形成了不同的形态结构、生理特性、适应方式和途径等。趋异适应的结果是使同一类群的生物产生多样化，形成不同的生态型，它们占据和适应不同的空间，减少竞争，充分利用环境资源。

一、光的生态作用及生物的适应

(一) 太阳光到达地球的分配和变化

地球上的光主要来自太阳辐射，来自其他星体的光仅占极小部分。光是生命极为重要的生态因子之一。地球上所有生命都是直接或间接依靠进入生物圈的太阳辐射能来维持的。太阳辐射对地球表面和水体不仅带来光照，而且还直接产生热效应。到达地面的直接太阳辐射和散射太阳辐射之和称为总辐射。全球地表的年辐射总量基本上呈带状分布，只有在低纬度地区分布的规律性受到影响。在赤道地区，由于多云，年辐射总量并不是最高的。

光能影响有机体的理化变化，从而产生各种各样的生态学效应。光是由电磁波组成的，包括红外光、紫外线、可见光。其中可见光的波长为 380～760nm；波长小于 380nm 的是紫外线；波长大于 760nm 的是红外光。在全部太阳辐射中，红外光约占 50%～60%，紫外线约占 1%，其余的是可见光。由于波长越长，增热效应越大，因此红外光可以产生大量的热。紫外线对生物和人有杀伤和致癌的作用，但它在穿过大气层时大部分将被臭氧层中的臭氧吸收。由于人类的干扰破坏导致臭氧层减薄，从而引起地球上短波紫外线辐射增加，并产生了一系列的不良生态效应。不仅如此，光最大的生态学意义还在于可见光是植物光合作用的能量源泉，而地球上所有的生物都是直接或间接地依靠这种活动获得能量而维持生命活动的。

光质（光谱成分）的空间变化规律是随纬度增加短波光减少，随海拔升高短波光增加；长波光则与之相反。太阳辐射是一个连续光谱，植物的生长发育是在全光谱下进行的。生物圈接受的太阳辐射波长为 290～3000nm，其中，各光谱成分对植物的影响和作用不同。可见光中的绿光在光合作用中很少被吸收利用，而被叶片透射或反射，所以，绿光被称为生理无效光。可见光以外的部分对植物也具有重要的生态作用，尤其是紫外线和红外光。

(二) 光照强度对生物的影响与生物适应

光照强度在地球表面有空间和时间的变化规律，通常以勒克斯（lx）表示。植物的光合器官中的叶绿素必须在一定光强条件下才能形成，许多其他器官的形成也有赖于一定的光强。在黑暗条件下，植物就会出现“黄化现象”。在植物完成光周期诱导和花芽开始分化的基础上，光照时间越长，强度越大，形成的有机物越多，越有利于花的发育。光强还有利于果实的成熟，对果实的品质也能产生良好作用。

1. 光照强度对生物的影响

光强强度对植物细胞的增长和分化、体积的增长和重量的增加有重要影响；光还促进组织和器官的分化，制约着器官的生长发育速度，使植物各器官和组织保持发育上的正常比例。

黄化现象（etiolation phenomenon）是光与形态建成的各种关系中最极端的典型例子，黄化是植物对黑暗环境的特殊适应。植物叶肉细胞中的叶绿体必须在一定的光强条件下才能形成。在种子植物、裸子植物、蕨类植物和苔藓植物中都可以产生黄化现象。不过，光对植物的形态建成的影响还受光敏色素等因子的调节。光的强度对植物光合作用的速率有着显著的作用。在其他因素相对稳定和光强度不很高的条件下，光合作用的速率随光强度的增高而加快；但到达一定强度时，同化作用即停止增强，趋于稳定的水平，这种现象称为光饱和现象，此时的光强度就是光饱和点（light saturation point）。若光强度继续升高并超越某个限度时，光合作用速率又会下降，这种现象称为光合作用的“午休现象”，这是强光引起光氧化作用造成损伤的结果。当光合作用合成的有机物刚好与呼吸作用的消耗相等时的光照强度称为光补偿点（light compensation point）。同种的不同个体、同一个体的不同发育阶段和处于不同位置的光合器官及不同生境下生长的个体，光合补偿点、光合饱和点等光合生理特征会有很大差异。强光抑制细胞分裂和伸长，对植物的纵向生长有抑制作用，但促进了枝叶和根系的生长。光照强度对叶片的排列方式、形态构造和生理性状有明显的影响。光照强度还影响光合产物在植物体内的分配、果实中糖分的形成和积累以及花青素的含量。在强光条件下，果实中糖分积累丰富，花青素含量高。因此，在光照充足条件下生长的苹果、梨和桃等，果实甘甜、色彩艳丽、品质好。

蛙卵、鲑鱼卵在有光情况下孵化快，发育也快；而贻贝（mytilus）和生活在海洋深处的浮游生物则在黑暗情况下长得较快。在连续有光的条件下，蚜虫（macrosiphum）产生的多为无翅个体；但在光暗交替条件下，则产生较多的有翅个体。光强度主要影响昆虫昼夜的活动和行为，光强度与昆虫活动的关系不仅因种类而异，而且同种昆虫的不同发育阶段也有所不同。例如，家蚕成虫主要在白天交配，但在暗光下产卵最多，强光有抑制产卵的作用；其幼虫则昼夜均可取食。

2. 植物对光强变化的适应

光强在地球表面的分布是不均匀的。同样，植物对不同的光照强度会做出不同的反应（图 2-1）。强光环境下植物的适应对策是提高对光能的接受和转换能力，并防止或减弱强光引起植物体升温和失水。光照强时，为了提高单位面积固定二氧化碳的能力，植物将增加叶肉细胞，尤其是栅栏组织细胞的数量，使叶片变厚、叶面积变小、气孔数量增加，同时叶片具有较高的光合饱和点。强光条件下蒸腾作用强烈，植物为补偿水分的损失，其根系也比较发达。

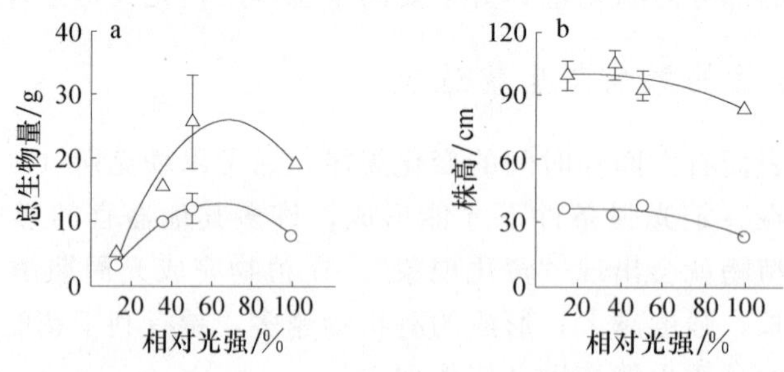

图 2-1　不同光强下生长的紫茎泽兰和兰花菊三七的总生物量和株高（王俊峰和冯玉龙，2004）

而弱光环境下，植物则以捕获更多的光能和降低消耗为对策。为了捕获更多的光量子，植物首先会扩大叶片面积，同时减少叶片内细胞层数，使叶片变薄，从而降低单位面积的呼吸消耗和光合补偿点；其次，植物也会减少根的生长和茎的增粗生长，提高地上部纵向生长以尽快摆脱光照强度不足的状况。此外，叶片数目减少、叶柄伸长、避免自我遮阴也是适应弱光条件的对策。

不同植物对光强的反应是不一样的，根据植物对光强适应的生态类型可分为阳性植物（heliophyte）、阴性植物（sciophyte）和耐阴植物（shade-tolerant plant）。阳性植物对光要求比较迫切，只有在足够的光照条件下才能正常生长，其光饱和点、光补偿点都较高。阴性植物对光的需求远较阳性植物低，光饱和点和光补偿点都较低。中性植物对光照具有较广的适应能力，对光的需要介于上述两者之间，但最适宜在完全的光照下生长。阳性植物、阴性植物长期生长在不同光强环境下，在形态结构和生理等方面产生了明显的分异。尤其是叶片有明显的区别。同一株植物不同位置叶片也会表现出对光照的适应特征，植物冠层的南向外层的叶片常表现出一些阳性植物叶片的特征，而植物冠层内部和北向的叶片常表现出一些阴性植物叶片的特征（表 2-1）。

表 2-1　阳性植物、阴性植物形态结构和生理特征比较

项　目		阳性植物	阴性植物
形态结构	叶片厚度	厚	薄
	叶肉细胞层数	多	少
	叶绿体	小	大
	气孔/面积	较大	较小
	叶柄维管形成	增加	减少
	叶表面角质层	厚	薄
生理特征	光补偿点	高	低
	光饱和点	高	低
	光抑制	无	有
	暗呼吸	高	低
生化特征	叶绿素（干重）	大	小
	叶绿素 a/b	大	小
	RuBP 羧化酶	多	少

不同植物长期适应不同光照以及温度和水分条件，在应用光能、固定和还原二氧化碳的形式方面形成了不同的适应方式，这主要有三种方式。

（1）C_3 途径，又称为戊糖磷酸途径，或卡尔文循环（Calvin cycle）：二氧化碳进入叶绿体以后首先与一个五碳糖化合物 RuBP（1，5-二磷酸核酮糖）结合，在酶的作用下形成两个三碳化合物，再以产生的三碳化合物为原料形成碳水化合物。由于这个过程中有三个碳原子的化合物参与，故称为 C_3 途径。

（2）C_4途径，又称为二羧酸途径，或哈奇-斯莱克途径（Hatch-Slack pathway）：二氧化碳进入叶绿体后，最初形成的固定产物不是三碳分子，而是含四个碳原子的二羧酸，即 C_4化合物。形成的 C_4化合物再通过 C_3 途径完成碳水化合物的合成。这种途径本质上是增加了一个俘获二氧化碳的过程，从而使暗反应中有充足的二氧化碳供应。因此，C_4途径光合效率经常高于 C_3 途径。

（3）CAM 途径，又称为景天酸途径。在夜晚，植物把二氧化碳吸收后形成有机酸，储藏到白天有光照时，再释放出来通过 C_3 途径完成对二氧化碳的固定。这种途径光反应和暗反应不能同步进行，因而光合作用效率很低。

把二氧化碳以 C_3 途径形式固定和还原的植物称为 C_3 植物，其他相应地称为 C_4 植物、CAM 植物。植物在二氧化碳固定方式上的差异，是同它所在环境的水热条件密切联系在一起的。C_4 植物在热量条件好、水分相对比较充足时，光合效率高于 C_3 植物，CAM 植物更适合于干旱环境，避免在高温条件下开放气孔吸收二氧化碳，对保存水分特别有利。由于对水分的保持和对二氧化碳的吸收是植物生存中必须解决的两大难题，因此，这些具有不同应对措施的植物在形态结构上都具有较大的差异（表 2-2）。

表 2-2　具有不同二氧化碳固定方式的植物的特征

特　征	C_3 植物	C_4 植物	CAM 植物
叶结构	片状叶肉，薄壁组织维管束鞘	叶肉呈辐射状排列在绿色薄壁组织维管束鞘周围	大液泡
叶绿体	颗粒状[a]	叶肉：颗粒状；维管束鞘细胞：颗粒状或非颗粒状[b]	颗粒状
叶绿素 a/b	约为 3	约为 4	≤3
CO_2 最初受体	RuBP（底物：CO_2）	PEP（底物：HCO_3^-）	在光下：RuBP 在暗中：PEP
光合作用最初产物	C_3 酸（PGA）	C_4 酸（草酰乙酸、苹果酸、天冬氨酸）	在光下：PGA 在暗中：苹果酸
光合产物中碳与同位素的比值（$d^{13}C$）/%	约－40～－20	约－20～－10	约－35～－10
光合作用的氧抑制	有	无	有
在光下 CO_2 的释放（表观光呼吸）	有	无	无
最适温度下 CO_2 补偿浓度	30～50μL/L	＜10μL/L	在光下：0～200μL/L 在暗中：＜5μL/L
叶肉阻力与最小气孔阻力的比值	4～5	0.5～1	
净光合能力	微小至高	高至非常高	在光下：微小在暗中：中等
光合作用的光饱和	在中等强度时	无饱和，甚至在最强光时	在中等至高强度
同化产物再分配	慢	快	不定
干物质生产	中等	高	低

资料来自 Black（1973）；Kluge 和 Ting（1978）；Osmond（1978）；Šesták（1985）。

绝大多数植物都属于 C_3 植物。C_4 植物多为一年生植物，尤其在夏季，一年生植物和地面芽植物中 C_4 植物最多，而在冬季，一年生植物和地下芽植物中很少有 C_4 植物，高大灌木和乔木几乎没有 C_4 植物。目前，已发现的 C_4 植物仅存在于被子植物的 18 个科、约 2000 个种，另外少数藻类也是 C_4 植物。在大戟科、菊科中有很多植物处于 C_3 和 C_4 的过渡类型，表明有些植物正在由 C_3 植物向 C_4 植物进化。CAM 植物多为热带、亚热带沙漠植物，所有仙人掌属植物，热带地区的萝蘑科、大戟科和生长在岩石缝隙中的景天科植物都是 CAM 植物；在附生植物中，凤梨科和兰科的 50%～60%都属于 CAM 植物。目前已知有 25 个科 20 000 多种植物属于 CAM 植物，有部分植物在不同组织器官中采用不同的二氧化碳固定方式。如萝摩科植物在叶片中以 C_3 形式固定二氧化碳，而在肉质茎中采用 C_4 途径。

不同二氧化碳固定途径的植物，其光合效率差异很大。在正常大气条件下，光合作用效率由高到低依次为：C_4 植物、C_3 植物、CAM 植物。如表 2-3 所示。

表 2-3 不同植物光合作用效率比较

植物类群	CO_2 吸收	
	μmol/(m²·s)[a]	mg/(g 干物质·h)[b]
C_4 植物	30～60 (70)	60～140
C_3 植物		
冬性一年生荒漠植物	20～40 (60)	
作物	20～40	30～60
向阳生境的中生植物	20～30 (40)	30～60
沙丘和滨海植物	20～30	
春性地下芽植物	15～20	25～40
山地植物	15～30	25～60
高秆阔叶草本	10～20	30～40
阴地植物	(2) 5～10	10～30
干燥生境的植物	15～30	15～40
北极植物	8～20	
禾草和薹草（禾谷类和薹草类）	5～15 (20)	8～35
根半寄生植物	(1) 4～7	
茎半寄生植物	2～8	
CAM 植物		
在光照下	(2) 5～12	0.3～2
在黑暗下	6～10 (20)	1～1.5
木本植物		
热带作物	10～15	
演替第一阶段的热带种	12～20 (25)	
热带藤本植物（阳叶）	15～20	
热带雨林树木		
阳叶	10～16	10～25
阴叶	5～7	5～8
苗木（极端阴生）	1.5～3 (5)	
亚热带和暖温带地区常绿阔叶树		
阳叶	6～12 (20)	
阴叶	2～4	
落叶树		
阳叶	10～15 (25)	
阴叶	3～6	
针叶树		
落叶	8～10	10～20
常绿	3～6 (15)	3～18
红树林	4～8 (12)	
周期性干旱地区硬叶植物	4～10 (16)	3～10 (18)
棕榈	4～10 (20)	
竹林	4～6	
荒漠灌木（小）	(3) 10～15 (30)	(4) 8～15 (35)
荒地和冻原的矮生灌木		

续表

植物类群	CO_2 吸收	
	μmol/(m² · s)[a]	mg/(g 干物质 · h)[b]
落叶	6～15	15～30
常绿	3～6 (10)	4～10
隐花植物		
蕨类植物		
在开阔生境	8～10	
在遮阴处	2～5	
苔藓植物	2～3	0.6～3.5
地衣类	0.3～2 (5)	0.3～2.5 (4)
水生植物		
沼泽植物、浮生植物	12～25 (30)	
淡水大型植物	(5) 7～10 (25)	
潮汐区海草	2～6	5～30 (50)
浮游藻类	(2) 10～30	2～3

a. 为了比较不同植物类型光合能力，光合速率被标准化为每单位表面积的速率。表面积为能够接受辐射的叶面积，而不是上、下表面积的总面积。

b. 每单位叶干重的光合速率。这个数值可用来计算获得形成一定重量的另一片叶所需的碳而要求的时间长度。因此，CO_2 的吸收也以重量单位表示（Larcher，1997）。

C_4 植物主要存在于热带、亚热带半湿润地区。在 C_4 植物丰富地区，随着海拔增加，C_4 植物比例不断降低（图 2-2）。CAM 植物分布十分广泛，尤其是在周期性的干旱环境和贫瘠的生境中，很多植物都是 CAM 植物，它们对生存环境没有特殊的要求。

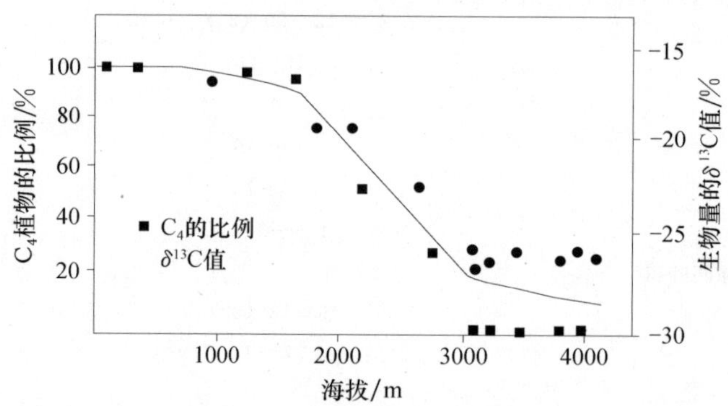

图 2-2 不同海拔条件下 C_4 植物的比例（Larcher，1997）

3. 动物对光强变化的适应

光照强度与很多动物的行为有着密切的关系。有些动物适应于在白天的强光下活动，如灵长类、有蹄类和蝴蝶等，称为昼行性动物；另一些动物则适应于在夜晚或早晨、黄昏的弱光下活动，如蝙蝠、家鼠和蛾类等，称为夜行性动物或晨昏性动物；还有一些动物既能适应于弱光也能适应于强光，白天、黑夜都能活动，如田鼠等。昼行性动物（夜行性动物）只有当光照强度上升到一定水平（下降到一定水平）时，才开始一天的活动，有些浮游动物在夜间游到水表层，在白天则下沉到 50～60m 深的水层中，表现出负趋光性。这些都是适应于一定光度下生活的反应。因此，这些动物将随着每天日出日落时间的季节性变化而改变其开始活动的时间。

生活在弱光环境中的动物在形态结构上也常有相适应的特征。如夜间活动的壁虎和猫头鹰有大的眼睛，且对红外光敏感。在海洋的微光层，鱼的眼睛加大，体呈红色。这些特化均有利于它们的活动与生存。海洋动物的体色，因所在水层的光质和强度的不同而有很大差别。洋面的动物常常是背面蓝色、绿色或棕色，而侧面与腹面呈银白色。

昆虫在行为方面也表现出对光的适应性。如趋光性是对光刺激所表现出的趋向或回避运动。在适宜的光强度内，眼虫表现正趋光性，在强光下它回避而改变运动方向；绿头蝇有向光飞行的习性。马铃薯叶甲和七星瓢虫有正趋光性，地中海粉螟和红头绿蝇的幼虫则表现出负趋光性，即移向黑暗。夜间活动的动物在光亮达某阈值时即回巢穴。

（三）光质对生物的影响与生物的适应

1. 光质对植物的影响与植物的适应

光质对植物形态建成的作用是低能耗效应，与光强关系不大。一般情况下，只有红光（650～680nm）、远红光（710～740nm）、蓝光（400～500nm）和紫外线与植物的形态建成有关。通常把只需低能的光控制植物形态建成的作用称为光形态建成（photomorphogenesis），也称为光控发育。光的调节作用几乎存在于从分子到个体水平和从种子萌发到种子形成的生长发育过程。其作用机制与多种光敏受体（photoreceptor）有关，如光敏色素、隐花色素、紫外线-B受体等。光质对动物生殖、体色变化、迁徙、毛羽更换、生长发育有影响。

2. 光质与植物的生态适应

在紫外线辐射强的地区，植物通过类黄酮等次生代谢物质的合成产生相应的保护反应；在形态解剖结构上，植物用于防御的资源会增加，如增加表皮厚度、表皮腔中的单宁含量、外表皮酚醛树脂含量。

自然界的阴生环境多存在于森林内部，光谱中的蓝色成分较多，阴生植物的叶片为了提高细胞捕捉光量子的效率，不仅增加细胞中叶绿素的数量，而且叶绿素中吸收蓝光能力强的叶绿素 b 数量更多。

红光能抑制茎的伸长，促进分蘖、破除需光种子的休眠；远红光促进茎伸长、抑制分枝，使种子保持休眠状态。森林中一些种子细小的先锋植物，当种子落到森林枯落物层或土壤中后，林内丰富的远红光迫使它们保持休眠，一旦森林遭到破坏或秋天落叶出现林窗，它们就迅速萌发。种子需光萌发的特性，减少了在缺少适宜的光照条件下因“种子萌发-幼苗死亡”而导致的种子浪费。

蓝光和紫外线对植物的生长有显著抑制作用。高山植物比较矮小，与紫外线丰富有关。紫外线UV-B(280～315nm）对植物细胞有一定的伤害作用。太阳辐射中的UV-B能被臭氧层有效地吸收，从而减弱到达地面的辐射强度。不同波长的光能够促进光合作用产物以不同的方式转化储藏，因而不同波长下生长的植株产量也有很大的影响（图 2-3）。

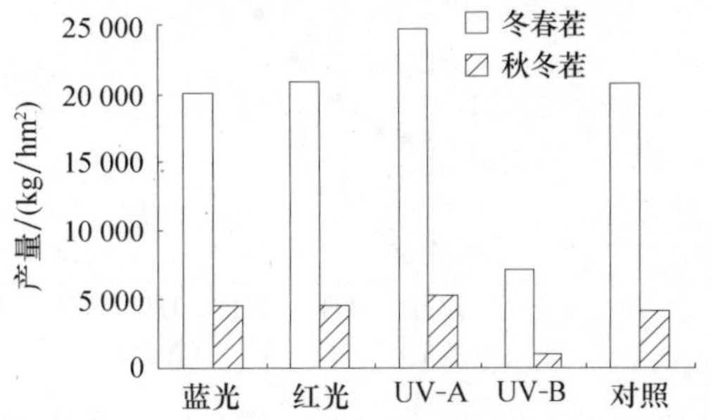

图 2-3　不同光质对黄瓜初瓜期产量的影响（王绍辉等，2006）

3. 光质与动物和微生物及其适应

昆虫的趋光性与光的波长关系密切。许多昆虫都具有不同程度的趋光性，并对光的波长具有选择性。一些夜间活动的昆虫对紫外线最敏感，如棉铃虫和烟青虫分别对光波 330μm 和 365μm 趋性强。测报上使用的黑光灯波长为 360～400μm，比白炽灯诱集的昆虫的数量多、范围广。黑光灯结合白炽灯或高压萤火灯（高压汞灯）诱集昆虫的效果更好。

蚜虫对粉红色有正趋性，对银白色、黑色有负趋性，故可利用银灰色塑料薄膜等隔行铺于烟苗、蔬菜等行间，忌避防治蚜虫为害。黄色对蚜虫的飞行活动有突然抑制作用，类似某些物理刺激而引起昆虫的假死性，据此可利用“黄皿诱蚜”进行测报和“黄板诱蚜”进行防治。紫外线与动物维生素 D 产生关系密切，过强有致死作用，波长 360nm 即开始有杀菌作用，波长 200～300nm 的紫外线辐射，杀菌力强，能杀灭空气中、水面和各种物体表面的微生物，这对于抑制自然界的传染病病原体是极为重要的。

（四）光的周期性变化对生物的生态作用与生物的适应

1. 光周期与生物的光周期现象

地球的公转与自转带来了地球上日照长短的周期性变化。在各种气象因子中，昼夜长度变化是最可靠的信号，不同纬度地区昼夜长度的季节性变化是很准确的（图 2-4）。长期生活在这种昼夜变化环境中的动植物，借助于自然选择和进化形成了各类生物所特有的对日照长度变化的反应方式，这就是生物的光周期现象（photoperiodism）。

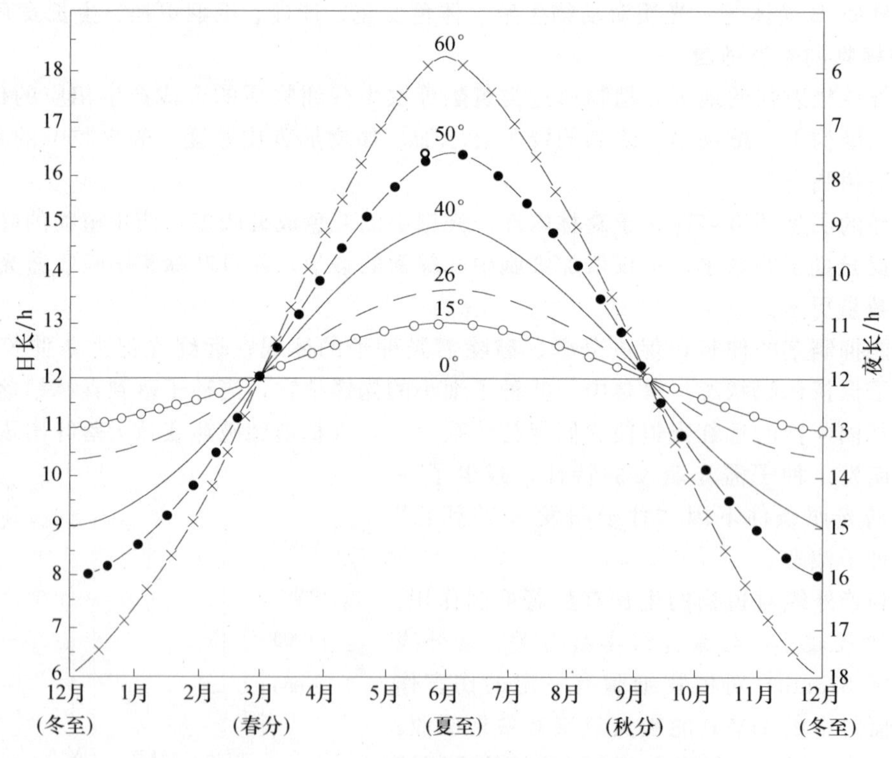

图 2-4　北半球不同纬度地区昼夜长度的季节变化

许多植物的开花与昼夜的相对长度即光周期有关，即这些植物必须经过一定时间的适宜光周期后才能开花，否则就一直处于营养生长状态。光周期调节着植物的发育过程，尤其是对成花诱导起着重要的作用。

植物光周期现象对日照长度的特殊要求常常限制物种自然迁移和扩展，也是有些物种在异地引种时的主要障碍。因此，在同纬度地区之间引种容易成功；但是在不同纬度地区之间引种时，如果没有考虑品种的光周期特性，则可能会因提早或延迟开花而造成减产，甚至颗粒无收。对此，在引种时首先要了解被引品种的光周期特性，了解其是属于长日植物、短日植物还是日中性植物；同时要了解作物原产地与引种地生长季节的日照条件的差异；还要根据被引进作物的经济利用价值来确定所引品种。在中国，将短日植物从北方引种到南方，会提前开花，如果所引品种是为了收获果实或种子，则应选择晚熟品种；而从南方引种到北方，则应选择早熟品种。如将长日植物从北方引种到南方，会延迟开花，宜选择早熟品种；而从南方引种到北方时，应选择晚熟品种。

许多昆虫的地理分布、形态特征、年生活史、滞育特性、行为以及蚜虫的季节性多型现象等，都与光周期的变化有着密切的关系。光周期的变化是诱导昆虫的主要环境因素。对昆虫体内色素的变化也产生影响，如菜粉蝶蛹在长日照下呈绿色，在短日照下则呈褐色。光周期对一些迁飞性昆虫行为有影响，如夏季长日照和高温引起稻纵卷叶螟向北迁飞，秋季短日照和低温引起其向南迁飞。光周期对蚜虫季节性多型起着重要作用，如豌豆蚜虫在短日照（每日 8h 日照）、温度 20℃时，产生有性蚜繁殖后代；而在长日照（每日 16h 日照）、温度 25～26℃或 29～30℃时，产生无性蚜繁殖后代。棉蚜在短日照结合低温、食物不适宜的条件下，不仅导致产生有翅型，而且产生有性蚜，交配产卵越冬。

与生物光周期相关的另外一个现象是生物钟。生物钟（biological clock）是生物由于长期受地球自转和公转引起的昼夜和季节变化的影响，海洋生物受月球运动引起的潮汐和月周期性的影响，而发展起能适应这些环境周期变化的时间节律。不难看出，光周期是导致生物钟产生的一个因素。

2. 植物对光周期的适应

许多植物成花有明确的极限日照长度，即临界日长（critical day length）。根据对日照长度的反应类型可把植物分为长日照植物、短日照植物、中日照植物和中间型植物。

长日照植物是指在日照时间长于一定数值（一般 14h 以上）才能开花的植物，如冬小麦、大麦、油菜和甜菜等，而且光照时间越长，开花越早。

短日照植物则是日照时间短于一定数值（一般 14h 以上的黑暗）才能开花的植物，如水稻、棉花、大豆和烟草等。

中日照植物的开花要求昼夜长短比例接近相等（12h 左右），如甘蔗等。

中间型植物是任何日照条件下都能开花的植物，如番茄、黄瓜和辣椒等。

短日照植物和长日照植物开花需要一定临界日长。但这并不就是它们一生中所必需的日照长度，而只是在发育的某一时期经一定数量的光周期诱导后才能开花。长日照植物的临界日长不一定都长于短日照植物；而短日照植物的临界日长也不一定短于长日照植物，重要的不是它们所受光照时数的绝对值，而是在于是超过还是短于其临界日长。同种植物的不同品种对日照的要求可以不同，如烟草中有些品种为短日性的、有些为长日性的，还有些只为日中性的。通常早熟品种为长日性或日中性植物，晚熟品种为短日性植物。

光周期对植物的地理分布有较大影响。不同植物生长、发育中光周期现象对日照长度的不同要求，主要与其原产地生长、发育季节的自然日照长度密切相关。短日照植物多起源于中、低纬度地区，长日照植物多起源于高纬度地区。此外，有些植物光周期现象的日长特征，还反映出地球陆地的变迁。如果把长日照植物栽培在热带，由于光照不足，就不会开花。同样，短日照植物栽培在温带和寒带也会因光照时间过长而不开花。这对植物的引种、育种工作有极为重要的意义。

3. 动物对光周期的适应

许多动物的行为对日照长短也表现出周期性。鸟、兽、鱼、昆虫等的繁殖，以及鸟、鱼的迁移活动，都受光照长短的影响。鸟类的光周期现象最为明显，它的迁徙是由日照长短变化所引起的；鸟类及某些兽类的生殖也与日照长短有关，如雪貂、野兔和刺猬等都是随着春天日照长度增加而开始生殖（称为长日照兽类）；绵羊、山羊和鹿等随着秋天短日照的到来而进入生殖期（称短日照兽类）。昆虫的生命活动，如趋光性、体色的变化、迁移、取食、孵化、羽化、交配等，也都表现出一定的时间节律，并构成种的生物学特性，称为昆虫钟（insect clock）。昆虫钟是一个复杂的生理过程，它控制着昆虫的生理机制的节律，并与光周期节律的信号密切关联，使昆虫的活动和行为表现出时间上的节律反应。

二、温度的生态作用及生物的适应

生物体内物质和能量代谢的生理生化过程是生长发育的基础，而生理生化过程都受温度的影响。温度是一种随时在起作用的重要生态因子，任何生物都是生活在具有一定温度的外界环境中并受温度变化的影响。地球表面的温度条件在空间和时间上总是在不断变化的，它随纬度、海拔、季节等条件的变化而变化。温度的这些变化都能给生物带来多方面和深刻的影响。

（一）地球上温度的分布与周期性变化

太阳通过辐射源源不断地将能量输送到地球表面。太阳辐射经大气削弱后，到达地面的有两部分：一是从太阳直接发射到地面的部分，称为直接辐射；二是经大气散射后到达地面的部分，称为散射辐射。二者之和就是到达地面的太阳辐射总量，称为总辐射。尽管到达地面的总辐射相同，地表吸收的并不相等。这是导致近地面温度分布不均匀的原因之一。

太阳辐射的分布规律尽管受到各种因素的干扰，从全球范围来看，热量分布总趋势仍然与纬度大致平行，由低纬度向高纬度呈带状排列，形成地球上的热量带。在低纬度地区接收到的热量要比高纬度地区多，结果使赤道地区和极地地区形成显著的温度差别。赤道地区和极地地区的温度差异为大气环流提供了能量。但是，温度的带状分布模式又受到地球表面特征的影响。冬季陆地上的等温线明显地向赤道方向弯曲，夏季则向极地方向弯曲。全年中大洋上的温度变化较缓和；陆地上的情况却与此相反，温度随季节而有显著的变化，在夏季温度很高，而在冬季温度却很低。陆地和海洋之间在温度上之所以存在着季节性的差异，是由于陆地和水体接收太阳辐射的方式不同。

由于地球自转和公转导致到达地面的太阳辐射总量出现周期性变化，因此气温有明显的日变化和年变化。太阳东升西落，气温也相应变化，通常一天之内有一个最高值和一个最低值。一天之内，气温的最高值与最低值之差称为气温日较差。日较差的大小与地理纬度、季节、地表性质、天气状况有关。一般来说，高纬度气温日较差比低纬度小，热带气温日较差平均为12℃，温带为8～9℃，极地只有3～4℃。在中纬度太阳辐射强度的日变化夏季比冬季大，所以气温的日变化夏季也高于冬季，北半球的气温以7～8月最高，1～2月最低。海洋性气候条件下年变幅较小，大陆性气候条件下年变幅较大。

太阳辐射强度的季节变化使气温发生相应的变化。一般来说，在北半球，一年的气温最高值在大陆上出现在7月，在海洋上出现在8月；气温最低值在大陆上和海洋上分别出现在1月和2月。一年中月平均气温的最高值与最低值之差称为气温年较差。气温年较差大小与地理纬度、地表性质、地形等因素有关。由于太阳辐射的年变化高纬度比低纬度大，所以，纬度越高，年较差越大。海洋对热能具有显著的调节作用，故最热月与最冷月比大陆延后一个月。

气温分布有地区变化。在地表均一状况下的气温受太阳辐射的影响一般呈纬向分布。气温在赤道带最高，随纬度增高而降低，到两极最低。但由于海陆、地势、地貌、大气环流等影响，气温的实际分布极为复杂。气温还随海拔的改变而变化，在对流层中气温一般随高度上升而递减，每升高100m，气温平均下降0.5～0.6℃。但在一定的天气和地形条件下，可能出现气温随高度而递增的逆温现象，这样的气层称为逆温层。

热量条件与生物的生长发育及其分布关系密切，热量带又是形成地球气候带的基础。由于地表特征、大气环流、洋流等因素对太阳辐射起着重新分配的作用，因此热量带并不与纬度带完全一致。实际上热量带的划分多以年平均温度、最热月温度和积温等为指标。温度是生物有机体生命活动的重要因子，其变化对生物的生长发育影响很大。生物适应了各地气温的年变化、日变化，形成各自的感温特性和发育规律。温度的非周期性变化往往造成农业气象灾害。春、秋两季，温度升降不稳，冷空气入侵，常形成霜冻及低温害。夏季不适时的高温常使中国北方小麦遭受干热风侵袭，使长江流域的水稻高温逼熟。

(二) 温度对生物的影响与生物适应

1. 温度与生物的生长发育

温度的变化直接影响着植物的光合作用、呼吸作用、蒸腾作用等生理作用。温度主要通过影响暗反应中的酶和气孔开张度影响光合作用。植物的光合作用只能在一定的温度范围内进行，高温和低温都降低光合作用速率，表现出光合作用也具有温度“三基点”，即光合作用的最适、最高和最低温度。一般把达到最大净光合速率值的90%以上的温度范围称为光合作用的最适温度范围。光合作用的温度三基点和最适温度范围因植物种类不同而有很大差异（表2-4），这种差异反映出各自生境或起源地的温度特点。

表2-4 在自然的二氧化碳浓度和光饱和条件下不同植物光合作用的温度三基点（℃）（李合生等，2004）

植物种类		最低温度	最适温度	最高温度
草本植物	热带 C_4 植物	5～7	35～45	50～60
	C_3 植物	－2～0	20～30	40～50
	温带阳性植物	－2～0	20～30	40～50
	阴性植物	－2～0	10～20	约40
	CAM植物夜间固定二氧化碳	－2～0	5～15	25～30

续表

植物种类		最低温度	最适温度	最高温度
木本植物	春天开花植物和高山植物	−7～2	10～20	30～40
	热带和亚热带常绿乔木	0～5	25～30	45～50
	干旱地区硬叶乔木和灌木	−5～1	15～35	42～55
	温带冬季落叶乔木	−3～1	15～25	40～45
	常绿针叶乔木	−5～3	10～25	35～42

任何生理过程对温度的反应都存在三基点，研究这种三基点对掌握生命活动对温度的反应具有重要意义。

生物不仅需要适应一定的温度幅度，而且还需要有一定温度量，极端温度常常成为限制生物分布的重要因素。例如，由于高温的限制，白桦、云杉在自然条件下不能在华北平原生长，苹果、梨桃不能在热带地区栽培。低温对生物分布的限制作用更为明显。按照动物保持其温度的方式，从生理上将动物分为常温动物（homeotherm）、变温动物（poikilotherm）和异温动物（heterotherm）。温度对恒温动物分布的直接限制较小，但也常通过影响其他生态因子（如食物）而间接影响其分布。有一些龟鳖类和所有的鳄鱼的性别发育与某个时期内卵的温度有密切关系，稍稍改变温度就会使性比发生急剧变化，只在很小的温度范围内同一批卵才会孵化出雌性和雄性两种个体。

温度直接影响植物和变温动物（特别是昆虫）发育速率。无论是植物还是变温动物，其发育都是从某一温度开始的，而不是从物理学零度开始的，因而这个温度就称为发育阈温度或生物学零度（biological zero）。1735 年法国的 R. A. F. de Reaumur 首次发现植物完成其生命周期要求一定的积温，即植物从播种到成熟，要求一定量的日平均温度的累积。积温（heat sum）指某一时段内逐日平均温度累加之和，是研究温度与生物有机体发育速度之间关系的一种指标，从强度和作用时间两个方面表示温度对生物有机体生长发育的影响。积温可分为有效积温和活动积温两种。

有效积温是指在生物生长发育期或某一发育阶段内，扣除生物学下限温度（有时同时扣除生物学上限温度），对生物生长发育有效的那部分温度的总和。即

$$K = (T - T_0)Y \tag{2-1}$$

式中，T 为该时期的平均温度；T_0为生物学零度或发育起点温度；Y 为天数；K 为有效积温。

在积温的实际计算中，一般温带地区以 5℃或 6℃为植物的生物学零度，亚热带地区以 10℃为生物学零度，热带地区以 18℃为生物学零度来计算有效积温。

活动积温是指大于某一临界温度值的日平均气温的总和，如日平均气温≥0℃的活动积温、日平均气温≥10℃的活动积温等。即

$$K = TY \tag{2-2}$$

式中，T 为该时期的平均温度；Y 为天数；K 为活动积温。

一种植物的整个生长发育期或某一发育阶段要求一定的积温量，而且植物整个生长发育期或某一发育阶段需要的积温量是一个常数（积温法则）。也就是说，对于某一植物式(2-1)中的 K 是一个常数。式（2-1）可变形为

$$T = (K + T_0Y)Y = K/Y + T_0 = KV + T_0 \tag{2-3}$$

式中，$V=1/Y$ 为植物的发育速度；T_0为生物学零度或发育起点温度。

式（2-3）表示，温度与植物的发育速度呈直线关系。在植物生长发育适宜的温度范围内，温度升高，生长发育加快，完成生长发育的时间缩短；温度降低，生长发育减慢，完成生长发育的时间延长。

2. 温度与种子萌发

种子的萌发是由一系列酶催化的生化反应引起的，因而受温度的影响。在最低温度时，种子能萌发，但所需时间长，发芽不整齐，易烂种；种子萌发的最适温度是在最短的时间范围内萌发率最高的温度。高于最适温度，虽然萌发速率较快，但发芽率低。低于最低温度或高于最高温度时，种子就不能萌发。有些种皮较厚的种子在变温条件下萌发率会得到提高。另外，有些需光萌发的种子受到变温处理后，在黑暗中也能萌发。还有的种子需要在低温下经过后熟才能萌发，如蔷薇科植物中的苹果、桃、梨、樱桃等种子经过低温（5℃左右）处理1～3个月，萌发率可达90%以上。

3. 春化作用

低温是诱导植物进行花芽分化的重要环境因素。冬性一年生植物必须经历一定的低温才能形成花原基，进行花芽分化。低温诱导花原基形成的作用称为春化作用（vernalization）。除了冬性一年生植物外，有些二年生植物和多年生植物花芽形成开花也有低温要求，如甜菜白菜、芹菜。植物感受低温的部位是能够进行细胞分裂的部位。

不同植物完成春化对低温的程度和持续时间有不同的要求。通常春化作用的温度为0～15℃，并需要持续一定时间。冬性、半冬性和春性三种类型的小麦，春化作用需要的低温和持续时间明显不同。这种差异与其原产地的温度特点有关。一般来讲，植物春化作用需要的温度越低，需求的时间也越长。

在一些情况下，延长春化时间或适当降低春化温度可缩短植物达到开花的天数或提高开花率。植物在春化过程结束之前，如果遇到较高的温度，则低温的效果会被减弱或消除。这种由于高温消除春化作用的现象称为脱春化作用或去春化作用（devernalization）。而且，解除了春化作用的植物，还可以重新通过春化作用。

4. 变温与植物生长发育

节律性变温就是指温度的昼夜变化和季节变化两个方面。昼夜变温对植物的主要影响有：能提高种子萌发率，对植物生长有明显的促进作用，昼夜温差大则对植物的开花结实有利，并能提高产品品质。此外，昼夜变温能影响植物的分布，如在大陆性气候地区，树线分布高，是因为昼夜变温大的缘故。植物适应于温度的昼夜变化称为温周期，温周期对植物的有利作用是因为白天高温有利于光合作用，夜间适当低温使呼吸作用减弱，光合产物消耗减少，净积累增多。

温度的季节变化和水分变化的综合作用使植物产生了物候这一适应方式。例如，大多数植物在春季温度开始升高时发芽、生长，继之出现花蕾；夏、秋季高温下开花、结实和果实成熟；秋末低温条件下落叶，随即进入休眠。这种发芽、生长、现蕾、开花、结实、果实成熟、落叶休眠等生长、发育阶段，称为物候期。物候期是各年综合气候条件（特别是温度）如实、准确的反映，用它来预报农时、害虫出现时期等，比平均温度、积温和节令要准确。自然界中温度有规律地周期性变化，如昼夜变化和四季变化。植物在生长和发育方面都有一些相应的适应表现，它们只能在一定的昼夜变温或季节性变温下才能正常生长，植物的这种适应现象称为温周期现象（thermoperiodism）。

植物对温度周期性变化的适应是生长的不均匀和阶段性。在温度有利的季节充分生长、发育，在温度不适于生长的季节则放慢或停止生长，提高抗性。植物的发芽、生长、开花、结果、落叶休眠等生长、发育阶段都是在每年相同的季节中开始、进行、完成，形成有规律的季节生长发育节律，即为植物的物候。

5. 温度与生物的分布

生物不仅需要适应一定的温度幅度，而且还需要有一定的温度量。极端温度（高温和低温）常常成为限制生物分布的重要因素。例如，温度影响植物分布的最明显的表现是，从赤道到两极和由低海拔到高海拔的植被类型带状分布格局，即植被分布的纬度地带性和垂直地带性。不同的植物，限制其分布的温度也不同，有的受冬季低温的制约，有的受夏季高温的制约。这些差异导致了不同种类的植物的分布区相互重叠的复杂格局，也导致了在相同温度条件下各地同类植被在总体特征上会有差异。一定时间内的温度总量也是限制植物分布的重要因素。根据植物与温度的关系，从植物分布的角度上可分为两种生态类型：广温植物和窄温植物。①广温植物指能在较宽的温度范围内生活的植物，如松、桦、栎等能在－5～55℃温度范围内生活；②窄温植物指只生活在很窄的温度范围内，不能适应温度较大变动的植物，如雪球藻、雪衣藻只能在冰点温度范围发育繁殖，而椰子、可可等只分布在热带高温地区。

低温是决定生物水平分布北界（南界）和垂直分布上限的主要因素。例如，椰子为北纬24°30′（厦门）和海拔640m（海南岛）。苹果蚜分布的北界是1月等温线为3～4℃的地区；东亚飞蝗分布的北界是年等温线为13.6℃的地方。同时，温度常常通过影响其他生态因子（如食物）而间接影响恒温动物分布。例如，很多鸟类秋冬季节不能在高纬度地区生活，不是因为温度太低而是因为食物不足和白昼取食时间缩短。

温度和降水是影响生物在地球表面分布的两个最重要的生态因子，两者的共同作用决定着地球上生物群系分布的总格局。

（三）极端温度对生物的影响与生物的适应

当环境温度超过生物耐受的限度时，生物体内的酶活性就会受到很大抑制，并表现出伤害特征。多数高等植物的营养体处于低于零度或高于45℃时，将受到伤害直至死亡。植物极端温度（高温和低温）的伤害一方面取决于温度下降的程度、速度及极端温度持续的时间，另一方面决定于该种类（品种）的抗温能力。对同一种植物而言，不同生长发育阶段、不同器官组织的抗温能力也不同。

1. 高温对生物的影响与生物适应

温度超过生物适宜温区的上限后就会对生物产生有害影响，温度越高对生物的伤害作用越大。高温导致植物受害主要是由于高温损伤细胞膜系统和蛋白质的热稳定性。高温下蛋白质的氢键断裂，结构被破坏，其生物学功能丧失，致使生理代谢停止，有害物质积累。此外，高温会使细胞膜上产生一些孔隙，破坏膜的选择透性，引起离子渗透。蛋白质和膜系统的破坏必然导致生理代谢的紊乱。同时，在高温下植物的光合作用和呼吸作用均受到抑制，由于光合作用对高温特别敏感，最适温度比呼吸作用的低。温度升高时，光合速率比呼吸速率下降得更早、更快，在一定的高温时，呼吸作用超过光合作用，长期处于这种状态，植株将饥饿而死。高温还促进蒸腾作用，破坏水分平衡，使植物萎蔫枯死。高温对动物的有害影响主要是破坏酶的活性，使蛋白质凝固变性，造成缺氧、排泄功能失调和神经系统麻痹等。

植物对高温的生态适应方式主要体现在形态和生理两个方面。有些植物生有密绒毛和鳞片，能过滤一部分阳光；有些植物呈白色、银白色，叶片革质发光，能反射一大部分阳光，使植物体免受热伤害；还有些植物的树干和根茎生有很厚的木栓层，具有绝热和保护作用。生理方面主要有降低细胞含水量，增加糖或盐的浓度，以利于减缓代谢速率和增加原生质的抗凝能力；蒸腾作用旺盛，避免体内过热而受害；一些植物具有反射红外线的能力，且夏季反射的红外线比冬季多。对于沙漠啮齿动物来说，昼伏夜出和穴居是躲避高温的有效行为适应，因为夜晚湿度大、温度低，可大大减少蒸发散热失水，特别是在地下巢穴中，这就是所谓夜出加穴居的适应对策。

从沙漠植物可发现植物对高温的典型适应对策。沙漠植物避免体温过热主要有三种途径：①降低热传导；②增加空气对流降温；③减少辐射热能。

与沙漠植物不同，其他生境中的植物只是有时短暂地遇到高温胁迫。在这种情况下，植物一般会通过加速蒸腾，以散热来降低体温。高温强光下具有旺盛蒸腾作用的叶片，其温度比气温要低。但当植物缺水时，就容易受高温的伤害了。

高温生境中，植物在面对高温胁迫的同时，还要面对水分胁迫。因此，沙漠植物所具有的避免体温过热的形态结构和生理适应，同时也具有减少水分丢失、维持水分平衡的功能。

2. 低温对生物的影响与生物适应

在低温状态下，植物叶绿素合成受阻，结构破坏，光合作用下降；形成层受损，物质运输受阻；根系吸水能力下降，水分平衡失调，地上部分干枯死亡；物质代谢的分解大于合成，蛋白质、糖类物质分解，并形成有毒中间产物；呼吸作用异常等（图 2-5）。通常热带植物对寒冷很敏感，也就是说在结冰以上的低温下会受损伤或致死。

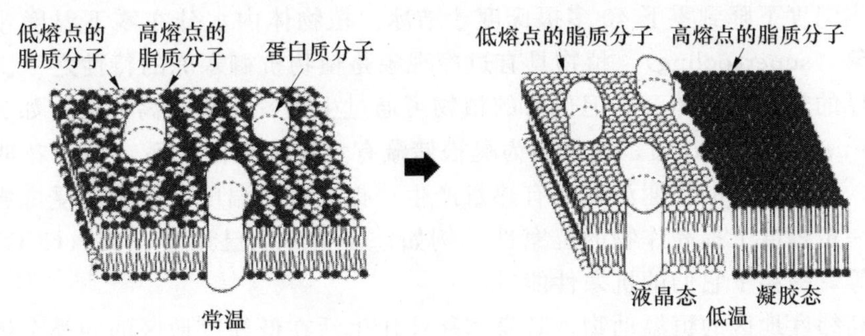

图 2-5　由低温引起的相分离

低温对植物的危害可以分为冷害和冻害。冷害是指零度以上的低温对植物造成的危害，中、低纬度地区易发生冷害。植物遭遇冷害后，叶片变色，出现病斑及坏死，植株出现萎蔫，或自上而下枯萎。造成冷害的低温可影响到几乎所有的生理过程。目前普遍的认为是，低温主要引起细胞膜系统损坏。冷害是喜温植物北移的主要障碍，是喜温作物稳产、高产的主要限制因子。

冻害指零下低温对植物造成的伤害。零下低温对植物造成的冻害是由于植物体内形成冰晶，造成细胞膜破裂并使蛋白质变性，或出现生理干旱引起植物受害。植物体内结冰有两种情况，一是细胞外结冰，二是细胞内结冰（图 2-6）。

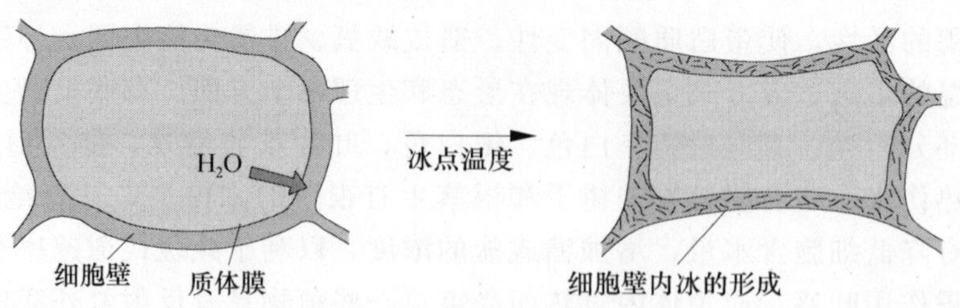

图 2-6 冰晶体对细胞的机械损伤

当温度逐渐下降至零下低温时，在细胞间隙里首先结冰，引起细胞间隙水势下降，而从水势高的细胞内吸水，细胞间隙冰晶不断增大，细胞不断失水，出现生理干旱。我国西北地区果树冬季出现“抽条”现象就是冻害脱水的例子。温度回升时，细胞间隙的冰晶融化，一些抗寒植物的细胞能及时吸回失去的水分恢复其生理代谢功能，细胞外结冰并不会伤害细胞。而冻害敏感的植物在细胞间隙的冰晶融化时，细胞不能及时吸回失去的水分，就会因长期处于生理干旱而死亡。

当外界温度突然降低或冬天温度发生波动而使植物体出现冻融交替时，会造成细胞内结冰。细胞内快速结冰时，一般先在原生质层形成冰，然后扩展到液泡。细胞内结冰破坏了原生质的精细结构，直接造成细胞致死性的损伤。

长期生活在极端温度环境中的生物常会表现出很多明显的适应。如北极和高山植物的芽和叶片常受到油脂类物质的保护，芽具鳞片，植物体表面生有蜡粉和密毛，植株矮小并常呈匍匐状、垫状或莲座状等。这些形态有利于保持较高的温度，减轻严寒的影响。同时在生理上主要通过原生质特性的改变，如细胞水分减少、淀粉水解等，以降低冰点；对光谱中的吸收带更宽、低温季节来临时休眠，也是有效的生态适应方式。有的树木木质部组织和休眠芽中的水分，当温度下降到零下 40 多摄氏度才结冰。植物体内水分在零下温度才结冰的现象称为过冷现象（supercooling）。植物具有过冷现象是植物抗御寒冻的特性之一。绝大多数的植物是靠外界的热量提高体温，但也有的植物可通过生理发热来提高体温，如天南星科的臭松（*Symplocarpus foetidus*），这是因为臭松储藏有大量淀粉的根系，在开花期把淀粉运输到地上部分，这些强烈的代谢活动伴有热量产生，提高植物温度，避免花受冻害。许多农业措施也能在一定程度上提高作物的抗寒性。例如，在生产上已用矮壮素（CCC）处理小麦、水稻和油菜等，提高了它们的抗寒性能。

生活在高纬度地区的恒温动物，其身体往往比生活在低纬度地区的同类个体大，因为个体大的动物，其单位体重散热量相对较少，这就是贝格曼（Bergman）规律。另外，恒温动物身体突出部分如四肢、尾巴和外耳等在低温环境中有变小变短的趋势，这也是减少散热的一种形态适应，这一适应常被称为阿伦（Allen）规律，例如，北极狐的外耳明显短于温带的赤狐，赤狐的外耳又明显短于热带的大耳狐。恒温动物的另一形态适应是寒冷地区和寒冷季节能增加毛和羽毛的数量和质量或增加皮下脂肪的厚度，从而提高身体的隔热性能。

三、水的生态作用及生物的适应

（一）水的循环、平衡、形态及变化规律

水是生物最重要的物质，水的存在状态与数量影响生物的生存与分布。在自然界，水分

是以三种形态存在：固态、液态和气态，它们对生物的生态作用是不同的。

地球上的水圈是一个永不停息的动态系统。海洋、大气和陆地的水随时随地都通过相变和运动进行着连续的大规模的交换，这种交换过程就是水分循环（图 2-7）。由于太阳辐射，海面和陆面每年约有 488 000km³ 水分蒸发到空中。自海洋表面蒸发的水分，直接降落海洋中，就形成海洋水分的内循环。当海洋上蒸发的水分被气流带到陆地上空以雨雪形式降落到地面时，一部分通过蒸发和蒸腾返回大气，一部分渗入地下形成土壤水或潜水，另一部分形成径流汇入河流，最终仍注入海洋，这就是水分的海陆循环。内流区的水不能通过河流直接流入海洋，它和海洋的水分交换比较少，因此，内流区的水分循环具有某种程度的独立性。但它和地球上总的水分循环仍然有联系。从内流区地表蒸发和蒸腾的水分，可被气流携带到海洋或外流区上空降落，来自海洋或外流区的气流也可在内流区形成降水。水在循环中不断进行着自然更新，海洋和陆地之间水的往复运动过程称为水的大循环。仅在局部地区（陆地或海洋）进行的水循环称为水的小循环。环境中水的循环是大、小循环交织在一起的，并在全球范围内和在地球上各个地区内不停地进行着。水循环的主要作用表现在三个方面：①水是所有营养物质的介质，营养物质的循环和水循环不可分割地联系在一起；②水对物质是很好的溶剂，在生态系统中起着能量传递和利用的作用；③水是地质变化的动因之一，一个地方矿质元素的流失而另一个地方矿质元素的沉积往往要通过水循环来完成。影响水循环的因素很多。自然因素主要有气象条件（大气环流、风向、风速、温度、湿度等）和地理条件（地形、地质、土壤、植被等）。人为因素对水循环也有直接或间接的影响。

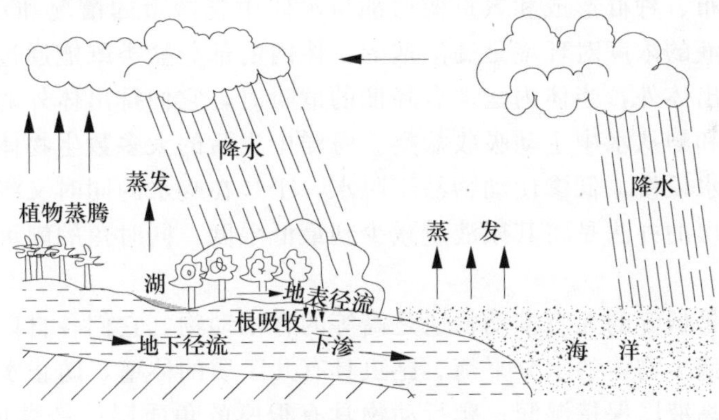

图 2-7　水循环因子（姜汉侨等，2004）

降水、蒸发和径流是水循环过程的三个最主要环节，这三者构成的水循环途径决定着全球的水量平衡，也决定着一个地区的水资源总量。水量平衡是指在一个足够长的时期里，全球范围的总蒸发量等于总降水量。从全球水量平衡中可以看出：①海陆降水量之和等于海陆蒸发量之和，说明全球水量保持平衡，基本上长期不变；②海洋蒸发量提供了海洋降水量的85%和陆地降水量的 89%，海洋是大气水分和陆地水的主要来源；③陆地降水量中只有11%来源于陆地蒸发。

（二）水的生态作用及生物的适应

1. 水与生命活动

水和水的循环对于生态系统具有特别重要的意义，不仅生物体的大部分（约 70%）是由水构成的，而且各种生命活动都离不开水。地球上大量的热能用于将冰融化为水、使水温升高和将水化为水汽。因此水对稳定环境温度具有重要意义。水的密度在 4℃时最大，这一特性使任何水体都不会同时冻结，而且结冰过程总是从上到下进行。水的热容很大，吸热和放热过程缓慢，因此水体温度不像大气温度那样出现剧烈变化。水中携带着大量的多种化学物质周而复始地循环，极大地影响着各类营养物质在地球上的分布。

水是任何生物体都不可缺少的重要组成成分。各种生物的含水量有很大的不同。生物体的含水量一般为 60%～80%，有些水生生物可达 90%以上，而在干旱环境中生长的地衣、卷柏和有些苔藓植物仅含 6%左右。

水是生命活动的基础。生物的新陈代谢是以水为介质进行的，生物体内营养物质的运输、废物的排除、激素的传递以及生命赖以生存的各种生物化学过程，都必须在水溶液中才能进行，而所有物质也都必须以溶解状态才能进出细胞。水是植物体温的主要调节器之一。生境中水分的多少是影响植物生态分化方向的重要因素。水能使植物保持固有的姿态。水对植物散布和基因交流也具有很大作用。植物自身无运动能力，许多植物通过水的流动将繁殖体散布出去。种子萌发需要丰富的水分，水分是决定种子萌发的主要因素之一。土壤水分不仅影响光合速率的高低，还影响合成的物质在根与茎之间的分配。不同的土壤水分条件下，植株形成不同的根冠比。

动物按栖息地可以划分为水生和陆生两大类。水生动物的生存介质主要是水，而陆生动物的生存介质主要是大气。因此，它们的主要适应特征也有所不同。

水生动物的分布、种群形成和数量变动都与水体中含盐量的情况和动态特点密切相关。例如，淡水动物体液的浓度对环境是高渗透的，体内的部分盐类既能通过体表组织弥散，又能随粪便、尿液排出体外，当体内盐类有降低的危险时，它们排出体外的盐分会降低到最低限度，并通过食物和鳃从水中主动吸收盐类。海洋中生活的大多数生物体内的盐量和海水是等渗的，有些比海水低渗，低渗使动物易于脱水，于是在喝水的同时又将盐吸入，它们对吸入的多余的盐类排出的办法是将其尿液量减少到最低限度，同时鱼的鳃可以逆浓度梯度向外分泌盐类。

陆生动物不论是低等的无脊椎动物还是高等的脊椎动物，它们各自以不同的形态结构来适应环境湿度，保持生物体的水分平衡。昆虫具有几丁质的体壁，防止水分的过量蒸发；两栖类动物体表分泌黏液以保持湿润；爬行动物具有很厚的角质层；鸟类具有羽毛和尾脂腺；哺乳动物有皮脂腺和毛，都能防止体内水分过分蒸发，以保持体内水分平衡、行为的适应。沙漠地区夏季昼夜地表温度相差很大，因此地面和地下的相对湿度和蒸发力相差也很大。一般沙漠动物（如昆虫、爬行类、啮齿类等）白天躲在洞内，夜里出来活动，这表现了动物的行为适应。许多动物在干旱的情况下具有生理上的适应特点。例如，澳洲鹦鹉遇到干旱年份，就停止繁殖；骆驼可以 17 天不喝水，身体脱水达体重的 27%，仍然照常行走，它不仅具有储水的胃，驼峰中还储藏有丰富的脂肪，在消耗过程中产生大量水分，血液中具有特殊的脂肪和蛋白质，不易脱水。

2. 以水为主导因子的植物生态类型

以水分为主导因子的植物生态类型包括水生植物和陆生植物。

1）水生植物

植物体的全部或部分适宜生长在自由水中的植物称为水生植物（hydrophyte）。水环境中氧含量低，大多数水生植物具有特别的内腔和特殊的细胞排列，构成叶、茎和根相连通的通气系统，使茎叶中的氧分子能向根部运动，改善在缺氧环境中根部的含氧量。水生植物体内的通气系统有两种：开放式通气系统和封闭式通气系统，开放式通气系统通过叶片气孔与大气直接相通，如荷的通气系统，生长在水下的水生植物，体表没有气孔结构，体内通气系统为封闭式。封闭式通气系统既可储存呼吸作用释放出的 CO_2 提供给光合作用，又可储存光合作用释放出的 O_2 提供给呼吸作用。淡水水生植物生活在低渗的环境中，植物还具有调节渗透压的能力。海水中的水生植物生活在等渗的环境中，不具调节渗透压的能力。这类植物的分布受水深、透明度的影响极大。同时受纬度、光照、水质、底质、其他生物等的影响也是很大的。水生维管束植物的地理分布，主要是由气候和地质两方面条件决定的。同一水体中的地区分布主要是由底质决定的。

按植物体沉没在水下的多少，又将水生植物分为沉水植物、浮水植物和挺水植物三类（图 2-8）。

图 2-8 水生植物示意图

（1）沉水植物。沉水植物大部分生活周期中植物体全部沉没在水下，根生于水下底基中。沉水植物的根、茎、叶由于适应水环境而退化，叶片柔软且薄，通常呈线形、带状或丝状，无性繁殖比有性繁殖发达，有性繁殖以水媒为主。沉水植物缺乏栅状组织和海绵组织，体表多不具角质层，水分可由植物体表面直接进出，一旦离开水中则往往会快速失水、凋萎，直至死亡。这类植物受透明度影响较大，透明度越大，分布也就越深。有些种类在开花时可以挺出水面，或漂浮于水面，如聚草、菹草、苦草等。典型的沉水植物为眼子菜属和茨藻属的种类；此外，聚草、轮叶黑藻等也是常见种类。

（2）浮水植物。浮水植物叶片飘浮在水面，可分为漂浮植物和浮叶植物。漂浮植物的根多退化或完全没有根，整个植物体漂浮于水面。植物体的细胞间隙非常发达或者具有气囊，以增加浮力，如槐叶萍、凤眼莲和浮萍等。浮叶植物的根能扎到水下基底，如睡莲属和萍蓬草属的植物的根状茎都比较发达。细胞间隙较大，其中充满气体。叶面上有蜡膜，气孔位于叶片上面，有发育良好的通气组织。维管束和机械组织比沉水植物的发达，常见的浮叶植物有菱、睡莲、水葵等。

（3）挺水植物。挺水植物的根着生于水下底基中，茎直立，光合作用部分处于水面上。这类植物在空气中的部分具有陆生植物的特征；生长在水中的部分（根或地下茎）具有水生植物的特征。常见的有芦、蒲草、荸荠、莲、水芹。

2）陆生植物

陆生植物生长地水分状况十分多样，可按植物的适应特征分为湿生植物、中生植物和旱生植物三种类型。

（1）湿生植物（hygrophyte）。湿生植物是适宜生活在水分饱和或周期性水淹的地段，具有抗水淹能力，不能忍受长时间缺水，即为抗旱能力弱的陆生植物。根据其环境特点，还可以再分为阴性湿生植物和阳性湿生植物两个亚类。阴性湿生植物主要分布在阴湿的森林下层，如热带雨林中的大海芋（*Alocasia macrorhiza*）及各种附生植物等。阳性湿生植物主要生活在阳光充沛、土壤潮湿的生境中，最典型的代表有水稻、灯心草。湿生植物的根系有发达的通气组织与地上部的通气组织相连通，抗涝性很强（图 2-9）。

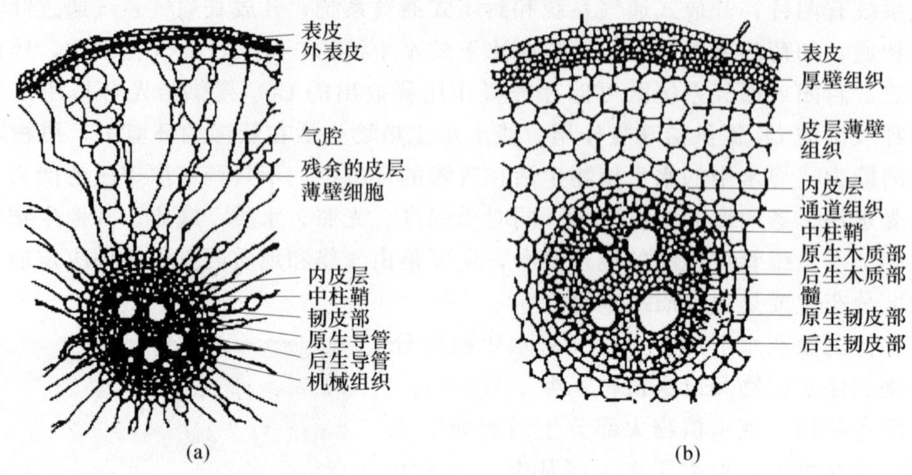

图 2-9 水稻（a）与小麦（b）的老根结构比较（徐汉卿，1995）

（2）中生植物（mesad）。中生植物是适宜生长在水湿条件适中的生境，是种类和数量最多、分布最广的陆生植物。由于环境中的水分减少，该类植物具有一套完整的保持水分平衡的结构和功能，中生植物的根系和输导组织均比湿生植物发达，叶片表面有角质层，栅栏组织整齐，有较强的防蒸腾的能力。

（3）旱生植物（siccocolous）。旱生植物是能忍受较长时间干旱而能平衡体内水分和保持正常发育，具多种适应干旱的形态结构特征和生理生化特性的陆生植物。可分为少浆液植物和多浆液植物。

少浆液植物常含有较少量的水分，在丧失 50%的水分时仍能生存。其叶片缩小，气孔小而数量多，下陷于叶面，叶面密被柔毛或卷叶，以减少太阳辐射，降低蒸腾强度，细胞原生质渗透压高，含水量少。这类植物的根系特别发达。生长在北美洲的蜿蜒牧豆（*Prosopis flexuosa*），根系深达 53m。一丛 4 年生的沙柳（*Salix cheilophylla*），其水平根幅可达 20m 左右（0～5cm 土层），须根也极为发达，根系的吸收面积约为 700m^2。

多浆液植物则根、茎、叶的薄壁组织转变为发达的肉质储水组织，储藏能力很强。储水能力越强，储水量越多，就越能适应干旱的环境。北美洲高大的仙人掌树体内储水量可达数吨。多数多浆液植物的叶片退化而由绿色的茎代行光合作用，而碳代谢途径为景天酸代谢途径。同时，其比表面积很小，气孔大而数量少，体表有厚的角质层，蒸腾速率可比中生植物少几千倍。

3. 极端水分条件对生物的影响与生物适应

1）植物的抗旱性能

由于土壤缺水或大气相对湿度过低对植物造成的伤害称旱害，包括脱水伤害和高温伤害。植物的抗旱性能主要取决于植物的避旱性和耐旱性。避旱型植物有一系列防止水分散失的结构和代谢功能，或具有膨大的根系用来维持正常的吸水。景天酸代谢植物如仙人掌夜间气孔开放，固定 CO_2，白天则气孔关闭，这样就防止了较大的蒸腾失水。一些沙漠植物具有很强的吸水器官，它们的根冠比为 30∶1～50∶1，一株小灌木的根系就可伸展到 850m^3 的土壤。植物的耐旱能力主要表现在其对细胞渗透势的调节能力上，耐旱型植物具有细胞体积小、渗透势低和束缚水含量高等特点，可忍耐干旱逆境。在干旱时，细胞可通过增加可溶性物质来改变其渗透势，从而避免脱水。耐旱型植物还具有较低的水合补偿点（hydration compensation point），即净光合作用为零时植物的含水量。

大多数维管束植物的耐旱性能是有限的，因此植物的抗旱性能主要取决于它们在逃避干旱时的机制效率，主要有三种方式：①缩短生长发育期逃避干旱季节；②改善吸水性能，储存水分并增加输水能力；③减少水分丢失，提高水分利用效率。

植物对干旱的形态结构和生理适应特征见表 2-5。

表 2-5 植物对干旱的形态结构和生理适应特征

形态结构适应	生理适应
茎体积变小	细胞糖分增加
根系伸展范围	细胞液浓度增大，渗透势降低
叶面积变小，叶片变厚	细胞含水量减少
叶片细胞变小，细胞壁增厚	单位面积的光合作用加快
气孔变小，数目增加，气孔下陷	单位面积的蒸腾速率提高
叶片被毛	原生质的渗透性增加，亲水性高
叶表面角质层加厚，且脂类物质含量增加	气孔开闭对光照、水分变化敏感
叶肉栅栏组织发达，海绵组织发育不明显	CAM 途径
细胞变小	短寿命或长寿命
木质化程度增加	脱落酸增加，气孔关闭

2）植物的抗涝性能

土壤水分过多对植物产生的伤害称为涝害，植物对积水或土壤过湿的适应力和抵抗力称植物的抗涝性。但是，水分过多对植物的危害并不在于水分本身，而是由于造成缺氧进而产生一系列危害。植物的抗涝性能大小取决于其形态和生理过程对缺氧的适应能力。

发达的通气系统是强抗涝性植物最明显的结构特征。很多植物可以通过胞间空隙把地上部吸收的 O_2 输入根部或缺 O_2 部位，发达的通气系统可增强植物对缺氧的耐力。如水稻幼根的皮层细胞间隙要比小麦大得多，且成长以后根皮层内细胞大多崩溃，形成特殊的通气组织。水稻通过通气组织能把 O_2 顺利地运输到根部。通过发达的通气系统可将地上部分从空气中吸收的 O_2 输送到缺氧部位。

淹水可引起植物体内乙烯水平显著增加。乙烯在体内的大量积累可刺激通气组织的发生和发展，还可刺激不定根的生成。某些植物（如甜茅属）淹水时刺激糖酵解途径，以后即以磷酸戊糖途径占优势，这样消除了有毒物质的积累。耐涝的大麦品种比不耐涝的大麦品种受涝后根内的乙醇脱氢酶的活性高。

四、空气的生态作用及生物的适应

大气与生物息息相关，例如，大气中的氧为人类、生物呼吸所不可缺少；二氧化碳是植物生长所必需的化合物；大气中的某些成分能吸收和放射长波辐射，使大气温度适宜于生物生存。大气又可阻挡太阳紫外线大量进入地表，对地球上的生命起着保护作用。大气是自然环境的重要组成部分和最活跃的因素。例如，大气中氧的化学性质非常活跃，在生命有机过程与无机过程中起着重要的作用。

（一）空气的组成及其平衡

大气圈中的空气是混合物，它主要是由 N（78.08%）、O_2（20.95%）、氩（0.29%）、CO_2（0.032%）及其他稀有气体如氢、氖、氪、O_3 等组成的。除了上述物质外，大气中还有水汽、灰尘和花粉等。大气的运动变化是由大气中热能的交换所引起的，热能主要来源于太阳，热能交换使得空气的温度有升有降。空气的运动和气压系统的变化活动，使地球上海陆之间、南北之间、地面和高空之间的能量和物质不断交换，生成复杂的气象变化和气候变化。

在大气组成成分中，与生物关系最为密切的是氧气和二氧化碳。大气中的氧主要源于植物的光合作用，少部分源于大气层的光解作用，即紫外线分解大气外层的水汽而放出氧。高层大气中的氧分子在紫外线作用下，与高度活性的原子氧结合生成非活性的臭氧（O_3），从而保护了地面生物免遭短光波的伤害。二氧化碳是植物光合作用的主要原料，植物在太阳光的作用下，把二氧化碳和水合成为碳水化合物，构成各种复杂的有机物。其次，大气中的 CO_2 浓度对于维持地表的相对稳定具有极为重要的意义。大气中 CO_2 每增加 10%，地表平均温度就要升高 0.3℃，这是因为 CO_2 能吸收从地面辐射的热线的缘故，即所谓的“温室效应”。

大气中的氧气与二氧化碳的平衡关系到生物的生存。动植物的呼吸作用需要消耗氧气，产生二氧化碳，但植物的光合作用却大量吸收二氧化碳，释放氧气，如此构成了生物圈的氧循环和碳循环。据估计，全世界所有生物通过呼吸作用消耗的氧和燃烧各种燃料所消耗的氧，平均为 10 000t/s。以这样的消耗氧的速度计算，大气中的氧大约只需两千年就会用完。然而，这种情况并没有发生。这是因为绿色植物广泛地分布在地球上，不断地通过光合作用吸收二氧化碳和释放氧，从而使大气中的氧和二氧化碳的含量保持着相对的稳定。绿色植物通过光合作用将太阳能转化成化学能，并储存在光合作用制造的有机物中。地球上几乎所有的生物都是直接或间接利用这些能量作为生命活动的能源的。煤炭、石油、天然气等燃料中所含有的能量归根到底都是古代的绿色植物通过光合作用储存起来的（图 2-10）。

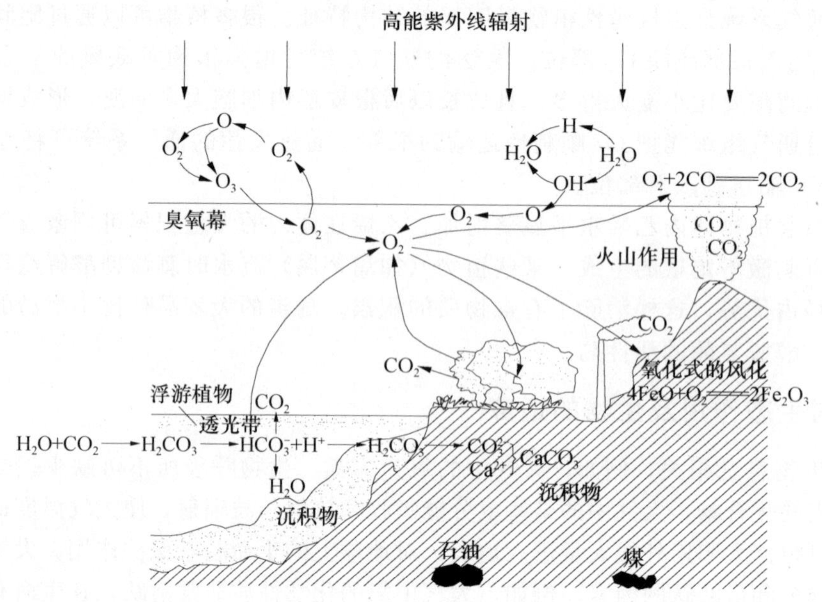

图 2-10　大气层中碳和氧的循环（姜汉侨等，2004）

（二）空气的生态作用与生物的适应

1. 空气与生物生长发育

大气成分中对植物生长影响最大的是氧、CO_2 和水汽。氧为一切需氧生物生长所必需，大气含氧量相当稳定，所以植物的地上部分通常无缺氧之虑，但土壤在过分板结或含水过多时，常因空气中氧不能向根系扩散，而使根部生长不良，甚至坏死；大气中的 CO_2 含量很低，常成为光合作用的限制因子，田间空气的流通以及人为提高空气中 CO_2 浓度，常能促进植物生长；大气中水汽含量变动很大，水汽含量（相对湿度）会通过影响蒸腾作用而改变植株的水分状况，从而影响植物生长。空气中还常含有植物分泌的挥发性物质，其中有些能影响其他植物的生长。如铃兰花朵的芳香能使丁香萎蔫，洋艾的分泌物能抑制圆叶当归、石竹、大丽菊、亚麻等生长。

1）CO_2 与光合作用

大气中的 CO_2 浓度对植物影响很大，它不仅是植物有机物质生产的碳源，而且对于维持地表的相对稳定有极为重要的意义。CO_2 是光合作用的原料之一，主要靠叶片从空气中吸收。但是，空气中的 CO_2 浓度很低，只有 330mg/kg，即每升空气约含 0.65mg，每合成 1g 光合产物（葡萄糖），叶片约需从 2250L 空气中才能吸收到足量的 CO_2，从而在光照充足而通风不良时，CO_2 往往成为光合作用的限制因素。植物光合速率在一定范围内随 CO_2 浓度的增大而加快，但 CO_2 达一定浓度时，光合速率不再增加。温室中 CO_2 不易散失，可以增施 CO_2 以提高产量。据试验，将温室空气中的二氧化碳浓度提高 3～5 倍，番茄、萝卜与黄瓜等可增产 25%～49%；大田条件下可以使用大量的有机肥料，增加土壤微生物的呼吸。但是，当植物周围的二氧化碳浓度过高时，光合作用强度也会受到抑制。例如，当 CO_2 浓度增至 0.12%，小麦的光合作用就会受到抑制；甚至叶片还会出现中毒症状。各种植物利用效率 CO_2 是有差异的。C_3 植物 CO_2 利用效率比 C_4 植物低，因此，CO_2 浓度仍是 C_3 作物高产的限制因素。

2）O_2 与呼吸

O_2 是生物呼吸的必需物质，呼吸作用能生成 ATP 和 NADPH，为生命活动提供了能量来源。植物在缺氧时会出现无氧呼吸，产生乙醇，从而导致植物出现中毒现象。由于水中溶解氧少，氧成为水生动物存活的限制因子，其代谢率随环境氧分压而改变。在陆地上，低氧分压也是限制内温动物分布与生存的重要因子。O_2 对微生物也有特殊意义，土壤中分两种微生物，一是好气性微生物，另一是嫌气性微生物，在林内，接近土壤表面的 O_2 很少，对好气性微生物活动不利。如果微生物不活跃，分解缓慢，则不利于养分循环。

2. 风对植物的生态作用与生物的适应

空气的流动形成风。风对植物的生态作用首先表现在帮助授粉和传播种子。银杏、松、云杉等的花粉都靠风传播，其花被不明显，花粉光滑、轻、数量多。兰科和杜鹃花科的种子细小，质量不超过 0.002mg。杨柳科、菊科、萝摩科、铁线莲属、柳叶菜属植物有的种子带毛。榆属、槭属、白蜡属、枫杨、松属某些植物的种子或果实带翅。铁木属（*Ostrya*）的种子带气囊，都借助于风来传播。草原上，风滚草卷缩成一个个球形，随风在草原上滚动，同时传播种子。

风的有害生态作用有风折、风倒和风拔。如台风能使榕树连根拔起；在金沙江干热河谷、云南河口等地，焚风会导致植物落叶甚至死亡；海潮风常把海中的盐分带到植物体上，导致不耐盐的植物死亡。

强风还能使植物形成畸形树冠，如畸形树等。由于大风经常性地吹袭，直立乔木的迎风面的芽和枝条干枯、被侵蚀、折断，只保留背风面的树冠，如一面大旗。为了适应多风、大风的高山生态环境，很多植物生长低矮、贴地，株形变成与风摩擦力最小的流线型，成为垫状植物。

风对植物水分平衡有重要作用，在很大程度上调节叶面的蒸腾，它能使叶肉细胞间的水分泄出，加强蒸腾作用，从而影响植物体的水分平衡，致使植物旱化矮化。植物适应强风的形态结构和适应干旱的形态结构相似。在强风影响下，植物的蒸腾加快，导致水分缺失，因此常形成树皮厚、叶小而坚硬等减少水分蒸腾的旱生结构。此外，强风区植物一般具强大的根系，特别是在背风方向处能形成强大的根系，就如支架似的起支撑作用，增加植物的抗风力。

风对许多动物也有重要影响。如许多淡水无脊椎动物的分布非常广，有的甚至遍布全世界，这主要是因为风是其重要的传播工具。许多昆虫的迁移取决于风和天气特征，草地螟成虫的大量起飞照例发生于气旋的缓区中，其飞行方向与风的方向一致，风速的大小则决定其迁移距离的远近。很多哺乳动物依靠风带来的化学信息作为区别方向的手段，并决定自己的移动方向。风对于飞行的动物昆虫、鸟类和蝙蝠等的生物学特性和地理分布影响较大。在经常刮着强风的地区，飞行的类群才能保留在那里，如借助风力飞行的军舰鸟、信天翁和风雨鸟等。在风力很强的海洋沿岸和岛屿，草原、荒漠、苔原地带以及南极大陆，有翅昆虫很少，无翅昆虫较多。

五、土壤的生态作用及生物的适应

（一）土壤的形成、组成及性质

土壤是由母岩、生物、气候、地形和陆地年龄的独特结合而形成的，其形成的基本规律是物质的地质大循环过程与生物小循环过程的统一。在土壤形成过程中，这两个循环过程是同时并存，互相联系，相互作用，推动土壤不停地运动和发展。由于气候、生物植被在地球表面表现出一定的规律性，使土壤资源在地面的空间分布表现出相应的规律性。在不同的生物气候带内分布着不同的地带性土壤，同时，土壤的空间分布还受到区域性地形、水文、地质等条件的影响。

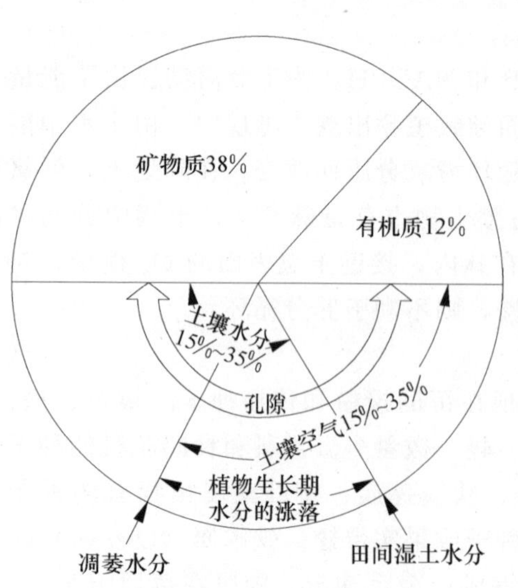

图 2-11　土壤组成成分（容积百分比）
（熊毅和李庆逵，1987）

土壤是由矿物质、有机质（固相）、土壤水分（液相）和土壤空气（气相）组成的三相系统（图 2-11），这决定了土壤具有孔隙结构特性。土壤中各相物质所占据的体积是经常变化的，空气体积和水分体积是相互消长的关系。

1. 土壤物理性质

1）土壤质地与结构

质地表示土壤颗粒的相对大小，反映土壤的细度或粗度，是土壤的一种十分稳定的自然属性。植物生长中许多重要的物理和化学反应的程度和速度都受到质地的制约。固体土粒是组成土壤的物质基础。土粒按其平均直径的大小分为石砾（＞2mm）、粗砂粒（0.2～2mm）、细砂粒（0.02～0.2mm）、粉砂（0.002～0.02mm）和黏粒（＜0.002mm）等不同的粒级（国际制）。土壤的机械组成表示各粒级的相对含量，根据机械组成划分的土壤类型称为土壤质地。土壤质地一般分为砂质土、壤质土和黏质土三大类，它们的基本性质不同，因而对生物的影响有很大差别。

土壤结构是指基本颗粒（砂、粉砂、黏粒）团聚而成的复合土粒。土壤的结构体按形状分为片状结构、柱状结构、块状结构、球状（团粒）结构。土壤的结构的形成与质地类型和胶结物质特性有密切关系。土壤结构体的种类、数量对土壤孔隙状况有明显影响。

2）土壤水分

土壤水分主要来自大气降水和地下水，是植物吸水的最主要的来源，也是自然界水循环的一个重要环节。水进入土壤后，重力、分子引力和毛管作用力等均对其发生作用。通常根据土壤水分所受的作用力把土壤水划分为：吸附水（包括吸湿水、膜状水）、毛管水和重力水。各种水分类型彼此密切交错联结，在不同的土壤中其存在状态也有差异。水分是土壤向植物供给养分的载体，其移动可以大大增加植物的养分供应。

3）土壤空气

土壤空气存在于土体内未被水分占据的孔隙中，因此土壤空气的含量随土壤含水量而变化。一般越接近地表的土壤空气与大气组成越接近，土壤深度越大，土壤空气组成与大气的差异也越大。由于土壤生物生命活动的影响，土壤空气中的 O_2 低于大气，CO_2、水汽含量高于大气，另外还含有甲烷、硫化氢等还原性气体。土壤空气中的 CO_2 含量是大气中的几十到几百倍，而 O_2 含量则较低。

4）土壤温度

土壤热量最基本的来源是太阳辐射能。土壤温度是太阳辐射平衡、土壤热量平衡和土壤热性质共同作用的结果。不同地区、时间和土壤不同组成、性质及利用状况，都会影响土壤热量的收支平衡。因此土壤温度具有明显的时、空变化特点。土壤表层的温度昼夜变化很大，甚至超过气温的变化。但越往土壤深层则温度变幅越小，在地面向下 1m 深处，昼夜温差几乎没有差异。土壤温度的年际变化幅度也呈现出表层大于深层的特征。

2. 土壤化学性质

土壤的基本化学性质包括土壤酸碱性和氧化还原反应、土壤有机质、土壤矿质元素。

1）土壤酸碱性和氧化还原反应

土壤酸碱性是指土壤溶液的反应，它反映土壤溶液中［H^+］和［OH^-］比例，同时也取决于土壤胶体上致酸离子（H^+ 或 Al^{3+}）或碱性离子（Na^+）的数量及土壤中酸性盐和碱性盐类的存在数量。土壤酸碱性是土壤重要的化学性质，是成土条件、理化性质、肥力特征的综合反应，也是划分土壤类型、评价土壤肥力的重要指标。自然条件下土壤的酸碱性主要受土壤盐基状况所支配，而土壤的盐基状况取决于淋溶过程和复盐基过程的相对强度。因此，土壤的酸碱性实际上是由母质、生物、气候以及人为作用等多种因子控制的。

2）土壤有机质

在土壤固相组成中，除了矿物质之外，就是土壤有机质，它是土壤肥力的重要物质基础。土壤有机质是指土壤中的各种含碳有机化合物，包括动植物残体、微生物体及其分解和合成的各类有机物质。土壤腐殖质是除未分解和半分解动植物残体及微生物体以外的有机物质的总称，由腐殖质和非腐殖质组成。

土壤有机质含量因土壤类型不同而差异很大，高的可达20%以上，低的不足0.5%。

3）土壤矿质元素

土壤中的矿物质主要是由岩石中的矿物变化而来。因此，土壤矿物的化学组成一方面继承了地壳化学组成的遗传特点，另一方面成土过程也影响了元素的分散、富集和生物积聚。O、Si、Al、Fe、Ca、K、Na和Mg等元素在土壤中普遍存在，数量占98%左右，其他元素则总共不到2%。

3. 土壤生物性质

土壤生物是土壤具有生命力的主要成分。土壤生物包括土居性的后生动物、原生动物及微生物。土壤是微生物的大本营，也是所有未利用的初级产品和动物生活废料的堆集场，而土壤微生物则担负着分解者的主要角色。

（二）土壤的生态作用及生物的适应

1. 土壤与生物生长发育

土壤处于大气圈、水圈、岩石圈及生物圈的交界面，是地球表面各种物理、化学、生物化学过程、物质与能量交换、迁移等非常复杂、频繁的地带。这种特殊的空间位置为地上、地下生物的生长繁衍提供了一个相对稳定的环境。

土壤是植物生长繁育和生物生产的基地。植物生长发育所需的养分和水分是通过其根系从土壤中吸取。同时，土壤对植物有机械支撑作用，使能真立足于自然环境中。植物需要的营养元素除CO_2主要来自于空气外，其他必需营养元素主要是通过土壤供给的。在生物的参与下，来自土壤的元素通常可以反复的再循环利用。另外，土壤中还有一些元素仅为某些植物必需，如豆科植物需Co、藜科植物需Na、蕨类植物需Al和Si等。

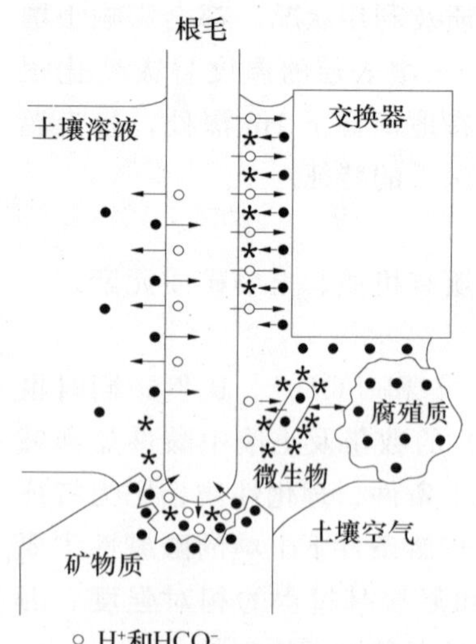

图 2-12　土壤中矿物元素的移动和根对元素的吸收示意图

植物根系通过以下的途径从土壤中摄取养分(图 2-12)：①从土壤溶液中吸收养分离子；②根系呼吸的CO_2溶于水中释放出H^+和HCO_3^-，促进根系交换，吸收被吸附在黏土颗粒和腐殖质胶体上的养分离子；③通过根系排放H^+离子使固定在化合物中的养分元素活化释放出来，与有机酸形成络合物溶于水中，随水分吸入根系。

土壤水分过多或过少都会影响植物的生长。水分过少时，植物会受干旱的威胁；水分过多会使土壤中空气流通不畅，阻碍根系呼吸和吸收，使根系腐烂，还会使有机质分解不完全而产生一些对植物有害的还原性物质。土壤含水量与土栖昆虫的活动有密切关系。在土壤过冬的昆虫，其出土的数量和时间受土壤含水量的影响十分明显。如小麦红吸浆虫幼虫在3～4月遇到土壤水分不足时，就停止化蛹，继续滞育，土壤长期干燥时甚至可滞育几年。土壤水分还能调节土壤温度。

土壤通气性程度还影响土壤微生物的种类、数量和活动情况，从而影响土壤肥力和植物生长发育。在土壤通气性不良时，O_2 浓度降低，好气微生物的活动受到抑制，减慢有机物的分解与养分的释放速度，同时还会产生一些对植物有毒害的物质。土壤过分通气，好气微生物过于活跃，有机质分解迅速，导致土壤有机质含量下降，影响土壤长期的肥力供应。

土壤有机质不仅提供大量的养分供给植物吸收利用；同时还有很强的缓冲环境变化的能力。另外，土壤有机质中有一些物质对植物生长发育起到类似生长调节剂的作用。

土壤微生物在养分循环中起着极其重要的作用。植物的根系会分泌有机物质，于是就在接近根的区域产生了一个有强烈生物活动的带，成为根际或根圈。大多数根际土壤微生物与植物根都形成一种互相有利的共生关系。植物寄主提供给微生物养料，而微生物可以增加有效根表面，提高吸收养分和水分的有效性，提高根系的耐逆境能力，并使土壤养分更加有效。另外，根际微生物生命活动中产生的生长素和维生素类物质也直接影响植物生长。如维生素 B_1、维生素 B_6 能促进根系发育，生长素（如赤霉素）能促进植物生长发育，抗菌素能增强植物的抗病性等。土壤动物也对植物的生长造成影响。如蚯蚓和白蚁等地下生物可以作为土壤的“生物犁”和养分的提供者。当然，土壤中时常含有大量的能引起植物或动物病害的生物。这些生物有的仅暂时生活在土壤中，其他则长时间定居于土壤中。土壤中的细菌、真菌、放线菌及线虫能引起植物的各种病害。例如，1845～1846 年爱尔兰的马铃薯大减产就是由一种真菌引起的马铃薯晚疫病造成的。

土壤酸碱性对土壤的肥力性质有深刻的影响，它决定着矿质元素的溶解度和分解速度。图 2-13 表示各种养分的有效性随 pH 而变化的关系：土壤 pH 为 6～7 时，养分的有效性最高，对植物生长最适合。在强碱性土壤中容易发生 Fe、B、Cu、Mn 和 Zn 等的缺乏，在酸性土壤中容易发生 P、K、Ca 和 Mg 的缺乏。

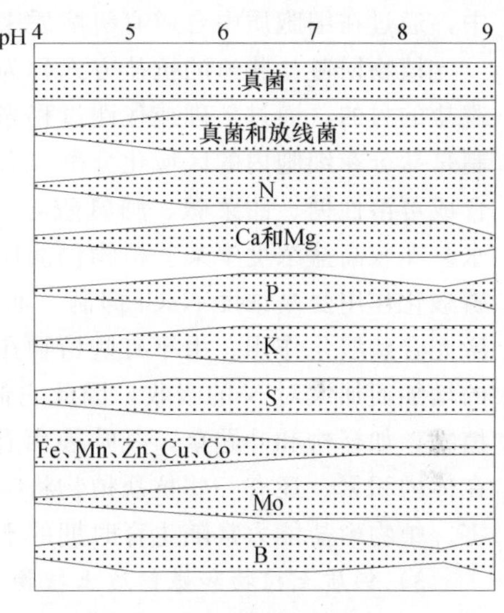

图 2-13 土壤 pH 对养分有效性的影响

2. 以土壤为主导因子的生物生态类型

在不同的土壤上长期生长的生物对该种土壤产生了一定的适应特性，形成各种以土壤为主导因子的生物生态类型。例如，根据植物对土壤酸度的反应可以把植物划分为酸性土植物、中性土植物和碱性土植物；根据植物对土壤中过量盐类的适应特点不同，又可划分为聚盐性植物、泌盐性植物和不透盐性植物；根据植物与土壤中矿质盐类（如钙盐）的关系，可把植物划分为钙质土植物和嫌钙质土植物；根据植物与风沙基质的关系，可划分出沙生植物。

1）酸性土植物和中性土植物

酸性土植物只能生长在酸性土壤上（pH＜6.5），而在碱性土或钙质土上生长不良或不能生长。典型的酸性植物有水藓属（*Sphagnum*）、铁芒萁（*Dicranopteris linearis*）、石松（*Lycopodium clavatum*）、狗脊（*Woodwardia japonica*）、茶树（*Camellia sinensis*）等。这些植物具有耐酸性，甚至可生活在 pH 3～4 的强酸性土上。水藓属植物喜欢强酸性环境，对 OH^- 很敏感，即使在中性范围也会死亡。

中性土植物只能生活在pH 6.5～7.5的中性土壤，在酸性土或碱性土土壤中生长不良。实际上大多数维管束植物对土壤酸碱性有较宽的适应范围，在pH 3.5～8.5的土壤都能生长。

2）盐碱土植物

盐碱土是盐土和碱土以及各类盐化、碱化土壤的统称。土壤中可溶性盐过多对植物的不利影响称盐害（salt injury），盐害对植物的危害表现在伤害了植物组织。植物对盐分过多的适应能力称为抗盐性（salt resistance）。过多盐积累会引起植物代谢紊乱，同时，土壤溶液浓度增高产生渗透胁迫，导致植物生理干旱。另外，由于离子之间的拮抗作用，过多盐积累还会影响植物的营养状况。例如，小麦如果生长在Na^+过多的土壤中，会影响对K^+的吸收，植物出现K缺乏症。

盐生植物是盐渍生境中的天然植物类群，这类植物在形态上常表现为植物体干而硬，叶子不发达，气孔下陷，叶表皮细胞有厚的外壁，并常具灰色绒毛，如盐角草；而另一些种类则是茎叶肉质，茎叶中有特殊的储水组织，如碱蓬，吸收的盐分主要积累在叶肉细胞的液泡中，通过在细胞质中合成有机溶质来维持与液泡的渗透平衡。

植物回避盐胁迫的抗盐方式称为避盐，它可通过被动拒盐、主动排盐和稀释盐分来达到避盐的目的。通过生理或代谢过程来适应细胞内的高盐环境的植物称为耐盐植物，其主要机制是盐分在细胞内的区域化分配。有的植物将吸收的盐分离子积累在液泡里。植物也可通过合成可溶性糖、甜菜碱、脯氨酸等渗透物质，来降低细胞渗透势和水势，从而防止细胞脱水。在较高盐浓度中某些植物仍能保持酶活性的稳定，维持正常的代谢。例如，菜豆的光合磷酸化作用受高浓度NaCl抑制，而玉米、向日葵、欧洲海蓬子等在高浓度NaCl下反而刺激光合磷酸化作用。由于有些植物在盐渍时能增加对K^+的吸收，有的蓝绿藻能随Na^+供应的增加而加大对N的吸收，因此它们在盐胁迫下能较好地保持营养元素的平衡。有些抗盐植物，如柽柳和叶匙草，茎叶表面有盐腺可以主动分泌盐分，防止K^+、Na^+、Cl^-等离子在体内积累。还有一些抗盐植物将吸收的盐分在体内稀释，保持体内不会因盐分过高造成危害。植物耐盐能力常随生育时期的不同而异，且对盐分的抵抗力有一个适应锻炼过程。

3）钙质土植物和嫌钙质土植物

有一些植物仅生长在石灰性土壤上，称为钙质植物；而有些植物却只能生长在缺钙的硅质和砂质土壤上，称为嫌钙质土植物。钙质植物一般都具有耐旱性，并能从石灰性土壤中吸收P和其他微量元素。典型的钙质土植物有黄连木等。嫌钙质土植物对Ca^{2+}和HCO_3^-高度敏感，如果Ca^{2+}和HCO_3^-过高会抑制生长并使根系受害。如水藓属植物在Ca^{2+}和HCO_3^-高的土壤中时，根会产生大量的苹果酸抑制生长，毒害根系。

4）沙生植物

生活在沙区（以沙粒为基质）生境的植物称为沙生植物（psammophyte）。它们在长期自然适应过程中，形成了抗风蚀、耐沙埋、抗日灼、耐干旱贫瘠等一系列生态适应特性。

沙基质的干旱性使沙生植物具有强烈的旱生或超旱生的形态结构与生理特性：植物体比表面积小，栅栏组织与海绵组织大；茎叶常具白色表皮毛或较厚角质层；叶片极端缩小，有的植物叶子完全退化以减少蒸腾，由绿色的细枝进行光合作用，仙人掌的叶片退化呈针状，梭梭、柽柳和木麻黄的叶片呈鳞片状，也有的沙生植物叶片呈肉质状，如盐爪爪和霸王。沙生植物对干旱适应性的获得是以光合能力的削减为代价的，净光合速率较低，而且有较高的光呼吸。

有一些沙生植物，如分布在沙砾质戈壁上的木本猪毛菜（*Salsola arbuacula*）、松叶猪毛菜（*S. larisifolia*），在特别干旱的时候就停止生长，进行休眠。还有一类短命植物，它们生长发育的速度极快，能利用短暂的雨水期完成其生活周期。如一种短命菊，只活几个星期，其种子只要稍有一点雨水就萌发；然后生长、迅速开花结实，在沙中水分损失完之前完成其生活周期。

大部分沙生植物具有靠风力传播繁殖体的能力，其种子和果实能随着流动的沙子一起移动而传播。一些沙生植物的种子在干沙层中可保持休眠若干年，遇水后仍具有萌发能力。此外，沙生植物也具有多种无性繁殖的方式，具有在被沙埋没的茎干上长出不定芽和不定根的能力。有的沙生植物还具有耐风蚀的特点，在风蚀露根时，能在暴露的根系上长出不定芽。

思考题

1. 如何理解在生物与环境的相互关系中环境是主导的而生物是主动的？
2. 如何认识生态因子的作用特点？
3. 简述光对生物的生态作用及生物对光的生态适应。
4. 导致南方植物移植到北方不能正常生长或生存的生态因子可能有哪些？
5. 水具有哪些生态作用？生物对极端水环境具有哪些适应性？
6. 为什么说土壤是介于生物和非生物之间的一个特殊生态因子？如何保护和利用土壤？
7. 试分析生物适应环境有哪些主要途径。

推荐读物

段昌群．2004．环境生物学．北京：科学出版社

姜汉侨，段昌群，杨树华等．2004．植物生态学．北京：高等教育出版社

任美锷．1982．中国自然地理纲要．修订版．北京：商务印书馆

伍光和，田连恕，胡双熙等．2000．自然地理学．第三版．北京：高等教育出版社

参考文献

姜汉侨，段昌群，杨树华等．2004．植物生态学．北京：高等教育出版社

李合生，孟庆伟，夏凯等．2004．现代植物生理学．北京：高等教育出版社

孙儒泳，李庆芬，牛翠娟等．2002．基础生态学．北京：高等教育出版社

王俊峰，冯玉龙．2004．光强对两种入侵植物生物量分配、叶片形态和相对生长速率的影响．植物生态学报，28（6）：781～786

王绍辉，孔云，陈青君等．2006．不同光质补光对日光温室黄瓜产量与品质的影响．中国生态农业学报，14（4）：119～121

王忠．2000．植物生理学．北京：中国农业出版社

伍光和，田连恕，胡双熙等．2000．自然地理学．第三版．北京：高等教育出版社

熊毅，李庆逵．1987．中国土壤．第二版．北京：科学出版社

徐汉卿．植物学．1995．北京：中国农业出版社

杨宗渠，尹钧，周冉等．2006．黄淮麦区不同小麦基因型的春化发育特性研究．麦类作物学报，26（2）：82～85

Arnim A V，Deng X W．1996．Light control of seedling development．Ann Rev Plant Physiol and Plant Mol Biol，47：215～243

Bezemer T M，DeDeyn G B，Bossinga T M et al. 2005. Soil community composition drives aboveground plant-herbivore-parasitoid interactions. Ecol Lett，8：652～661

Black C C. 1973. Photosynthetic carbon fixation in relation to net CO_2 uptake. Annu Rev Plant Physiol，24：253～286

Enger E D and Smith B F. 2000. Environmental Science：A study of Interrelationship. 北京：清华大学出版社

Kluge M，Ting I P. 1978. Crassulaceen Acid Metabolism：Analysis of an Ecological Adaptation. Berlin：Springer

Larcher W. 1997. 植物生理生态学. 瞿志席等译. 北京：中国农业大学出版社

Osmond C B. 1978. Crassulacean acid metabolisma：curiosity in context. Annu Rev Plant Physiol，29：379～414

White I D，Monttershead D N，Harrison S J. 1984. Environmental Systems. London：George Allen and Unwin

Šesták Z. 1985. Photosynthesis During Leaf Development. Dordrecht：Junk

第三章　生物种群与群落

摘要：本章在种群与群落水平上介绍生物与环境的关系，主要包括种群的基本特征、种群动态、种间关系、群落的基本特征与性质、群落的分布与群落的动态等。重点关注种内关系和种群的进化与生态对策，特别强调竞争在物种进化及群落形成中的作用，同时还重点介绍了群落分布与动态演替的规律及其影响因素。

种群是生态学各层次中最核心的层次，也是物种适应与存在的基本单位，而种群的有机结合构成生物群落。生物群体具有许多不同于个体的特征，群体水平对环境的响应也有别于个体水平。种群生态学和群落生态学是农业、林业、畜牧业及环境保护事业发展的重要基础，特别是在生态恢复、生态工程、自然保护等诸多领域得到了广泛的应用。

第一节　生 物 种 群

生物种群最基本的特征是数量特征、空间特征和遗传特征。生物种群是生物群落的基本组成单位，也是生态系统研究的基础。

一、种群概述

（一）种群的概念

种群（population）指的是在特定时间内，分布在一定空间中同种生物个体的集合。该术语广泛应用于与生态学相关的学科中，如遗传学、生物地理学和进化论等。种群内个体并不孤立存在，而是相互间构成具有一定组织结构和遗传特征的有机整体，从而具有个体所没有的一些“群体特征”，如种群密度、年龄组成、遗传结构、出生率、死亡率等。因此，在有些学者的定义中，强调种群应具有共同基因库，经历着相同的进化历史，并且其内部个体之间能够进行自然交配并繁衍后代。在这个意义上说，种群是物种（species）的存在单位、繁殖单位和进化单位，任何物种的个体都不可能脱离其具有一定大小的种群而单独地生存。

此外，从生态学的观点看，种群还是生物群落的基本组成单位，也是生态系统研究的基础。种群生态学主要研究种群数量在时间和空间的变化规律、变化原因以及调节机制。因此，种群生态学一直被生态学家视为生态学研究的核心，有些学者甚至将生态学就定义为研究种群分布与多度的科学（Krebs，2001）。

（二）种群分布特征

种群的空间特征指种群具有一定的分布区域和分布形式，一般把在大的地理范围的分布称为地理分布，这一范围和边界本质上由该物种相应的生态耐受性及其与其他种群之间的生态关系所决定，同时还取决于生态条件、种群的移动性、历史上的气候因素以及人为破坏、干扰与利用等因素。可以说种群分布区的形成是在进化尺度上的种群适应过程。

种群在小范围内个体与个体之间的空间排布方式或相对位置称为分布格局，一般可以分为集群分布、随机分布以及均匀分布三种格局类型（图 3-1）。

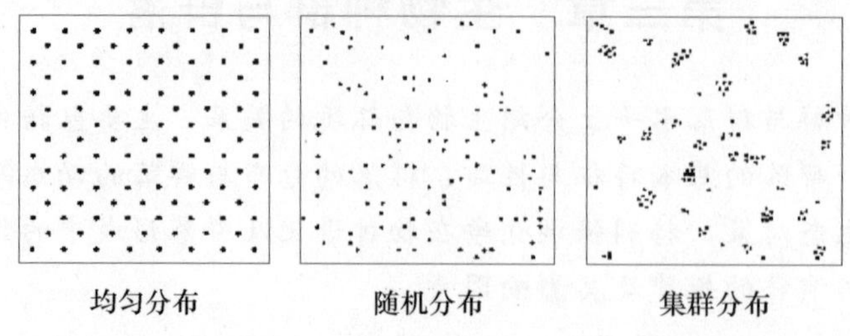

图 3-1　种群分布格局模式图（Smith，1977）

均匀分布：个体之间保持一致的距离，这种分布格局一般仅出现在资源均匀分布或非常有限的情况下，因种内竞争而引起。如荒漠地区极端旱生群落的优势物种常常表现为均匀分布格局。另外，人工群落中种群也多为均匀分布。

随机分布：每一个体在种群领域中各个点上出现的机会是相等的，并且某一个体的存在不影响其他个体的分布。随机分布比较少见，如森林底层的某些无脊椎动物。

集群分布：这是最常见的分布格局，既可能因为种群个体有结群倾向而引起，也可能由资源分布和种子散布的限制或营养繁殖而留在亲体周围引起。动物的集群分布则反映了种群成员间有一定程度的相互关系，如利于求偶或保证成员的安全等，鱼群、鸟群、兽群都是集群分布的实例。

（三）种内关系

种内关系（intraspecific relationship）指的是存在于生物种群内部的个体与个体之间的关系。生物的种内关系除了食物、资源和空间上的竞争关系外，还包括其他多种作用类型，从而能进一步认识生物群落的结构和功能。

生物的种内关系包括密度效应、动植物性行为（动物的婚配制度和植物的性别系统）、领域性以及社会等级等，这里主要介绍密度效应。密度效应又称邻接效应，指的是在一定时间内，当种群的个体数目增加时，所产生的相邻个体间的相互影响。凡是影响出生率、死亡率和迁移的生物因子、理化因子都对种群密度起着调节作用，所以根据影响因素的种类，将其作用类型划分为密度制约（density dependent）和非密度制约（density independent）。密度制约因素包括生物种间的捕食、寄生、食物、竞争等关系；而非密度制约因素则包括空气成分、气候因素一些随机性因素。植物的密度效应一般具有两个基本的规律。

1. 终产量恒值法则

某一特定范围内，当所有条件相同时，种群的最终产量几乎都是一样的，与该种群的密度无关。这一法则最早是由澳大利亚学者 Donald 1951 年在对三叶草（*Trifolium subterraneum*）的密度与产量的关系研究中证实的。

终产量法则可以用下式表示：

$$Y = \overline{W}d = K_i$$

式中，$\overline{W}$ 为植物个体平均重量（g）；d 为密度（株/m^2）；Y 为单位面积产量（g）；K_i为常数。

出现这一现象的原因可能是因为在种群密度较大的情况下，有限的资源导致植株的生长能力受抑制，个体相对变小，重量减轻。

2. －3/2 法则

－3/2 法则又称－3/2 自疏法则。自疏现象（self-thinning）是指当随着播种密度的提高，种内对资源的竞争不仅影响到了个体的生长发育速度，也影响到个体的存活率，于是在这样高密度的样方中，出现了部分个体死亡的现象，也就是意味着种群开始了“自疏现象”。

1963 年日本学者 Yoda 等发现自疏过程中存活个体的平均株干重（$\overline{W}$）与种群密度（d）之间存在以下的关系：

$$\overline{W} = Cd^{-a}$$

取对数后：　　　　　　　　　$\lg\overline{W} = \lg C - a\lg d$

1981 年英国学者 Harper 等对黑麦草（*Lolium perenne*）的大量研究中发现上式中$-a$为一个恒定的常数 3/2。自此，自疏过程中存活个体的平均株干重（$\overline{W}$）与种群密度（d）之间的关系被称为－3/2 自疏法则。20 世纪 80 年代开始 White 等学者对 80 多种植物的自疏现象进行了定量观测，结果发现包括藓类、草本和木本植物等都具有－3/2 自疏现象。

(四) 种群的进化与选择

所有生物始终都处在进化与选择的压力之下，选择压力将使生物能够最有效地占据它们的特定生态位，这种压力来源于种间竞争、种内变异个体的竞争、捕食关系或者寄生关系等生物与其他生物的相互作用。只有在环境发生某些根本性的变化，选择才能促进生态系统产生实质性的改变。在生物进化上，繁殖方式应该是最基本的适应。

1. 生态对策

生物的生长和繁殖的生活期方式称为生活史（life history），其主要内容包括生物的生长率、大小、繁殖以及寿命。在自然界中，不同物种之间生活史差异极大，例如，在鸟类中，身形笨重的鸵鸟和形如蜜蜂的蜂鸟。生物在进化过程中，为了适应生长的特定环境而形成了的其自身所特有的生物学特性，就构成了生物特有的生活史特征，我们称之为生态对策（ecological strategy）或生活史对策（life history strategy）。因此，生态对策是生物通过激烈的生存竞争所获得的，是自然选择和进化的结果。

2. 进化过程中的变异和选择

种群是生物进化的基础，因此在种群内出现个体的变异是一种普遍现象。发生的这些变异部分是由于生理调节，部分则是遗传引起的，其中有些变异可能是不利的，还有些变异是有利的或是中性的。通过进化，物种的不利变异遭到淘汰，有利的得到保留，随着时间的推移和隔离机制，并最终导致了新的物种形成。导致物种发生进化变异的原因很多：种群中个体发生变异的过程中部分基因缺失；迁入和迁出可能会带来新的基因，也会导致部分基因缺失；种群中各随机交配的个体基因的增加；当种群数量较少时，常常会发生基因缺失或是遗传漂变现象。因此物种通过自然选择得以进化。

如果从生态位的角度考虑，选择可能向不同的方向发展。第一，定向选择，当选择迫使种群数量呈正态分布，一侧受胁迫个体适应环境，使种群的平均值偏向这一侧，这种选择属于定向型。第二，稳定选择，当环境条件对种群数量正态分布中间的个体有利时，而两侧受到胁迫的个体遭到淘汰，这种选择属于稳定型。第三，分裂选择，选择对种群数量正态分布中间的个体不利，但却对两侧个体有利，从而使种群分成两部分，这种选择属于分裂选择（图 3-2）。

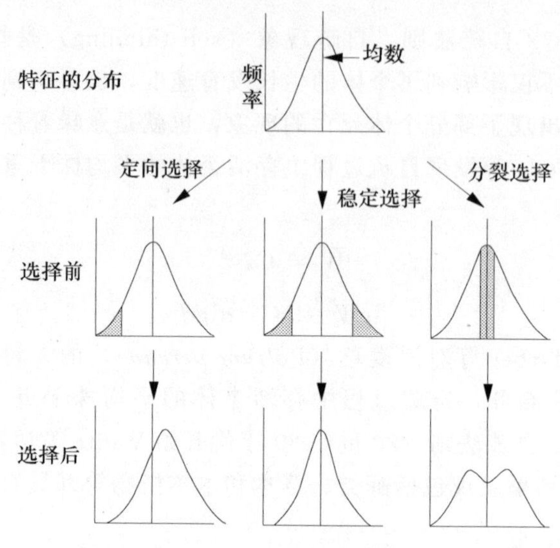

图 3-2 选择与生态位（孙儒泳，2003）

3. r 对策与 K 对策

生物通过长期的协同进化，自身逐渐形成了对环境适应的生态对策。根据生物栖息的环境和生态对策把生物划分为 r 对策者和 K 对策者两大类。r 对策者适应于不可预测的多变环境（如干旱地区和寒带），具有能将种群生长最大化的各种生物学特性，即高生育力、快速发育、早熟、成年个体小、寿命短且单次生殖多而小的后代。一旦环境条件好转，就能以其高增长率 r 迅速恢复种群，使物种得以生存。K 对策者适应于可预测的稳定环境（如热带雨林）。在稳定的环境中，由于种群数量经常保持在环境容纳量 K 水平之上，因而竞争较为激烈。K 对策者具有成年个体大、发育慢、迟生殖、产仔（卵）少而大但多次生殖、寿命长、存活率高的生物学特性，以高竞争能力使自己能够在高密度条件下得以生存。

因此可以说在生存竞争中，K 对策者是以“质”取胜，而 r 对策者是以“量”取胜；K 对策者能将大部分能量用于提高存活，而 r 对策者则是将大部分能量用于繁殖。在大分类单元中，大部分昆虫和一年生植物可以看做是 r 对策者，大部分脊椎动物和乔木可以看做是 K 对策者。在同一分类单元中，同样可做生态对策比较，如哺乳动物中的啮齿类大部分是 r 对策者，而大象、虎、熊猫则是 K 对策者。

表 3-1 r 对策和 K 对策生物的特征比较（李博等，2000）

特征	r 对策	K 对策
气候	多变，不确定	稳定，可预测
死亡	无规律，非密度制约	较有规律，密度制约
存活	幼体存活率低	幼体存活率高
数量	时间上变化大，不稳定 远低于环境承载力	时间上稳定 通常接近 K 值
种内、种间竞争	多变，通常不紧张	经常保持紧张

续表

特　征	r对策	K对策
选择倾向	(1) 发育快 (2) 增长力高 (3) 加快生育 (4) 体型小 (5) 繁殖一次	(1) 发育缓慢 (2) 竞争力高 (3) 延缓生育 (4) 体型大 (5) 多次繁殖
寿命	较短，通常少于一年	较长，通常大于一年
最终结果	高生育力	高存活力

二、种群的动态

种群的动态是种群生态学的中心问题之一。种群动态研究种群数量在时间上和空间上的变化规律和最终发展趋势。研究内容包括种群的数量特征、种群增长的规律以及种群的调节。

(一) 种群统计学

种群统计学就是对种群发生动态变化时各个参数的具体变化的统计学研究。这些参数大致分为：①种群的大小和密度；②初级种群参数，包括出生率、死亡率、迁入率和迁出率；③次级种群参数，指的是年龄分布、性别比例和种群增长率。

1. 种群的大小和密度

种群大小（size）指的是种群全部个体数目的多少。如果采用单位面积或单位体积内某种群的个体数目来表示种群大小，则称为密度（density）。但在很多情况下，种群密度很难用个体逐一计算，而是采用相对密度统计来表示种群数量的丰富程度。密度分为绝对密度统计和相对密度统计。绝对密度是指单位面积或空间的实有个体数，而相对密度则只能获得表示数量高度的相对指标。

在多数情况下，种群密度的高低取决于环境中可利用的物质和能量的多少、种群对物质和能量利用效率的高低、生物种群营养级的高低及种群本身的生物学特性（如同化能力的高低等）。种群密度也有一个最低限度，种群密度过低时，使种群的异性个体不能正常繁殖，会引起种群灭亡。

2. 出生率

出生率（natality）是指单位时间内种群产生新个体占总个体数的比例。这里的出生是一个广义的概念，包括分裂、出芽（低等植物、微生物）、结籽、孵化、产仔等多种方式。出生率分为生理出生率（physiological natality）和生态出生率（ecological natality）。前者是指种群在理想条件下种群的最高出生率，理想条件指的是种群没有任何生态因子的制约，只受物种自身生理状况的影响。后者指的是在特定生态条件下种群的实际出生率。

3. 死亡率

死亡率（mortality）代表一个种群的个体死亡情况。死亡率同出生率一样，也可以用生理死亡率（physiological mortality）和生态死亡率（ecological mortality）表示。生理死亡率也称最低死亡率，是指在最适条件下所有个体都因衰老而死亡。由于饥饿、疾病、竞争、被捕食、被寄生、恶劣的气候或意外事故等原因，实际死亡率（即生态死亡率）远远大于理想的最低死亡率。

4. 年龄结构

种群的年龄结构（age structure）又称为年龄分布（age distribution），是种群的重要特征之一，指的是种群内个体的年龄分布状况，即各年龄或年龄组的个体数占整个种群个体总数的百分比。一般用年龄金字塔来表示种群的年龄结构，它是将各年龄级的比例从小到大用图表示。图 3-3 是几个理论的年龄金字塔，表明虽然种群大小相同，但由于年龄结构不同，种群的繁殖力就不同。根据种群的发展趋势，种群的年龄结构可以分为三种类型：增长型种群、稳定型种群和衰退型种群。

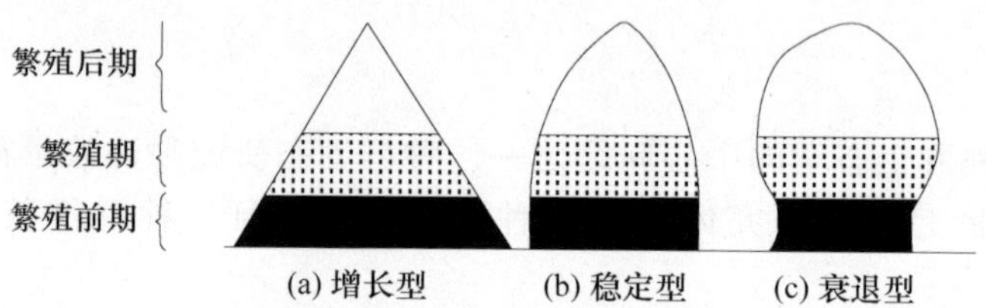

图 3-3　种群年龄金字塔模式型（李博等，2000）

增长型：种群的年龄结构含有大量的幼年个体和较少的老年个体，幼年个体除了补充死亡的老年个体外还有剩余，所以这类种群的数量呈上升趋势。增长型反映出该种群有高出生率和低死亡率。

稳定型：种群中各个年龄级的个体比例适中，在每个年龄级上，死亡数与新生个体数接近相等，种群的出生率和死亡率基本平衡，所以种群的大小趋于稳定。

衰退型：种群中幼体数目少，却含有大量的老年个体，种群的死亡率大于出生率，种群数量趋于减少。

5. 性别比例

性别比例（sex ratio）是种群雌性个体与雄性个体的比例。种群的性别比例同样关系到种群当前的生育力、死亡率和繁殖特点。在高等动物中性别比多为 1 ∶ 1，但某些动物和社会昆虫雌性较多。植物中虽然多数种是雌雄同株，没有性比问题，但某些雌雄异株植物，其性比可能变异较大。在野生种群中，性比的变化有时也会引起配偶关系和交配行为的变动，从而影响到繁殖力和种群的发展。与性比相关联的因素，还有个体性成熟的年龄，也是影响种群繁殖力的内在因素。

6. 生命表特征与分析

生命表（life table）概括了一群个体接近同时出生到生活史结束的命运。这样一群个体称为一个同生群，对它的分析称为同生群的分析。生命表中列出种群中不同生命阶段或不同年龄阶段存在的个体数量，经计算得到的每个年龄阶段的具体年龄存活率和具体年龄死亡率。

Conell 1970 年在对某岛屿固着在岩石上的所有藤壶（*Balanus glandula*）进行了多年连续的存活观察的基础上编制了藤壶生命表（表 3-2）。表中各种符号的含义如下：x 为年龄、年龄组或发育阶段；n_x为各年龄阶段开始时的存活数目；l_x为年龄组开始时的存活个体百分率；d_x为从 x 阶段到 $x+1$ 阶段的死亡数目；q_x为从 x 阶段到 $x+1$ 阶段的死亡率；L_x为从 x 阶段到 $x+1$ 阶段的平均存活数目；T_x为进入 x 龄期的全部个体在进入 x 期以后的存活个体总年数；e_x为x期开始时的平均期望寿命。

表 3-2 藤壶的生命表（引自 Krebs，2001）

年龄（x）	存活数（n_x）	存活率（l_x）	死亡数（d_x）	死亡率（q_x）	L_x	T_x	生命期望（e_x）
0	142	1.000	80	0.563	102	224	1.58
1	62	0.437	28	0.452	48	122	1.97
2	34	0.239	14	0.412	27	74	2.18
3	20	0.141	4.5	0.225	17.75	47	2.35
4	15.5	0.109	4.5	0.290	13.25	29.25	1.89
5	11	0.077	4.5	0.409	8.75	16	1.45
6	5.5	0.046	4.5	0.692	4.25	7.25	1.12
7	2	0.014	0	0.000	2	3	1.50
8	2	1.014	2	1.000	1	1	0.50
9	0	0	—	—	0	0	—

从该生命表可以得到以下信息：

第一，存活曲线（survivorship curve），以 lg n_x栏对x栏作图可得到存活曲线。该曲线直观地表达了该同生群（cohort）的存活。Deevey 1947 年把存活曲线划分为以下三种类型（图 3-4）。

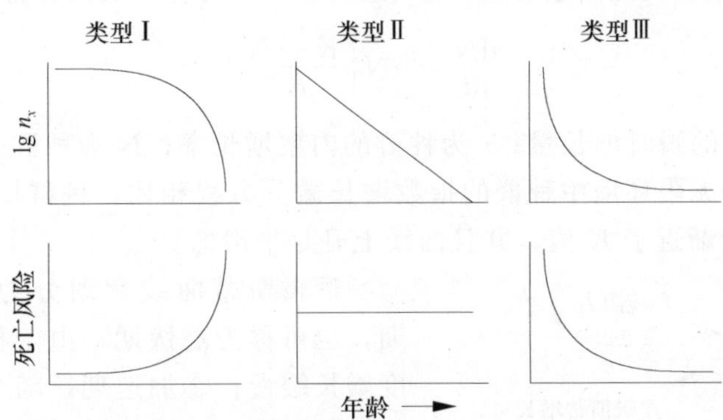

图 3-4 存活曲线的类型（Odum，1971）

Ⅰ型：曲线凸形，说明只有少数个体没有活到生理寿命。藤壶的存活曲线符合该型。Ⅱ型：曲线呈对角线，各年段个体死亡率相等。Ⅲ型：曲线凹形，幼年期个体死亡率高。

第二，死亡率曲线，以q_x栏对x栏作图得到该曲线。藤壶在第一年死亡率很高，随后逐渐下降，接近生理寿命时，死亡率迅速上升。

第三，生命期望，e_x表示x期开始时的平均期望寿命。

7. 种群增长率（r）和内禀增长率（r_m）

种群增长率的计算公式为

$$r = \ln R_0 / T$$

式中，R_0为世代净增长率；T为世代时间，指的是种群中子代从出生到产子这一过程的平均时间。

内禀增长率是指在环境条件（食物、领地和邻近的其他有机体）没有限制性影响时，由种群内在因素决定的、稳定的最大相对增殖速度。内禀增长率反映的是一种理想状态，可以用来与实际条件下的增长率进行比较，其差值可视为环境阻力的量度。

（二）种群增长模型

单种种群数量动态随时间的变化有多种形式，但基本上是由指数增长和逻辑斯蒂增长两个基本增长模型所构成。

1. 种群的指数增长

在无限环境（环境中的空间、食物等资源是无限的）或近似无限环境条件下，一些种群的数量按指数增长，其增长曲线像“J”形，所以也称J形增长。但世代分离的种群（如一年生植物）和世代重叠的种群（一年繁殖数代或一年繁殖一代，而寿命在一年以上的种群）的指数增长模型有所差异。

在自然界中，种群增长都是有限的，因为种群的数量总会受到食物、空间和其他资源的限制（或受到其他生物的制约）。由环境资源所决定的种群限度就称为环境容纳量（carrying capacity），环境容纳量（即 K 值）可以引入种群增长方程，因为随着种群数量的增加，种群增长率就会下降，当种群大于或等于环境容纳量的时候，种群就会停止增长。

2. 逻辑斯蒂增长

Verhurst 1838 年首次提出了 Logistic（逻辑斯蒂）方程，其微分方程为

$$\frac{\mathrm{d}N}{\mathrm{d}t}=rN\left(\frac{K-N}{K}\right)$$

式中，$\mathrm{d}N/\mathrm{d}t$ 为种群的瞬时增长量；r 为种群的内禀增长率；N 为种群大小；K 为环境容纳量。逻辑斯蒂方程和无限环境中种群的指数增长微分方程相比，种群增长由“J”形变成了“S”形曲线，该曲线渐近于 K 值，并且曲线上升是平滑的。

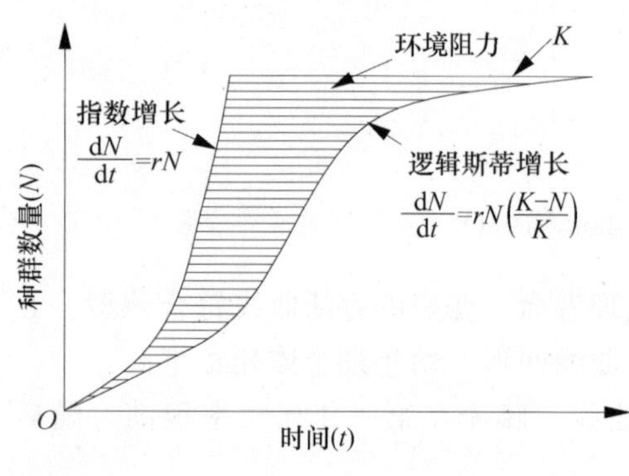

图 3-5 种群增长模型（李振基等，2004）

逻辑斯蒂曲线常划分为 5 个时期：①开始期，也可称为潜伏期，由于种群个体数很少，密度增长缓慢；②加速期，随个体数增加，密度增长逐渐加快；③转折期，当个体数达到饱和密度一半（即 $K/2$）时，密度增长最快；④减速期，个体数超过 $K/2$ 以后，密度增长逐渐变慢；⑤饱和期，种群个体数达到 K 值而饱和（图 3-5）。

逻辑斯蒂方程对生物学的发展起着重要作用，主要体现在几个方面：①它是许多两个相互作用种群增长模型的基础；②它也是农业、林业、渔业等生产领域中，确定最大持续产量（maximum sustained yield）的主要模型；③模型中两个参数 r（物种的潜在增殖能力）、K（环境容纳量），已成为生物进化对策理论中的重要概念。

（三）种群调节

当种群数量偏离平衡水平上升或下降时，有一种使种群数量返回平衡水平的作用，称为种群调节。种群调节使种群具有一定的稳定性，能够减少波动，保持在一个稳定的数量上。

在自然界中，种群密度的极端值很少能达到，因为有一系列的机制限制着种群的增长。种群调节以种群密度为基础，但有时种群数量的变动与密度无关，而是受外界因素的影响。所以，通常把影响种群调节的各种因素分为两大类：密度制约因素和非密度制约因素，对种群的调节作用分别为密度制约作用和非密度制约作用。

(1) 密度制约作用。密度制约因素的作用与种群密度相关。例如，随着种群密度的上升，死亡率增高，或生殖力下降，或迁出率升高。密度制约因素包括生物间的各种生物相互作用，如捕食、竞争以及动物社会行为等。这种调节作用不改变环境容纳量，通常随密度逐渐接近上限而加强。

(2) 非密度制约作用。非密度制约因素是指那些影响作用与种群本身密度大小无关的因素。对于陆域环境来说，这些因素包括温度、光照、风、降雨等非生物性的气候因素。对于水域环境则是水的物理、化学特性的一系列因素。这种调节作用是通过环境的变动而影响环境容纳量，从而达到调节作用。

第二节 种间关系

同域分布的不同物种之间通过各种各样复杂的相互作用产生相应的与食物、资源及空间有关的生态联系，即种间关系（interspecific interaction）。从理论上讲，种间关系有许多种，但最主要的有 7 种相互作用类型，可以概括为两大类，即正相互作用（positive interaction）和负相互作用（negative interaction）。在生态系统的发育与进化中，正相互作用趋向于促进或增加，从而加强两个作用种的存活；而负相互作用则恰恰相反，趋向于抑制或减少。中性作用则表示两物种彼此无影响。

一、正相互作用

正相互作用（positive interaction）按其作用程度分为偏利共生、互利共生和原始协作。

（一）偏利共生

在自然界中，偏利共生（commensalism）的例子较为常见，其主要特征是种间关系的作用双方中，一方得利，而对另一方无害。偏利共生可以分长期性的和暂时性的。如某些植物以大树作附着物，借以得到适宜的阳光和其他生活条件，但并不妨碍被附生植物的生长，这正说明生物种间相互关系类型的划分不是绝对的。暂时性偏利共生是一种生物暂时附着在另一种生物体上以获得好处，但并不使对方受害。如林间的一些动物和鸟类，在植物上筑巢或以植物为掩蔽所等。

（二）互利共生

互利共生（mutualism）指两个生物种群生活在一起，相互依赖，互相得益。共生的结果使得两个种群都发展得更好，互利共生常出现在生活需要极不相同的生物之间。如异养生物完全依赖自养生物获得食物，而自养生物又依赖异养生物得到矿质营养或生命需要的其他功能。如有花植物和传粉动物的互利共生、动物消化道中的互利共生、高等植物与真菌的互利共生（菌根）及生活在动物组织或细胞内的共生体等。

（三）原始协作

原始协作（protocooperation）指两个生物种群生活在一起，彼此都有所得，但二者之间不存在依赖关系。可以把原始协作看做是共生的另一种类型，但它们的协作关系是松散的，分离后，双方仍能独立存活。如蟹与腔肠动物的结合，腔肠动物覆盖于蟹背上，蟹利用腔肠动物的刺细胞作为自己的武器和掩蔽的伪装，腔肠动物利用蟹为运载工具，借以到处活动得到更多的食物。又如在农业生产中，人们利用不同生活型植物的间作和套种，有时可以相互利用对方造成的有利环境等条件，相得益彰。

二、负相互作用

负相互作用（negative interaction）在生态系统的发育与进化中，趋向于抑制或减少。负相互作用通常包括竞争、偏害、捕食和寄生等。负相互作用使受影响的种群的增长率降低，但并不意味着有害。从长期存活和进化论的观点来看，负相互作用能增加自然选择率，产生新的适应。捕食与寄生作用对于缺乏自我调节能力的种群常常是有利的，它能防止种群过密，使种群免遭自我毁灭。

（一）竞争

1. 竞争的类型

两个或两个以上的物种共同利用相同资源时而相互发生干扰或抑制作用，就称为种间竞争。竞争的对象可能是食物、空间、光、矿质营养等。竞争的结果可能是：两个种群形成协调的平衡状态；或者一个种群取代另一个种群；或者一个种群将另一个种群赶到别的空间中去，从而改变原生态系统的生物种群结构。一般可把竞争区分为干扰竞争和资源利用竞争两种类型。此外，不同营养层之间的物种还存在着似然竞争。

干扰竞争（interference competition）指一种生物借助行为排斥另一种生物，从而损害其他个体。干扰竞争的例子很多，如动物的斗殴。利用竞争（exploitation competition）指一种生物所利用的资源对另一种生物来说也非常重要，即两种生物同时竞争利用同一种资源，由于资源发生短缺而引起的竞争。例如，在很多生境中，蚂蚁、啮齿类动物和鸟类都以植物种子为食。似然竞争（apparent competition）是指当一个捕食者同时捕食两个物种，也就是说这两个物种有着相同的捕食者时，其中一个物种个体数量的增加将会导致捕食者种群个体数量的增加，从而加重了对另一物种的捕食作用，这种两个物种通过有共同捕食者而产生的竞争，与两个物种通过对资源利用所产生的利用竞争在性质上存在相似的地方，所以称之为似然竞争。

2. 生态位与竞争排斥原理

1）生态位

生态位（niche）是生态学的一个重要概念，指的是在自然生态系统中一个物种的时间、空间上的位置及其与相关种间的机能关系。很多学者对生态位的概念进行了阐述，主要可以归纳为以下三类：①生境生态位（habitat niche）。生态位是物种的最小分布单位，其中的结构和条件能够维持物种的生存。②功能生态位（functional niche）。动物的生态位为动物在生物群落中的位置，以及动物与其食物和天敌的关系。其含义的实质是指食物是动物的（食物）生态位，而该动物本身又是其天敌的食物生态位。③超体积生态位（hyper-volume niche）。生态位是一个允许物种无限生存的超体积。在生物群落中，能够被生物利用的最大资源空间称为该生物的基础生态位。由于存在着竞争，很少物种能够全部占领基础生态位。物种实际占有的生态位称为现实生态位（realized niche）。

在自然生态系统中，生态位的大小可以用生态位宽度（niche breadth）来衡量。而生态位宽度是指在环境的现有资源谱中，某种生态元能够利用多少（包括种类、数量及其均匀度）的一个指标。生态位宽度与物种的耐受性有关。如果某种生物对食物、栖息地、资源的耐受范围较广，那么它的生态位宽度也就较宽（图 3-6）。

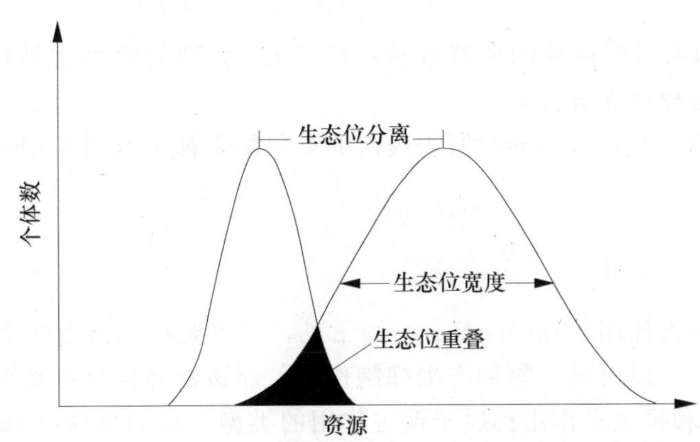

图 3-6　有关生态位的重要参数（每条曲线代表一个物种在一维资源轴上的生态位）

2）竞争排斥原理

俄罗斯生态学家 G. F. Gause 用实验方法观察两个物种之间的竞争现象。他选择两种在分类上和生态习性上很接近的草履虫——双小核草履虫（*Paramecium aurelia*）和大草履虫（*Paramecium caudatum*）进行实验。取两个种相等数目的个体，用一种杆菌为饲料放在基本恒定的环境里培养。开始时两个种都有增长，但是最终一个种趋于灭亡（图 3-7）。这两种草履虫之间没有分泌有害物质，主要是由于其中的一种增长快，而另一种增长慢。因竞争食物，增长快的物种排挤了增长慢的物种。

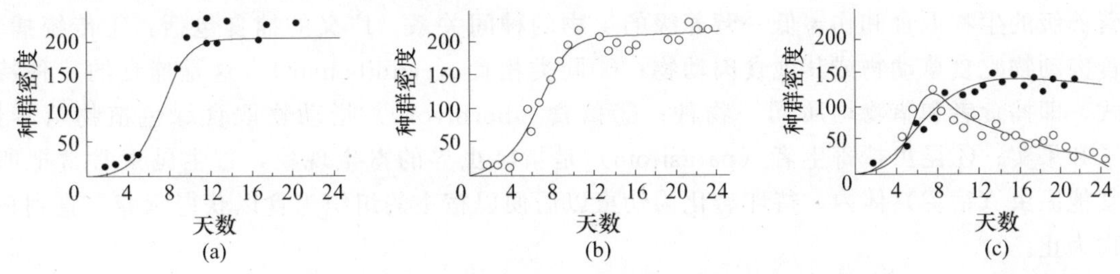

图 3-7　两种草履虫单独和混合培养时的种群动态（Mackenzie et al.，1999）

（a）双小核草履虫；（b）大草履虫；（c）混合培养

竞争排除原理说明，如果两个物种的生态位相似，那么在进化过程中必然会发生激烈的种间竞争，竞争的结果从理论上讲可以向两个方向发展：一是一个物种完全排挤掉另一个物种；另一个就是竞争使两个物种分别占有不同的空间（地理上分隔），或吃不同食物（食性上的特化），或其他生态习性上的分隔（如运动时间的分隔）。

3）竞争的理论模型

美国学者 Lotka 1925 年和意大利学者 Volterra 1926 年分别独立地提出了描述种间竞争的模型，该模型是在逻辑斯蒂方程的基础上建立起来的，它们具有共同的前提条件。

假定有两个物种，当它们单独生长时其增长形式符合逻辑斯缔模型，其增长方程是

$$\text{物种 1}\quad \frac{\mathrm{d}N_1}{\mathrm{d}t}=r_1N_1\left(K_1-\frac{N_1}{K_1}\right)$$

$$\text{物种 2}\quad \frac{\mathrm{d}N_2}{\mathrm{d}t}=r_2N_2\left(K_2-\frac{N_2}{K_2}\right)$$

式中，N_1、N_2 分别为两个物种的种群数量；K_1、K_2 分别为两个物种种群的环境容纳量；r_1、r_2 分别为两个物种种群增长率。

高等植物种群混合栽培或培养时所表现出的竞争结果都可以用 Lotka-Volterra 竞争方程来说明。

（二）偏害

在自然界中，偏害作用（amensalism）很常见，其主要特征为当两个物种在一起时，由于一个物种的存在，可以对另一物种产生抑制作用，而该物种自身不受影响。异种抑制作用（又称为他感作用）和抗生素作用都属于偏害作用的类型。如胡桃树（*Juglans nigra*）会分泌一种称为胡桃醌（juglone）的物质，它能抑制其他植物的正常生长，从而产生有害的结果。抗生素作用是一种微生物产生一种化学物质来抑制另一种微生物的过程，如青霉素就是青霉菌所产生的一种细菌抑制剂，也就是通常所说的抗生素。

（三）捕食

1. 捕食的概念与类型

捕食（predation）是指某种生物通过消耗其他生物活体的全部或部分身体，直接获得营养以维持自身生命的现象。前者称为捕食者（predator），后者称为猎物（prey）。捕食是一个种群对另一个种群的生长与存活产生负效应的相互作用。从广义的概念看，捕食也还是高一营养级的生物取食和伤害低一营养级的生物的种间关系。广义的捕食包括：①传统捕食，指食肉动物吃食草动物或其他食肉动物；②同类相食（cannibalism），这是捕食的一种特殊形式，即捕食者和猎物均属同一物种；③植食（herbivory）指动物取食绿色植物营养体、种子和果实；④昆虫拟寄生者（parasitoid）是指昆虫界的寄生现象，寄生昆虫常常把卵产在其他昆虫（宿主）体内，待卵孵化为幼虫以后便以宿主的组织为食以获得营养，直到宿主死亡为止。

2. 捕食者和猎物的数量动态特征及模型

从理论上说，捕食者和猎物的种群数量变动是相关的。当捕食者密度增大时，猎物种群数量将被压低；而当猎物数量降低到一定水平后，必然又会影响到捕食者的数量，随着捕食者密度的下降，捕食压力的减少，猎物种群又会再次增加，这样就形成了一个双波动的种间数量动态。北美雪兔与捕食者猞猁的数量变化是一个经典的例子（图 3-8）。

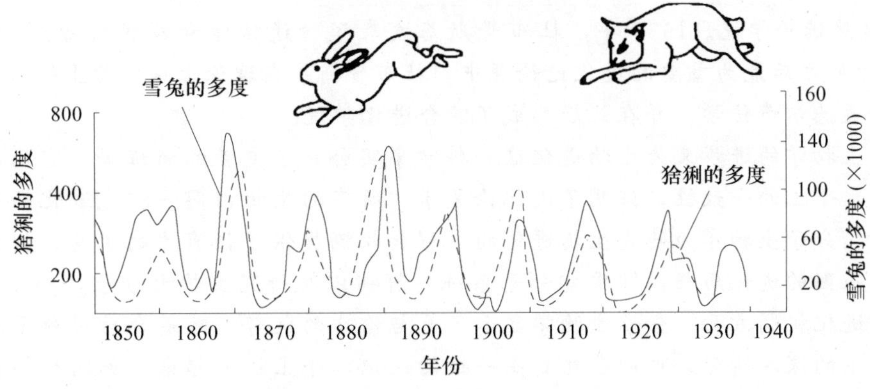

图 3-8　野兔与山猫的数量动态（Odum，1971）

在一个生态系统中，捕食者与猎物一般保持着平衡，否则生态系统就不能存在。如果忽视生物控制关系，滥用农药，会使某些有益的负相互作用机制严重削弱或失去，使害虫数量严重增长，给防治害虫工作带来更大的困难。

（四）寄生

寄生是指一个物种（寄生者）寄居于另一个物种的（寄主）的体内或体表，从而摄取寄主养分以维持自身生活的现象。根据寄居在寄主身体位置的不同，寄生可以分为体外寄生和体内寄生两类。由于寄生具有一定专性，因此寄生者和寄主常常是协同进化的。寄生物为适应它们的宿主表现出极大的多样性。其宿主可以是植物、动物，也可以是其他寄生物，例如，在致病细菌中生活的病毒或噬菌体，在这种场合可称为超寄生（superparasitism）。在植物界，寄生性种子植物还可分出全寄生与半寄生两类。全寄生植物从寄主那里摄取全部营养，而半寄生植物仅仅是从寄主那里摄取无机盐类，它自身能进行光合作用制造养分。全寄生的高等植物主要有大花草（*Rafflesia alnoldii*）、列当属（*Orobanche*）和菟丝子属（*Cuscuta*），半寄生的植物有小米草（*Euphrasia pectinata*）、槲寄生（*Viscum coloratum*）等。

生物进化

地球上有超过 1000 万种生物，对如此丰富的多样性，唯一合理的解释就是生物多样性是对应于地球上环境的多样性而进化来的，进化的过程倾向于填充一切可利用的生态空间。

1859 年 11 月，英国学者达尔文出版了《物种起源》，在这部巨著中提出了生物进化的自然选择学说。进化论从此取代神创论，成为生物学研究的基石。1865 年孟德尔发现了基因的分离与自由组合规律，但这一伟大的发现在 1900 年被重新发现之时，却被很多遗传学家用来攻击达尔文主义。直到 20 多年后，英国人费歇（R. A. Fisher）、荷尔登（J. B. S. Haldne）和美国人莱特（S. Wright）等一大批学者在野外观察和理论推演的基础上证明了达尔文主义和孟德尔主义并不互相冲突。在孟德尔遗传学的基础上，自然选择可以解释生物的适应性进化，根本不需要拉马克主义。选择对群体等位基因频率的影响，要比突变有效得多。这一理论成果很快为许多实验遗传学家所接受而修正了摩尔根的突变-自然选择学说。1937年，杜布赞斯基发表了《遗传学和物种起源》。在这部继《物种起源》之后最为重要的进化论论著中，杜布赞斯基在理论上和实验上统一了自然选择学说和孟德尔遗传学，并在此后形成了综合进化学说。

分子生物学的进步又为生物进化这一科学事实补充了更多的新证据，它揭示了生物界在分子水平上的一致性，证明了进化论关于"所有的生物由同一祖先进化而来"的命题。同时，分子生物学为研究生物进化的过程和机制提供了强有力的工具。例如，在重建物种或基因的进化历程，即重建分子系统发育树以及研究生物大分子（如DNA和蛋白质）的进化机制方面，分子生物学显示了无与伦比的优势。随着今后对分子进化和表型进化关系的深入研究，可能会在更高一级的认识水平上统一起来。如同生物物种一直处在其进化历程当中一样，进化理论也在不断的进化之中。

第三节 生物群落

生物群落是生态系统中的生命部分的总称，是生态系统中所有物种的个体的有机组合。生物群落主要讨论生物群体与环境的关系，主要包括群落特征、群落结构、群落分布、群落动态及群落演替。

一、生物群落的概念

（一）群落的定义

生物群落（biotic community）是指在特定时间下聚集在一定空间内的所有生物种群的集合。生物群落的概念，最早是由德国生物学家Möbius于1880年提出的。美国生态学家Odum 1957年提出群落除了物种组成与外貌一致之外，还"是生态系统中具生命的部分"，"是一个结构单元"，"具有一定的营养结构和代谢格局"。并指出群落的概念是生态学中最重要的概念之一，它强调了各种不同的生物能在有规律的方式下共处，而不是随机散布在地球上。

（二）群落的基本特征

群落的特征是组成群落的各个种群所不具有的，这些特征只有在群落的水平上才有意义。群落主要有下面几个基本特征。

1. 具有一定的种类组成

每个群落都是由一定的植物、动物和微生物种类组成的。群落的物种组成是区分不同群落的首要特征。一个群落中物种的多少和每个种群的数量，是度量群落多样性的基础。

2. 具有一定的群落结构

生物群落是生态系统的一个结构单元，它本身具有一定的形态结构和营养结构。如生活型组成、种的分布格局、成层性、季相、捕食者和被食者的关系等。

3. 具有一定的动态特征

生物群落是生态系统中有生命的部分，生命的特征就是不断运动，群落也是如此。其运动形式包括季节变化、年际变化、演替与演化。

4. 不同物种之间存在相互作用

生物群落是不同生物物种的集合体，其中的物种以有规律的形式共处，一个群落的形成和发展必须经过生物对环境的适应和生物种群的相互适应。

5. 具有一定的分布范围

任何一个群落只能分布在特定的地段和生境中，不同群落的生境和分布范围不同。无论从全球范围看还是从区域角度讲，不同生物群落都是按一定的规律分布的。

6. 形成一定的群落环境

生物群落对其居住环境产生重大影响。如森林中都形成特定的群落环境，与周围的农田或裸地大不相同，因为光照、温度、湿度与土壤等因子都经过了生物群落的改造。

7. 具有特定的群落边界特征

在自然条件下，有的群落有明显的边界，有的边界不明显。前者见于环境梯度变化较陡，或者环境梯度突然中断的情形，如陆地和水环境的交界处的湖泊、岛屿等。后者见于环境梯度连续缓慢变化的情形。大范围的变化如森林与草原的过渡带等；小范围的变化如沿缓坡而渐次出现的群落替代等。自然界大多数情况下，不同群落之间都存在过渡带，称为群落交错区，并导致明显的边缘效应。

（三）群落的物种组成

物种组成是决定群落性质最重要的因素，也是鉴别不同群落类型的基本特征。一般来讲，组成群落的物种越丰富，单位面积的物种也越多。群落学研究一般都从分析物种组成开始。对组成群落的物种进行调查并逐一登记，编制出所研究群落的生物物种名录。群落的物种组成情况在一定程度上能反映出群落的性质。以我国暖温带落叶阔叶林为例，群落乔木层的优势种类是由壳斗科、槭树科、榆科、桦木科、椴树科等植物组成，在下层则由蔷薇科、忍冬科、蝶形花科等的植物构成；又比如，分布在高山上的植物群落，则主要由虎耳草科、石竹科、龙胆科、十字花科、景天科的某些种类构成。可以根据各个种在群落中的作用而划分群落成员型。下面是植物群落等研究中常见的群落成员型分类。

1. 优势种和建群种

组成群落的各个物种在群落中的作用是不同的。对群落的结构和群落环境的形成起主要作用的植物称为优势种（dominant species），它们通常是那些个体数量多、投影盖度大、生物量高、体积较大、生活能力较强，即优势度较高的种。群落的不同层次可以有各自的优势种。以广布于华北等油松林为例，其乔木层以油松占优势，灌木层以蔷薇属、胡枝子属、忍冬属占优势，草本层以莎草科、禾本科植物占优势。各层有各自的优势种，其中优势层的优势种起着构建群落的作用，常称为建群种（constructive species）。通常情况下，在热带森林，往往由多个物种共同形成建群作用，而在北方森林和草原中，则多由单一物种起建群作用。

2. 亚优势种

亚优势种（subdominant）指个体数量与作用都次于优势种，但在决定群落性质和控制群落环境方面也起着一定作用的物种。在复层群落中，它通常居于较低的亚层，如南亚热带雨林中的红鳞蒲桃和大针茅草原中的冷蒿在有些情况下成为亚优势种。

3. 伴生种

伴生种（companion species）为群落的常见物种，它与优势种相伴存在，但在决定群落性质和控制群落环境方面不起主要作用，如锐齿槲栎林中的青荚叶、山梅花等。

4. 偶见种或罕见种

偶见种或罕见种（rare species）指那些在群落中出现频率很低的物种，多半数量稀少，如常绿阔叶林或南亚热带雨林中分布的观光木，这些物种随着生境的缩小濒临灭绝，应加强保护。偶见种也可能偶然地由人们带入或随着某种条件的改变而侵入群落中，也可能是衰退中的残遗种，如某些阔叶林中的马尾松。有些偶见种的出现具有生态指示意义，有的还可以作为地方性特征种来看待。

二、生物群落的结构

（一）生活型谱

不同气候和土壤条件下的植物群落，它们的生活型组成不同。类似的气候和土壤条件下的植物群落，虽地域上相隔很远，但却有着相似的生活型组成，并表现出相似的外貌。因此群落的生活型组成具有指示外界环境的作用。

生活型谱是分析一定地区或某一群落内各类生活型的数量对比关系，其计算公式如下：

$$\text{某一生活型的百分率} = \frac{\text{该群落内该生活型的植物种数}}{\text{该群落内所有植物种数}} \times 100\%$$

分析群落的生活型谱，在一定程度上可以反映一个地区和另一个地区在气候上的差异，以及同一气候区域内各植物群落内环境的差异。

（二）物种组成的数量特征

1. 密度

密度（density）指单位面积或单位空间内的个体数。一般对乔木、灌木和丛生草本以植株或株丛计数，根茎植物以地上枝条计数。样地内某一物种的个体数占全部物种个体数之和的百分比称为相对密度或相对多度。

2. 多度

多度（abundance）是对物种个体数目多少的一种估测指标，多用于群落内草本植物的调查。国内多采用Drude的七级制多度，即

Soc（Sociales）——极多，植物地上部分郁闭，形成背景；

Cop^3（Copiosae）——数量很多；

Cop^2——数量多；

Cop^1——数量尚多；

Sp（Sparsal）——数量不多而分散；

Sol（Solitariae）——数量很少而稀疏；

Un（Unicum）——个别或单株。

3. 盖度

盖度（coverage）指的是植物地上部分垂直投影面积占样地面积的百分比，即投影盖

度。后来又出现了“基盖度”的概念，即植物基部的覆盖面积。乔木的基盖度特称为显著度。林业上常用郁闭度来表示林木层的盖度。群落中某一物种的盖度或显著度占所有物种盖度或显著度之和的百分比即为相对盖度或相对显著度。

4. 频度

频度（frequency）即某个物种在调查范围内出现的频率，指包含该种个体的样方占全部样方数的百分比。群落中某一物种的频度占所有物种频度之和的百分比即为相对频度。

5. 高度

高度（height）常作为测量植物体的一个指标，测量时取其自然高度或绝对高度，藤本植物则测其长度。根据高度可以确定物种在群落中所处的垂直高度，从而了解群落的垂直结构。

6. 重量

重量（weight）是用来衡量种群生物量（biomass）或现存量（standing crop）多少的指标。可分干重与鲜重。在生态系统的能量流动与物质循环研究中，这一指标特别重要。

7. 体积

体积（volume）是生物所占空间大小的度量。在森林经营中，通过体积的计算可以获得木材生产量（称为材积）。

（三）种间关联

种的相互作用在群落生态学中占有重要位置，在一个特定群落里，有些种经常生长在一起，有些种则互相排斥。如果两个种一起出现的次数比期望的更频繁，它们就具正关联；如果它们共同出现次数少于期望值，则它们具负关联。正关联可能是因一个种依赖于另一个种而存在，或两者受生物的和非生物的环境因子影响而生长在一起。负关联则是由于空间排挤、竞争、他感作用以及不同的环境要求所致。

表示种之间是否关联，常采用关联系数（association coefficient），计算前需要先列出2×2列关联表（表3-3）。表中a是两个种均出现的样方数，b和c是仅出现一个种的样方数，d是两个种均不出现的样方数。如果两物种是正关联，那么绝大多数样方为a和d型；如果两物种是负关联，那么绝大多数样方则为b和c型；如果两物种是没有关联的，则a、b、c、d各型出现概率相等，也就是说完全是随机的。

表3-3　2×2列关联表

		种a		
		有	无	
种b	有	a	b	a+b
	无	c	d	c+d
		a+c	b+d	n

关联系数常用下列公式计算：

$$V = \frac{ad - bc}{\sqrt{(a+b)(b+c)(a+c)(b+d)}}$$

其数值变化范围是从−1到+1，然后按统计学的χ^2检验法测定所求得关联系数的显著性。

（四）群落的垂直结构

群落的垂直结构主要指群落成层现象。群落的垂直结构与光的利用有关。如森林群落的林冠层吸收了大部分光辐射，往下光照强度渐减，并依次发展为林冠层、下木层、灌木层、草本层和地被层等层次。

群落不仅地上部分成层，地下也具有成层性。植物群落的地下成层性是由不同植物的根系在土壤中达到的深度不同而形成的，最大的根系生物量集中在表层，土层越深，根量越少。这与土壤物理、化学特性有关。群落层次的分化主要取决于植物的生活型，因生活型决定了该种处于地面以上不同的高度和地面以下不同的深度；换句话说，陆生群落的成层结构是不同高度的植物或不同生活型的植物在空间上的垂直排列。成层结构是自然选择的结果，它显著提高了植物利用环境资源的能力，如在发育成熟的森林中，上层乔木可以充分利用阳光，而林冠下为那些能有效地利用弱光的下木所占据。穿过乔木层的光，有时仅占到达树冠的全光照的十分之一，但林下灌木层却能利用这些微弱的并且光谱组成已被改变了的光。在灌木层下的草本层能够利用更微弱的光，草本层往下还有更耐阴的苔藓层。

（五）群落的水平结构

群落的水平结构是指群落在水平方向上的配置状况或水平格局，生物种群在水平上的镶嵌性，也称为群落的二维结构。陆地群落（人工群落除外）的水平结构一般很少呈现均匀型分布，在多数情况下，群落内各物种常常形成局部范围相当高密度集团的片状分布或斑块状镶嵌。自然界中群落的镶嵌性是绝对的，而均匀性是相对的。导致水平结构的复杂性有三方面的原因：亲代的扩散分布习性、生境异质性和种间相互作用的结果。

镶嵌性是在二维空间中的不均匀配置，使群落在外形上表现为斑块相间，具有这种特征的植物群落称为镶嵌群落。每一个斑块就是一个小群落，小群落是由于环境因子在水平方向上的差异、生物种类的空间分布不相同而形成的各种不同的小型生物组合，它们彼此组合，形成了群落镶嵌性。群落内部环境因子的不均匀性（如小地形和微地形的变化、土壤湿度和盐渍化程度的差异以及人与动物的影响）是群落镶嵌性的主要原因。

（六）群落的时间格局

很多环境因子如光、温度和水分等有明显的时间节律（如昼夜节律、季节节律），受这些因子的影响，群落的组成和结构也随时间序列发生有规律的变化。群落的周期性变动是一种极普遍的自然现象，气候四季分明的温带、亚热带地区，植被的季节变化是时间结构最明显的反映，这种随气候季节交替，群落呈现的不同外貌称为群落的季相。群落中动物的季节性变化也十分明显，研究昆虫群落的季节变化规律，可以看出每一时段昆虫群落物种组成及数量变化特点，从而为害虫综合治理或益虫繁殖利用提供依据。

在不同的年度之间，生物群落常有明显的变动。这种变动如果限于同类群落内部的变化，不产生群落的更替，一般称波动。群落的波动多数是由群落所在的地区的气候的不规则变动所引起的，其特点是群落区系成分的相对稳定性、群落数量特征变化的不定性以及变化的可逆性。

（七）群落交错区和边缘效应

在两个不同群落交界的区域称为群落交错区（ecotone）。在群落交错区往往包含两个或多个重叠群落中所有的一些种及其交错区本身所特有的物种，这是由于交错区环境条件比较复杂，能为不同类型的植物定居，从而为更多的动物提供食物、营巢和隐蔽条件。

由于群落交错区生境条件的特殊性、异质性和不稳定性，使得毗邻群落的生物可能聚集在这一生境重叠的交错区域中，不但增大了交错区中物种的多样性和种群密度，而且增大了某些生物种的活动强度和生产力，这一现象称为边缘效应（edge effect）。例如，自然界中在森林和草原的交接处所形成的林缘条件，不但能容纳那些只适应森林或只适应草原的物种，还能容纳那些既需要森林、又需要草原，或只能在过渡地带生活的物种。

三、生物群落的分布

陆地生物群落的分布受多种因素的影响，其中起主导作用的是海陆分布、大气循流和由于各地太阳高度角的差异所导致的太阳辐射量的多少及其季节分配，亦即与此相联系的热量、水分及其配合情况。因为水热条件随纬度、经度与海拔的变化而变化，生物群落也在这三个方向上有规律的变化。群落分布在纬度与经度上的地带性规律称为水平地带性，而群落沿海拔变化所表现出的有规律的分布特性则称为垂直地带性，二者合称为三向地带性。

（一）群落分布的水平地带性

1. 纬度地带性

由赤道向两极，因为热量差异可分为热带、亚热带、温带、亚寒带和寒带这五个不同的气候区域。由于热量沿纬度的变化，出现生物群落类型有规律的更替，如从赤道向北极依次出现热带雨林—常绿阔叶林—落叶阔叶林—北方针叶林—苔原，即纬向地带性。在非洲大陆赤道两侧，群落分布的纬度地带性规律非常明显。赤道附近广布热带雨林，其南北方向依次大致对称地分布着热带季雨林—热带稀树干草原—热带荒漠—半荒漠和硬叶常绿林等群落。

2. 经度地带性

陆地上降水的主要来源是来自海洋上蒸散的水汽，在同一热量带范围内，特别是大陆东岸，陆地降水量从沿海到内陆逐渐减少，水分梯度的经向变化，会导致群落类型的经向分异，即由沿海湿润区的森林，经半干旱的草原到干旱区的荒漠。纬度地带性只是在局部大陆上的一种自然地理现象，而在其他大陆如澳大利亚，这种经向变化就大不相同。北美大陆中部群落经度地带性表现最为明显，其东临太平洋，西接大西洋，从大西洋沿岸向西直到太平洋沿岸，依次出现南北向延伸的森林—草原—荒漠—草原—森林。在这里，纬度地带性仅处于从属地位。

3. 中国植物群落分布的地带性

我国地处亚洲大陆东南部，东部和南部面临太平洋，西北则深入大陆内部，远离海洋。最南端接近赤道（北纬 4°），北部则是亚寒带（接近北纬 54°），热量状况由南向北递减。而我国降水主要来源于太平洋夏季风，因此水分状况自东南向西北递减。在我国东部，因为降水量较大，热量状况对群落分布的影响更大一些，由南向北依次分布着热带雨林—亚热带常绿阔叶林—温带落叶阔叶林—寒温带针叶林，表现出明显的纬度地带性。而自东向西，由于水分递减，则依次分布有森林—草原—荒漠。二者的综合作用使得我国植物群落的分布呈现东北—西南有规律的分布（图 3-9）。

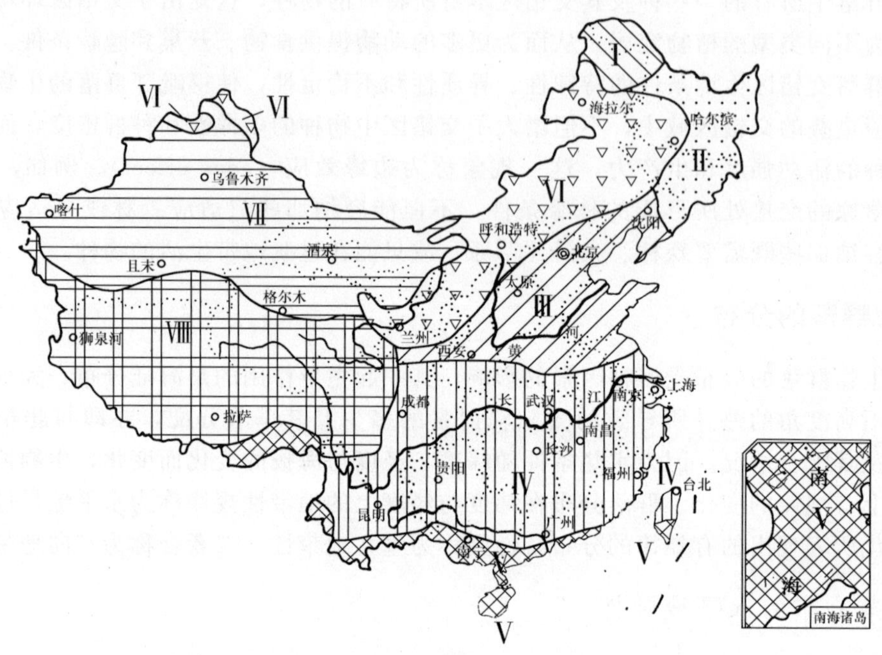

图 3-9　我国植被区划示意图（依侯学煜，1982 修改）

1）寒温带针叶林区域

寒温带针叶林区域位于大兴安岭北部山区，是我国最北的林区，以兴安落叶松为主，林下草本灌木不发达。

2）温带针阔叶混交林区域

温带针阔叶混交林区域包括东北松嫩平原以东、松辽平原以北的广大山地，本区受日本海影响，具有海洋型温带季风气候特征，冬季 5 个月以上，年均温较低，典型植被为以红松为主的针阔叶混交林。

3）暖温带落叶阔叶林区域

暖温带落叶阔叶林区域北与温带针阔叶混交林接壤，南以秦岭、淮河为界，本区主要建群种有栎、杨、柳、榆等，但目前主要是次生林，经数代的破坏和垦殖，多以栽培植物为主。

4）亚热带常绿阔叶林区域

亚热带常绿阔叶林区域北起秦岭、淮河，南达北回归线南缘，本区包括我国华中、华南和长江流域的大部分地区，以壳斗科、樟科、山茶科等的树种为优势成分，次生树种有马尾树、云南松和思茅松等，栽培树种有杉木等，本区也是我国重要的木材生产基地和珍稀树种集中的分布区。

5）热带季雨林、雨林区域

热带季雨林、雨林区域是我国最南端的植被区，该区湿热多雨，没有真正的冬季，年降水量高，土壤为砖红壤。热带雨林没有明显的优势树种，种类成分多样，结构复杂。

6）温带草原区域

温带草原区域包括松辽平原、内蒙古高原、黄土高原、阿尔泰山山区等，植被类型以针茅属植物为主，气候特点是半干旱、少雨、多风、冬季寒冷。

7）温带荒漠区域

温带荒漠区域包括新疆准噶尔盆地、塔里木盆地，青海的柴达木盆地，甘肃与宁夏北部的阿拉山高原等。本区气候极端干燥，冷热变化剧烈，风大沙多，年降水量低于200mm。只能生长旱生和超旱生的植物。

8）青藏高原高寒植被区域

青藏高原高寒植被区域是我国西南海拔最高的地区，气候寒冷干燥，多灌丛草甸、草原和荒漠植被。

（二）群落分布的垂直地带性

海拔每升高100m，气温下降0.5～0.6℃。在一定范围内，降水量往往随高度的增加而增加，达一定界线后，降水量又开始降低。另外，随海拔的增加，风速和紫外线辐射也相应增加。与气候要素的规律性变化相伴随，生物群落沿海拔梯度也呈现规律性的变化。这种海拔的变化所导致的生物群落有规律的更替即为群落分布的垂直地带性。

山地生物群落的带状排列是按一定秩序出现的，沿山地形成一定的植被系列，被称为山地垂直带谱。不同自然地带的山地，其垂直带谱是不同的。垂直带谱大致反映了不同生物群落类型沿纬度方向交替分布的规律。最理想的山地垂直带谱是热带岛屿上的高山，这里可以看到从赤道至两极的所有生物群落类型（图3-10）。由热带岛屿高山植被垂直分布模式图可以看出，该模式与自赤道向北植被分布的纬度地带性是极相似的，如同立起来的水平带谱。

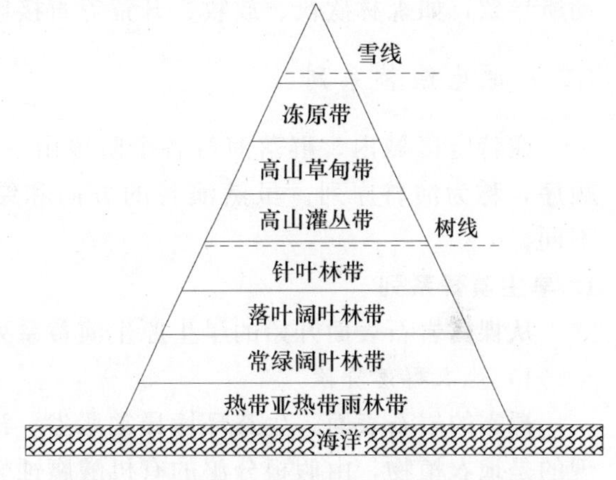

图3-10 热带岛屿高山植被垂直分布模式图

四、生物群落的动态

（一）演替的概念与类型

在一定区域内一个群落被另一个群落所替代的过程，称为群落的演替（succession）。演替是群落长期变化累积的结果，主要标志是群落在物种组成上发生质的变化，即优势种或全部物种的变化。演替过程可分为若干不同阶段，也就是演替系列群落，发展到最后的稳定系统称为顶极群落。生物群落的演替是群落内部关系（包括种内和种间关系）与外界环境中各种生态因子综合作用的结果。

根据起始条件不同可划分为原生演替和次生演替。原生演替是在未被生物占领过的区域开始的演替，又称初级演替，如在岩石露头、沙丘、湖底、海底、河底阶地上的演替。从岩石或裸地开始的原生演替又称旱生原生演替；从河湾、湖底开始的原生演替又称水生原生演替。次生演替是指在原有生物群落被破坏后的地段上进行的演替，如皆伐后的森林迹地、弃耕后的农田都会发生次生演替，还有火烧演替、弃耕地演替和放牧演替等。

按演替过程时间的长短可划分为三类：①快速演替。在短时间内（几年或十几年）发生的演替，如草原撂荒地上的演替。在这种情况下很快可恢复原有的植被，很多次生演替属快速演替。②长期演替。延续的时间较长，为几十年或几百年，如木本植物群落的天然更新过程。③世纪演替。这种演替占有很长的地质时期，也就是植物群落的系统发育和系统发生，原生演替属世纪演替。

按控制群落演替的主导因素可划分为内因性演替（或称内因动态演替）和外因性演替。内因性演替发生的主要原因是群落内不同物种之间的竞争、抑制或种类成分（主要是建群种）的生命活动，改变了生态环境，改变了的群落环境条件又不利于原来的成员，而为其他植物的更新创造了有利的生态环境，如此相互作用，使演替不断向前发展。一切源于外因的演替最终都是通过内因性演替来实现，因此可以说，内因性演替是群落演替的最基本和最普遍的形式。外因性演替是由于外界环境因素的作用所引起的群落演替。其中包括气候发生演替（由气候的变动所致）、地貌发生演替（由地貌变化所引起）、土壤发生演替（起因于土壤的演变）、火成演替（由火的发生作为先导原因）和人为发生演替（由人类的生产及其他活动所导致，如森林砍伐、放牧、开荒等直接影响植被而引起）。

（二）原生演替系列

在特定区域内，群落演替各个阶段由一种群落类型转变成另一种群落类型的整个取代顺序，称为演替序列。虽然演替的方向和结果是可预知的，但不同演替类型的演替系列不同。

1. 旱生演替系列

从裸露岩石表面开始的旱生原生演替系列大致依次经历以下四个阶段。

1）地衣群落阶段

裸露的岩石表面，生态环境异常恶劣，没有土壤，光照强，温差大，十分干燥。最先出现的是地衣植物，由假根分泌的有机酸腐蚀岩表，加之风化作用及壳状地衣的一些残体，在岩石表面就逐渐形成极少量的剥离层。在地衣的长期作用下，使土壤形成加快。地衣群落是演替系列的先锋群落，是整个系列中持续时间最长的过程。在地衣群落发展的后期，苔藓植物逐渐出现。

2）苔藓植物阶段

生长在岩表的苔藓植物，与地衣相似，可以在干旱状况下停止生长进入休眠，等到温和多雨时又大量生长。这类植物能积累的土壤更多，为以后生长的植物创造了更有利的条件。上述群落演替的两个最初阶段与环境的关系主要表现在土壤的形成和积累。

3）草本植物阶段

苔藓群落的后期，一些蕨类和一些被子植物中一年生或二年生草本植物会逐渐出现。这些草本大多是矮小耐旱的种类，开始是个别植株出现，以后大量增加而取代了苔藓植物。土壤继续增加，小气候开始形成，多年生草本就出现了。草本群落阶段岩面的环境条件有了明显的改变，由于郁闭度增加，土壤增厚，蒸发减少，调节了温、湿度。不仅土壤微生物和小型土壤动物的活动大为增强，土表动物也大量出现。

4）木本植物阶段

草本植物群落形成过程中，为木本植物创造了适宜的生活环境。首先是一些喜光的阳性灌木出现，它们常与高草混生形成高草灌木群落。以后灌木大量增加，成为优势的灌木群落。在灌木逐渐成为优势的演替发展中，阳性的乔木树种开始单株出现，继而会不断排挤无力争夺阳光的矮小灌木。至此，林下形成荫蔽环境，使耐阴的树种得以定居。林下那些阳性的草本和灌木物种同时消失，仅留下一些耐阴的种类。于是形成乔、灌、草相结合的多层次的、复杂的、稳定的顶极群落。

2. 水生演替系列

典型的水生演替系列依次是：自由漂浮植物阶段、沉水植物阶段、浮叶根生植物阶段、直立水生植物阶段、湿生草本植物阶段和木本植物阶段。在水很深时，植物只能漂浮生长，为自由漂浮植物阶段；随着水底抬升，逐步发展到沉水植物阶段；沉水植物中的轮藻属植物和其他藻类植物相继生长，生物残体和沉积物的积累使演替进入浮叶根生植物阶段；浮叶根生植物是一些叶片长在水面或水面以上的植物，如睡莲科和水鳖科物种，它们占主要地位后，水体光线减弱，沉水植物数量减少，并使有机物累积速度加快，水底抬升加速，演替逐步进入直立水生植物阶段；直立水生植物以芦苇为主，在群落中占重要地位，这类植物地上部生长旺盛，根部纵横交错，使水底很快被填满，从而进入湿生草本植物阶段；这时主要是莎草科和禾本科一些湿生种类组成群落。随着蒸腾加剧，地面沉积物增加，水位下降，群落的旱生种类增加，并最终过渡到木本植物阶段。

（三）次生演替

原生植被是指不受人类或外界因素干扰，在自然条件下形成的各类植物群落的统称。原生植被遭外力破坏即发生次生演替。引起次生演替的外力有火灾、病虫害、严寒、干旱、冰雹等自然因素和人类的经济活动。其中人类的破坏是主要的，如森林砍伐、放牧、垦荒、开矿等。大多数次生演替是在人类的干扰作用下开始的。各类原生群落，如热带雨林、亚热带常绿林、温带针叶林、草原等，遭破坏后，由于破坏程度及迹地环境条件的差异使次生演替的方式和趋向多种多样的。下面以秦岭中低山落叶阔叶林（主要是栎林）采伐后，从采伐迹地开始的次生演替为例介绍森林采伐演替。

首先是采伐迹地阶段。采伐迹地阶段即森林采伐时的消退期。这时产生了较大面积的采伐迹地。原来森林中的小气候完全改变，地面受到直接的光照，昼夜温差大。因此不能忍受日灼或霜冻的植物就不能在这里生活，原先林下的耐阴或阴性植物消失了，而喜光植物，尤其是一年生、二年生禾草和杂类草到处蔓生起来，形成杂草群落。其后为灌木群落阶段，先期为半灌木如美丽胡枝子、荒子梢等为优势的群落；后期为胡颓子、榛等为优势的灌木群落。

其次是先锋树种阶段（小叶树种阶段）。喜光阔叶树种（白桦、山杨、油松等）的幼苗不怕日灼和霜冻，能够适应新环境。由于原有栎林所形成的优越土壤条件，它们很快地生长起来，形成以桦树和山杨为主的阔叶林群落。同时，郁闭的林冠也抑制和排挤其他喜光植物，包括小叶树幼树同样受排挤，使它们开始衰弱，然后完全死亡。

然后是栎类定居阶段。由于白桦和山杨等上层树种缓和了林下小气候条件的剧烈变动，又改善了土壤环境，因此，林下已经能够生长耐阴性的栎类幼苗。最初这种生长是缓慢的，但一般到30年左右，栎就在桦、山杨林中形成第二层。通常当桦、山杨林长到50年时，许多栎就已伸入到林冠上层。随后，栎生长会很快超过桦和山杨而组成森林上层。桦和山杨因不能适应上层遮阴而开始衰亡。到了80～100年，栎树终于又高居上层，造成严密的遮阴，在林内形成紧密的酸性落叶层。桦和山杨则根本不能更新。这样又形成了该地区的顶极群落——栎林。

如果森林采伐面积过大而又缺乏种源，或者采伐后遭狂风，洪水使水土流失严重，或者是采伐后连年开垦农耕使水土流失，那么次生演替的速度和过程就不会与上述相同，很可能变得与原生演替相似。

（四）演替顶极理论

随着群落的演替最终出现一个稳定的顶极群落，这个事实已由合理的理论和深入的研究证实而获得了普遍认可。但是，关于顶极群落的性质和发展趋势方面，却存在不同的理论。

1. 单元顶极理论

单元顶极理论（monoclimax theory）认为在同一气候区内，只能有一个顶极群落，而这个顶极群落的特征是由当地的气候条件决定的。这个顶极称气候顶极（climatic community）。无论是水生型，还是旱生型的生境，最终都趋向于中生型的生境，均会发展成为一个相对稳定的气候顶极。

2. 多元顶极理论

英国学者Tansley 1954年认为，如果一个群落在某种生境中基本稳定，能自行繁殖并结束它的演替过程，就可看做顶极群落。在一个气候区域内，群落演替的最终结果不一定都汇集于一个共同的气候顶极终点。除了气候顶极之外，还有土壤顶极、地形顶极、动物顶极等形式。这样一来，一个植物群落只要在某一种或几种环境因子的作用下在较长时间内保持稳定状态，都可认为是顶极群落。它和环境之间达到了较好的协调。

由此可见，不论是单元顶极理论还是多元顶极理论（polyclimax theory），都承认顶极群落是经过单向变化而达到稳定状态的群落，而顶极群落在时间上的变化和空间上的分布，都是和生境相适应的。两者的不同点在于：其一，单元顶极理论认为，只有气候才是演替的决定因素，其他因素都是第二位的，但可以阻止群落向气候顶极发展；多元顶极理论则认为，除气候以外的其他因素，也可以决定顶极的形成。其二，单元顶极理论认为，在一个气候区域内，所有群落都有趋同性的发展，最终形成气候顶极；而多元顶极理论不认为所有群落最后都会趋于一个顶极。

思 考 题

1. 什么是种群？种群的分布特征包括哪些内容？
2. 种内关系和种间关系的概念是什么？种内关系和种间关系分别有哪些基本的类型？
3. 什么是生态位？
4. 种群增长模型的种类有哪些？
5. 种群的调节学说内容主要包括哪些方面？
6. 什么是群落？群落的基本特征和性质是什么？
7. 群落的数量特征包括哪些内容？

8. 什么是物种的多样性？

9. 群落在时间和空间上的排布结构有哪些方式？影响群落结构的因素有哪些？

10. 简述群落的分布的两种方式。

11. 什么是演替？演替的基本类型有哪些？

12. 简述演替的顶极理论。

推荐读物

姜汉侨，段昌群，杨树华等. 2004. 植物生态学. 北京：高等教育出版社

孙儒泳. 2003. 动物生态学原理. 北京：北京师范大学出版社

Molles M C. 2002. 生态学. 第二版. 北京：高等教育出版社

参考文献

常杰，葛滢. 2003. 隐没的群落：重构生态学 I. 植物生态学报，27 (1)：141，142

方精云，宋永昌，刘鸿雁等. 2002. 植被气候关系与我国的植被分区. 植物学报，44 (9)：1105～1122

戈峰. 2002. 现代生态学. 北京：科学出版社

侯学煜. 1982. 中国植被地理及优势植物化学成分. 北京：科学出版社

姜汉侨，段昌群，杨树华等. 2004. 植物生态学. 北京：高等教育出版社

李博，杨持，林鹏. 2000. 生态学. 北京：高等教育出版社

李振基，陈小麟，郑海雷. 2004. 生态学. 第二版. 北京：科学出版社

孙儒泳. 2003. 动物生态学原理. 北京：北京师范大学出版社

赵志模，郭依泉. 1990. 群落生态学原理与方法. 重庆：科学技术文献出版社

Botkin D，Keller E. 1995. Environmental Science. New York：John Wiley & Sons，Inc.

Krebs C J. 2001. 生态学. 第五版. 影印版. 北京：科学出版社

Mackenzie A，Ball A S，Virdee S R. 1998. 生态学. 影印版. 北京：科学出版社

Molles M C. 2002. 生态学. 第二版. 影印版. 北京：高等教育出版社

Odum E P. 1971. Fundamentals of Ecology. 3rd ed. Philadelphia：Saunders College Pub.

Smith R L. 1977. Elements of Ecology and Field Biology. New York：Harper & Row Publishers Inc.

第四章　生态系统

摘要：本章主要介绍生态系统的基本概念、研究对象和研究方法；生态系统的生命成分和非生命成分，生态系统的物质循环、能量流动和信息传递三大功能；陆地生态系统和水生生态系统等生态系统类型；以及生态平衡和生态破坏。

生态系统是自然界独立的功能单元。生态系统是在个体生态学、种群生态学和群落生态学的基础上，利用系统的观点和理论，把生命成分与非生命成分融为一个整体，并发展起来的一个新兴研究领域。生态系统是现代生态学发展的焦点。20 世纪 40 年代以来，生态系统的研究得到了快速的发展，逐步成为普遍接受的理论。

第一节　生态系统的概念与研究方法

生态系统是一定时间和空间内，生物与非生物成分组成的有机的统一整体。生态系统是生态学的功能单位。生态系统研究的对象主要是自然界的一部分。

一、生态系统的概念

生态系统（ecosystem）是在一定时间和空间内，生物与非生物的成分之间，通过不断的物质循环和能量流动而互相作用、互相依存的统一整体。生态系统是生态学的功能单位。这个概念强调了生物和环境是不可分割的整体；强调了生态系统内生物成分和非生物成分在功能上的统一。

1935 年，英国植物学家坦斯利（Tansley）首先提出了生态系统的概念。40 年代以后，生态系统概念趋于完善，并进入到实验研究阶段。动物学家林德曼（Lindeman）1942 年在美国明尼苏达州进行的泥炭湖的生物量、生物群落、营养关系、食物链及能流过程的研究，是对生物与环境之间的联系，生物间相互关系的具体实验研究的典范。20 世纪后期，生态学家中对生态系统贡献卓著的应首推 E. P. Odum 和 H. T. Odum 两兄弟，他们创造性地提出了生态系统发展中结构和功能特征的变化规律，并在营养动态和能量流动方面提出了许多新思想和新方法。

生态学家对生态系统的种种看法表明生态系统的概念正处于活跃发展阶段，并不断被理解和重视。生态系统概念的优越之处就在于它全面包括了生物有机体的全部物理的、化学的和生物的要素，构成一个统一的整体。

二、生态系统的研究对象与研究方法

（一）生态系统的研究对象

生态系统研究的对象主要是自然界的一部分，如森林、草地、冻原、湖泊、河流、海

洋、农田、城市、工矿等，都是不同的生态系统类型，都是生态系统研究的对象，可概括为非生物成分与生物两大部分。

不论从陆地到海洋，从田野到实验室，也不论生命和非生命的成分在任何环境条件下的配合，它们都有一定的结构和功能，生态系统研究的中心就是结构和功能。

（二）生态系统的研究方法

科学家们对生态系统的研究主要包括野外考察、定位观测、调查取样、科学实验和系统分析这几个方面。

1. 野外考察和调查

野外考察是考察特定种群或群落与自然地理环境的空间分布关系。首先有一个划定生境边境的问题，然后在确定的种群或群落生存活动空间范围内，进行种群行为或群落结构与生境各种条件相互作用的观察记录。考察动物种群活动往往要用遥感或卫星标记追踪技术。收集和记录生物与环境因子的数据，是野外考察和调查的重要内容。

在生态系统研究中，收集生物与环境因子的数据是生态系统最基本的研究手段之一。例如，温度、湿度对林木生长的影响，水分对草地分布的影响，鸟类分布与食物关系等问题的解决，都需要利用调查取样的方法收集相关数据，来进行研究分析。

2. 定位观测

定位观测是考察某个个体或某种群落结构功能与其生境关系的时态变化。定位观测先要设立一块可供长期观测的固定样地，样地必须能反映所研究的种群或群落及其生境的整体特征。建立定位观测点是研究生态系统动态和演替的重要方面。遥感和卫星定位系统都是定位观测的重要手段。

原地实验是在自然条件下采取某些措施获得有关某个因素的变化对种群或群落及其他诸因素的影响，如牧场进行围栏实验，水域的围隔实验，补食、施肥、灌溉、遮光等实验。原地或田间对比实验是野外考察和定位观测的一个重要补充，不仅有助于阐明某些因素的作用机制，还可作为设计生态系统受控实验或生态模拟的参考或依据。

3. 模拟实验法

模拟实验包括了受控实验及室内实验等一系列应用于生态系统研究的实验方法。

受控实验是在模拟自然生态系统的受控实验系统中研究单项或多项因子相互作用及其对种群或群落影响的方法，如在人工气候室或人工水族箱中建立自然生态系统的模拟系统——“微宇宙”模拟系统。

生态系统的许多研究需要在室内实验条件下进行，如研究生态系统中某一生态因子对生物代谢过程的影响，有毒物在食物链富集的影响因子、生物防治等，这些研究都可在室内进行一系列的生化实验。

4. 系统分析

系统分析来源于工程系统学，它把数学、控制论及电子计算机的原理引入生态学中，成为一个新的学科——系统生态学。即在任何特定时间，一个生态系统的状态能够被定量地表示，同时，系统中的变化可以用数学表达式描述。系统分析的目的是建立模型，模型能够帮助我们对系统进行预测、控制和最优设计。

第二节 生态系统的结构

在自然界中多种多样的生态系统类型有着共同的组成成分和组成结构。本节主要介绍生态系统的组成成分、食物链、食物网和生态金字塔。

一、生态系统的组成成分

生态系统由生命成分和非生命成分组成，如图 4-1 所示。

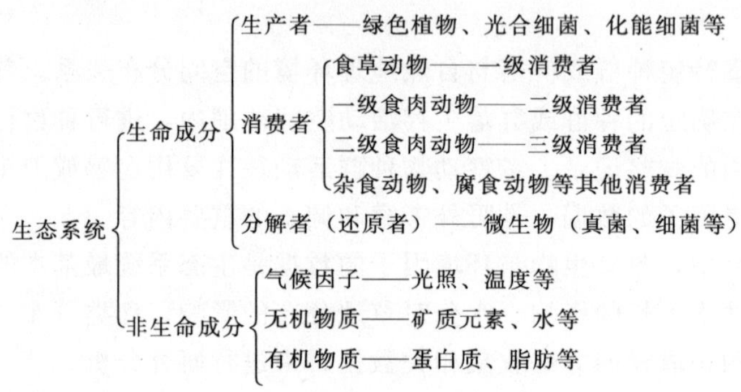

图 4-1 生态系统基本组成成分

（一）生命成分

多种多样的生物在生态系统中扮演着重要的角色。根据生物在生态系统中发挥的作用和地位而划分为生产者、消费者、分解者（还原者）三大类群。

1. 生产者

生产者是能用简单的无机物制造有机物的自养生物，主要指绿色植物，包括单细胞的藻类，也包括一些光合细菌，是生态系统中最基础、最稳定的成分。

生产者在生态系统中的作用是进行初级生产，合成有机物，并固定能量，不仅供自身生长发育的需要，也是消费者和还原者唯一的食物和能量来源。生产者决定着生态系统中生产力的高低，所以在生态系统中，生产者居于最重要的地位。

2. 消费者

消费者是不能用无机物质制造有机物质的生物，它们直接或间接地依赖于生产者所制造的有机物质，从其中得到能量。消费者属于异养生物，由动物组成。

根据食性可分为：

1）草食动物

草食动物指直接以植物为食物的动物，是初级消费者或称为第一级消费者，如牛、羊、兔等。

2）肉食动物

肉食动物是以草食动物为食或以其他动物为食的动物。又可分为：

第一级肉食动物，又称第二级消费者，指以草食动物为食物的动物，如鸟、蜘蛛、蝙蝠等。

第二级肉食动物，又称第三级消费者，指以第一级肉食动物为食物的动物，如狐狸、狼、蛇等。

第三级肉食动物，又称第四级消费者，指以第二级肉食动物为食物的动物，如狮、虎、豹、鹰等凶禽猛兽，又称为“顶部肉食动物”。

3）寄生动物

寄生动物是特殊的消费者，根据食性可看成是草食动物或肉食动物。

4）腐食动物

腐食动物是以腐烂的动植物残体为食的动物，如蛆和秃鹰等。根据食性可看成是草食动物或肉食动物。

5）杂食动物

杂食动物介于草食动物和肉食动物之间，既吃植物，又吃动物，如麻雀、熊、鲤等。

消费者虽不是有机物的最初生产者，但它们不仅对初级生产物起着加工、再生产的作用，而且对其他生物的生存、繁衍起着积极作用。所以消费者在生态系统的物质和能量转化的过程中，也是一个极为重要的环节。

3. 分解者（还原者）

分解者属于异养生物，是指各种具有分解能力的微生物，主要是细菌和真菌，也包括一些土壤原生动物和腐食动物，如土壤线虫、白蚁和蚯蚓等。还原者把复杂的动植物有机残体逐步分解为简单的化合物，最终分解为无机物质，归还到环境中，被生产者再利用。这种作用保证了生态系统的物质循环和能量流动。

大约90％的陆地初级生产者都需经过还原者的分解归还大地，再经过传递作用输送给绿色植物。尤其是各类微生物，正是它们的分解作用才使物质循环得以进行。否则，生产者将因得不到营养而难以生存和保证种族的延续，地球表面也将因没有分解过程而使动植物尸体堆积如山。整个生物圈就是依靠这些体型微小、数量惊人的分解者和转化者消除生物残体。生态系统基本组分之间的相互关系是复杂的，如图4-2所示。

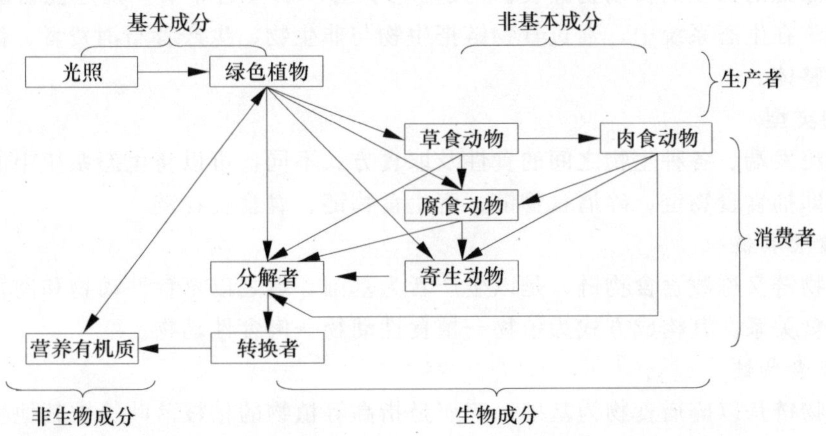

图4-2 生态系统基本组分之间的相互作用关系（曲仲湘等，1983）

（二）非生命成分

非生命成分主要包括：①气候因子，如太阳光辐射能、温度及其他物理因素；②无机物质，如碳、氮、水、二氧化碳及矿质盐类等；③有机物质，如蛋白质、碳水化合物、脂类及腐殖质等。非生命成分为各种生物有机体提供了必要的生存的条件。

自然生态系统都具有非生物环境、生产者、消费者、还原者这四个基本成分。一个独立发生功能的生态系统至少应包括非生物环境、生产者、还原者三个组成部分。草食者、肉食者、寄生者和腐生者等是非基本的成分，它们不会影响到生态系统的根本性质。非生物环境、生产者、消费者、还原者在能量流动和物质循环中各以其特有的作用而相互影响、互为依存，通过复杂的营养关系而紧密结合为一个统一整体，共同组成了生态系统这个功能单元(图 4-2)。生态系统中生物要素与非生物要素相互制约、相互促进，通过一定的反馈机制的调控构成了自然生态系统进化与发展的基本动力。

二、食物链与食物网

生态系统中各种生物成分之间或各生态功能群——生产者、消费者、分解者之间通过吃与被吃的食物关系以营养为纽带依次连接而成食物链（网）结构。生态系统中各生物成分之间的相互关系是生物在生态系统演化过程中长期适应与进化的结果。在演化过程中，生态系统中的各生物不仅形成了各自独特的生活习性，而且彼此间建立了特定的食物联系，使得它们在生态系统中各自占据一定的生态位，彼此间既相互联系、制约，又相对独立、各有分工地利用自然界中提供的各类自然资源与环境。

（一）食物链

1. 食物链的概念

植物所固定的太阳能通过一系列的取食和被取食的过程在生态系统内不同生物之间的传递关系称为食物链，这是林德曼 1942 年在研究 Cedar Bog 湖能量流动时首先提出来的。在陆地生态系统中，绿色植物被草食动物所采食，草食动物成为肉食动物的捕获物，弱小的肉食动物又被凶猛的大型肉食动物捕食。“大鱼吃小鱼，小鱼吃虾米”就是食物链一种简单而形象的说明。在生态系统中，通过食物链把生物与非生物、生产者与消费者、消费者与消费者连成一个整体。

2. 食物链的类型

根据能流发端、各种生物之间的食性及取食方式不同，可以将生态系统中的食物链分成四种类型，即捕食食物链、碎屑食物链、寄生食物链、腐食食物链。

1）捕食食物链

捕食食物链又称牧食食物链，是以生产者为基础，继之以草食性动物和肉食性动物，后两者构成捕食关系。其构成方式为植物→植食性动物→肉食性动物。

2）碎屑食物链

碎屑食物链是以碎屑食物为基础，碎屑是指高等植物的枯枝落叶等被其他生物利用，分解成碎屑，再被多种动物所食。据调查，森林中大约有 90%的净生产是以食物碎食的方式完成的。例如，池塘中的藻类死亡残体→真菌（微生物）→浮游动物（甲壳类、底栖昆虫）→鱼类→鸟类。

这种食物链的构成方式为：碎屑食物→碎屑食物消费者→小型肉食性动物→大型肉食性动物。

3）腐生性食物链

腐生性食物链以动、植物遗体为基础，腐烂的动、植物遗体被土壤、水体中的微生物或腐食动物分解利用，构成腐生性关系。例如，动物或植物遗体→微生物或丽蝇。

4）寄生性食物链

寄生性食物链是由宿主和寄生生物构成的。它有两种情况：一种是以大型动物为基础，继之以小型动物、微型动物、细菌和病毒，后一级生物寄生在前面一级生物身上，构成寄生关系。例如，哺乳动物或鸟类→跳蚤→原生动物→细菌→病毒。另一种情况比较简单，以植物为基础，继之以细菌或真菌或病毒，后一级生物与前面一级生物构成寄生关系。例如，草本或木本食物→细菌或真菌、病毒。

在自然生态系统中，食物链主要是以捕食食物链和碎屑食物链两大类型为主，这两类食物链往往是同时存在、相互联系的。例如，森林的树叶、草，池塘中的藻类，当其活体被取食时，它们是捕食食物链的起点；当树叶、草枯死落在土地上，藻类死亡后沉入水底，很快被微生物分解，形成碎屑，这时又成为碎屑食物链的起点。

3. 食物链的特点

在生态系统中，各类食物链具有以下特征：

(1) 在同一个食物链中，常常包含有食性和生活习性极不相同的多种生物。同一种生物在食物链中往往可以占据多个不同的营养级位，如杂食动物，它们既食植物，也食动物，可以占据多个营养级。

(2) 在同一个生态系统中，存在多条食物链，它们的长短不同、营养级数目不等。在一系列取食与被取食的过程中，能量在沿着食物链的营养级流动时，都伴随着大量化学能以热能形式消散。因此，自然生态系统中营养级的数目是有限的。一般说来，食物链的环节不会多于五个。

(3) 在不同的生态系统中，各类食物链所占的比例不同。因为，每一个生态系统都有其特有的能量流动、物质传递方式，虽然包含多种食物链，但必有一种或几种是占主要地位的。

(4) 在任一生态系统中，各类食物链总是相互联系、相互制约和协同作用的。当生态系统中某一食物链发生障碍时，可以通过其他食物链来进行调节和补偿。

(5) 食物链不是固定不变的，它不仅在进化历史上有所改变，在短时间内也会变化。动物在个体发育的不同阶段里，食物的改变也会引起食物链的变化，如青蛙由蝌蚪变化到成熟体青蛙，它的食物种类也随着发生改变，它所在的食物链自然也发生变化。食物链往往具有暂时性。只有在生物群落组成中成为核心的、数量占优势的种类，食物关系才比较稳定。

（二）食物网

在生态系统中，各种不同的食物链之间，通过各种生物彼此间错综复杂的取食与被取食的食物关系，使得各食物链之间纵横交织，紧密地联结成为极其复杂的网络式结构，即食物网。食物网形象地反映了生态系统内各生物有机体之间的营养级和配置情况（图 4-3）。

图 4-3 陆地生态系统的部分食物网（魏振枢和杨永杰，2004）

自然生态系统中的食物网组成非常复杂，常常是一种生物以多种生物为食，一种生物同时占有几个营养层次。生态系统中的各生物成分之间通过食物网发生直接和间接的联系，保持着生态系统结构和功能的相对稳定性。不论生产者还是消费者，若其中某一种群数量发生变化，必然牵动整个食物网，其影响会波及整个生态系统。一般来说，食物网结构越复杂，生态系统就越稳定。因为若食物网中某个环节缺失，会有其他多种具有相应功能的环节起到补偿作用。

食物链（网）不仅是生态系统中物质循环、能量流动、信息传递的主要途径，也是生态系统中各项功能得以实现的重要基础。食物链（网）结构中各营养级生物种类多样性及其食物营养关系的复杂性，是维护生态系统稳定性和保持生态系统相对平衡与可持续性的基础。

三、生态金字塔

（一）营养级

把具有相同营养方式和食性的生物归为同一营养层次，并把食物链中的每一个营养层次称为营养级。营养级就是处于食物链某一环节上的所有生物的总和，可以反映处于某一营养层次上的一类生物和另一营养层次上的另一类生物之间的关系。

生产者即绿色植物和自养生物均处于食物链的第一环节，构成第一营养级；所有以生产者为食的动物处于第二营养级，称为植食动物营养级；以植食动物为食的肉食动物称为第三营养级；依此类推，在第三营养级之上还可存在第四营养级、第五营养级等。生态系统中的物质和能量就是这样沿着营养级向上传递。

（二）生态金字塔

如果把通过各营养级的能量画成图，就成为一个底部宽、上部窄的塔形，称为生态金字塔。生态金字塔可分为三类：数量金字塔、生物量金字塔和能量金字塔。

1. 数量金字塔

数量金字塔是由各个营养级的生物个体数量构成的。数量金字塔越高，表明这一食物链所包括的营养级数目越多。数量金字塔每个营养级包括的生物个体数目是沿食物链向上递减的［图 4-4（a）］。金字塔最底部的生产者的个体数量往往最多，大于植食动物数量，植食动物数量又大于肉食动物数量，而顶级肉食动物的数量在所有种群里通常是最小的。

2. 生物量金字塔

数量金字塔说明在每一营养级所包含的有机体的相对多度。然而，在同一级营养级以及不同营养级中，有机体体积的大小因种类不同而差异悬殊，生物数目金字塔有时会发生塔形颠倒。为了弥补这一点，使用生物量金字塔。生物量金字塔就是以生物的生物量来表示每一营养级中生物的总量。一般来说，绿色植物即生产者的生物量要大于它们所支持的植食性动物的生物量，植食动物的生物量要大于肉食动物的生物量［图 4-4（b）］。在陆地生态系统和浅水水域生态系统中，生物量金字塔最为典型，这两者中的生产者是巨大的，它们的生活周期很长，有机物质的积累较多。

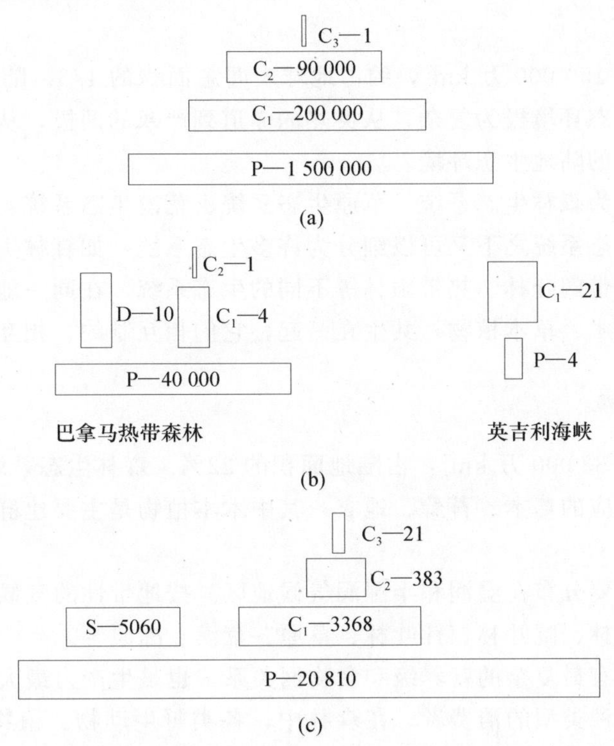

图 4-4　不同类型的生态金字塔（Odum，1981）

(a) 数量金字塔（夏季草地）（个体/0.1hm²）；(b) 生物量金字塔（g 干重/m²）；(c) 能量金字塔［kcal/(m²·a)］

P. 生产者；C_1. 初级消费者；C_2. 次级消费者；C_3. 三级消费者；D. 分解者；S. 腐食者

3. 能量金字塔

能量金字塔又称生产力金字塔，表示生物间的能量关系，把生物量换成能量单位，计算营养级之间的比值，来反映能量传递、转化的有效程度。

能量金字塔中，每一等级的宽度代表一定时期内通过该营养级的能量值［图 4-4（c）］。从一个营养级到另一个营养级，能量的传递率约为 10%～20%。即低位营养级是高位营养级能量的供应者，低位营养级的能量只有1%被上一个营养级利用，称为百分之十定律。

生态金字塔直观地解释了生态系统中生物种类、数量的多少及其比例关系。研究生态金字塔，对提高生态系统每一级的能量转化效率、改善食物链上的营养结构、获得更多的生物产品具有重要的指导意义。

第三节　生态系统的类型

地球表面由于气候、土壤、动植物区系不同，形成多种多样的生态系统。根据生态系统的环境性质和形态特征把生态系统划分为陆地生态系统和水生生态系统两大类。陆地生态系统根据植被类型和地貌不同，分为森林、草原、荒漠、湿地、冻原等类型。水生生态系统根据水体的理化性质不同，又分为淡水生态系统和海洋生态系统。其中每类生态系统还可分若干类型。

一、陆地生态系统

全球陆地面积为150 000万 km^2，约占地球表面总面积的1/3。陆地生态系统主要以大气和土壤为介质，生态环境极为复杂，从炎热的赤道到严寒的两极，从温润的近海到干旱的内陆，形成各种各样的陆地生态环境。

陆地生态系统分为森林生态系统、草原生态系统、荒漠生态系统、高山生态系统、冻原生态系统等。每个生态系统之下又可以细分为许多生态系统，如森林生态系统按气候带可以分为寒带针叶林、温带阔叶林、热带雨林等不同的生态系统。在同一地区常有许多不同种类的生物（如乔木、灌木、草本植物）共生在一起，它们相互制约、相互影响。

（一）森林生态系统

世界森林面积约33 000万 km^2，占陆地面积的22%。森林生态系统的生产者包括乔木、灌木以及和它们相适应的草本、苔藓、地衣，其中木本植物是主要建群种，同时也是主要生产者。

森林生态系统主要分布在湿润和半湿润气候地区。按地带性的气候特点和相适应的森林类型可以分为热带雨林、阔叶林、针叶林、草原、荒漠、冻原等。

森林生态系统具有最复杂的营养级和食物网关系，也是生产力最大的生态系统。它以巨大的生产力维持着各种类型的消费者。在森林中，各类野生动物、植物和微生物种类繁多，其中营树栖和攀缘生活的种类特别多，如犀鸟、松鼠、眼镜猴等。

森林生态系统的光能利用率高，每年固定的总能量约为 13×10^{17} kJ，占陆地生态系统每年固定的总能量（约 20.5×10^{17} kJ）的63%；每年每公顷的干物质生产量为6～8t，是农田或草原的20～100倍。森林生态系统物质和能量的流动速率和生产效果因森林类型和地区条件而有显著的差异，一般是热带雨林＞热带季雨林＞亚热带常绿阔叶林＞温带落叶阔叶林＞寒带、亚寒带针叶林。

1. 热带雨林生态系统

热带雨林生态系统分布于赤道两侧的热带地区，是目前地球上面积最大，对维持人类生存环境起最大作用的森林生态系统。

分布区的气候特点是：高温、高湿、长夏无冬，年降水量超过 2000mm，且分配均匀，无明显旱季。热带雨林的优异生态环境使之具有极为丰富的物种。其中植被种类极为丰富，群落结构非常复杂，可分为乔木层、灌木层和草本层三个部分。藤本植物及附生植物非常发达。消费者有各种大型珍贵动物，如长颈鹿、貘、象、猴、蟒等，鸟类和昆虫的种类数量也非常丰富。

2. 阔叶林生态系统

1）常绿阔叶林生态系统

常绿阔叶林生态系统主要处于欧亚大陆东岸北纬 22°～40°。此外，非洲东南部、美国东南部也有少量分布。

常绿阔叶林生态系统处于明显的亚热带季风气候区。夏季炎热多雨，冬季稍寒冷，春秋温和，四季分明。常绿阔叶林生态系统终年常绿，物种甚为丰富。植物群落主要由常绿双子叶植物构成，较热带雨林简单，乔木一般分为两层，高度为 16～20m，很少超出 25m。也生长着藤本植物和附生植物，主要是一些草质和木质小藤本。消费者有野雉、蛇类、两栖类、昆虫、鸟类等。物种丰富，层次比较复杂。

2）落叶阔叶林生态系统

落叶阔叶林生态系统的植物群落为落叶阔叶林，又称夏绿林或夏绿木本群落。主要分布于中纬度湿润地区。世界范围内主要分布在三个区域：北美大西洋沿岸、西欧和中欧海洋性气候的温暖区及亚洲中部。

该生态系统气候四季分明，夏季炎热多雨，冬季寒冷。年平均气温为 8～14℃，年降水量一般为 500～1000mm。由于冬季寒冷，整个植物群落中的植物都处于休眠状态，树木仅在温暖季节生长，入冬前树木叶片枯死并脱落。落叶阔叶林生态系统的垂直结构简单而清晰，为乔木层、灌木层、草本层和地被层。林内木质藤本植物和附生植物均不多见，以草质和半木质藤本为主。消费者主要有哺乳动物鹿、獾、棕熊、野猪、松树等，鸟类有野鸡、莺等，还有各种各样的昆虫。

3. 针叶林生态系统

针叶林生态系统主要分布在北半球高纬度地区和高海拔地带。在欧亚大陆上，两端直至北美洲，达大西洋沿岸，这样构成了一条连续广阔的环绕地球的林带。在我国分布于大兴安岭北部山地，是我国木材蓄积量较大的林区之一。

大气性气候较明显，特点是夏季凉爽而冬季严寒，植物生长期短。该区域气温低，年均气温多在 0°C 以下，年降水量一般为 300～600mm，在季风所及范围或山区可达 1000mm。土壤主要为棕色针叶林土，土层浅薄。有永冻层，不适合耕作。

针叶林生态系统生物成分较贫乏。初级生产者多为云杉、冷杉、松树等。林下常有耐阴的灌木层和适于冷湿生境的苔藓层。林下落叶层很厚，分解缓慢，常与藓类一起形成毡状层。消费者有驼鹿、马鹿、驯鹿、貂、猞猁、雪兔、松鸡和榛鸡等及大量的土壤动物。许多动物有季节性迁徙的现象，多数有休眠。

此外，在各类森林的过渡地带，还有针叶、落叶阔叶混交林，落叶、常绿阔叶混交林等。

（二）草原生态系统

1. 草原生态系统概况

草原生态系统是以各种多年生草本占优势的生物群落与其环境构成的功能综合体，是最重要的陆地生态系统之一。世界草原总面积达 5000 万 km^2，占陆地总面积的 33.5%，仅次于森林生态系统。我国草原面积占世界草原总面积的 13%。

草原可分为温带草原与热带草原两类生态系统。温带草原生态系统分布在南北两半球的中纬度地带，主要分布在欧亚大陆草原、北美洲和南美洲。温带草原夏季温和，冬季寒冷，春季或晚夏有一明显的干旱期。热带、亚热带草原生态系统主要分布在非洲、南美洲和大洋洲的半干旱区域，又被称为稀树草原或萨王纳。

草原气候的主要标志是水分和温度。草原生态系统所处地区的气候大陆性较强，降水较少，日温差和年温差变化很大。热带草原年降水量为 800～1000mm，温带为 200～450mm，而高寒带草原则为 100～300mm。

2. 草原生态系统的结构与功能

草原生态系统中，生产者的主体是禾本科、豆科和菊科等草本植物。禾本科植物数量最多，现约有 4500 多种，建群植物有 45～50 种。

草原植物绝大部分有耐旱的形态特征。草原植物群落的结构一般分三层：高草层、中草层、矮草层。温度对植物群落结构有明显的影响。例如，温带草原以耐寒、旱多年生草本植物（如针茅属、羊茅属）占优势。

草原上有大量的食草动物，如热带稀树草原上的长颈鹿、斑马、瞪羚等；温带草原上有野驴、黄羊、野骆驼等。啮齿类动物也很多，如仓鼠、野兔等。草原食肉动物以狼、狐狸、獾、鼬、鹰等占优势，它们调节食草动物的种群数量，维持草原生态系统的稳定。草原猛禽以苍鹰、雀鹰、草原雕等最为常见。它们以小型食草动物为食。高寒草原分布的动物主要有藏羚、野牦牛、雪豹等。它们都是草原生态系统食物链的主要组成部分，在维持草原生态系统平衡上起着重要的作用。

草原植物在生长季的光能利用率大约为 0.1%～1.4%。在所有陆地生态系统中，草原生态系统的初级生产量居中等或偏下水平，其生产力水平主要受水分条件限制。因此，从草甸草原到荒漠草原，随降水量的减少，初级生产力有规律地下降。

（三）湿地生态系统

1. 湿地生态系统概况

湿地生态系统主要是指地表过湿或常年积水，生长着湿生植物的地区。湿地是开放水域与陆地之间过渡性的生态系统，它兼有水域和陆地生态系统的特点，还有其独特的结构与功能。湿地在北半球的分布多于南半球，多分布在北半球的欧亚大陆及北美洲的亚北极带、寒带和温带地区。南半球湿地面积小，主要分布于热带和部分温带地区。

湿地生态系统分布广，形成不同的类型。有的以其优势植物命名，如芦苇沼泽、薹草沼泽、红树林沼泽等。湿地还可分为富养（低位）沼泽、中养（中位）沼泽和贫养（高位）沼泽。

2. 湿地生态系统的结构与功能

湿地生态系统位于水路交错的界面，具有显著的边际效应（或边缘效应）。边际效应是指两类（水、陆）生态系统的过渡带或两种环境的结合部，由于远离系统中心，经常出现一些特殊适应的物种，构成这类地带独特的物种现象。

红树林是热带、亚热带海岸以红树植物为主体的生物群落，是一种典型的湿地生态系统。在淤泥沉积的热带、亚热带海岸和海湾，或河流出口处的冲积盐土或含盐沙壤土，适于红树林生长和发展。红树林的成分以红树科的种类为主。在红树林边缘还有一些草本和小灌木。红树林里的动物主要是海生的贝类，在红树林水域有多种浮游生物。还有一些浅海鱼群在红树林带洄游和出没。红树林里栖息着多种鸟类，多半属水鸟和海鸥，也有一部分陆栖鸟类出没于红树林带。在发育良好的红树林还偶有狸类、鼠类等小型哺乳类出没其间。

湿地生态系统是一种具有独特功能的系统，主要体现在生物多样性的保护和蓄水、调节气候等方面。湿地独特的生态环境不仅为多种植物提供了基地，而且它还是许多粮食作物重要生境。湿地生态系统对污染物还有吸收修复的功能。

二、水生生态系统

水生生态系统包括海洋生态系统和淡水生态系统。淡水生态系统又分为流水生态系统和静水生态系统。

（一）海洋生态系统

1. 海洋生态系统概况

海洋的面积为 36 100 万 km^2，占地球表面积的 71%，平均深度是 3751m，现在已知道的最大深度是 11 036m（太平洋），含盐量平均为 3%，但随地形和深度会有所变化。

海洋中生活条件特殊，海洋中生物种类的成分与陆地生物截然不同。海洋生态系统中的植物以孢子植物为主，主要是各种藻类。由于水生环境的均一性，海洋植物的生态类型比较简单，群落结构也较单一。多数海洋植物是浮游或漂浮的，但也有一些固着于水底，或附生在其他生物上。就数量而言，海洋中的动物以浮游动物为主，个体小（2～25mm），数量巨大；消费者活动空间大；生产者与初级消费者物质循环效率高。

海洋鱼类是人类的一项重要资源，目前全世界年捕获量约 7.6×10^7 t。但海洋生物的生产力大大低于陆地生态系统，海洋的平均生产力约为陆地的 1/5。

2. 海洋生态系统分类

海洋生态系统从海岸到远洋，从表层到深层，随着水层的深度、温度、光照和营养物质状况，生物的种类、活动能力和生产力水平等差异很大，从而形成不同区域的亚系统（图 4-5），不同亚系统中的生物群落各异。

沿岸带（或潮间带）就是与陆地相连的区域，是海陆之间的群落交错区，水深一般不超过 100m，面积约是海洋总面积的 2.5%，其特点是有周期性的潮汐。这个地带接受陆地输入的大量营养物质，故养分丰富，生产力高，但也是最易受陆地污染物污染的地带。水体的光照条件比较好，水温和盐度变化大，地形、地质复杂多样。主要生产者是许多固着生长的大型多细胞藻类植物，如大叶红藻、绿藻、棕藻等。消费者是取食固着生长的大型植物的海洋动物和滤食性动物，如滨螺、牡蛎、蟹等。

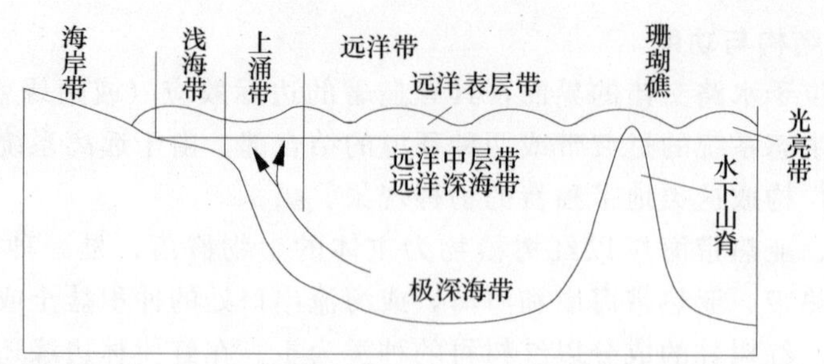

图 4-5　海洋生态系统示意图（李振基等，2000）

浅海带位于水深 200m 以内的大陆架部分，这里接受河流带来的大量有机物，光线充足，温度适宜，栖息着大量生物，是海洋生命最活跃的地带，生活着丰富多样的鱼类。浅海带的主要生产者是大量单细胞浮游藻类植物，如硅藻、裸甲藻等。初级消费者为摄食浮游植物的浮游动物，它与浮游植物一起为大量的海洋动物（如虾、海鸥等）提供食物。

远洋带是指水深在 200m 以上的远洋海区，它是海洋生态系统的主体，约占海洋总面积的 90%左右。这一带按深度不同可分远洋表层区、中层区和海底区，还包括上涌带和珊瑚礁。上涌带可以将许多矿物质带到浅海带或远洋表层，常见的是群生硅藻形成大的胶团和长丝状体，许多滤食性鱼类直接取食这些浮游植物。远洋表层区光照充足，水温较高，生活着很多小型的、单细胞的浮游藻类和浮游动物，许多鱼类（如金枪鱼、飞鱼、鳖鱼等）都生活在这一带。随着深度的增加，光线减弱，水层压力加大，生产者不能生存，消费者依靠大量碎屑食物和上层生物为生，多为肉食者。典型的食物链是：极小浮游生物＞小浮游动物＞大浮游动物＞鱼＞大肉食类。

（二）淡水生态系统

地球表面淡水生态系统包括江河、溪流与湖泊、池塘、水库等陆地水体，总面积为 $4.5\times10^7km^2$。水的来源主要靠降水补给，盐度低。根据水的流速不同，可分为流水生态系统与静水生态系统两类，它们之间还有过渡类型，如水库等。

1. 流水生态系统

流水生态系统包括江河、溪流、水渠等。流速是流水生态系统中根本的调节因子，随水的流速不同，还可分为急流和缓流。一般来说，水系的上游落差较大，水的流速大于 50cm/s，河床多石砾，为急流。在急流中，初级生产者多为由藻类等构成附着于石砾上的植物类群，初级消费者多为具有特殊附着器官的昆虫，次级消费者为体型较小的鱼类。水系的下游河床比较宽阔，水的流速低于 50cm/s，河床多为泥沙和淤泥构成，为缓流。在缓流中，初级生产者除藻类外，还有高等植物，消费者多为穴居动物幼虫和鱼类，它们的食物能源除了水生植物外，还有陆地输入的各种有机腐屑。

2. 静水生态系统

静水生态系统一般指湖泊、池塘、沼泽、水库等不流动的水体所形成的生态系统。静水并非绝对静止，所谓静水是相对的，任何一个湖泊、沼泽、池塘和水库的水，都有一定的流动，只不过这种流动和水的更换非常缓慢。

在静水生态系统中，水的流动由滨岸向中心，由表层至深层，又可分为沿岸带、亚沿岸带和深水带（湖心区）。随着水体深度和水环境的变化，自沿岸带向湖心带依次呈环带状分布着各种不同的水生生物群落：湿生树种（如柳、水松等）、挺水植物（如香蒲、莲等）、浮水植物（如睡莲等）、沉水植物（如苦草、孤尾草等），消费者为浮游动物虾、鱼、蛙、蛇和水鸟等，形成静水生态系统的水平结构。

第四节 生态系统的功能

自然生态系统都会发生生物生产、物质循环、能量流动和信息传递，这四方面构成了生态系统整体的基本功能。

一、生物生产

生物生产是指太阳能通过绿色植物的光合作用转换为化学能，再经过动物生命活动利用转变为动物能的过程。生物生产包括初级生产和次级生产两个过程。在生态系统中，这两个生产过程彼此联系，但又分别独立地进行物质和能量的交换。

（一）初级生产

1. 初级生产的有关概念

初级生产又称为植物性生产或第一性生产，是指生产者（绿色植物）通过光合作用源源不断地把太阳能转化为化学能的过程。

初级生产积累能量的速率称为初级生产力，通常以单位时间单位面积内积累的能量或生产的干物质来表示 [$g/(m^2 \cdot a)$ 或 $kg/(km^2 \cdot a)$]。一般用初级生产力来衡量整个生态系统的生产力的高低。

生态系统初级生产过程的结果是太阳能转变成化学能，简单无机物转变为复杂的有机物。可见，生态系统的初级生产实质上是一个能量的转化和物质的累积过程，是绿色植物的光合作用的过程。可以表示为

$$6CO_2 + 12H_2O + \text{太阳光} \longrightarrow C_6H_{12}O_6(\text{碳水化合物}) + 6O_2 + 6H_2O$$

植物光合作用积累的能量是进入生态系统的基本能量，被植物积累的有机物质称为生产量，有机物质积累的速率称为生产力。绿色植物光合作用的生产量是能量储存的最基本形式，因此绿色植物的生产量称为初级生产量。

地表单位面积、单位时间内植物光合作用生产有机物质的数量称为总初级生产量，单位为 $g/(m^2 \cdot a)$ 或者 $kJ/(m^2 \cdot a)$。在进行光合作用生产有机物的同时，绿色植物为了维持自身的生存而进行的呼吸作用要消耗一部分光合作用过程中产生的有机物质，因此，除去呼吸作用消耗的生产量，剩下的有机物质称为净初级生产量。生态系统的净初级生产量反映了生态系统中植物群落在自然条件下的生产能力，它是估算生态系统承载力和评价生态系统可持续发展的一个重要生态指标。

净初级生产量是生态系统生物生产的主要环节，用式（4-1）表示：

$$\mathrm{NP} = \mathrm{GP} - R \tag{4-1}$$

式中，NP 为净初级生产量 [$J/(m^2 \cdot a)$]；GP 为总初级生产量 [$J/(m^2 \cdot a)$]；R 为呼吸消

耗的能量 [J/(m² · a)]。

净初级生产量用于植物的生长与生殖，因此随着植物的生长，构成植物体的有机质也增多。这些逐渐累积下来的净初级生产量，一部分可能随季节的变化而被分解，另一部分以生活有机质的形式参与生态系统的物质循环和能量流动过程。

在某一特定时刻调查时，生态系统单位面积内所积存的生活有机质称为生物量，单位是 g 干重/m^2或 J/m^2。生物量与生产量是两个截然不同的概念，生产量含有速率的概念，是单位时间单位面积上的有机物质生产量。在生态系统中，总生物量不仅由于生物的呼吸作用而损耗，还常常随着更高营养级动物的取食和生物死亡而减少。这种变化关系可由式（4-2）表示：

$$\mathrm{d}B/\mathrm{d}t = \mathrm{N}P - R - H - D \tag{4-2}$$

式中，$\mathrm{d}B/\mathrm{d}t$ 为某一时期内生物量的变化；H 为被较高营养级动物取食的生物量；D 为因死亡而损失的生物量。

初级生产在空间和时间上的分配是不均匀的。光照、温度、水分、矿物养分的多少，绿色植物生长期的长短和动物采食摄取等因素，都可影响一个生态系统的初级生产量高低。

2. 全球生态系统初级生产力及其分布

全球净初级生产总量（干重）为 1.72×10^{11} t，其中陆地为 1.17×10^{11} t，海洋为 0.55×10^{11} t，海洋净初级生产量约占全球净初级生产量的 1/3。

不同生态系统类型的生产量和生物量差别显著。全球陆地生态系统中，热带雨林的净初级生产量最高，达 37.5×10^9 t，其次为热带稀树草原、热带季雨林。全球海洋生态系统的净初级生产量主要集中在大洋，计 41.5×10^9 t，其次为大陆架 9.6×10^9 t，其余很少。

在全球陆地生态系统中，净初级生产力最高的为木本与草本沼泽（湿地），其次为热带雨林，最低者为荒漠灌丛，总体呈现出由热带雨林→温带长绿林→温带落叶林→北方针叶林→稀树草原→温带草原→冻原和高山冻原→荒漠灌丛净初级生产力依次减少的趋势；在海洋生态系统中，则呈现出由河口湾→湖泊和河流→大陆架→大洋净初级生产力依次减少的趋势。

总的来说，地球上初级生产力的分布是不均匀的。全球范围内不同类型的生态系统，其初级生产量主要表现为几个方面的不同：陆地生态系统比水域生态系统初级生产量大；初级生产量随纬度增加而逐渐降低；海洋中初级生产量由河口湾向大陆架和大洋区逐渐降低。

（二）次级生产

次级生产又称为第二性生产，是指除初级生产以外的其他有机体的生产，即消费者和还原者利用初级生产物质进行同化作用生产自身和繁衍后代的过程。表现为动物和微生物的生长、繁殖及营养物质的储存等其他生命活动的过程。

绿色植物的净初级生产量不能被该生态系统中的次级生产者（消费者和还原者）全部利用，只有部分转化为次级生产量，其余部分耗散于环境中。

生态系统中各级消费者的次级生产过程可以概括为式（4-3）：

$$C = A + F_u \tag{4-3}$$

式中，C 为摄入能量（J）；A 为被同化能量（J）；F_u 为排泄物、分泌物、粪便及未同化的食物中的能量（J）。

A 又可进一步分解为

$$A = P + R \tag{4-4}$$

式中，P 为净初级生产量（J）；R 为呼吸的能量（J）。

综合式（4-3）、式（4-4），得到次级生产量表达式为

$$P = C - F_u - R$$

一般来说，只有 10%的净初级生产量被消费者转化为次级生产量，其余 90%被分解者分解。阔叶林只有 1.5%～2.5%的净初级生产量被昆虫和其他消费者进行转化，其余大部分都留给了还原者。深水生态系统正好相反，大部分的净初级生产量被消费者转化为次级生产量，只有一小部分留给还原者分解。

二、物质循环

（一）物质循环的概念

物质循环就是生物地球化学循环。各种无机物从环境中被生产者吸收，再进入消费者，各种有机物最终分解成无机物返回环境中，无机物被生产者重新利用吸收又变成有机物，周而复始、无穷无尽的过程，成为物质循环。

生态系统中的物质主要是指生物为维持生命所需的各种营养元素。参与有机体生命过程的营养元素大约有 30～40 种，根据它们在生命过程中的作用可以分为三类：能量元素，包括碳（C）、氢（H）、氧（O）、氮（N），它们是构成蛋白质的基本元素和生命过程必需的元素；大量元素，包括钙（Ca）、镁（Mg）、磷（P）、钾（K）等，它们是生命过程大量需要的元素；微量元素，包括铜（Cu）、锌（Zn）、硼（B）、锰（Mn）等，尽管它们含量甚微，但却是生命过程中不可缺少的元素。

几乎所有有机体代谢活动的产物终将进入系统之间的生物地球化学循环。其营养动力交换主要在大气、土壤和生物之间进行。生态系统外部的物质循环主要由地质、气象和生物能引起。

生物地化循环在受人类干扰之前，一般处于一种相对稳定平衡状态，主要库的物质输入与输出达到相对平衡。生态系统的物质循环受稳态机制的控制，有一定的自我调节能力。循环中的每一个库和流，对外来干扰，都会引起有关生物的相应变化，产生反馈调节使变化趋向减缓而恢复稳态。

目前，人类活动对生物圈的影响已扩展到生命系统主要组成成分的碳、氧、氮、磷及水的生物地化循环，这些物质的自然循环过程只要稍受干扰就会影响到人类生存与发展。

（二）物质循环的类型

生态系统中的物质循环可以分为三大类型：一是液态循环，以水的形式进行，这种循环具有局限性，但没有液态循环就没有生命；二是气体型循环，它把大气和海洋联系了起来，因此具有全球性；三是沉积型循环，主要存在于岩石圈和土壤圈中，由于风化作用使岩石本身分解出物质参与了生态系统循环。各种元素在生态系统中有各自不同的循环，构成了自然界的物质循环。

1. 水循环

水是地球上一切生命有机体的最主要的组成成分，水还是生态系统中能量流动和物质循环的主要介质，对调节气候、净化环境都起到十分重要的作用。

1）水的分布及主要存在形式

地球上的液态水、固态水和气态水共约15亿km^3，其中，海洋咸水约占97%；淡水只占3%，淡水的3/4又是固态水，分布在极地；气态水所占的比例最小，这些水在地球表面的分布是不均匀的。地球上95%的水被结合在岩石圈和沉积岩中，这部分水不参与全球水循环。地球表面大气圈中的水只有大约5%是处于自由可循环状态。

2）水循环的主要途径

水循环的主要途径是地面与大气通过降水与蒸发之间的相互变化。在太阳能和地球表面热能的作用下，地球上的水不断被蒸发成水蒸气，进入大气，水蒸气遇冷又凝聚成水，在重力作用下，以降水的形式落到地面，这个周而复始的过程称为水循环，包括海洋与陆地之间进行的大循环和仅在局部地区进行的小循环。太阳是推动水在全球循环的主要动力。

水的循环是稳定状态，总降水量与总蒸发量是保持动态平衡的。

3）水循环的影响因素

影响水循环的因素很多。自然因素主要有气象条件（大气环流、风向、风速、温度、湿度等）和地理条件（地形、地质、土壤、植物等）。人为因素对水循环也有直接或间接的影响。由于人类活动不断地改变自然环境，如修筑水库、开凿运河、渠道、河网，以及大量开发利用地下水等，改变了水的原来径流路线，引起了水的分布和运动状况的变化。农业的发展、森林的破坏等也引起了水的蒸发、径流、下渗等过程的变化。人类也已经强烈参与到水循环中来，致使自然界可利用的水资源减少，水质量下降。

2. 碳循环

碳是构成生物原生质的基本元素，虽然它在自然界中的蕴藏量极为丰富，但绿色植物能够直接利用的仅仅限于空气中的二氧化碳。

1）碳的分布及主要存在形式

最大量的碳被固结在岩石圈中，其次是在化石燃料（石油和煤等）中，这是地球上两个最大的碳储存库，约占碳总量的99.9%。

地球上还有三个碳库——大气圈库、水圈库和生物库。这三个库中的碳在生物和无机环境之间迅速交换，容量小而活跃。岩石圈中的碳也可以重返大气圈和水圈，主要是借助岩石的风化和溶解、化石燃料的燃烧和火山爆发等。实际上起着交换库作用的物质的化学形式常随所在库而不同。在大气中，二氧化碳是碳参与物质循环的主要形式；碳在岩石圈中主要以碳酸盐的形式存在，总量为2.7×10^{16}t；在水圈中以多种形式存在。

2）碳循环的主要途径

碳循环的基本路线是从大气储存库到植物和动物，再从动、植物通向分解者，最后又回到大气中去。它以二氧化碳的形式储存于大气中，植物借光合作用吸收空气中二氧化碳生成糖类等有机物质而放出氧气，供动物所需。同时，植物和动物又通过呼吸作用吸收氧气而放出二氧化碳重返空气中。此外，它们死亡后的遗体经微生物分解，最后也被氧化成二氧化碳、水和其他无机盐类，矿物燃料如煤、石油、天然气等也是地质史上生物遗体所形成的，当它们被燃烧时，耗去空气中的氧而释放出二氧化碳。

大气圈是碳（以二氧化碳的形式）的储存库。空气中的二氧化碳有很大一部分被海水所吸收，逐渐转变为碳酸盐沉积海底，形成新岩石。或者通过水生生物的贝壳和骨骼移到陆地，这些碳酸盐又从空气中吸收二氧化碳转化为碳酸氢盐而溶于水中，最后也归于海洋。其他如火山爆发和森林火灾等自然现象也会使碳元素变成二氧化碳回到大气中。

3）碳循环的影响因素

随着近代工业的发展和人口的剧增，人类消耗的矿物质燃料在迅速增加，燃烧产生的二氧化碳大量地被排放到大气中，使大气中二氧化碳的浓度升高；另外大片的森林被毁坏，使森林吸收二氧化碳的能力大大减弱，烧毁森林时又产生大量二氧化碳，这些种种人为因素都加速二氧化碳在大气中含量的上升。

到目前为止，因二氧化碳排放量的剧增所引起的温室效应已造成整个地球难以预料的变化。大气中二氧化碳含量增加所引起的全球性变暖有可能使全世界的极地冰川融化。

3. 磷循环

元素磷是所有生物细胞都必不可少的。磷存在于一切核苷酸结构中，三磷酸腺苷（ATP）与生物体内能量转化密切相关。虽然生物有机体的磷含量仅占体重的1%左右，但是磷是构成核酸、细胞膜、能量传递系统和骨骼的重要成分。

1）磷的分布及主要存在形式

磷的主要储存库是岩石，以天然的磷酸盐沉积岩形式存在。岩石通过风化、侵蚀、淋洗而释放出磷。在生物圈内，磷主要以三种状态存在，即以可溶解状态存在于水溶液中、在生物体内与大分子结合、不溶解的磷酸盐大部分存在于沉积物内。

2）磷的主要循环途径

磷循环是典型的沉积循环。它随水的流动，从陆地来到海洋。但是，它从海洋回到陆地的周期较长。磷的循环有内循环和全球性地质循环（外循环）两种途径。

在内循环中，含磷的有机物质经腐烂分解，成为可被植物直接吸收的磷，并再组合成有机物质，通过食物链在生态系统中传递，然后通过排泄物和尸体的分解再回到环境中去。这种循环基本上是闭合的。磷的全球性地质循环（外循环）与其他循环不同，磷不能形成挥发性化合物。因此，它不能从海洋到达大气然后返回陆地。一旦流放海中，一种是经过海鸟的食物链获得磷，再将含磷的排泄物堆积在岛上；另一种是直接从海洋中捕捞鱼类、贝类和其他生物，使部分磷再回到陆地。据统计，每年全世界由大陆流入海洋中的磷酸盐有1400万t，通过鸟类、贝类等回到陆地的只有约10万t，绝大部分沉积为磷酸盐矿石。

3）磷循环的影响因素

人类的活动已经改变了磷的循环过程。在农村，人们不断向农田施加磷肥。磷肥主要来自磷矿、鱼粉和鸟粪。由于土壤中含有许多钙、铁和铵离子，大部分用作肥料的磷酸盐都变成了不溶性的盐而被固结在土壤中或池塘、湖泊及海洋的沉积物中。

在大量使用含磷洗涤剂后，城市生活污水含有较多的磷，某些工业废水也含有丰富的磷，这些废水排入河流、湖泊或海湾，使水中含磷量增高。这也正是湖泊发生富营养化和海湾出现赤潮的主要原因。

三、能量流动

生态系统中各种形式的有机体，除少数几种化学合成细菌外，其生存所需的能量皆来自于太阳光的辐射能量。绿色植物吸收太阳光，借助光合作用，把太阳能转化为化学能储存在体内，成为生态系统中能量流动的基础，是一切生命活动之源。

（一）能量流动及其途径

通过食物链之间的相互关系，能量从一个营养级转向下一个营养级，使能量在生物间发生转移的过程，即能量从非生物环境经有机体，再到外界环境所进行的一系列转换过程称为能量流动。这种能量的流动是单方向的、逐级流动的，能量可转化为其他形式的能量，也可被消耗。

由绿色植物（初级生产者）将太阳能转化为化学能，此后由一级消费者——草食动物取食消化；二级生产者又由二级消费者——肉食动物所取食和消化等。能量沿营养级进行再分配，每一营养级将上一级转换来的能量分为固定（构成各级动物有机体组织）、损耗（生活代谢过程中呼吸所消耗的能量）和还原（各营养级残体、排泄物等由分解、还原、释放的能量）三大部分。在此过程中能量逐级损失，最终能量全部消散归还于环境，构成能量流动的第一条途径。

能量流动的第二条途径是腐化过程，死亡的生物有机体、排泄物和遗弃不能利用的部分等由营养关系复杂的腐生食物链进行分解，最后将有机物还原为二氧化碳、水和无机物质，能量随之消散。

能量流动的第三条途径是储存和矿化的过程，由初级生产者转化过来的生物物质和能量，在以上两条途径中，只能消耗一部分，还保留着一大部分物质和能量转入储存过程和矿化过程。

（二）能量流动的生态效率

生态系统中的能量从一个营养级到另一个营养级。在各个营养级上，能量的利用率称为生态效率，如能量产投比。在不同营养级层次上，上一级生产力与下一级生产力的比值就是生态效率，如植食动物的生产力与植物的生产力的比值。

不同食物链中营养级之间的生态效率是不同的，同一食物链的不同营养级或同一营养级的不同点上的生态效率也时常不同。

生态效率的表示方法很多，主要有以下四类。

1）同化效率

同化效率（A_n/I_n）为衡量生态系统中有机体或营养阶层利用能量和食物的效率。A 为同化量，I 为摄取量。

对植物来说：

$$A_n/I_n = \text{固定的太阳能} / \text{吸收的太阳能}$$

对动物来说：

$$A_n/I_n = \text{同化的食物能} / \text{吸收的食物能}$$

2）生长效率

生长效率（P_n/A_n）为同一个营养阶层的净生产量与同化量的比值。P_n 为净生产量。

$$P_n/A_n = n\ \text{营养级的净生产量} / n\ \text{营养级的同化量}$$

3）消费或利用效率

消费或利用效率（I_{n+1}/P_n）为一个营养阶层对前一个营养阶层的相对摄取量。对生产者来说，指的是被绿色植物吸收的光能量与总光能量之比。

$$I_{n+1}/P_n = (n+1)\text{营养级的摄食量}/n\text{营养级的净生产量}$$

一般来说，大型动物的生态效率低于小型动物，老年动物的生态效率低于幼年动物，肉食动物的同化效率高于植食动物。食物链越长，损失的能量越多。

4）林德曼效率

林德曼效率（I_{n+1}/I_n）是林德曼最早提出来的。它相当于同化效率、生长效率和利用效率的乘积。

$$I_{n+1}/I_n = (A_n/I_n)(P_n/A_n)(I_{n+1}/P_n)$$

能量在转化和传递的过程中，由于在营养级内和营养级间均有损耗，因此不可能百分之百地传递下去。一般来说，从一个营养级到另一营养级的能量转化效率大约是5%～20%，平均10%左右，这就是美国生态学家林德曼提出的“百分之十定律”（图4-6）。即能量在转化过程中，大致有10%的能量转变为下一营养的生物量。

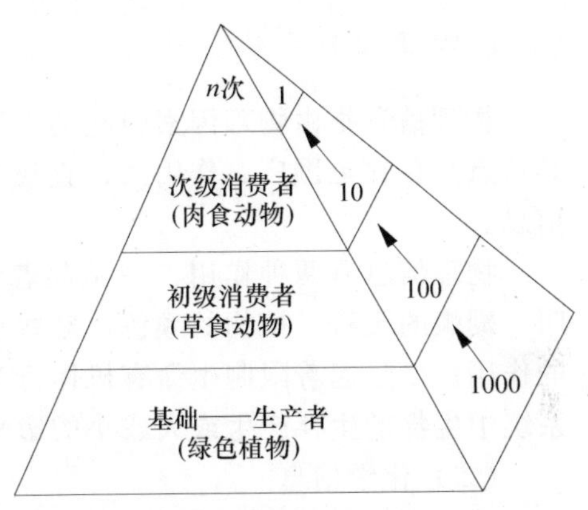

图4-6 能量传递的“百分之十定律”
（祝廷成和董厚德，1983）

（三）生态系统的能量损耗

一个生态系统的能量损耗是当能量流动从一个营养级到另一个营养级时通过各种途径进行的，通常能量是以热的形式在呼吸过程中损耗。有机体吸收的能量小于供给有机体的总有效能。因此，只有被吸收能量的一部分才被有机体真正同化，并为自身所应用，剩余的另一部分能量又返回到环境中去，被同化的能量用来修复有机体内部的损伤，或者维持有机体的呼吸作用，生长新的组织去繁衍后代。

生态系统的能量损耗主要存在于无效能、未消耗的多余的能、吃剩或遗留下的能、未消化的粪便和呼吸作用产生的热散失等，都是有机体不能利用的能量。无效能是指那些单一食物链上不能被下一营养级的有机体直接利用的能量。未消耗的多余能量是指生态系统所产生的、超过有机体利用速度的那部分多余的能量。这种多余的能量依赖于营养级能源的比例、消费者种群的大小及饲料的比例。剩余能量是指有机体吃后剩下的物质，包括被捕食的有机体过多的、未能吃完而留下的物质，以及没有全部被有机体吸收而抛弃的无用物质。维持能也是生态系统中能量损耗的一种，这种能量只用于维持有机体，而不用于有机体的生长。生物有机体获得的总能量用于呼吸作用和生长。而呼吸作用大量地消耗能量来维持有机体在环境中的完整性，如温度的调节、组织损耗的补偿、体内平衡的调节，以及有机体之间的相互作用和繁殖等。

四、信息传递

生态系统中各种成分存在着广泛的联系，这种联系依靠的是生态系统中的信息传递

(information transformation)。生态系统的功能除了体现在生物生产、物质循环和能量流动外，还表现在系统中各生命成分之间的信息传递。它在维持系统平衡，促进系统进化与发育，调节、控制系统内物质循环、能流等方面起着重要的作用。生态系统中通过信息的传递使各组成部分构成统一的整体。

信息传递是指信息在生态系统中沿着一定的途径由一个生物传递给另一个生物的过程。可以说生态系统既产生信息，又传递和接受信息，是一个复杂的信息系统。生态系统中包含多种多样的信息，大致可分为物理信息、化学信息、营养信息和行为信息。

（一）物理信息

物理信息指由物理因素引起的生物之间或生物与非生物之间的相互作用所产生的信息。其特点是存在范围广、作用大、直观而易捕获。声、光、色、电、磁等都是生态系统的物理信息。

物理信息有两种作用：一是起着组分内与组分间及各种行为的调节作用，如鸟类的鸣叫、蝴蝶的飞舞、植物的颜色，某些动物的颜色和形态有吸引异性、种间识别、威吓和警告的作用；二是起着限制生命有机体行为的作用，如光强度、温度、湿度等物理信息都对生态系统中生物的生存产生或大或小的影响。

（二）化学信息

生态系统的各个层次都有生物代谢产生的化学物质参与传递信息、协调各种功能，如生物代谢中分泌的维生素、生长素、抗菌素和性激素等，这种传递信息的化学物质统称为信息素。

化学信息传递主要包括植物间、动物间及植物与动物之间的化学信息传递。

例如，植物群落中，一些植物通过某些化学物质的分泌和排泄而影响另一种植物的生长甚至生存。动物通过外分泌腺体向体外分泌某种信息素，通过气流或水流的运载，被种内其他个体嗅到或接触到，接收者便会产生某些行为反应，使其产生某种生理改变。

一些植物体内含有的某种激素是抵御害虫的有力武器。某些裸子植物具有昆虫的蜕皮激素及其类似物。有些金丝桃属的植物，能分泌一种引起光敏性和刺激皮肤的化合物——海棠素，使误食的动物变盲或致死。

（三）营养信息

营养信息是由外界营养物质数量的变化而导致生理代谢发生变化的一类信息。在生态系统中，食物链（网）就是一个生物营养信息系统，各种生物之间通过营养信息关系形成一个相互依存和相互制约的整体。营养信息通过食物链传递或生物体营养状况及生物种群繁殖等表现出来。

营养信息直接或间接地影响着生物的生长、发育、繁殖及迁徙，具有一定的调控作用。动物和植物不能直接对营养信息进行反应，通常需要借助于其他的信号手段。例如，当生产者的数量减少时，动物就会离开原生活地，去其他食物充足的地方生活，以此来减轻同种群的食物竞争压力。

（四）行为信息

同一物种或不同物种个体相遇时，产生的异常行为或表现传递了某种信息，可统称为行为信息。这些行为信息可能是识别、报警，甚至是挑战的信号。

行为信息在鸟类、猿猴等动物中，领域性行为较为明显。蜜蜂发现蜜源时就会有舞蹈动作的表现，以此来通知同伴去采蜜，而且蜂舞有不同的形态与动作，来表示蜜源的远近和方向，其他工蜂则根据触觉来感觉舞蹈的步伐，判断出正确的方向与信息。地甫鸟发现天敌后，雄鸟急速起飞，扇动翅膀为雌鸟发出信号。

生态系统中许多植物的异常表现和许多动物的异常行为所包含的行为信息常常预示着灾变或反映着环境的变化。

生态系统的服务价值

生态系统为人类提供了许多社会、经济、文化生活必不可少的物质资源和良好的生存条件。生态系统中的物种、种群、群落、生境及其生态过程所生产的物质及其所维持的良好的环境的服务性能就是生态系统服务（ecosystem service）。生态系统服务是构建生物有机体生理功能的过程，是维持为人类提供各种产品服务的基础。

生态系统服务项目主要包括：生态系统的生产；生物多样性维护；传粉、传播种子；生物防治；保护和改善环境质量；土壤形成与改良；减缓干旱和洪涝灾害；净化空气和调节气候；休闲、娱乐；文化、艺术素养——生态美的感受等。

显然，生态系统服务具有十分重要的意义。离开了生态系统这种生命支持系统的服务，全人类的生存就会受到严重威胁，全球经济的运行将停滞。所以，从一定意义上讲，生态系统服务的总价值是无限大的。全人类的生存依赖于生态系统服务。生态系统的众多服务是永远无法替代的，所以人们必须给产生这些服务的自然资本存量以足够的重视。

第五节 生态平衡

生态平衡是现代生态学发展理论上提出的新概念。当前，生物多样性减少、草原退化、自然资源过度开发、森林面积严重减少等，诸如此类的这些全球性环境问题的成因及其危害性都与生态平衡破坏有极大的关系。调控、恢复生态平衡是环境生态学主要的研究任务。

一、生态平衡的概念及其调节机制

（一）生态平衡的概念

在任何一个正常的生态系统中，物质循环和能量流动总是不断地进行着，但在一定时期内，生产者、消费者、分解者以及环境之间保护着一种相对的平衡状态，这种平衡状态就称为生态平衡。在平衡的生态系统中，平衡还表现为生物的种类和数量的相对稳定，系统的物质循环和能量流动在较长时间里保持稳定。

生态系统的平衡是动态的平衡，不是静止的平衡。动态平衡是指可以在平均数周围一定范围内波动，而不是要求绝对等于某一数值。这个变化的范围，有一界线，称为阈值。变化超过了阈值，就会改变，伤害以致破坏生态平衡。系统内部的因素和外界因素的变化，尤其是人为的因素，都可能对系统发生影响，引起系统的改变，甚至破坏系统的平衡。所以，平衡是暂时的、相对的，不平衡是永久的、绝对的。为了保护生态系统的平衡，必须以阈值作为标准，根据生态系统的原理，应用系统分析手段，进行模型和模拟试验，是能够得出阈值或预测预报系统的负载能力，这样就能够合理地开发、利用资源，并防止环境污染。

生态平衡的三个基本要素是系统结构的优化与稳定性、能流和物流的收支平衡以及自我修复和自我调节能力的保持。

衡量一个生态系统是否处于生态平衡状态，其具体内容为：①时空结构上的有序性。表现在空间上的有序性是指结构有规则地排列组合，小至生物个体中各器官的排列，大至整个宏观生物圈内各级生态系统的排列，以及生态系统内部各种成分的排列都是有序的；时间上的有序性就是生命过程和生态系统演替发展的阶段性，功能的延续性和节奏性等。②能流、物流的收支平衡。系统既不能入不敷出，造成系统亏空，又不能入多出少，导致资源浪费。③系统自我修复、调节功能的保持，抗逆、抗干扰、缓冲能力强。

（二）生态平衡的调节机制

生态系统是一个动态系统，导致其稳定与平衡的上述种种因素也常常发生变化。然而，当生态系统达到动态平衡的最稳定状态时，它能够自我调节和维持自身的正常功能，并在极大程度上克服和消除外界干扰，保持自身的相对稳定性。

生态平衡的调节主要是通过生态系统的反馈机制、抵抗力和恢复力实现的。

1. 反馈机制

当生态系统中某一成分发生变化时，必然会引起其他成分出现一系列相应的变化，这些变化反过来影响起初发生变化的成分。生态系统这种作用过程称为反馈。

生态系统的反馈机制可分为正反馈与负反馈。负反馈是指生态系统中某一成分变化所引起的其他一系列变化，反过来抑制最初引发变化的那种成分发生变化的作用过程。其作用结果是促使生态系统达到或保持稳态。另一种反馈称为正反馈。正反馈的作用于负反馈相反，是指生态系统中的某一成分变化所引起的其他一系列变化，促进或加速最初引发其变化的那种成分进一步发生变化的作用过程。其结果常常使生态系统进一步远离平衡状态或稳态。

在生态系统中，起主要作用的是能够使生态系统达到和保持平衡或稳态的负反馈机制。在自然生态系统中生物常常利用正、反馈机制来迅速接近“目标”，如生命的延续、生态位占据等。而负反馈则被用来使系统在“目标”附近获得必要的稳定。生物的生长、种群数量的增加属于正反馈；种群数量调节中，密度制约作用是负反馈的体现。

2. 自我调节能力

当生态系统受到外界干扰破坏时，只要不过分严重，一般都可通过自我调节使系统得到修复，维持其稳定与平衡，我们把生态系统这种抵抗变化和保持平衡状态的倾向称为生态系统的稳定性或稳态。生态系统这种抵抗外来干扰的能力就称为自我调节能力，包括抵抗力与恢复力。

抵抗力表示生态系统抵抗干扰活动及维持系统结构和功能保持原状的一种能力。抵抗力与系统发育阶段的状况有关，系统发育越成熟，结构越复杂，抵抗外来干扰的能力就越强。

生态系统所受的外界压力一旦解除就有恢复到稳定状态的能力。生态系统的恢复力是由生命成分的基本属性决定的。恢复力强的生态系统，生物的生活世代短，结构比较简单。如杂草生态系统遭受破坏后恢复速度要比森林生态系统快得多。生物成分生活世代越长、结构越复杂的生态系统，一旦遭到破坏则长期难以恢复。

（三）生态平衡的生态学规律

生态平衡的生态学规律有以下几个方面内容。

1. 相互制约与相互依赖规律

相互制约与相互依赖是构成生态系统的基础。在生态系统中，各种生物个体的大小和数量之间存在一定的比例关系。生物间的相互制约作用，使生物保持数量的相对稳定，这是生态平衡的一个重要方面，在同一环境中的物种越多，该生态系统也越稳定，例如，混交林发生大规模虫害的概率远远小于单种林，正说明后者较前者脆弱。

2. 物质循环转化与再生规律

自然界通过植物、动物、微生物和非生物成分，一方面不断地合成新的物质，一方面又随时分解为原来的简单物质，重新被植物所吸收，进行着不停顿的新陈代谢作用。但是，如果人类的社会经济活动过于强化，超过了生态系统的调节限度，就会出现区域性或全球性的物质循环失调现象，给人类造成难以补救的恶果。

3. 物质的输入与输出平衡规律

当一个自然生态系统不受人类活动干扰时，生物与环境之间的输入与输出是相互对立的关系。生物进行输入时，环境必然进行输出。生物体一方面从周围环境摄取物质，一方面又向环境排放物质，以补偿环境的损失。对于一个稳定的生态系统，无论对生物、环境，还是对整个生态系统，物质的输入与输出总是保持相对平衡的。

4. 相互适应与协同进化规律

生物与环境之间，存在着作用与反作用的过程，生物影响环境，反过来环境也影响生物。生物从环境中吸收水分与营养物质，同时把排泄物与尸体中相当数量的水分和影响元素归还给环境，最后获得协同进化结果。但是，如果因某种原因损害了生物与环境之间的相互补偿与适应的关系，例如，某种生物过度繁殖，则因环境物质供应不及时而造成生物的饥饿死亡。

5. 环境资源的有效极限规律

自然界中存在的、作为生物赖以生存的各种环境资源都具有一定的限度，不能无限制地供给。所以人类在利用环境资源时必须合理、科学，如果仅顾眼前利益，掠夺式地开发利用，必将破坏生态平衡。

以上五条生态学规律，也是生态平衡的基础。生态平衡以及生态系统的结构与功能，又与人类当前面临的人口、粮食、资源、能源和环境五大问题密切相关，解决这些问题正是环境生态学的主要任务之一。

二、生态破坏

（一）生态阈限

由于生态系统中生物类群不断变化，系统外界环境条件也在不断变化，因此，生态系统的稳定性是动态的。在一定的范围内，生态系统可以忍受一定程度的外界压力，并通过自我调节机制，抵御自然或人类所引起的干扰，恢复其相对平衡，保持相对稳定性。超出一定范围，生态系统的自我调节机制就会被削弱，其稳定性就会受到影响，相对平衡就会遭到破坏，甚至使系统崩溃。生态系统忍受一定程度外界压力维持其相对稳定性的这个临界限度就称为生态阈限。

生态阈限取决于环境的质量和生物的数量。在阈限内，生态系统能承受一定程度的外界压力和冲击，具有一定程度的自我调节能力。超过阈限，自我调节不再起作用，系统也难以恢复到原来的平衡状态。生态阈限不仅与生态系统的类型有关，还与外界干扰因素的性质、方式及破坏作用强度等因素密切相关。

生态阈限的大小还受生态系统的成熟度影响。生态系统越成熟，生物种类越多，营养结构越复杂，稳定性越大，那么它对外界的干扰压力有更强的抵御能力，自我调节和恢复能力提高，即阈值就越高。相反，一个简单的人工生态系统阈值就很低。不同生态系统在其进化发展阶段有不同的生态阈限，了解这些生态阈限，才能合理调控、利用和保护生态系统。

（二）生态破坏的影响因素

超过生态阈限的影响对生态系统造成的破坏是长远性的，生态系统重新回到和原来相当的状态往往需要很长的时间，甚至造成不可逆转的改变，这就是生态平衡的破坏。生态破坏的主要标志有两个：一是结构的改变；二是功能的衰退。结构的改变表现在缺损一个或几个组成部分，使平衡失调、系统崩溃，如毁林、开荒等；也表现在某一组成成分发生变化，如生物群落结构的改变、非生物成分的组成和结构发生变化等，功能的衰退表现在能量流动受阻，如生产者数量的减少；也表现在物质循环、信息传递的中断等。

由于自然因素，如火山爆发、山崩海啸、水旱灾害、地震、台风、泥石流、大气环流变迁、流行病害等，可能造成局部或大区域的环境系统或生物系统的破坏或毁灭，导致生态系破坏。自然因素所造成的生态破坏，多数是局部的、暂时的、偶发的，常常是可以恢复的。

人为因素主要是指人类对自然资源的不合理利用、工农业发展带来的环境污染等。生态平衡和自然界中一般的物理和化学平衡不同，它对外界的干扰和影响极为敏感。因此，在人类生活和生产过程中，常常会由于各种原因引起生态平衡的破坏。人为因素对生态平衡的影响较大，全球许多主要的环境问题都是人类活动导致生态破坏的结果。

思考题

1. 什么是生态系统？生态系统包括哪些组成成分，其结构和功能是什么？
2. 阐明食物链、食物网和营养级的含义，食物链有哪些类型。它们在生态系统中有什么意义？
3. 说明在每个较高的营养级上生物量为什么减少。简述生态效率与生态金字塔。
4. 初级生产、次级生产的概念是什么？简述生态系统中生物生产的意义。
5. 能量流动在生态系统中单一方向流动的根据是什么？能量在生态系统中的流动渠道是什么？
6. 什么是物质的生物地化循环？生物地化循环有哪些基本类型？
7. 水在物质循环中有哪些重要的生态学意义？并简述水循环的主要途径。
8. 简述氮、磷、硫的全球循环及其特点。
9. 生态系统的信息有何特点？信息传递的几种类型是什么？
10. 地球上生态系统可分为哪些类型，各自特点是什么？

11. 阐明生态平衡的概念与特点及其生态学意义。

12. 举例说明反馈在生态平衡中起什么作用，生态系统如何通过反馈维持稳态。

推荐读物

蔡晓明. 2000. 生态系统生态学. 北京：科学出版社

李博，杨持，林鹏. 2000. 生态学. 北京：高等教育出版社

孙儒泳，李博，诸葛阳等. 1993. 普通生态学. 北京：高等教育出版社

Odum E P. 1981. 生态学基础. 孙儒泳，钱国桢，林浩然等译. 北京：人民教育出版社

参考文献

蔡晓明，尚玉昌. 1995. 普通生态学. 北京：北京大学出版社

蔡晓明. 2000. 生态系统生态学. 北京：科学出版社

曹凑贵. 2002. 生态学概论. 北京：高等教育出版社

丁圣彦. 2004. 生态学——面向人类生存环境的科学价值观. 北京：科学出版社

戈锋. 2002. 现代生态学. 北京：科学出版社

郝道猛. 1978. 生态学概论. 徐氏基金会

李博，杨持，林鹏. 2000. 生态学. 北京：高等教育出版社

李元，朱鲁生，祖艳群等. 2008. 农业环境学. 北京：中国农业出版社

李振基，陈晓麟，郑海雷等. 2000. 生态学. 北京：科学出版社

曲仲湘，吴玉树，王焕校等. 1983. 植物生态学. 北京：高等教育出版社

尚玉昌. 2002. 普通生态学. 第二版. 北京：北京大学出版社

王红晋，叶思源，杜远生. 2006. 湿地生态系统的地球化学研究. 海洋地质动态，22 (11)：7～12

魏振枢，杨永杰. 2004. 环境保护概论. 北京：化学工业出版社

祝廷成，董厚德. 1983. 生态系统浅说. 北京：科学出版社

Odum E P. 1981. 生态学基础. 孙儒泳，钱国桢，林浩然等译. 北京：人民教育出版社

第五章　环境污染与生态修复

摘要： 本章主要论述生物对污染物的吸收和积累规律，生物对污染物，特别是重金属和农药的耐性与适应。分析污染物对生物的生长发育、组织结构、生理代谢和遗传变异等的影响，以及与这种影响相关的环境条件。阐述环境污染与生物之间的相互关系。了解利用生物对环境污染进行修复的理论与技术。

自然环境与生物之间相互作用和相互影响而协同进化，彼此相互适应，形成特定的生态关系。污染环境与生物之间具有的特殊生态关系，一方面，污染环境对生物的生长发育、生理代谢和遗传变异产生影响；另一方面，利用具有特定适应能力的生物对污染环境进行改造和修复，已经逐步成为当前研究的重点和热点。

第一节　生物对污染物的吸收和积累

自然环境与生物之间存在着密切的相互作用和相互影响，形成特定的生态关系。因此，生物不可避免地吸收污染物，并在体内积累。生物对污染物的吸收和积累受多种因素影响。

一、生物对污染物的吸收

（一）植物对污染物的吸收

1. 植物对污染物的吸收过程

1）植物对气态污染物的黏附和吸收

植物能黏附和吸收气态污染物。植物黏附污染物的数量，决定于植物体表面分泌物、表面积大小和粗糙程度等。例如，云杉、侧柏、油松、马尾松等枝叶能分泌油脂、黏液；杨梅、榆、朴、木槿、草莓等叶表面粗糙，表面积大，具有很强的吸滞粉尘和气态污染物的能力；女贞、大叶黄杨等叶面硬挺，风吹不易抖动，也能吸附尘埃和气态污染物。

气孔是叶片吸收污染物的重要部位。氟化物、SO_2 和臭氧能通过叶片气孔或茎部皮孔进入植物体。含重金属的降尘和吸着于叶表的污染物可通过角质层的渗透作用进入叶片。

2）植物对水溶态污染物的吸收

植物根吸收污染物的过程包括污染物到达植物根表面和进入细胞两个阶段。

第一阶段为水溶态污染物到达植物根表面。水溶态的污染物到达根表面有两条途径：①质体流途径（mass flow），即污染物随蒸腾拉力，在植物吸收水分时与水一起到达植物根部。质体流途径是污染物到达根表面的主要途径；②扩散途径，即通过扩散而到达根表面。如在土壤中，重金属的扩散一般遵循 Fick 的第二法则，它的平均扩散距离为

$$x = \sqrt{2DT} \tag{5-1}$$

式中，D 为扩散系数（cm^2/s）（土壤中重金属离子的扩散系数为：Zn^{2+}：$3\times10^{-10}\ cm^2/s$；Mn^{2+}：$3\times10^{-8}\ cm^2/s$）；T 为时间（s）。

第二阶段为水溶态污染物进入细胞的过程。

植物的细胞壁是污染物进入植物细胞的第一道屏障。根据细胞壁的主要成分果胶、半纤维素及脂蛋白的组成和含量，可以将细胞壁分为两种类型：第一种类型：含有20%的木质素，存在于双子叶植物和阔叶单子叶植物；第二种类型：富含木聚糖的半纤维素，并含有酸性的基团，存在于草本植物中，有助于草本植物的阳离子吸附。果胶富含酸性基团，为污染物提供大量的交换位点，导致双子叶植物和阔叶单子叶植物对重金属易于吸附。

铅首先沉积在根表面，与细胞壁上带有负电荷的“道南”牢固结合。然后以非共质体方式扩散进入根冠细胞层（彭鸣和王涣校，1989）。重金属可以透过质膜在细胞内积累。植物中大约70%的镉沉积在细胞质部分，只有8%～10%结合到细胞壁及其他细胞器中（杨居荣等，1993）。一些重金属离子可能通过电荷相同、电子构型相似、离子半径相近的必需金属离子的吸收途径进入有机体。一些能形成金属有机化合物的重金属，由于对细胞膜的亲和性，比二价离子更容易通过细胞膜，有机体对这类化合物的选择性低。

污染物通过植物细胞膜进入细胞的过程有两种方式：一种是被动的扩散，物质顺着其浓度梯度或细胞膜的电化学势流动；一种是需要能量的主动传递过程。离子或分子发生一定距离的转运或相当大量的转运，不服从扩散定律或电化学平衡定律。促进离子运输的驱动力是化学势、电位差等。

分子通过膜的速度为V，$V=PA\ (C_1-C_2)$。式中，P为膜的扩散系数；A为脂质区域的面积；C_1为膜外侧的溶质浓度；C_2为膜内侧的溶质浓度。溶质分子进入细胞的速度受水-生物膜之间的分配系数和相对分子质量制约，具有相同分配系数而又有较小相对分子质量的溶质则通透性较快。溶质分子在有机相的溶解度与膜对溶质分子的透性相关；溶质分子的大小能影响溶质的扩散系数。污染物被动运输与膜两侧建立的电化学梯度和膜的通透性紧密相关。

(1) 离子运输：通过膜的金属离子的通量根据 Nernst-Planck 方程可得

$$J_i(x)=-D_i\left(\frac{dC_i}{dx}+\frac{Z_iC_iF}{RT}\times\frac{d\Phi}{dx}\right) \tag{5-2}$$

式中，J_i为物质i在距离膜表面x处的流量；C_i为离子i的浓度；Z_i为离子i的电荷；D_i为离子i的扩散系数；Φ为电位；F为法拉第常量；R为摩尔气体常量。

通过膜的扩散电位方程为

$$\Delta\Phi=\left(-\frac{2.3RT}{ZF}\right)\times\lg\frac{C_i}{C} \tag{5-3}$$

式中，Φ、F、R含义同式（5-2）；T为热力学温度；Z为离子所带的电荷数；C_i为膜内离子的浓度；C为膜外离子的浓度。

细胞膜对金属离子运输存在两种观点：一种观点认为膜上存在着载体，包括载动载体和扩散载体。离子M与载体的结合有两种方式：①金属离子与载体在膜表面结合，复合物通过膜，金属离子在膜另一侧被释放；②金属离子与载体在同一水相中相结合，复合物进入膜，然后在膜另一侧水相中分离。另一种观点认为膜上存在着通道，膜上不仅存在允许水分子通过的小孔（6^{-10}Å，占膜面积的0.06%），而且存在着直径等于或超过离子直径的较大的孔。

(2) 促进运输：环境中的配体及生物大分子与重金属离子结合对其迁移能力有很大影

响。金属离子所带电荷越小，亲脂性越大，越容易透过生物膜。例如，CH_3Hg^+在细胞上的通透性大于Hg^{2+}，而$(CH_3)_2Hg$的通透性又大于CH_3Hg^+。此外，重金属离子与膜的配体的亲和力也有很大影响。

2. 污染物在植物体内的迁移

根部吸收污染物后，一部分截留于根中，另一部分随蒸腾流而输送到植物各部分。植物根部吸收的污染物运输过程包括三个阶段。

1）*到达内皮层前的移动*

穿过根表皮的无机离子到达内皮层可能有两条途径：

第一条是自由空间通道。即通过细胞壁和细胞间隙达到内皮层。它包括“水分自由空间”（WFS）和“道南自由空间”（DFS）两部分。铅主要以非共质体方式在玉米根内横向移动。

第二条是内部空间通道——共质体通道，即通过细胞内的原生质流动和通过细胞之间相连接的细胞质通路，包括自由空间以外的部分，如细胞质、液泡等。当离子被吸附在细胞膜表层后，经主动运输、被动转运、胞饮作用等过程进入细胞内。离子可通过胞间连丝从一个细胞运到另一个细胞，由表皮到达内皮层。镉主要是以共质体方式横向迁移。在外界浓度不高时，镉通过质膜进入细胞，在细胞质流的作用下，迁移进入导管。在较高浓度时，镉可以非共质体形式迁移，也可以通过质膜大量被动渗透，在细胞内扩散（彭鸣和王焕校，1989）。

2）*在内皮层中的移动*

无机离子从根表面到达内皮层，通过原生质的流动经过胞间连丝从一个细胞移动到另一个细胞，最后到达导管。

3）*在导管内的移动*

离子进入木质部后，从导管周围的薄壁细胞进入导管，随蒸腾拉力向地上部移动。中柱薄壁组织细胞具有四种不同的通道：KIRC 和 KORC 通道能够保证K^+吸收到薄壁组织细胞和释放到中柱之中；KIRC 仅选择性的运输K^+；而 KORC 通道不仅运输K^+，而且运输Ca^{2+}。

重金属在导管内的移动是与某些有机物螯合，以配位形态移动。大豆和番茄中的铜可以与天冬氨酸、组氨酸和谷氨酸结合。Cataldo 等（1983）指出大豆伤流液中镉主要与柠檬酸、苹果酸、琥珀酸等有机酸结合，还有部分与半胱氨酸、组氨酸结合。黄瓜中的 Pb-EDTA 可以降低 Pb 的毒性。重金属的吸收和运输的机制在一定程度上与氨基酸运输和蛋白质基因的表达有关。一些重金属与有机螯合剂具有较高的结合稳定能力，而不以自由离子的形态存在于细胞中。重金属在植物中的运输有三种类型的运输体：重金属 ATP 酶（Cpx-type）、Nramp 家族蛋白以及 CDF 家族。在外部浓度低的条件下，高亲和的运输体系表现为运输基因开始表达并活跃，以络合物的形态迁移。而在正常条件下，低亲和的运输体系起作用。在高浓度情况下，以游离的离子状态存在并移动。

污染物可以从根部向地上部运输，通过叶片吸收的污染物也可从地上部向根部运输。叶片吸收的重金属能向下移动。

污染物经根部或地上部分（主要是叶）吸收后，可通过转移而在生物体不同部位重新分布。一般分布规律和残留量顺序为：根＞茎＞叶。如 Cd 和 Cu 在苹果树中残留量为：根＞二年生枝＞一年生枝＞叶（张连忠等，2004）。金属在植物地下部分和地上部分的累积也有很大的不同。从图 5-1 可以看出，第一组元素（Cd、Fe、Cu、Co 和 Mo）在地下部分比在地上部分积累的要多。第二组元素（Pb、Sn、Ti、Ag、Cr、Zr 和 V）大多数累积在地下部分而向地上部分累积的很少。第三组元素（Zn、Mn 和 Ni）在地下部分和在地上部分呈均匀分配。

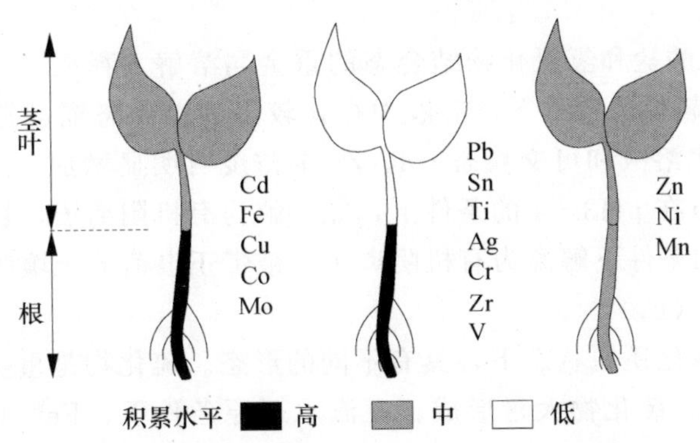

图 5-1　重金属在植物器官间的分配（Siedlecka，1995）

3. 影响植物吸收、迁移污染物的因素

植物对污染物的吸收、迁移，主要取决于植物种的生物学、生态学特性，污染物的种类、形态以及外界环境条件。

1）植物种的生物学、生态学特性

不同植物种对污染物的吸收、积累量差异很大。例如，在酸性土壤中，石松科植物的铺地蜈蚣（*Lycopodium cernum*）、石松（*L. claratum*）和铺地锦（*M. dodecandrum*）等能富集铝达 1%以上（占干重）。生长在含硒土壤上的黄芪（*Astragalus* sp.）灰分中硒的含量达 15 000mg/kg，而伴生的牧草却小于 0.01mg/kg；在含钴的土壤上生长的野百合（*Crotalaria cobalticola*）灰分中含有 1.8%的钴，是含钴最高的植物。

生态型、生态类型之间具有差异。生长在污染区的生态型在生理、生化和遗传上形成与环境相适应的抗性生态型。沉水植物整个植株都是吸收面，对 Pb 的吸收量比浮水、挺水植物高。同一植物的不同部位、不同生育期吸收污染物也有差异。Cd 在小白菜中的分配规律：根大于地上部分。小麦根尖端 1～4cm 区域吸收的离子最易向地上部转移。禾谷类在抽穗前 10 天左右吸收的离子最易向地上部转移。水稻对镉的吸收大部分是抽穗、开花期和灌浆期（王焕校，2002）。

2）污染物的种类及其形态差异

一般而言，比较活泼的元素在植物体内移动的速度较快。在水稻中 Pb 和 As 大部分积累在根部，难于向地上部迁移，铅在根部占 90%～98%，分布于糙米的仅占 0.05%～0.5%（王新和吴燕玉，1997）。植物合成的螯合剂和人工螯合剂都可以改变介质中重金属的移动性和有效性。植物根系分泌的柠檬酸与二价或三价的金属离子（Fe、Pb 和 Cd）结合形成稳定的形态而增加其移动性。Pb、Cu 和 Fe（Ⅲ）的有机结合物具有较高的稳定系数（lg$K$），与 N、O、SH^+、COO^- 基团结合进行运输。Zn、Ni 和 Cd 以复合物的形态通过细胞膜，可能导致吸收的加倍。

不同元素和同一元素的不同价态吸收系数差别很大，如水稻对 Cr^{6+} 的吸收系数大于

Cr^{3+}。根据生物的吸收系数的大小，元素的生物吸收顺序为：As（Cd）＞Hg＞Cr。金属阳离子的偶数价离子对机体的亲和性高，奇数价的亲和性则相对较低，尤其是三价阳离子在正常的生理状态下易被排出体外；阴离子正相反，奇数价的离子亲和性高，偶数价的则低。从空间结构看，以正四面体为结构的元素其亲和力就高。

3）pH

pH 降低可导致碳酸盐和氢氧化物结合态的重金属溶解、释放。随 pH 的升高，土壤对 Cd 的吸附率增大；在较低的 pH 下，溶液中存在较多的游离态镉，易被生物吸收，水体沉积物中生物可给态的水溶液和可交换态 Cd、Zn 的浓度有明显增加。土壤 pH 能影响植物对农药的吸收。如 2,4-D 在 pH3～4 的条件下，能分解为有机阳离子，被带负电荷的土壤胶体吸附，而在 pH6～7 的条件下解离为有机阴离子，被带正电荷的土壤胶体吸附。

4）氧化还原电位（E_h）

重金属在不同的氧化还原状态下，具有不同的形态。硫化物是重金属难溶化合物的主要形态。随着 E_h 的降低，硫化物大量形成。在淹水还原条件下，Fe^{3+} 还原成 Fe^{2+}，Mn^{4+} 还原成 Mn^{2+}，SO_4^{2-} 还原成硫化物，形成难溶的 FeS、MnS 和 CdS。在含砷量相同的土壤中，水稻易受害，在淹水条件下易形成还原态的三价砷（亚砷酸），三价砷的毒性比五价砷高。而旱地常以氧化态的五价砷存在。

在不同氧化还原电位条件下，沉积物中重金属的结合形态可互相转化。在还原条件下，有机结合态镉最稳定，但在氧化条件下，有机结合态镉则被转化为生物可利用的水溶态、可交换态或溶解络合态而释放到水中，并随氧化还原电位增大，释放量增多。

5）土壤阳离子交换量

土壤阳离子交换量（cation exchange capacity，CEC）越大，土壤对污染物的缓冲能力越大，特别是对重金属离子的吸附作用越大，在一定程度上，降低植物对污染物的吸收。但是，植物根表面能与根际环境的重金属发生离子交换吸附，根表面与土壤溶液的离子交换量越大，重金属离子越易进入根部。根系 CEC 大的豆科植物对 Cd 最敏感，而根系 CEC 小的禾本科作物耐受 Cd 的能力较强。

6）土壤有机质

土壤中有机质含量越多，提供了更多的能沉淀、络合污染物的基团，从而对污染物吸附能力越强，根系吸毒量就越少。一般来讲，增加土壤有机质含量，提高土壤对阳离子的固定率，能减少植物对镉等重金属的吸收。

腐殖酸中的富里酸与金属之比大于 2 时，有利于形成水溶性的金属络合物，小于 2 时易形成难溶性络合物。在腐殖质组成中，胡敏酸和金属形成的胡敏酸盐除一价碱金属盐外，一般是难溶的。富里酸与金属形成的螯合物，一般是易溶的。添加腐殖质等土壤改良剂还能影响重金属形态的变化，进而影响植物的吸收。例如，在添加胡敏酸、石灰、钙、镁、磷等各种组合的改良剂后，代换态镉明显减少，残渣中的镉和碳酸盐结合态的镉增加（王焕校，2002）。

7）土壤质地

黏土矿物、蒙脱石和高岭石对金属离子吸附具有差异。不同类型的金属离子被土壤吸附的数量、强弱是不同的。金属元素若被吸附在黏土矿物表面交换点上，则较易被交换，如被吸附在晶格中，则很难被释放。不同质地土壤对农药存在物理吸附和物理化学吸附，其中主要是物理化学吸附（或称离子交换吸附）。

8）污染物间的相互作用

污染物间的相互作用方式有 4 种类型：相加作用（addition）、协同作用（synergism）、独立作用（independent joint action）和拮抗作用（antagonism）。

多种化学物质混合，其联合作用时所产生的毒性为各单个物质产生毒性的总和，称为相加作用。如丙烯腈与乙腈、稻瘟净与乐果等。如以死亡率为指标，两种污染物毒性作用的死亡率分别为 M_1 和 M_2（下同），则联合作用的死亡率为 $M=M_1+M_2$。

多种化学物质联合作用的毒性，大于各单个物质毒性的总和，称为协同作用。如稻瘟净与马拉硫磷、臭氧与硫酸气溶胶等。作用公式为 $M>M_1+M_2$。

独立作用是各单一化学物质对机体作用的途径、方式及其机制均不相同，联合作用于某机体时，在机体内的作用互不影响。作用公式为 $M=M_1+M_2(1-M_1)$ 或 $M=1-(1-M_1)(1-M_2)$。

拮抗作用是两种或两种以上化学物质同时作用于生物体，其联合作用的毒性小于单个化学物质毒性的总和。如二氯甲烷与乙醇、铁与锰等。作用公式为 $M<M_1+M_2$。拮抗作用产生的原因包括：

（1）两元素之间由于直接发生化学反应而产生拮抗。如 As、Hg、Cd、Ag、Sb 等对 Se 的拮抗，其机制可能是重金属与 Se 生成相应的 As_2Se_3、HgSe、CdSe 等难解离的化合物，导致 Se 的生物活性消失；

（2）破坏金属酶的辅基或金属蛋白的蛋白质活性基团而产生拮抗。Cd 对蛋白质中巯基的结合比 Zn 更稳定，Cd 可把 Zn 从有机体中置换出来，表现为 Cd 对 Zn 的生物拮抗；

（3）使金属酶反应体系受阻而产生拮抗。由于某一元素的作用，使金属酶反应体系中的一环受阻，从而产生对另一元素的间接拮抗。如 Cu 对 Mo 的拮抗，含 Mo 的脱氢酶（如黄嘌呤脱氢酶）使代谢物氧化并产生 H_2O_2。在正常情况下，H_2O_2 在含 Fe 的过氧化氢酶的作用下，迅速分解为 H_2O 和 O_2，而当存在过量 Cu 时，便抑制过氧化氢酶，从而造成细胞内 H_2O_2 的毒性积累。过剩的 H_2O_2 将反过来抑制破坏含 Mo 的脱氢酶，造成 Cu-Mo 拮抗现象（图 5-2）。Pb-Fe 的拮抗具有类似的特征。

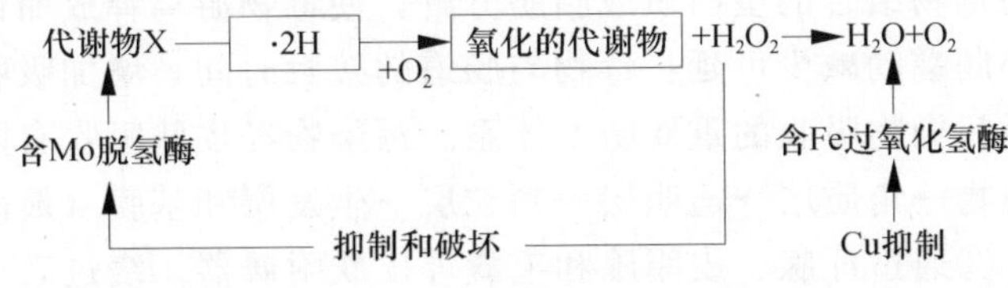

图 5-2 生物细胞内 Mo 和 Cu 的拮抗关系

（4）相似原子结构的元素有机络合中互相取代而造成的拮抗。在生物体中相似原子结构的元素在有机络合中互相取代而造成的拮抗作用，如 W-Mo、Cd-Ca、V-Mn、Ni-Cu、Mn-Mg 等。从原子结构理论出发，存在拮抗关系的元素包括：Fe^{2+}-Zn^{2+}、Fe^{3+}-Mn^{2+}、Sb^{5+}-Mo^{6+}、Cu^{2+}-Co^{2+}、Ni^{2+}-Mg^{2+}、Ru^{2+}-Co^{2+}、Ge^{2+}-Zn^{2+} 等。

（5）相似化学特征的元素互相取代而造成的拮抗。增加植物中的 Mn 含量会保护 Cd 对光合系统的毒害。Mn 的存在会降低 Cd 的吸收，并认为 Mn 和 Cu 的竞争发生在同一吸收位点。

（二）动物对污染物的吸收

1. 动物对污染物的吸收过程

动物细胞缺乏细胞壁，细胞膜起着很大的屏障作用。污染物通过动物细胞膜的方式有：被动运输与特殊转运。被动运输包括简单扩散和滤过作用；特殊转运分为载体转运、主动运输、吞噬和胞饮作用。

动物对污染物的吸收一般是通过呼吸道、消化道、皮肤等途径完成的。环境中许多污染物以气体、蒸气和气溶胶等形式存在于空气中，空气中的污染物进入呼吸道后通过气管进入肺部，肺泡数量多（约 3 亿个），表面积大（50～100m^2），相当于皮肤吸收面积的 50 倍，且遍布毛细血管，污染物经过肺部经过被动扩散，能迅速吸收进入血液。直径大于 5μm 的颗粒几乎全部在鼻和支气管中沉积；小于 5μm 的微粒，颗粒越小到达支气管的外周分支就越深；直径小于或等于 1μm 的微粒，常附着在肺泡内；但是对于极小的微粒（0.01～0.03μm），主要附着于较大的支气管内。肺泡上皮细胞膜对脂溶性、非脂溶性分子及离子都具有高度的通透性。部分毒物如苯并［*a*］芘、石棉、铍等能在肺部长期停留，使肺部致敏纤维化或致癌；部分毒物运至支气管时刺激气管壁产生反应性咳嗽而吐出或被咽入消化道。肺泡壁有丰富的毛细血管网，能起到部分解毒的作用。

消化道是动物吸收污染物的主要途径，肠道黏膜是主要部位之一。大多数污染物在消化管中以简单-扩散方式通过细胞膜而被吸收。污染物浓度越高吸收越多，脂溶性物质较易吸收，水溶性、易解离或难溶于水的物质则不易吸收。如弱酸，在胃内（pH2）呈不解离状态，脂溶性大，易被胃所吸收；而弱碱，在胃内呈游离状态，不被吸收，在小肠内（pH6）呈脂溶状态易被吸收。

甲基汞和乙基汞具有脂溶性，被肠道的吸收量远高于离子态汞，吸收率达 95%以上；肠道对无机汞中的离子态和金属汞的吸收率在 20%以下；Hg^{2+} 不易为肠壁吸收；在呼吸道镉的吸收率为 10%～14%，消化道为 5%～10%。

胃酸、胃肠道消化液和肠道微生物可使化学物质降解或发生其他变化，胃肠道中的食物可以与污染物形成不易吸收的复合物，或者改变胃肠道的酸碱度时，影响吸收过程。小肠内存在的酶系，使已与毒物结合的蛋白质或脂肪分解，使毒物游离释放而促进吸收。肠道蠕动情况也影响吸收，小肠蠕动减少可延长毒物与肠道的接触时间，增加吸收。

皮肤是动物体对污染物吸收的重要防卫体系。污染物经皮肤吸收有两条途径：①通过表皮脂质屏障，即污染物→角质层→透明层→颗粒层→生发层和基膜（最薄的表皮只有角质层和生发层）→真皮；②通过汗腺、皮脂腺和毛囊等皮肤附属器，绕过表皮层障碍直接进入真皮。有些电解质和某些金属能经此途径被少量吸收。

经皮肤吸收，分为两个阶段。第一阶段是污染物以扩散的方式通过表皮，表皮的角质层是最重要的屏障。污染物穿透的速度与脂溶性有关，脂溶性越大穿透力越强，非脂溶性物质不易通过表皮，特别是相对分子质量大于 300 的污染物更不易通过。第二阶段是污染物以扩散的方式通过真皮。由于真皮组织疏松，毛细血管壁细胞具有较大的膜孔，其扩散速度取决于本身的水溶性，如多数有机磷农药，可透过完整皮肤引起中毒或死亡；CCl_4 经皮肤吸收而引起肝损害等。

皮肤完整性、皮肤的吸收部位、污染物本身的理化性质和皮肤接触的条件等均可以影响皮肤对污染物的吸收。

2. 污染物在动物体内的迁移

污染物被吸收后进入体液（主要是血液和淋巴液），与血浆和红细胞中的蛋白质结合，随体液的流动分散到全身各组织中。

经消化系统吸收的污染物首先进入肝门静脉，再被输送到肝脏进行生物转化，经肝脏代谢解毒对保护机体免遭污染物的损害具有积极意义。经呼吸道吸收的污染物质经肺循环直接进入循环系统而分布于全身组织细胞。进入血液中的汞化合物与红细胞或血浆中的蛋白质和谷胱甘肽等物质结合而运输。无机离子态汞在肾内积累最多，其次是肝、脾、甲状腺，金属汞极易进入血脑屏障而到达脑中枢。进入后很快被氧化成 Hg^{+} 很难从脑中排除。

污染物的分布规律表现为：能溶解于体液的物质均匀地分布于动物全身，如钠、钾、锂以及阴离子氟、氯、溴离子等。污染物主要储留于肝或其他网状皮层系统；污染物与骨具有亲和性可在骨中积累，如二价阳离子铅、钙、锌、锶、镭、铍等。对于某一器官具有特殊亲和性的物质，在该器官中残留量大，如碘对甲状腺具有亲和性，在甲状腺中分布量大；汞对肾脏具有亲和性；无机离子汞在肾脏的肾小管内分布量最大。镉大约有 1/3～1/2 蓄积在肝和肾，肠道吸收的镉首先输送到肝脏，促进肝中金属硫蛋白的合成，同时，与金属硫蛋白结合的锌相置换；脂溶性物质与脂肪组织乳糜微粒具有亲和性，如 DDT、六六六等。

污染物可以通过消化道排出、胆汁排泄和肾排泄。肾小管膜的类脂特性与机体其他部位的生物膜相同，脂溶性污染物质容易被重吸收。肾小管液呈酸性时，有机弱酸解离少易被重吸收。肾排泄是污染物质的一个主要排泄途径。胆汁排泄是指主要由消化管及其他途径吸收的污染物质经血液到达肝脏后，以原物或其代谢物和胆汁一起分泌至十二指肠，经小肠至大肠内，再排出体外的过程。一般相对分子质量在 300 以上，水溶性大、脂溶性小的化合物，胆汁排泄良好。此外，排出途径还有乳汁、呼气、毛发等。

（三）微生物对污染物的吸收

微生物对污染物有着很强的吸收与分解能力。污染物通过离子交换反应、沉淀作用和络合作用结合在微生物细胞壁上。革兰氏阳性菌的细胞壁有一层很厚的、网状的肽聚糖结构，在细胞壁表面存在的磷壁酸质和糖醛酸磷壁酸质连接到网状的肽聚糖上。磷壁酸质的磷酸二酯和糖醛酸磷壁酸质的羧基使细胞壁带负电荷，能与溶液中带正电荷的离子进行交换反应。革兰氏阴性菌的细胞壁中，两层膜之间只有很薄的一层肽聚糖结构，固定污染物的量低。一些污染物可能随代谢必需物进入微生物细胞（黄淑惠，1992）。据报道，能吸附铅的微生物有蕈状芽孢杆菌（*Bacillus mycoides*）、小刺青霉（*Penicillium spinulosum*）、长木链霉（*Streptomyces longwoodensis*）、产黄青霉（*Penicillium chrysogenum*）等（牛慧等，1993）。

微生物吸收污染物的影响因素包括：培养液的 pH、培养时间、污染物的浓度、培养温度等。

二、生物对污染物的积累

许多污染物在生物体内的浓度不仅大于其在环境中的浓度，而且随着生长发育时间的延长而增加，随营养级升高而增加。污染物在食物链中的转移和积累严重威胁着人类健康和生活质量，研究污染物的生物积累现象及其机制，具有十分重要的意义。

（一）生物积累的概念

生物积累也称生物富集，是指生物从环境（水、土壤、大气）蓄积某种元素或难降解的物质，使其在机体内浓度超过周围环境中浓度的现象。或生物个体或处于同一营养级的许多生物种群从周围环境中吸收并积累某种元素或难分解的化合物，导致生物体内该物质的浓度超过环境中浓度的现象，称为生物富集（bio-enrichment），又称生物浓缩（bio-concentration）。生物富集常用富集系数或浓缩系数（bioaccumulation factor，BCF，即生物体内污染物的浓度与其生存环境中该污染物浓度的比值）来表示。

$$\mathrm{BCF} = c_{\mathrm{b}}/c_{\mathrm{e}}$$

式中，BCF 为生物富集系数或浓缩系数；c_{b} 为某种元素或难降解物质在机体中的浓度；c_{e} 为某种元素或难降解物质在环境中的浓度。

污染物在动物机体的主要积累部位是血浆蛋白、脂肪组织和骨骼。许多有机污染物质及其代谢脂溶性产物集中于脂肪组织，如苯、多氯联苯等。氟及钡、锶、铍、镭等金属经离子交换吸附，进入骨骼组织的无机羟磷灰盐中而积累。

有些污染物质的积累部位与毒性作用部位不同。有些污染物质的积累部位是脂肪组织，而毒性作用部位是神经系统，作用部位在造血系统、神经系统及胃肠。积累部位中的污染物质常同血浆中游离型污染物质保持相对稳定的平衡。当血浆中污染物质减少时，积累部位就会释放该物质，以维持平衡。因此，在污染物质积累和毒性作用的部位不一致时，积累部位可成为污染物质内在的二次接触源，引起机体慢性中毒。

生物放大是指在同一食物链上的高营养级生物，通过捕食低营养级生物蓄积某种元素或难降解物质，使其在机体内的浓度随营养级数提高而增大的现象。美国图尔湖和克拉斯南部自然保护区内生物群落受到 DDT 的污染，位于食物链顶级以鱼类为食的水鸟体中 DDT 浓度，比当地湖水高出约 $1.0\times10^5 \sim 1.2\times10^5$ 倍。DDT 沿“浮游植物→浮游动物→小鱼→肉食性鱼（或水鸟）”的食物链逐级放大。食物链十分复杂，相互交织成网状，同一种生物在发育的不同阶段或相同阶段，有可能隶属于不同的营养级而具有多种食物来源，改变生物放大过程。

（二）生物积累的影响因素

影响生物积累的因素包括：生物种的特性、污染物的性质、污染物的浓度和作用时间以及环境特点。

1. 生物学特性

生物体内能和污染物形成稳定结合物的物质能增加生物富集量。能与污染物结合的物质包括糖类、蛋白质、氨基酸、脂类和核酸等。金属硫蛋白是生物有机体在某些金属的诱导下合成的一类脱辅基硫蛋白，分子质量（6000～10 000Da）低，含有高达 30%半胱氨酸，对重金属具有很高的亲和力；氨基酸含有—N 基、—SH 基等，都能与金属结合形成复杂的金属螯合环；脂类含有极性酯键，能和金属离子结合而形成络合物或螯合物，从而把重金属储存在脂肪内。核酸是极性化合物，既含有磷酸基又含有碱性基团，属两性电解质。在一定的 pH 条件下能解离而带电荷，与金属离子结合。例如，嘌呤碱基中的鸟嘌呤与腺嘌呤因含—N<（结构式）、—OH、$—NH_2$ 等基团，而易与金属离子结合。

生物的不同器官与污染物接触时间的长短、接触面积的大小等存在很大差异，导致其对污染物的富集量不同。在相同铅浓度下，水中的铅吸附在鳃耙、鳃丝和鳞片上，当血液中的铅通过骨骼的组织时，便以 $Pb_3(PO_4)_2$ 的形式沉积（王焕校，2002）。

生物在不同生育期代谢活动不同，使污染物在生物体内富集量有明显差异。水稻根对铅的富集顺序为：拔节期＞分蘖期＞苗期＞抽穗期＞结实期（杨树华等，1986）。在鱼类及哺乳动物体内，有机氯化物含量存在着明显的季节波动。如鳕、鳗、鲦体内 DDT 含量，在产卵期间迅速下降，产卵结束后又有增加，在海豹分娩和哺乳期间，体内有机氯化物的富集较少。

不同生物种对污染物的吸收累积情况也存在差异。几种杨富集汞的强弱顺序为加拿大杨＞晚花杨＞早杨＞辽杨。海洋生物砷的富集系数则比淡水鱼及甲壳动物高 10～100 倍（王焕校，2002）。重金属超累积植物吸收的重金属大部分分布在地上部，即有较高的地上部/根浓度比值，一般不容易发生重金属毒害现象（周启星和宋玉芳，2004）。

另外，生物有机体的大小、性别、食性、食量、生活区域、生长发育季节等也都会影响生物对污染物的富集。

2. 污染物的性质

污染物的性质主要包括污染物的价态、形态、结构形式、相对分子质量、溶解度或溶解性质、稳定性、在溶液中的扩散能力和在生物体内的迁移能力等。

化学稳定性和高脂溶性是生物富集的重要条件。例如，DDT 和多氯联苯（PCB）属脂溶性物质，能大量溶解在脂类化合物中，其浓度可达 1.0×10^5mg/kg，比在水中的溶解度大 500 万倍。这类污染物与生物接触时，能迅速地被吸收，并储存在脂肪中，很难被分解，也不易排出体外。有机磷农药、氨基甲酸酯类农药、酚类污染物与有机氯农药相比，较易被生物降解，它们在环境中的滞留时间较短，在土壤和地表水中降解速率较快，不易在生物体内富集。甲基汞具有更高的化学稳定性，生物对甲基汞的富集能力很强。甲基汞和无机汞的稳定性还和其配位体络合物的稳定常数有关，稳定常数越高，化学稳定性越强。

污染物渗透能力强弱即在生物体内穿透能力的强弱，决定了污染物在生物体内富集的部位不同。穿透力强的农药多富集于果肉、米粒；穿透力弱的种类则多停留在果皮、米糠之中。

生物体内污染物的富集量与污染物的浓度呈正相关，而富集系数具有随污染物浓度增高而逐渐下降的趋势。富集量还与作用时间密切相关。污染物的浓度越高，作用时间越长，则生物体内污染物富集量也越多。

3. 环境特点

土壤含水量、土壤质地、pH、有机质含量和矿质元素等对植物的富集作用都具有重要的影响。土壤水分过多，污染物以还原态为主，活性受到抑制，富集量减少。土壤水分过少，污染物的可给态数量少，富集量减少。土壤 pH 低，有利于污染物的活化，富集量增加。土壤中有机质和矿质元素的大量存在，降低植物富集重金属的数量。不同类型的土壤对不同种类的有机和无机污染物具有不同的降解、吸附和淋溶作用，从而影响土壤生物和植物对污染物的积累。

第二节　重金属污染对生物的影响

随着重金属污染的农业土壤及农产品不断增加，重金属污染已经成为世界性的问题和迫切需要解决的难题。一方面，重金属影响生物的生长发育、生理代谢和遗传特征等，另一方面，生物通过逃避、忍耐和各种代谢途径对重金属的危害产生适应或抗性。

一、重金属及其污染特点

（一）重金属的概念及形态

重金属是指密度大于 5g/cm^3 的金属元素。共有大约 45 种元素，主要包括汞、铬、镉、铅、砷、镍、铜、锌、硒等元素，其中砷和硒为类金属，常与重金属一起讨论。汞的毒性最大，镉次之，常把汞、镉、铬、铅、砷称为“五毒”元素。

土壤重金属污染的来源包括：自然界的地质活动和人类的生产活动。自然污染源有火山爆发、地震、重金属矿物的风化和矿化、泥石流和水土流失等。如火山爆发能将砷、汞、硒等易挥发的元素以气态的方式进入大气，并进入土壤或水体。人为污染源包括：工业三废、矿山的开采和冶炼、金属腐蚀、化肥和农药的施用、城市生活垃圾、污灌、污泥的农田使用、森林与木材工业、运动与休闲活动、汽车尾气和大气沉降等。

重金属不同化学形态的生物有效性不同。土壤环境中重金属主要以五种形态存在：①水溶态，即游离于土壤溶液中的重金属离子或土壤溶液中可溶性的重金属化合物；②交换态，位于离子交换位点上和专性吸附于无机土壤颗粒上的重金属离子；③有机结合态，与土壤中有机物质络合或螯合的重金属部分；④铁锰氧化物结合态，或淀沉或难溶态复合物，尤其是氧化物、碳酸盐、氢氧化物；⑤残余态，存在于硅酸盐矿物结构中的重金属等。水溶态、交换态、有机结合态和铁锰氧化物结合态是人为导致的重金属元素的主要形态，残余态是背景土壤浓度的指示组分。

（二）重金属污染的特点

1. 重金属污染的特点

（1）产生毒性的浓度范围较低，一般在水体中为 1～10mg/L 就可以产生毒性，汞和镉产生毒性的浓度范围为 0.001～0.01mg/L。

（2）一般情况下，重金属不能被微生物降解，只能发生形态的转化。

（3）重金属的毒性与存在的形态和价态有关。例如，汞化合物具有较强共价性，具有强挥发性和流动性，在自然环境或生物体间有较大的迁移和分配能力。镉能与含巯基—SH 的氨基酸类形成螯合物，具有较大的脂溶性，能在生物体内积累而产生中毒。Cr^{3+} 可以被带负电荷的胶体强烈吸附，而 CrO_4^{2-} 则可以被带正电荷的胶体，如水合氧化铁或氧化锰吸附。砷的低氧化态比高氧化态的毒性大，且不易被吸附，移动性更强。汞和砷等能转化为毒性更强的金属有机化合物。

（4）重金属污染多为复合污染。重金属的来源较为复杂，常以无机和有机混合物的形式进入环境，同时含有多种重金属，共同产生一定的协同作用或拮抗作用，对生物和生态系统产生影响。

(5) 重金属可以通过食物链进行生物放大，进入人体，对人体产生慢性中毒。即使是铜、锌等植物的微量元素，也能在植物或生物体内蓄积并最终产生毒害作用。

2. 重金属污染在土壤中的特点

重金属污染广泛存在于土壤、水体和大气环境中，但在土壤中的重金属具有特殊的行为，土壤重金属污染已经成为了重要的环境问题。其在土壤中的特点表现为：

(1) 隐蔽性和滞后性：重金属可以通过多种途径进入土壤并在土壤中积累，从重金属污染到产生可见的污染危害需要很长的时间，但一旦出现了可见的危害就很难解决和处理。如日本的“骨痛病”是在10～20年后才得到认识的。

(2) 不可逆性：土壤重金属污染是一个不可逆的过程，主要表现为重金属在土壤中难于被降解和稀释而达到净化，重金属对生物和环境、生态系统的危害和影响难于恢复，可能需要100～200年的时间。

(3) 地域性和难移动性：重金属在土壤中不容易迁移和下渗，在接近污染源的区域可能出现重金属污染的概率较大。重金属与土壤颗粒或土壤中物质发生物理作用、化学作用、生物反应等，通过吸附、螯合、沉淀作用结合在土壤颗粒的表面或矿物颗粒之间，降低了迁移能力。即使随水冲刷或扬尘进入大气，其机械带走的距离也很有限。

(4) 治理困难：针对重金属污染的治理方法已经有很多，但成本高，周期长。针对重金属难降解的特点，研究和发展有效而且经济的重金属污染治理和修复的技术和方法是当前一大重要的课题。

二、重金属污染对生物的影响

环境中重金属含量不断增加，相应的生物体内的重金属含量也逐渐积累。当富集到一定数量后，生物就开始出现受害症状，生理、生化过程受阻，生长发育停滞，最后可能导致死亡。

根据污染物对生物产生的毒性作用大小，将污染物的浓度分为：①安全浓度(safe concentration)。生物与某种污染物长期接触，仍未发现受害症状，这种不会产生受害症状的浓度称为安全浓度。②最高允许浓度(maximum allow concentration)。生物在整个生长发育周期内，或者是对污染物最敏感的时期内，该污染物对生物的生命活动能力和生产力没有发生明显影响的浓度，称为最高允许浓度。③效应浓度(effective concentration)。超过最高允许浓度，生物开始出现受害症状，接触毒物时间越长，受害越重。这种使生物开始出现受害症状的浓度称为效应浓度，可以用EC_{50}、EC_{70}、EC_{90}分别代表在该浓度下有50%、70%、90%的个体出现特殊效应，即开始出现受害症状。④致死浓度(lethal concentration)。当污染物浓度继续上升到某一定浓度，生物开始死亡，这时的浓度称为致死浓度，也称致死阈值。可以用LC_{50}、LC_{70}、LC_{90}、LC_{100}分别代表毒害致死50%、70%、90%、100%的个体的阈值。

(一) 重金属对植物的影响

重金属对植物的影响包括五个阶段：重金属能引起细胞壁的氧自由基的产生，导致细胞膜的脂质过氧化作用和细胞膜透性的增加。而最显著的对细胞结构的破坏在于重金属与膜蛋白、质子泵（H^+-ATPase）和跨膜蛋白的结合，导致膜运输过程的抑制或重金属在细胞质中的积累。这一过程是重金属对植物影响的第一阶段。

第二阶段从重金属进入细胞质开始，在细胞质中与蛋白质、非酶类大分子化合物结合，并与必需元素竞争代谢中间产物。引起对细胞代谢和调节功能的抑制，并产生氧化胁迫。

第三阶段是对植物生理代谢的影响，如对物质的运输、代谢和自我平衡等方面的副作用。由于光合器官的破坏、氧化还原反应的抑制、氧化胁迫、酶和磷酸戊糖途径的抑制和气体交换的改变等，导致植物的光合作用和呼吸作用均受到影响而下降。重金属与其他阳离子竞争细胞壁上的吸附位点，并与营养元素竞争，影响阳离子的吸收，即产生离子缺乏胁迫。重金属改变蛋白酶的功能而影响细胞的自我调节作用。同时，大量的基因由于重金属的胁迫而被激活，从而使植物产生忍耐或适应。

第四个阶段的毒性表现在可见症状的产生。叶片的失绿是第一个可见的症状，Cd 能抑制 Fe 运送到叶片，引起叶片的缺铁而产生坏死斑。

第五个阶段是重金属对生长的抑制和植物形态的改变。重金属对植物的影响从种子的萌发、发芽，植株的生长、发育，到植物的种群、群落和生态系统的结构、功能等很多方面。

1. 重金属对植物的毒害作用

1）对植物细胞超微结构的影响

植物在受到重金属的影响而尚未出现可见症状之前，在组织和细胞中就已产生了生理生化和亚细胞显微结构等微观方面的变化。铅、镉诱导玉米根、叶细胞核的变化，产生外膜肿大、内腔扩大，导致严重的核膜内陷或核变形肿胀、核仁破碎。根尖细胞核发生微核化，并发现内质网扩张。镉导致凝聚性线粒体出现，膜扩张，内腔中嵴突消失，出现颗粒状内含物，中心区出现空泡或线粒体肿胀成巨型线粒体，内腔中的各种物质解体成为空泡，细胞质中含较多溶酶体（彭鸣和王焕校，1989）。重金属对根生长的抑制主要是抑制细胞的有丝分裂。染色体畸变率显著提高。根尖分生组织细胞内出现多核仁现象。

2）对种子生活力的影响

镉对蚕豆根尖细胞有丝分裂以及对种子质量有明显的影响。含镉 F_1 种子的发芽率随着种子中镉积累量的增加而显著下降。脱氢酶的活性也随着种子中镉积累量的增加逐渐减弱，胚根生长缓慢或停止。随着 Cd 和 Pb 处理浓度的增加，小麦种子发芽率、根长、根数均下降（李元和祖艳群，1994）。细胞蛋白水解酶活性降低，根系脱氢酶的活性受到抑制，胚的发育和新细胞的形成所需要的能量受到影响，根尖细胞吸收功能减弱；Cd 和 Pb 与细胞内含—SH 的酶、多聚糖醛酸、—COOH、—NH_2 等基团结合，破坏细胞结构和核的结构，抑制了 DNA 和 RNA 的合成，导致胚发育受阻，有丝分裂减慢。

3）对植物生长的影响

重金属对植物的营养生长具有较强的抑制作用，使植株矮小，生长缓慢，叶面积下降，叶片失绿，破坏叶绿素的结构和合成，光合作用面积减少，导致光合效率下降，植物的生物量减少，作物产量下降，品质下降。最显著的是植物的失绿症，导致植物出现坏死斑或叶片的脱落。重金属与叶片中 Fe 作用或减少对 Fe 的吸收，影响叶绿素的合成。在 Cd 处理烟草土壤时，烟草叶片的叶绿素 a、叶绿素 b、叶绿素 a+叶绿素 b 含量均随着 Cd 处理浓度的增加而下降，Cd 进入植物体内，在叶片中与蛋白质结合或取代叶绿素分子中的 Fe^{2+}、Zn^{2+}、Mg^{2+} 等，破坏叶绿素结构和功能活性（李元等，1992）。

Cd可以显著降低根和茎的重量、植物的株高、根长、植物的分蘖等，但其影响的大小与植物的基因型有关。不同的植物在植物的不同发育阶段具有不同的响应，如促进成熟植物衰老、抑制幼嫩植物的卡尔文循环。Cd的抑制作用与植物的年龄有关，对幼小的叶片影响大，完全展开的叶片的影响较小。在植物的发育过程中，受到重金属的影响，表现为生育期推迟，或生长发育停止，不开花结果。重金属对植物发育的影响以花期最为明显。

4）对植物生理生化的影响

污染物对植物生长发育的影响主要是通过生理生化过程实现的。重金属毒性影响的生理过程包括：膜透性、水分和离子的吸收、运输和分配、蒸腾作用、根系的分泌、酶活性、氮代谢、光合作用（电子传递、光诱导、CO_2 固定）、呼吸作用、细胞的分裂与膨胀、合成过程和细胞的稳态平衡等。

重金属能够导致自由基的产生，导致膜的脂质的过氧化，从而增加了质膜透性，从而影响植物对营养物质的吸收和运输。Pb和Cd对玉米的影响最先表现为对根微管束的破坏和对细胞分裂的影响。污染物对光合作用的影响，是植物受害的重要原因。如Pb能抑制菠菜叶绿素中光合电子传递，抑制光合作用中对 CO_2 的固定；Cd主要抑制光化学系统Ⅱ的电子运转，影响光合磷酸化作用，增加叶肉细胞对气体的阻力，使光合作用下降。Cd与含—SH基的酶磷酸核酮糖激酶、1，5-二磷酸核酮糖羧化酶结合，导致酶的失活，CO_2 固定受阻。

镉对呼吸作用的影响与镉对呼吸酶的干扰有关。低浓度镉对酶活性的刺激和镉刺激三羧酸循环以产生能量是呼吸增加的原因。但随镉浓度增加，酶活性受抑，呼吸作用下降。

污染物对蒸腾作用有明显的影响。在低浓度刺激下，细胞膨胀、气孔阻力减少、蒸腾加速。当污染物浓度超过一定值后，可能诱发脱落酸（ABA）浓度增加，使得气孔蒸腾阻力增加或气孔关闭，蒸腾强度降低。如浓度太高，叶伤斑面积扩大，导致蒸腾急剧下降。

2. 重金属对植物影响的机制

重金属对植物产生危害的生理机制主要表现如下。

1）破坏植物细胞膜的结构和功能

重金属离子通过细胞壁而与细胞膜接触，并与细胞膜表面的蛋白质分子结合或发生离子交换与蛋白质结合，从而破坏细胞膜的结构和半透性，影响细胞的选择性，使大量的内含物外渗和细胞外大量的有毒有害的物质进入细胞内，影响细胞的正常代谢，并发生生理生化紊乱。

2）破坏DNA和核酸的结构和代谢

细胞核膜及核仁的结构和染色体、DNA的合成等均受到重金属的影响。核酸含有很多可结合金属离子的活性点位和非活性点位。核酸中有各种碱基、磷酸和糖，特别是嘌呤碱基与磷酸易接受金属的作用。这是因为鸟嘌呤与腺嘌呤都含有能与金属反应的—N、—OH、—NH_2 基。金属离子浓度较高时，由于金属离子的稳定作用使两条链稳定结合在一起，除了互补的碱基能配对外，非互补的碱基也能配对，从而导致碱基的配对错误，使遗传密码的传递发生错误，使生物体产生病变。另外，金属离子能使核酸解聚，结合在磷酸酯基上的金属离子可从RNA和多核酸的磷酸二酯链上夺取电子，不稳定和易水解，可降解成小的碎片，从而使生物机体发生病变。大量的金属离子如Co、Mn、Ni、Cu、Zn等可促使这种降解作用。当重金属与核酸的碱基等结合就会引起核酸的立体结构的变化、碱基的错误配对，导致生物体畸变或致癌。

3）干扰正常的代谢活动

金属的生物中毒有两种可能的分子机制：一是有毒金属进攻生物大分子活性点位，取代活性点位上有益金属，破坏了生物大分子正常的生理和代谢功能；二是有毒金属结合到生物大分子的去活性位置上，降低或消除了生物大分子（如酶）原有的生物活性。当有毒金属离子与生物大分子上的活性点位或非活性点位结合后，可以改变生物大分子正常的生理和代谢功能，使生物体表现中毒现象甚至死亡。

4）影响根际微生态环境和植物营养代谢

重金属在土壤中的积累将对土壤微生物的生长、微生物的种类、微生物的活性以及根系的生长、根系分泌物的分泌等受到影响和抑制。铅也能抑制土壤脲酶和转化酶的活性，破坏酶的结构，同时使细菌数量降低，抑制土壤微生物的活性，减少微生物对酶的合成和分泌，从而导致土壤酶活性的降低。铬进入土壤中，可以抑制土壤中纤维素的分解。使细菌数量降低，使固氮菌、解磷菌、纤维素分解菌、枯草杆菌、木霉等受到抑制。

重金属还能影响土壤中各种营养元素的形态、转化和有效性。重金属还将与各种营养元素发生拮抗作用或协同作用，影响元素的有效性。铅、镉对土壤氮素、磷素和钾素的形态、迁移和转化均具有一定的影响，降低磷素的有效态含量，增加钾素的淋失，并能促进根际分泌物的产生，形成适应。重金属影响植物对某些元素的吸收，可能还和元素之间的拮抗有关。锌、镍、钴等元素能严重妨碍植物对磷的吸收；铝能使土壤中磷形成不溶性的铝-磷酸盐，影响植物对磷的吸收；砷能影响植物对钾的吸收。Pb 在根表面会使 P 难于溶解，从而阻碍 P 的吸收。由于 As 的化学行为与 P 类似，因此能妨碍二磷酸腺苷（ADP）的磷酸化，抑制三磷酸腺苷（ATP）的生成，使 K 的吸收也受到抑制。

（二）重金属对动物和人体健康的影响

重金属离子对动物具有毒害作用，常常扰乱动物的正常生命活动，引起动物的中毒和死亡。重金属对动物的影响主要表现在对动物 DNA 分子的损伤、细胞结构和组织器官损害及动物个体的死亡等。水生动物的鳃和肝胰腺是重金属易于富集的器官。重金属元素能严重影响和破坏鱼类的呼吸器官，导致呼吸机能减弱。重金属能黏积在鳃的表面，造成鳃的上皮和黏液细胞的贫血和营养失调，从而影响对氧的吸收和降低血液输送氧的能力。重金属还能降低血液中呼吸色素的浓度，使红细胞减少。

重金属主要蓄积于动物的肝脏和肾，能损害动物的肝脏、肾脏、脾、骨骼、胃肠道和生殖系统等，并能产生细胞、体液和免疫抑制。重金属对动物内脏的破坏作用极明显。用 $CdCl_2$ 处理条鳍鱼（*Heterophenstes fossilis*）30 天后，肝脏广泛受损，胃壁腐蚀，肠上皮退化。某些重金属还能使动物骨骼变形，例如，Pb、Cd 都能使鱼脊椎弯曲。镉对哺乳动物的睾丸和附睾有毒害作用，降低精子数目，使精子畸形；并抑制睾丸组织中的碱性磷酸酶、乳酸脱氢酶、碳酸酐酶和 α-酮戊二酸脱氢酶的活性。镉使大鼠死胎显著增加，并引起皮下水肿、卷尾等外观畸形，卵巢散在性出血抑制家兔排卵，导致暂时性不育、大鼠动情周期延长，卵巢细胞生长发育过程明显障碍（谢黎虹和许梓荣，2003）。重金属对动物具有“三致”（致癌、致畸、致突变）作用。

重金属对人体健康的危害具有潜伏性和长期性，而且难以解毒。重金属作为特殊的污染物，八大公害事件（马斯河谷烟雾事件、多诺拉烟雾事件、伦敦烟雾事件、洛杉矶光化学烟雾事件、水俣事件、富山事件、四日市事件、米糠油事件）中，就有两次是由于重金属元素引起的，即水俣事件（Hg）和富山事件（Cd）。

汞或甲基汞进入人体后，在肠内吸收，进入全身，其中15%进入大脑，使大脑皮层和小脑受害，引起神经性头痛、头晕、肢体麻木、疼痛、肌肉震颤和运动失调等，这种对中枢神经系统的损伤是不可修复的。日本水俣病中毒事件就是甲基汞中毒引起的。汞通过食物链进行生物放大，进入人体，造成对人体的危害。

汞中毒的机制为：①汞与含巯基的蛋白质和多肽结合，改变和破坏蛋白质的结构和功能，导致细胞代谢紊乱；②汞与酶蛋白中的巯基结合，影响生物大分子的合成，抑制ATP的合成，使细胞色素氧化酶、琥珀酸脱氢酶、乳酸脱氢酶、磷酸甘油变位酶、烯醇化酶、丙酮酸激酶、丙酮酸脱氢酶等酶的活性下降；③汞与细胞膜上某些含巯基的成分结合，破坏膜的完整性，使膜的通透性增加，使细胞的功能失常；④无机汞能抑制肾脏多种酶的活性，有机汞能通过各种阻碍进入血液系统和神经系统，导致神经系统中毒和胎儿畸形。

骨痛病，也称痛痛病，是镉中毒的慢性疾病。其主要症状为四肢疼痛、骨质软化、萎缩、变形、骨折，最后死亡。镉能与含巯基（—SH）和氨基的酶结合，镉置换含锌酶中的锌，导致酶和蛋白质受到抑制，已知镉能使18种酶活性受阻，如磷酸酶、氨基肽酶、羰基肽酶、醛缩酶等；阻碍铁在肠道内的吸收并增加尿铁的含量，干扰铁的平衡，而且，抑制骨髓内血红蛋白的合成，产生贫血；镉在肾中积累，将严重影响肾小管的功能，导致蛋白质、氨基酸、葡萄糖、钙、钾的再吸收受阻；镉对肾功能的破坏，使维生素D的活化受阻，影响维生素D_3的产生，从而影响钙的再吸收而降低了肠道对钙的吸收能力和钙在骨质中的沉着，并且镉还具有置换骨骼中钙的作用。同时，镉抑制氨基酸氧化酶的活性，使骨胶原蛋白肽链上的羟基不能氧化产生醛基，使骨胶原不能正常固化成熟，导致骨骼脱钙、骨软化，产生骨痛病；镉还具有致癌、致畸、致突变的作用，特别是引起胎儿的畸形和死亡。

三、生物对重金属的适应与耐性

（一）生物对污染的适应

生物对污染的适应包括：对污染引起的外环境变化的适应、对污染引起生物的生理变化的适应和对污染物的适应。生物对污染的适应性具有种质特异性，在形态结构、生理生化代谢、遗传特性上都存在直接或间接的表现。

1. 形态结构适应

在污染条件下，很多生物在形态结构上出现了明显的变化，以适应污染的环境，如椒花蛾（*Biston betularia*）的工业黑化现象。在重金属长期污染条件下，植物叶面积减小，地下生长优于地上生长，在形态上“旱生化”。污染适应性水平越高的种质，在资源分配上有向生殖生长转化的趋势。在污染区长期种植的小麦的株高和穗长增大，分蘖数也有所增大，穗粒数、千粒重、穗粒重增大。

植物可以通过一定的途径将污染物及其代谢物排出体外。活的植物对于金属、类金属的排出往往通过根系分泌作用。在水稻中发现对Pb的耐性可以通过根系以草酸盐的形态排出植物体外。或进入植物叶片组织中的重金属可以释放到叶片表面，通过叶片或其他器官的衰老脱落而排出体外。

生物由于先天性组织器官的结构形式和生理代谢特征，对干旱、高温、寒害等环境逆境具有一定的抵抗性能，而这些适应性对于适应污染具有一定的作用。生物在没有接受污染以前具有的性状特征在污染环境中适应的现象，称为前适应（pre-adaptation）。植物的前适应性不仅表现在形态上，还表现在生理生态特性上，有的生物对污染物具有的解毒作用，与生物正常的某些代谢途径，特别是与次生代谢产物的形成密切相关，是生理水平上的前适应。

2. 生理生化适应

污染引起的生物生理性适应反应包括消极和积极两个方面。消极的生理适应性反应是指有些生物在污染条件下，能够暂时减弱或停止部分生理代谢活动，在污染停止或降低时，再进行正常的生理活动，通过回避作用产生的适应，是对偶然性的急性污染产生的有效适应。

一些生物在污染条件下能保持较高的代谢活力，积极地适应污染。在污染程度很高的情况下，仍能保持酶的活性。由于保持代谢活力，生物具有较高的资源供给水平，能提高生物抵抗污染的水平。植物能够产生许多的机制保护和维持酶的活性，维持自我平衡稳定而适应重金属的胁迫。植物对酶的保护表现在：①避性保护机制；②产生热激蛋白等替代生物大分子。在离体实验中证明在Cd和Zn胁迫下，脯氨酸对硝酸还原酶、6-磷酸葡萄糖脱氢酶的活性具有保护作用。脯氨酸在植物体内的积累被认为是重金属胁迫的一个标志。

植物通过产生一系列的防护策略对重金属胁迫产生适应，如分泌排除、分室化、金属螯合肽的合成等。重金属（Hg、Cu、Cd）对半胱氨酸（Cys）的硫醇基具有较高的亲和力。在许多的植物对重金属的胁迫产生适应时，出现富含Cys的金属螯合肽（PCs）和金属硫蛋白（MT）的积累，能有效地吸附固定重金属。植物体自身具有保护系统来清除产生的自由基，以减轻环境污染物带来的危害。超氧化物歧化酶（SOD）、过氧化物酶（POD）、过氧化氢酶（CAT）是保护系统的主要酶，与谷胱甘肽、多胺、乙烯、脯氨酸、ABA等物质一起，能够清除细胞内的自由基。在重金属污染区生长时间越长的种质，在铅污染条件下继续保持POD活性水平的能力越高。

3. 遗传适应

遗传上的适应性反应表现在两个方面，一是基因表达水平上的变化；二是遗传基因自身的变化。

基因表达水平上的变化。在污染条件下，处于“休眠”状态的基因可能被激活表达。由于基因的多效性，在污染条件下适应性较强的生物更倾向于朝有利于提高抗性水平的方向进行表达，形成更多的产物，减小污染引起的生理紊乱等。抗性水平较高的小麦在重金属污染条件下，种子中的醇溶蛋白、麦谷蛋白、水溶蛋白以及球蛋白表达水平均高于抗性水平较低的种质，某些醇溶蛋白基因和小麦醇脱氢酶（ADH）基因的表达同小麦对重金属的适应性具有较高的关联度（吕朝晖和王焕校，1998）。

遗传基因自身的变化是很多植物具有对污染胁迫适应、产生新种群的潜力的本质属性，具有可遗传性和加性效应。污染抗性是多基因遗传控制的一种适应现象。从种群遗传学的角度，利用适应的时效原则在理论上证明，凡是对急性的意外胁迫产生快速适应的进化，只有大基因控制的遗传方式才能实现。植物具有不同的基因型和生态型，使植物具有不同的适应特征，生长在重金属污染的环境中的基因型具有较高效的重金属抗性能力和自我修复能力。

（二）生物对重金属的耐性

生物对各种不良环境具有一定的适应性和抵抗力，称为生物的耐性（tolerance）或抗性（resistance）。生物处于污染胁迫条件下，一方面通过形态学机制、生理生化机制、生态学机制等将污染物阻挡于体外；另一方面通过结合固定、代谢解毒、分室作用等过程将污染物在体内富集、解毒，形成抗性。生物的耐性途径包括：拒绝吸收、结合钝化、代谢转化、排出体外和改变代谢途径等过程。

1. 高等植物对重金属的耐性

根据高等植物对重金属的耐性特点，将植物的耐性分为四种类型：①特化耐性（specific tolerance）：植物对某一种金属具有的耐性水平与土壤中某种特定的金属的浓度有关。②多金属耐性（multiple tolerance）：植物对两种或两种以上的，同时以毒性浓度存在的重金属产生的耐性。③共存耐性（co-tolerance）：植物对某一种以毒性浓度存在于土壤中的金属的耐性能使它有能力对另一种并不存在或并不很高浓度存在于生长环境里的金属产生耐性。④固有耐性（先天耐性）（constitutional tolerance）：一些植物即使没有生长在重金属污染的环境里，也具有对重金属的耐性。湿生植物宽叶香蒲（*Typha latifolia*）生长在污染区的种群和非污染区的种群对Pb、Cd、Zn、Cu的耐性相似，即*T. latifolia*对重金属具有固有耐性（先天耐性）。芦苇（*Phragmites australis*）和一些陆生植物对重金属具有固有耐性（先天耐性）。

Berry（1986）根据植物对重金属的吸收、富集和生物转化特点，提出高等植物对重金属耐性机制为：逃避、解毒和生化忍耐策略。

1）逃避策略或排斥策略

通过质膜将重金属离子排斥在细胞质外，限制对重金属的吸收和运输。植物地上部分重金属含量维持在低水平上。例如，湿生植物宽叶香蒲（*Typha latifolia*）在土壤中Pb为26～18 894mg/kg时，其地上部分叶片中Pb含量维持于4.7～40mg/kg。

植物可通过改变根际重金属的浓度或活度，限制对重金属的吸收。其途径包括：①根际pH的变化，形成跨根际pH梯度。植物在遭受铝毒害时，根系分泌OH^-增多，使根际pH上升，形成根际到土体pH由高到低的梯度分布，使铝沉淀在根表，减少根系对铝的吸收。②氧化还原性质的改变，形成跨根际氧化还原梯度。根系具有向根际释放氧气和氧化性物质的能力，使渍水土壤中大量的Fe^{2+}和Mn^{2+}在水稻根表面被氧化而形成铁锰氧化物胶膜，把镉、铅、汞等重金属富集在根外的铁锰氧化物胶膜中，阻碍重金属直接进入根内。③根分泌物对污染物的结合、降解作用。根分泌物中含有机酸、氨基酸、糖类物质、蛋白质、核酸等能同根际土壤中的污染物结合，使其移动性降低。根际游离金属离子与根际的螯合剂形成稳定的金属螯合物复合体，活度降低。有些受到金属污染的植物根尖能够分泌黏胶状物质（主要成分为多糖），与铝、铜、镉等金属离子有比较强的亲和力，能够将大量的金属离子滞留在根外。④根际效应的作用。根分泌的化学物质对微生物具有吸引力，大量的微生物聚集在根周围，其中有些微生物具有吸收、富集、分解污染物的作用，形成“根际效应”，对污染物产生屏蔽作用。

2）解毒策略

植物解毒而避免伤害，使进入细胞质中的金属离子被络合、钝化等。Salt等（1998）提出四种解毒途径，包括：①螯合作用。植物金属螯合剂可分为四类：植物螯合肽或植物络合素（phytochelatin，PC）、金属硫蛋白（metallothionein，MT）、有机酸、氨基酸。植物螯合肽和金属硫蛋白富含巯基（—SH），通过—SH 络合过量的重金属，形成重金属-PC 螯合物，避免重金属以自由离子的形式在细胞内循环，减少了重金属对细胞的伤害。②区域化：耐金属植物将过量的金属运输和储存到代谢不活跃的器官或亚细胞区域，达到解毒的目的，这是一种非正常的生理反应类型。细胞壁是结合、固定污染物的重要部位。细胞膜上的蛋白质、糖类和脂质也能够结合透过细胞壁的污染物。细胞质和液泡中具有许多能够与污染物结合的"结合座"。重金属进入细胞质，能够和细胞质中的蛋白质、氨基酸中的羧基、氨基、巯基、羟基等官能团结合，形成稳定的螯合物。生物将污染物运输到体内特定部位，使污染物与生物体内活性靶分子隔离，称为生物的屏蔽作用（sequestration）和隔离作用（compartmentalization）。液泡在植物抗性中承担着隔离有毒污染物及其代谢产物的重要作用。③生物转化：通过化学还原作用或有机化合物结合而降低毒性。如 Se 可以形成硒代半胱氨酸、硒代蛋氨酸、甲基硒代半胱氨酸、胱硒醚等。Cr（Ⅵ）可以还原为 Cr（Ⅲ）而解毒。④细胞的修复机制：细胞对 Cu 的耐性主要是通过增加质膜对 Cu 诱导所引起的膜损害的忍耐或修复而实现的。

3）生化忍耐策略

植物通过改变代谢途径而避开对金属敏感的代谢过程，是生物抵抗环境污染物毒害的有效措施之一。例如，耐硒植物在硒胁迫下能够改变蛋白质的代谢方式，使其不受硒的干扰，保证植物正常生活。植物体内具有一个平衡体系（金属缓冲系统），用以在不同的细胞区域中维持必需金属离子的正常浓度以及减少非必需金属离子的损害。这种平衡机制的调节网络控制着金属的吸收、积累、运输、分布、解毒。

植物的耐性指标包括：①形态解剖指标。气孔构造、栅栏和海绵组织的比例、角质层和木栓层的厚度、根套的有无等；②生理生化指标。细胞膜透性、细胞质含水量、酶系统活性、细胞内结合物质（如谷胱甘肽、类金属硫蛋白等）的含量等；③生态学指标。根的分布特性、根际效应状况等。

2. 动物对重金属的耐性

动物能够对环境中的重金属做出一系列应答，以减少毒物对自身的伤害，获得对污染环境的抗性。动物的耐性机制分为：拒绝吸收、结合钝化、分解转化和排出体外等几种途径。

动物对污染物的避性，通过行为或生理的方式表现出来。动物具有排斥环境中的污染物，使其不能进入体内的机制。皮肤、毛发对污染物具有阻挡作用。许多动物对环境胁迫较为敏感，并具有逃避毒害的本能。一般说来，在没有受污染的自然土壤和耕作土壤中，土壤动物的垂直递减率非常明显，但是污染区的土壤，垂直变化异常，出现逆分布现象。重金属大多在表层滞留富集，土壤动物为避开污染环境而移到污染物浓度较低的下层土壤。

重金属在动物体内经多种方式被结合、固定下来，使其不能达到敏感位点（称"靶细胞"或"靶组织"）。翁焕新和 Pres（1996）发现重金属在贝壳中的积累量高，缓解了重金属对牡蛎机体的毒害。有些重金属进入动物体内后被固定在骨骼中。谷胱甘肽是机体内存在的一种最重要的非蛋白巯基，与金属离子结合，形成低毒的物质。金属硫蛋白的形成是生物解毒的重要方面。实验证明动物经口或腹腔注射 Cd 时，其肝脏、肾脏等器官中 MT 的含量增加。MT 能够与 Cd 等金属离子结合，使这些金属离子失去毒性。动物将重金属及其代谢产物排出体外是一种很重要的抗性机制，如蚯蚓可以通过排泄系统将重金属排出体外，从而获得对重金属的抗性，而忍受一定程度的土壤重金属污染。

3. 微生物对重金属的耐性

微生物对重金属的抗性可分为：避性、转化作用、钝化和排出体外等途径。微生物对重金属的避性能力取决于微生物的生理学、形态学和生态学特性。有些微生物具有荚膜，是污染物进入细胞内的最重要的屏障。使其在形态学上能够避开对其生存和繁殖不利的环境污染物。

微生物在环境污染胁迫下，能够从体内分泌出某些有机物质，使污染物的移动性降低或极性改变，从而不容易进入微生物体内。在湖泊沉积物、沼泽地和缺氧土壤中的脱硫弧菌属（*Desulfovibrio*）和脱硫肠杆菌属（*Desuifotomaculum*）能够氧化有机物，还原硫酸盐生成硫化氢，生成硫化物沉淀。此外，某些微生物细胞表面的磷酸酯酶能够裂解甘油-2 磷酸酯，产生能够沉淀可溶性金属的 HPO_4^{2-}。微生物细胞产生螯合剂或胞外聚合物（多糖、核酸和蛋白质）分泌到胞外时，可以吸附可溶性的金属，使其不容易进入菌体。

微生物可以将重金属转变成为无毒害或低毒害的物质。微生物对重金属的转化作用包括氧化作用、还原作用和甲基化作用。有些微生物能够氧化 Mn^{2+} 和 Sn^{3+}，使之成为毒性较小的 Mn^{4+} 和 Sn^{4+}，达到解毒目的。具有广谱性抗汞能力的微生物可通过有机汞裂解酶将甲基汞等有机汞中的碳—汞键切开，再将汞离子还原为元素汞，将汞离子从微生物体内除去，达到解毒目的。微生物还能够将高价金属离子还原成低价态，将有机态金属还原成单质，降低或消除其毒性。细菌 *Pseudomonas mesophilica* 和 *P. maltophilia* 能够将硒酸盐和亚硒酸盐还原为胶态的硒，将二价铅转化为胶态的铅。胶态硒和胶态铅不具毒性，而且结构稳定。

在重金属胁迫环境中，生物体内普遍存在金属硫蛋白、类金属硫蛋白和重金属螯合多肽。在酿酒酵母中除发现金属硫蛋白、重金属螯合肽外，还发现细胞膜上存在对铜有高度亲和性的 Ctrlp 蛋白。在金色葡萄球菌的革兰氏阳性细菌中存在对镉、锌离子外排的 CadCA 阳离子外排系统。在 CadA 蛋白由高能态向低能态的转变过程中，铅、镉、锌离子被排出体外。另外，污染物外排质粒和抗重金属质粒也可以将重金属排出体外或形成对重金属的抗性。通过基因工程的方法，利用质粒 DNA 重组和质粒转化可以培育对多种污染物具有抗性的生物。

第三节　农药污染对生物的影响

农药主要是指用来防治危害农林牧业生产的有害生物和调节某些动、植物生长的化学药品。种类多，用途广，使用历史长。分析农药及其污染特点，以及农药对植物、动物、微生物、人和生态系统的影响，具有重要的意义。

一、农药及其污染特点

（一）农药的概念与类型

农药（pesticide）主要是指用来防治危害农林牧业生产的有害生物（害虫、害螨、线虫、病原菌、杂草、鼠类等）和调节某些动、植物生长的化学药品。农药的类型很多，世界各国所注册的 1500 多种农药中，常用的有 300 多种。根据农药用途不同，可分为杀虫剂、杀螨剂、杀鼠剂、杀软体动物剂、杀菌剂、杀线虫剂、除草剂、植物生长调节剂等；根据来源不同，可分为矿物源农药（无机化合物）、生物源农药（天然有机物、抗生素、微生物）及化学合成农药；根据化学结构不同，可分为无机农药和有机农药，其中有机农药可分为有机磷农药、有机氯农药、有机氮农药、有机硫农药、有机金属农药，以及含硝基、酰胺、腈基、均三氮苯等基团的有机农药等。

早在公元前1200年就有杀虫剂的记载，我国明朝万历年间李时珍所著《本草纲目》中，记述了矿物性的砒霜、石灰，植物性的百部、狼毒、苦参等防治害虫的情况。农药发展过程可分为三个阶段。第一阶段为天然产物利用和无机农药时代。公元前到1850年，人们主要采用硫磺、石灰、砷、矿物粉末和一些植物性的天然产物进行病虫害的防治。无机农药时期是由法国发现用石灰硫磺合剂及波尔多液杀虫开始。石灰硫磺合剂、波尔多液、砷酸铅和硫酸菸碱使用最广泛。第二阶段为有机合成农药时代。自1938年瑞士科学家米勒博士发现DDT（双对氯苯基三氯乙烷）的杀虫作用以后，先后又合成了许多新的有机农药，如法国合成的六六六、德国合成的有机磷杀虫剂、美国合成的2，4-D除草剂等，从而进入了有机农药发展的新时期。由于品种和数量的迅速增长给农药的生产、应用及环境带来了一系列的问题，促使人们对新型农药及其加工技术进行研究。第三阶段为新型农药发展时代。从20世纪60年代开始，特别是1962年R. 卡逊《寂静的春天》一书的发表，揭示了农药的迁移、转化对生态系统的损害，人们对环境中的农药污染有了新的警惕。人们开始提出第三代无公害或公害极小的农药，主要是指生物体中本来就存在或分泌出的有机物质，或通过改变这些物质的结构而获得活性更高的化合物作为农药来使用。农药的广泛使用对生态环境的污染和破坏也带来了许多严重的后果，事故频频发生，控制农药污染，保护生态环境，已成为环境保护的一个热点问题。

（二）农药污染及其特点

1. 农药污染

农药污染（pesticide pollution）是指长期不合理、超剂量使用农药，使得害虫和病原菌种群抗药性逐年增强，而提高农药使用浓度、增加用药次数，致使农业产品中农药残留量较高，造成对环境的污染，直接危害人体健康。

农药对环境的污染包括对大气、水体、土壤的影响等。进入环境的农药在环境中迁移、转化并通过食物链富集，最终对生物和人体造成危害。

1）农药对大气的污染

农药污染大气的途径主要包括：①喷洒农药时药剂微颗粒漂浮于空气中或被空气中的漂浮尘埃所吸附；②喷洒于作物表面的农药被蒸发进入大气；③土壤表面残留的农药向大气挥发扩散。此外，农药厂排出的废气、风对干燥土壤的吹扬，也是农药污染大气的主要原因之一。农药进入大气后，随着大气的运动而扩散，从而使农药污染的范围不断扩大。如在南极、北极、喜马拉雅山等一些从未使用过农药的地区，在当地生物及其他环境介质中都检出了农药。有报道称在487m的高空发现有DDT，杀虫剂能吸附在灰尘上随季风移动6000km。

大气中残留农药的危害主要表现在两方面：一方面，施药人员吸入含药的空气造成中毒；另一方面，随风飘移的农药对非靶区的作物造成药害。农药对大气的污染程度取决于农药的品种、数量及温度等。

2）农药对水体的污染

农药对水体的污染主要包括：①为防治水体害虫直接向水体喷洒农药；②农田喷洒的农药进入到灌溉水中；③大气中残留的农药随降水或尘埃落入水体；④植物或土壤黏附的农药，经水冲刷或溶解进入水体；⑤施药工具和器械的清洗污染水体；⑥生产农药的工业废水或含有农药的生活污水污染水体。其中农田农药流失是最主要的来源。黄河水资源保护研究所在 1986～1988 年连续 3 年对黄河三门峡到花园口河段的农药污染现状进行调查显示，六六六的检出率为 100%，含量为 0.04～2μg/L（何光好，2005）。

农药除污染地表水体以外，还会使地下水源遭受严重污染。据湖北天门棉区调查，每年使用农药 600t，致使地下水含 1605 农药 1.125mg/L，超过饮用水标准 375 倍，DDT 含量 0.44mg/L，超过饮用水标准 1.25 倍。不同水体遭受农药污染的程度依次为：农田水＞河流水＞自来水＞深层地下水＞海水。

3）农药对土壤的污染

农药对土壤的污染主要包括：①农药直接撒入土壤中用于消灭土壤中的病菌和害虫；②施用于田间的各种农药大部分落入土壤中，附着于植物体上的部分农药因风吹雨淋落入土壤中；③使用浸种、拌种等施药方式或播种了带有病菌的种子，通过种子携带的方式进入土壤；④死亡动植物残体或灌溉污水将农药带入土壤；⑤大量撒在或蒸发到空气中的农药，一旦降雨，随雨水降落到土壤。2000 年太湖流域农田土壤中 15 种多氯联苯同系物检出率为 100%，六六六、DDT 超标率为 28%和 24%；上海市郊区农田中的 DDT 含量严重超标；南京市菜地土壤中六六六和 DDT 的检出率为 100%。据统计，我国被污染的土壤面积已达到 1300 万～1600 万 hm^2，经济损失达 10 亿元。

土壤是农药在环境中的"储藏库"和"集散地"，由于利用率低，施入土壤的农药大部分残留于土壤中。虽然土壤自身有一定的净化能力，但当进入土壤中的污染物质在数量和速度上超过土壤的环境容量时就会导致土壤性质改变或恶化。农药残留会改变土壤的物理性状，造成土壤结构板结，导致土壤退化、农作物产量和品质下降。长期受农药污染的土壤还会出现明显的酸化，土壤养分减少，土壤空隙度变小，土壤结构板结（米长虹等，2000）。

2. 我国农药污染的特点

我国农药污染的特点及对生态环境的影响主要表现在以下几个方面。

1）我国农药污染面积大，影响范围广

我国是一个农业大国，农药使用品种多，用量大，其中 70%～80%的农药直接散落到环境中，对大气、水体、土壤和农产品造成污染，并进一步进入生物链，对整个环境生物和人类自身都有影响。

2）产生危害的农药以高毒、具潜在毒性和高效、超高效农药为主

我国目前大量生产使用的农药中高毒和具潜在"三致作用"的品种仍占相当比例。近 20 年来发生的农药中毒事故大多集中于有机磷和氨基甲酸酯等高毒杀虫剂，尤其以甲胺磷、对硫磷、甲基对硫磷、乐果、氧化乐果、水胺硫磷、呋喃丹等居多。

3）我国农药污染趋势不容乐观

虽然自 1983 年我国对有机氯农药停止生产和限制使用以后，有机氯农药重污染区仍出现局部的、间歇性污染。同时，由于多年来大量连续使用农药，导致病虫害对农药产生抗药

性，也使农药用量和次数越来越多，造成恶性循环。此外农药的大量使用也使害虫的天敌资源遭到摧残，使害虫的危害扩大，从而增加了对农药的依赖。目前我国在农业生产中投放的农药不可能在短期内迅速减少，这些污染性农药最后大部分将进入土壤产生污染，因此，用长远的环境保护眼光，有必要采取一些措施来减轻或消除农药对环境的影响。

我国农药污染防治与生态环境保护工作包括：①继续开发高效、低毒、低残留农药新品种，积极开发生物农药。②加强管理，安全合理地使用农药，进行生物防治。我国综合防治技术主要包括采用抗性品种，保护害虫天敌，利用间作、套作、混作、轮作等防治病虫害等。③改变剂型和施药方式。将农药加工成缓释剂，使农药减少流失并延长残效期，减少施药次数，或采用超低容量喷雾方法施用。④开展消除环境中农药污染的技术和产品的研究，将危害和损失降到最低限度。⑤加强生物防治研究。生物防治是一种成本低、效果好、污染少的防治方法。例如，用白僵菌防治玉米螟、松毛虫，用七星瓢虫防治棉蚜，用赤眼蜂防治松毛虫、蔗螟、豆天蛾、稻纵卷叶螟，用杀螟杆菌防治三化螟、松毛虫等，都取得了较好的效果。⑥加强农药在环境中的迁移、转化规律及农药毒理学和农药对生态环境和人体健康的毒害机制研究，为农药环境安全管理和农药科学合理使用等提供科学依据。

二、农药污染对生物的影响

进入了大气、水体和土壤中的农药，通过生物的吸收和积累，进而对生物造成直接或间接的影响和危害。

（一）农药污染对植物的影响

农药进入植物体内主要有两条途径：一是附着于植物表面的农药，经由植物表皮向植物组织内部渗透；二是残留于土壤中农药被植物根系吸收。农药污染对植物的危害包括：直接危害和间接危害。

1. 直接危害

直接危害主要是农药所产生的化学作用和物理作用对植物所造成的直接伤害。植物受农药危害的症状主要表现为：①叶片发生叶斑、穿孔、焦灼枯萎、黄化、失绿、褪绿、卷叶、厚叶、落叶和畸形等；②果实发生果斑、果瘢、褐果、落果和畸形等；③花发生瓣枯焦、落花等；④植株发生矮化、畸形等；⑤根发生粗短肥大、缺少根毛和表面变厚发脆等；⑥种子发芽率低。

农药进入植物体后，可能引起植物生理学变化，导致植物对寄主或捕食者的攻击更加敏感。农药对植物污染的程度与植物的种类、土壤质地、有机质含量和土壤水分有关。砂质土壤比壤土对农药的吸附弱，作物容易吸收农药。土壤有机质含量高时，土壤吸附能力增强，植物吸取的农药减少。不同植物体内的农药残留量取决于它们对农药的吸收能力，不同植物对艾氏剂的吸收能力为：花生＞大豆＞燕麦＞大麦＞玉米。马铃薯和胡萝卜等作物的地下部分被农药污染严重，大豆、花生等油料作物污染较严重，而茄子、番茄、辣椒、白菜等茄果类、叶菜类一般（孙铁珩等，2001）。核果类树木（桃树、李树、杏树、梅树等）、豆类作物对砷制剂敏感；瓜类对DDT、六六六敏感；桃、李、梅、白果、大豆和小麦等对波尔多液敏感；黄瓜、番茄、葱、豆类等对石硫合剂敏感；梅花对乐果敏感（曲格平，1987）。

2. 间接危害

大量施用农药影响生态系统的平衡，从而影响植物的生长。农药使土壤中90%以上的蚯蚓死亡，导致土壤的结构受到破坏。农药虽然杀死了某种害虫，但同时杀死它的天敌或传授花粉的昆虫，影响植物的结实（曲格平，1987）。在农作物-农业-害虫-害虫天敌的关系链中，农药对害虫天敌的影响较大。农药可能导致生态系统的生物种类减少，抗性种群的个体数量增加，群落结构改变，种群间的平衡关系遭到破坏。同时，由于食物链的生物放大作用，农药可能生物体内逐渐积累，越高级的营养级，生物体内农药的残留浓度越高。

（二）农药污染对动物的影响

农药污染物可以被动物直接吸收，或通过食物链传递而在动物体内积累或发生生物放大，对动物的代谢、生长和繁殖等产生危害。农药残存在土壤中，对土壤原生动物以及其他节肢动物、环节动物、软体动物等均产生不同程度的影响。土壤动物种类和数量随着农药污染程度的增加而减少，有一些种类甚至完全消失。农药污染对土壤动物的新陈代谢以及卵的数量和孵化能力均有影响。激素类农药对动物的生殖系统变性产生影响，导致生殖器官畸形变性（雌性化或雄性化）、性行为变化、不育和免疫功能下降。而较难分解的农药能在动物体内积累，特别是DDT和狄氏剂等脂溶性农药，能长期残留于体内。积累于动物体内的农药还会转移至蛋和奶中，造成各种禽兽产品的污染。

农药在食物链中转移路线主要包括：土壤→陆生植物→食草动物，土壤→土壤中无脊椎动物→脊椎动物→食肉动物，土壤→水系（浮游生物）→鱼和水生生物→食鱼动物。农药通过食物链而产生生物放大作用，以鱼为主食的苍鹭体内的残留物（DDE、狄氏剂和有机氯杀虫剂）比以陆栖动物为主食的鹰类体内的残留物多，而以陆栖动物为主食的鹰类其残留又比食草鸟类多。

（三）农药污染对微生物的影响

残存在土壤中的农药对土壤中的微生物群落组成、土壤微生物代谢等均产生不同程度的影响。例如，3mg/kg的二嗪农处理180d后，土壤细菌和真菌数不变，而放线菌增加300倍；5mg/kg甲拌磷处理，使土壤细菌数量增加，椒菊酯处理则使细菌数量减少。辛硫磷可显著降低根瘤菌的固氮作用，乐醇在低浓度时可对土壤固氮作用有明显抑制作用。

杀菌剂和熏蒸剂对土壤硝化作用影响较大，例如，代森锰和棉隆分别以100mg/kg和150mg/kg施入土壤时即可完全抑制硝化作用。张爱云和蔡道基（1990）研究结果表明，五氯酚钠、克芜踪、氟乐灵、丁草胺和禾大壮五种除草剂分别施入太湖水稻土和东北黑土后，对硝化作用的抑制影响以水稻土较为明显。一般说来，氨化作用或矿化作用对化学物质的敏感性要比硝化作用小得多，而熏蒸剂消毒和施用杀菌剂通常会导致土壤中氨态氮增加。

部分农药对土壤微生物呼吸作用具有明显的影响。氨基甲酸酯、环戊二烯、苯基脲和硫氨基甲酸酯抑制呼吸作用和氨化作用。当土壤使用常规用量的2-甲基-4-氯丙酸、茅草枯、毒莠定及阿米酚处理时，8h后二氧化碳的生成量降低20%～30%。杀菌剂敌克松及除草剂黄草灵、2，4-D、丙酸等也具有这种抑制作用。

（四）农药污染对人体健康的影响

环境中的农药可通过消化道、呼吸道和皮肤等途径进入人体，产生各种危害（图5-3）。

农药进入人体后，在各种酶的作用下发生一系列变化，使毒性消失、降低或增强。一般来说有机氯农药在体内代谢速度慢，残留时间长；有机磷农药代谢较快，残留时间短。农药进入人体后，首先进入血液，然后通过组织细胞膜和血脑屏障等组织到达作用部位，引起中毒反应。

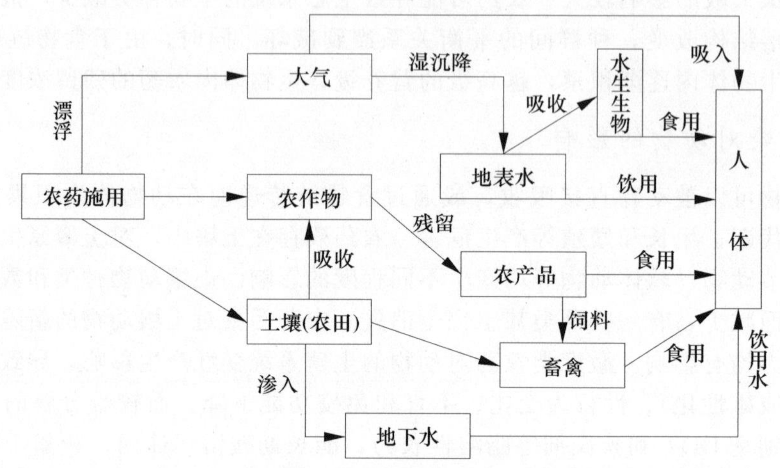

图 5-3　农药进入人体的途径（孙铁珩等，2001）

许多有机卤素农药能够影响中枢神经系统，导致颤动、不规则眼部抽搐、性格改变、记忆力下降。这些症状是急性 DDT 中毒的特征。艾氏剂、荻氏剂、氯丹和七氯等在大脑中释放三甲铵乙内酯，引起头疼、头晕、恶心、呕吐、肌肉抽搐等。

有机磷农药是一种神经毒剂，抑制体内胆碱酯酶，使其失去分解乙酰胆碱的作用，造成乙酰胆碱聚积，导致神经功能紊乱，出现一系列症状，如恶心、呕吐、流涎、呼吸困难、瞳孔缩小、肌肉痉挛、神志不清等。有机磷农药中的“敌敌畏”、“敌百虫”、“乐果”、“甲基对硫磷”进入人体，会与人体细胞 DNA 的“鸟嘌呤”发生甲基作用，引起细胞病变。

除草剂百草枯通过喷雾吸入、皮肤接触和摄食能导致危险或致命的急性中毒。百草枯是一种全身性毒物，影响酶的活性，对许多器官具有破坏性。动物吸入百草枯气溶胶能导致肺部纤维症。中毒的最突出的症状是呕吐，然后在几天内是呼吸困难、苍白，出现肾、肝和心脏损害的症状。

长期接触农药还可能引起慢性中毒。有机磷农药慢性中毒主要表现为血液中胆碱酯酶活性降低，并伴有头晕、头痛、乏力、食欲不振、恶心、气短、胸闷、多汗，部分患者还有肌束纤颤等症状。有机氯农药慢性中毒，主要表现为食欲不振、上腹部和胁下疼痛、头晕、头痛、乏力、失眠、噩梦等。接触高毒性农药（如氯丹和七氯化茚等）会出现肝脏肿大，肝功能异常等症候。

农药是一种主要的环境“三致”（致畸、致癌和致突变）物质。农药进入人体，会对体内的脱氧核糖核酸产生损害作用，干扰信息的传递，引起细胞的基因突变或导致癌症的产生。刺激生殖细胞发生突变，产生畸形。

农药在农业生产中发挥着非常重要的作用，但农药对环境产生的负面影响也不容忽视的。因此，通过适当的措施加以控制和修复，具有重要的意义。

第四节　环境污染的生态修复

随着环境污染的日益加剧，环境污染的治理和修复已经成为了环境科学研究的重要领域和社会经济发展的重要保证。近年来，人们在物理修复、化学修复和生物修复等的基础上，进一步提出了生态修复的理念，试图以生态学的原理和方法，在污染环境的修复与治理过程中实现人与自然的和谐，实现可持续发展。

一、生态修复的概念及类型

生态修复（ecological remediation）是指以生态学原理为指导，在适当的人工措施辅助下，利用大自然的自我修复能力，恢复生态系统的保持水土、调节小气候、维护生物多样性的生态功能和开发利用等经济功能。生态修复不是指将生态系统完全恢复到其原始状态，而是指通过修复使生态系统的功能不断得到恢复与完善（杨少林和孟菁玲，2004）。

20 世纪 90 年代，美国、德国等国家提出通过生态系统自组织和自调节能力来修复污染环境的概念，并通过选择特殊植物和微生物，人工辅助建造生态系统来降解污染物，这一技术被称为环境生态修复技术。

广义的生态修复还包括生态恢复的内容，但二者研究的重点和对象是不同的，应该加以区别。20 世纪 70 年代后，受生态工程学术思想的影响，生态恢复的基本内涵是在人为辅助控制下，利用生态系统演替和自我恢复能力，使被扰动和损害的生态系统（土壤、植物和野生动物等）恢复到接近于它受干扰前的自然状态，即重建该系统干扰前的结构与功能有关的物理、化学和生物学特征。1987 年，Jordan 发表了《生态恢复学》专著。目前国外恢复生态学主要研究森林、草地、灌丛、水体等生态系统在采矿、道路建设、机场建设、放牧、采伐、山地灾害、工业大气及重金属污染等干扰体系的影响下退化和自然恢复的机制和生态学过程。多集中在大型矿区、大型建筑场地、森林采伐迹地、受损湿地等生态恢复方面，研究的焦点领域是土壤、野生动植物及其生物多样性恢复。

生态修复的基本方式包括：植物修复、生物修复、物理修复和化学修复等，其相互关系如图 5-4 所示。

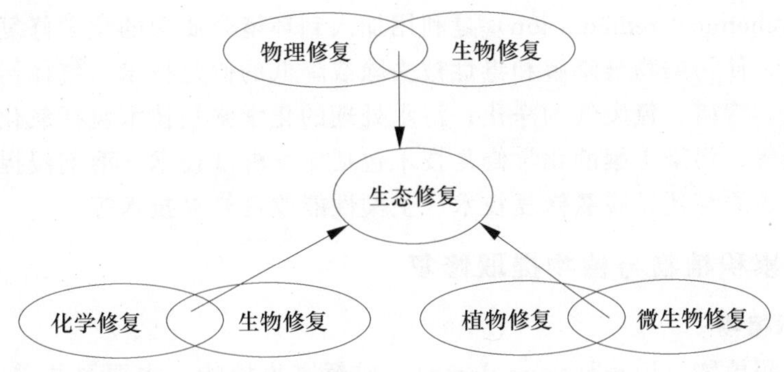

图 5-4　生态修复的基本方式（周启星，2006）

植物修复（phytoremediation）是以植物忍耐和超量累积某种或某些化学元素的理论为基础，利用植物及其共存微生物体系，清除土壤环境中污染物的环境污染治理技术。植物修复技术包括六种类型：植物提取（phytoextraction）、植物固定（phytostabilization）、植物促进（phytostimulation）、植物转化（phytotransformatio）、植物挥发（phytovolatilization）和根际过滤（rhizofiltration）。

生物修复（bioremediation），广义的定义是指利用微生物、动物、植物和生物酶降解、减轻有机污染的毒性，改变重金属的活性或在环境中的形态，通过改变污染物的化学或物理特征而影响其在环境中的迁移、转化和降解速率，包括微生物修复、植物修复、动物修复和酶学修复等方式（图 5-5）。狭义的定义是指微生物修复，即利用天然存在的或人为培养的专性微生物对污染物的吸收、代谢和降解等功能，将环境中有毒污染物转化为无毒物质甚至彻底去除的环境污染修复技术。

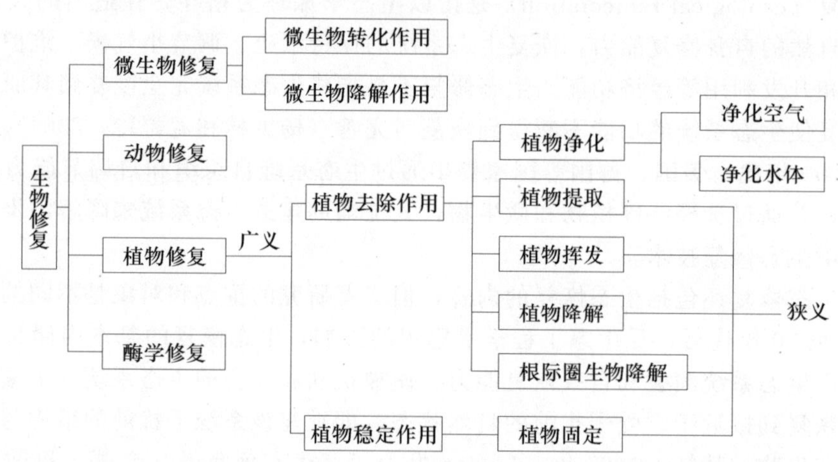

图 5-5　植物修复与生物修复的关系及主要修复方式（周启星和宋玉芳，2004）

物理修复（physical remediation）是根据物理学原理，采用一定的工程技术，使环境中污染物部分或彻底去除或转化为无害形式的一种污染环境治理方法。物理修复方法包括大气污染的除尘方法（重力除尘、惯性力除尘、离心力除尘、过滤除尘法和静电除尘法等），污水处理的沉淀、过滤和气浮，污染土壤修复的置土/换土法，物理分离，蒸汽浸提，固定/稳定化，玻璃化和低温冰冻等。

化学修复（chemical remediation）是利用加入到环境介质中的化学修复剂与污染物发生一定的化学反应，使污染物被降解和毒性被去除或降低的修复技术。气体污染物的化学修复技术包括燃烧法，含硫、氮废气的净化；污水处理的化学修复技术包括氧化、还原、化学沉淀、萃取、絮凝等；污染土壤的化学修复技术包括化学淋洗技术、溶剂浸提技术、化学氧化修复技术、化学还原与还原脱氯修复技术、土壤性能改良修复技术等。

二、重金属超累积植物与植物提取修复

1. 重金属超累积植物

重金属超累积植物（hyperaccumulator），或超富集植物，主要是指能在植物体内积累重金属元素的植物。Brooks 等（1977）用重金属超累积植物来命名在茎中 Ni 含量大于 1000mg/kg 的植物。1583 年，意大利植物学家 Cesalpin 首次发现意大利托斯卡纳的“黑色岩石”上生长的特殊植物 *Alyssum bertolonni*（庭荠属），这是有关超累积植物的最早报道。1848

年，Minguzzi 和 Vergnano 首次测定了 *Alyssum bertolonni* 中 Ni 的含量达到 7900g/g（0.79%）。

根据 Baker 等（1983）、Chaney 等（1997）和 Brooks 等（1998）等提出的重金属超累积植物的评价要求，重金属超累积植物的基本标准为：

（1）植物叶片或地上部分：Cd 含量≥100mg/kg（0.01%），Pb、Co、Cu、Ni、Cr 含量≥1000mg/kg（0.1%），Zn、Mn 含量≥10 000mg/kg（1%）（Baker et al.，1983）。

（2）植物地上部分的含量超过一般植物 10～100 倍以上（Chaney et al.，1997）。

（3）植物的富集系数>1，即植物体内该元素含量大于土壤中该元素的含量［富集系数（bioaccumulation factor，BCF）＝植物体内该元素含量/土壤中该元素的含量］（陈同斌等，2002）。

（4）植物的位移系数>1，植物地上部分的含量高于根部［位移系数（translocation factor，TF）＝植物地上部分该元素的含量/植物根部该元素的含量］（韦朝阳等，2002）。

根据美国能源部的标准，用于植物修复的重金属超累积植物应具有以下特征：①植物可收割部位必须能忍耐和累积高含量的污染物；②植物在野外条件下生长速度快、生长周期短、生物量高；③能同时累积几种重金属；④具有抗虫抗病能力。目前，世界上已发现重金属超累积植物 415 种，主要集中在十字花科植物中（表 5-1）。

表 5-1　已知植物地上部分超量累积的金属含量（Baker，2003）

金　属	植物种	含量/(mg/kg)
As	*Pteris vittata* 蜈蚣草	5000
Cd	*Thlaspi caerulescens* 天蓝遏蓝菜	1800
Co	*Haumaniastrum robertii* 钴星香草	10 200
Cu	*Ipomoea alpina* 高山甘薯	12 300
Pb	*Thlaspi rotundifolium* 圆叶遏蓝菜	8200
Mn	*Macadamia neurophylla* 粗脉叶澳洲坚果	51 800
Ni	*Psychotria douarrei* 套哇九节	47 500
Zn	*Thlaspi caerulescens* 天蓝遏蓝菜	51 600

2. 超累积植物累积重金属的机制

1）超累积植物对根际土壤重金属的活化

超累积植物可能从根系分泌特殊有机物，从而促进了土壤重金属的溶解和根系的吸收，或者超累积植物的根毛直接从土壤颗粒上交换吸附重金属。超累积植物对根际土壤重金属的活化途径包括（图 5-6）：

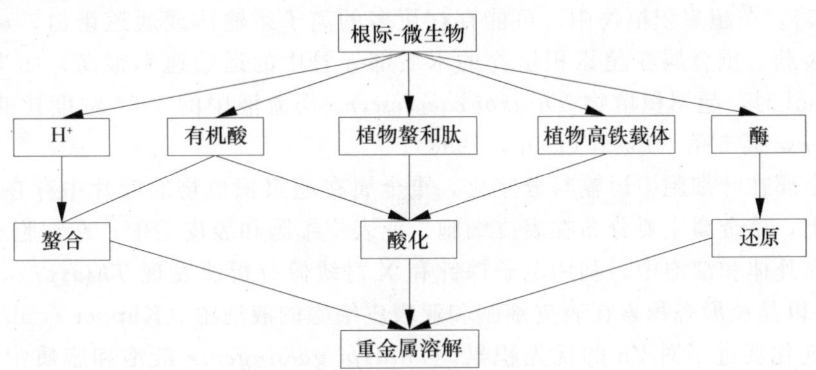

图 5-6　超累积植物对根际土壤重金属的活化途径

（1）植物分泌金属-螯合分子进入根际，螯合、溶解“土壤结合态”金属。例如，当Fe、Zn缺乏时，禾本科植物植物释放金属-螯合分子，从土壤中活化Cu、Zn、Mn。

（2）植物的根通过原生质膜专性结合的金属还原酶来还原“土壤结合态金属离子”。例如，缺铁、铜的豌豆具有还原 Fe^{3+} 和 Cu^{2+} 的能力，从而增加植物对Cu、Mn、Fe和Mg吸收。

（3）植物通过根部释放质子来酸化土壤环境，从而溶解重金属。在pH较低时，土壤中“结合态”的重金属离子进入土壤溶液中的量增加。

2）超累积植物吸收和运输重金属的生理特性

超累积植物从根际吸收重金属，并将其转移和积累在地上部，该过程包括了许多环节和调控位点：跨根细胞质膜运输；根皮层细胞中横向运输；从根系的中柱薄壁细胞转载到木质部导管；木质部中长途运输；从木质部卸载到叶细胞（跨叶细胞膜运输）；跨叶细胞的液泡膜运输。

（1）重金属跨根细胞质膜运输。根际土壤中溶解的重金属可通过质外体或共质体途径进入根系。大部分金属离子通过专一或通用的离子载体或通道蛋白进入根细胞，该过程为一个依赖能量的过程。超累积植物对重金属的吸收具有很强的选择性，只吸收和累积生长介质中一种或几种特异性金属。例如，Ni超累积的庭芥属植物 *Alyssum bertolonii* 的地上部分优先积累Ni。Zn超累积植物 *Thlaspi caerulescens* 累积营养液中的Zn、Mn、Co、Ni、Cd和Mo。这种选择性积累的可能机制是：在金属跨根细胞的质膜进入根细胞共质体或跨木质部薄壁细胞的质膜装载进入木质部导管时，由专一性运输体或通道蛋白调控。

（2）重金属在根共质体内运输与分室化。重金属一旦进入根系，可储存在根部或运输到地上部。金属离子从根系表面进入根系内部可通过质外体或共质体途径，由于内皮层上有凯氏带，离子不能通过，只有转入共质体后，才能进入本质部导管，因此重金属在内皮层的共质体内运输是其转运到地上部的限制步骤。重金属进入根细胞质后，金属可能与细胞质中的有机酸、氨基酸、多肽等结合，通过液泡膜上的运输体或通道蛋白转入液泡。在超累积植物的液泡膜上，可能存在一些特殊的运输体，能把暂时储存在液泡中的金属装载到本质部导管（Lasat et al.，1996）。

（3）重金属在木质部运输。金属离子从根系转移到地上部分主要受两个过程的控制：从木质部薄壁细胞转载到导管和在导管中运输，后者主要受根压和蒸腾流的影响。木质部装载过程的能量来自木质部薄壁细胞膜上的 H^{+}-ATPase产生的负性跨膜电势（Roberts and Tester，1997）。在超累积植物中，可能存在更多的离子运输体或通道蛋白，从而促进重金属向木质部装载。重金属在超累积植物的木质部导管中的运输速率很高，如当生长介质中 Zn^{2+} 为50μmol时，超累积植物 *Thlaspi caeulescens* 伤流液中的 Zn^{2+} 浓度比非超累积植物 *Thlaspi arvense* 高5倍（Lasat et al.，1998）。

（4）重金属在叶细胞中运输与分室化。重金属在超累积植物的叶片中存在区隔化分布。在组织水平上，重金属主要分布在表皮细胞、亚表皮细胞和表皮毛中；在细胞水平，重金属主要分布在质外体和液泡中。利用电子探针和X射线微分析法发现 *Thlaspi caerulescens* 叶片中Zn主要以晶粒形态积累在表皮细胞和亚表皮细胞的液泡中（Kupper et al.，1999）。表皮细胞的液泡化促进了对Zn的优先积累。*Thlaspi goesingense* 液泡和胞质中的Ni分别主要与柠檬酸和组氨酸结合。这可能是胞质中的Ni与组氨酸或组氨酸类似物结合形成复合物，然后跨液泡膜运输，转移到液泡中，从而起到解毒作用（Kramer et al.，2000）。

(5) 重金属在细胞中的积累。细胞壁是结合、固定污染物的重要部位，因为细胞壁果胶质中的多聚糖醛酸和纤维素分子的羧基等基团都能够与重金属等结合。细胞膜上的蛋白质、糖类和脂质也能够结合透过细胞壁的污染物。细胞质和液泡中具有许多能够与污染物结合的“结合座”，当部分污染物突破细胞壁和细胞膜进入细胞质后，就能够和细胞质中的蛋白质、氨基酸中的羧基、氨基、巯基、羟基等官能团结合，形成稳定的螯合物（王焕校，2002）。植物中重金属结合肽，即谷胱甘肽（GSH）、植物螯合素（PC）和金属硫蛋白（MT），与重金属的解毒有关。

3) 超累积植物积累重金属的分子生物学基础

超累积植物积累重金属可能是多基因（包括吸收和忍耐两方面）控制的过程。Lasat 等(1996) 分离了 *T. caerulescens* 根和叶中的 mRNA，克隆和筛选出 Zn 载体基因 *ZNT*1，编码 Zn^{2+} 转运蛋白。经序列分析发现 ZNT1 与拟南芥 Fe 运输蛋白基因（IRT1）、酵母高亲和力 Zn 转运蛋白基因（ZRT1）同源，其氨基酸序列与 ZRT1 有 36%的相似性，与 IRT1（*Arabidopsis* 中的 Fe 载体基因）有 88%的相似性。

在酵母 *S. cerevisiae* 中，已发现了两个可能的细胞内 Zn 运输体，有 ZRC1 和 COT1 基因编码，当 ZRC1 和 COT1 基因过度表达时，细胞耐 Zn 或细胞耐 Zn 和 Co 的能力增加。而 ZRC1 和 COT1 基因突变时，导致细胞对 Zn 高度敏感。ZRC1 和 COT1 属于 CDF 家族金属运输体蛋白家族。

超累积植物对重金属有很强的忍耐能力，还可能与其存在特异性的代谢途径或酶有关，如组氨酸的三个酶蛋白基因：THG1、THB1 和 THD1。用 RACE 方法从大蒜（*Allium sativum*）中克隆了植物螯合肽酶的全长 cDNA，通过对镉敏感的裂殖酵母 M379 和砷敏感的裂殖酵母的转化，证实该基因的表达可以提高酵母对重金属镉和砷的抗性。

3. 植物提取

植物提取技术（phytoextraction）是指将特定的植物（超累积植物）种植在重金属污染的土壤中，植物（特别是地上部）吸收、富集土壤中的重金属元素后，将植物进行收获和妥善处理，达到治理土壤重金属污染的目的。广义的植物提取技术又分为持续植物提取（continuous phytoextraction）和诱导植物提取（induced phytoextraction）。持续植物提取指利用超累积植物来吸收土壤重金属并降低其含量的方法。而诱导植物提取是指利用螯合剂来促进普通植物吸收土壤重金属的方法。

目前常用植物包括各种野生的超累积植物及某些高产的农作物，如芸薹属植物（印度芥菜等）、油菜、杨、苎麻等。适合植物的特点：①植物可收割部位必须能忍耐和积累高含量的污染物；②植物在野外条件下生长速度快、生长周期短、生物量高、个体高大、向上垂直生长以利于机械化作业等；③植物对农业措施（如施肥等）能产生积极的反应。

重金属超累积植物的累积效果和植物提取修复的效率可以通过一些方法加以改进。主要调控途径如下。

1) 利用土壤微生物对土壤重金属进行活化

在重金属污染土壤的植物修复过程中，挑选耐性微生物接种在植物根际，将有利于提高植物对重金属的吸收。如假单胞杆菌属和芽孢杆菌属的几个品系能增加生长了两周的 *B. juncea* 幼苗的对 Cd 的总的吸收量。菌根具有活化土壤中的金属的能力。菌根寄生在植物根系，增加植物根系的表面积，并且菌丝能伸展到植物根系所无法接触到的空间，增加植物对水和矿质元素（包括重金属）的吸收，提高植物生物量、吸收面积和范围。

2）利用螯合剂的调节作用

在土壤内加入螯合剂，可以使吸附态的 Fe、Mn 氧化物解吸和沉淀复合物的溶解，进入土壤溶液中。重金属-螯合物复合体的形成，可以减少重金属的沉淀和吸附，维持重金属对植物的有效性。

3）调节土壤 pH

pH 的降低可导致碳酸盐和氢氧化物结合态重金属的溶解、释放，同时也增加吸附态金属的释放。通过使用铵态氮肥料或土壤酸化剂，使土壤维持在一个适当的酸性条件下，增加重金属的生物有效性，从而增加植物对重金属的吸收。Brown 等（1995）发现，施用污泥降低土壤的 pH，可促进 *T. Caerulescens*、*S. Vulgaris*（遏蓝菜属）和莴苣的地上部对 Mn 的吸收量。

4）调节土壤氧化还原电位

植物根部具有释放有机酸和还原剂来还原 Fe、Mn 氧化物的能力。在 Mn 氧化物含量较高的土壤内加入抗坏血酸，使亚硒酸盐氧化成硒酸盐，增加硒的溶解性。通过还原性的有机酸或其他的氧化还原活性物质可以促进植物修复作用。

5）调节土壤竞争离子

溶液中的金属离子对吸附位点的竞争也可以控制重金属的有效性。例如，磷酸盐可以活化浸提土壤内的 Cr、Se 和 As 等阴离子。钙的使用可增加与其相似的 Sr 在土壤内的移动性和植物对 Sr 的吸收。

另外，从基因技术的角度，把累积植物中的基因转入生物量大的植物，也具有一定的意义。筛选突变株可以产生有用的超累积植物，例如，豌豆突变株比野生型积累镁高 10～100 倍，拟南芥属变株比野生型积累铁高 10 倍，将超累积植物与生物量高的亲源植物杂交，筛选出能吸收和忍耐金属的植物。基因工程通过引入金属硫蛋白基因或引入编码 Mer A（汞离子还原酶）的半合成基因，增加对金属的耐性，转基因植物拟南芥属可将汞还原为可挥发的 Hg^0，使其对汞的耐性提高到 100μmol。

4. 植物提取的优点和缺点

植物修复技术在生态修复中被广泛使用，具有低廉、安全和易于被接受的特点，但周期长、生物量小和难于处理的缺点也不容忽视。

1）优点

植物修复技术的最大特点在于费用低，可在大面积上使用。种植管理的费用为 200～10 000美元/hm^2，即 0.02～1.00 美元/m^3，比物理、化学处理（土壤填埋费用为 200～800 美元/m^3）低几个数量级。而且能增加土壤有机质含量，激发土壤微生物的活性，使土壤有机质含量和肥力增加，适用于农作物的种植。能固定和稳定土壤，减少风蚀水蚀，容易被社会接受。同时，植物的蒸腾作用可防止污染物向下迁移，可以防止二次污染的产生。可把氧气供到根际，有助于有机污染物的降解。可以永久性的解决土壤污染的问题。尽可能减少场地破坏和对环境的干扰和破坏，减少来自公众的担心。操作简单，技术可靠。

2）缺点

植物修复技术也具有一定的局限性，仅对特定的区域、特定的污染物有效。超累积植物的专一性很强，只对某种特定的重金属表现出超累积能力。多为野生型稀有植物，区域性分布，使引种受到限制。对浅层土壤污染最为有效。容易受到环境变化的影响和制约。需要的时间较长而缓慢。超累积植物的生物量小，而且生长缓慢，受到杂草的竞争性威胁。同时，对超累积植物的农艺性状、病虫害防治、育种潜力、生理学等方面的了解很少。修复植物的处理技术还不完善，目前，大多处于实验阶段，离实际应用还有一定的距离。次生污染问题还需要进一步的认识和解决。

5. 植物提取的应用和发展前景

植物修复技术在理论研究、开发与推广方面已做了大量的开创性工作，取得一定的研究成果。美国艺术家 Mel Chin 于 1991 年开始，在明尼苏达州圣保罗 Cd 污染的土壤上进行了 3 年的“环境艺术品”创作——利用植物为工具“剔除”毒物，将光秃的死地转变为生机盎然的土地。艺术品呈环形，并通过步道分隔成许多方块，分别种植遏蓝菜属植物 *Thlaspi caerulescens*、麦瓶草属植物 *Silene vulg*、长叶莴笋、Cd 积累型玉米 FR-37、Zn-Cd 抗性紫羊茅。1998 年美国市场报告分析表明，全美国植物修复市场销售 1700 万～3000 万美元，其中地下水有机污染物去除 500 万～1000 万，填埋场渗滤液处理和土壤重金属修复 300 万～500 万。英国已开发出多种耐重金属污染的草本植物用于污染土壤中的重金属和其他污染物的治理，并已将这些草本植物推向商业化进程。苎麻（*Boeheria nivea*）是较强的吸镉、耐镉植物。我国南方一些镉污染区是苎麻生产基地，水田改旱田后，通过改良，土壤镉降低 27.6%。在土壤汞含量 82mg/kg 的情况下，旱地 10 年后可以恢复到背景值水平（0.39mg/kg）（熊建平等，1994）。

目前有关铅的植物修复研究最多，并且已有公司计划对铅植物修复商业化。研究发现将芥子草（*Brassica juncea*）培养在含有高浓度可溶性铅的营养液中时，可使茎中 Pb 含量达到 1.5%。当在土壤中加入人工合成的螯合剂可促进农作物对铅的吸收，并能促进铅从根向茎的转移。在北美洲和意大利发现了一些镍超累积植物，如 *Streptanthus polygaloides*、*S. polygaloides*、布氏香芥（*Alyssum bertolonii*），均含极高的 Ni，布氏香芥被认为是一种镍的植物吸收提取物和潜在的植物采矿介质。

在废弃地恢复过程中，有害物质的毒性起着严重的阻碍作用，如在重金属污染严重的地区，所能生长的植物仅仅是那些耐重金属污染的物种，如绊根草（*Cynodon dactylon*）、水烛香蒲（*Typha latifolia*）、蜈蚣草（*Pterris vittata*）、雀稗（*Paspalum thunbergii*）、黄花稔（*Sida rhombifolia*）和银合欢（*Leucaena glauca*）等。在矿业废弃地植被早期演替中种植豆科植物或者是一些生长期短的豆科灌木，如白羽扇豆属（*Lupine*）、荆豆属（*Ulex*）和金雀花属（*Cytisus*）等植物，具有良好促进作用。

我国对超累积植物吸收重金属的研究尚处于起步阶段，需要进行全国超累积植物资源的调查、收集和筛选，研究超累积植物的分布，建立超累积植物的数据库。建立重金属污染土壤的综合生物治理体系，进行多学科的合作，研究超累积植物吸收重金属的机制。加强研究根际环境中超累积植物吸收重金属的动力学过程及其影响因子；阐明重金属在植物体内的运输方式、途径及其储藏机制；并从超累积植物中分离重金属的载体和耐性基因，克隆到生物量更高的植物体内，具有重要的理论和实践意义。

三、有机污染的微生物修复

有机污染的微生物修复就是利用微生物将环境中的有机污染物降解或转化为其他无害物

质的过程。微生物通过氧化、还原、转化等作用降解污染物，修复受污染的环境，具有十分重要的意义和广阔的应用前景。

（一）有机污染物的特性

有机污染是指有害有机物质（化学农药、酚、多环芳烃、多氯联苯、石油烃等）在环境中聚集，对环境造成污染并危害人体的健康。有机污染物中最受关注的是持久性有机污染物（persistent organic pollutant，POP），指持久存在于环境中，通过食物链进行生物放大，并对人类健康和环境造成不利影响的化学物质。根据《关于持久性有机污染物的斯德哥尔摩公约》，12 种持久性有机污染物是：艾氏剂、狄氏剂、异狄氏剂、滴滴涕、七氯、氯丹、灭蚁灵、毒杀酚、六氯苯、多氯联苯、二噁英和呋喃。有机污染物中环境雌（性）激素（environmental estrogen）或环境内分泌干扰物质（endocrine disrupting chemical）具有生物体内雌激素生物效应，干扰生物体正常内分泌功能，受到广泛的关注。

有机污染的特性表现为：①高毒性。有机污染物对人类及其他生物有较高的毒性。可导致生物体中的内分泌与生理功能紊乱、免疫机能失调及“三致”作用（致畸、致癌、致突变）的发生。②难降解性。有机污染物对自然条件下的生物代谢、光降解、化学分解等具有很强的抵抗能力，在环境介质中很难降解，在环境中可存留数十年或更长的时间。③生物累积性。部分有机污染物难溶于水，易溶于油脂，能在生物体的脂肪组织中形成生物累积。④半挥发性。部分有机污染物能从水体或土壤中以蒸汽的形式进入大气环境或吸附在大气中的颗粒物上，随雨水等沉降到地面。

（二）有机污染的微生物修复

微生物修复是利用微生物的固有能力降解或固定污染物的过程。微生物对环境中污染物具有降解作用、去毒作用和固定作用。微生物修复可以减轻或去除污染水体、固体废物、废气等介质内的有机污染物，达到无害化的目的。

微生物降解是指通过微生物的新陈代谢活动将污染物质分解成简单化合物的过程。微生物繁殖速度快，遗传变异性强，能以较快的速度适应变化的环境条件，而且对能量的利用效率更高，因而具有将大多数污染物质降解为无机物质（如二氧化碳和水）的能力，而且微生物可以进行氧化-还原作用、脱羧作用、脱氯作用、脱氢作用、水解作用等，在有机污染物质降解过程中起到了很重要的作用（周启星，2006）。微生物可降解的污染物种类包括：多环芳烃（PAH）、有机染料和颜料、表面活性剂、农药、酚类和卤代烃等。

微生物去毒作用是指使污染物的分子结构发生改变，从而降低或去除有机污染物对生态系统的有害作用。去毒作用包括水解作用、羟基化作用、脱卤作用、去甲基或去烷基作用、甲基化、硝基还原、去氨基、醚键断裂和轭合作用等。

微生物固定作用是通过生物屏障、氧化-还原沉淀和键合等方法将有机污染物固定。生物屏障法是微生物吸收疏水性有机物，阻止或减缓污染物的迁移；氧化-还原沉淀法是具有还原或氧化金属能力的微生物，通过氧化-还原作用使金属有机物中的金属沉淀；键合法是微生物降解键合在金属上，被释放的键合金属可产生沉淀而被固定。

微生物修复根据污染物的处理地点可以分为微生物的原位修复和微生物的异位修复。

微生物的原位修复是指在人为控制条件下进行的生物降解与污染治理，在污染源就地处理污染物的一种生物处理技术。主要形式有生物通风法、生物搅拌法和泵出生物处理法等。生物通风法是在不饱和土壤中通入空气，以增强大气和土壤之间的接触和流动，为微生物提供充足的氧气，同时通过注入法向土壤输入营养液，以增加微生物降解所需要的碳源和能源，达到生物修复的作用。生物搅拌法是向饱和土壤中注入空气，同时从土壤的不饱和部分吸出空气，加强空气的流通和氧气的供应。泵出生物处理法是将污染的地下水抽提出来，进行地表处理（通常用生物反应器）后与营养液按一定比例混合后，注回土壤而完成处理过程。由于处理后的水中含有驯化的降解菌，对土壤有机污染物的生物降解具有促进作用。

微生物的异位修复是将污染移位，在异地（场外或运至场外的专门场地）进行处理的一类处理技术。主要形式有土地填埋、制备床法、堆腐法、土壤耕作法和生物泥浆反应器法。制备床法是通过将污染物运移到一个特殊制备的制备床上进行生物处理。例如，采用制备床法对五氯酚污染土壤进行修复，将前处理后的4000m^3 的污染土壤铺在制备床上，摊开成40cm，并加入一些牛粪，用顶棚遮盖，4个月后，污染土壤中的五氯酚由处理前的100mg/kg降到5mg/kg。堆腐法是利用好氧高温微生物处理高浓度的固体废弃物的特殊过程。Berg等1991年利用堆腐法对多环芳烃污染的土壤进行修复，将污染的2000t土壤与松树皮混合（1∶1），并定时加水、翻堆、通气，50天后，污染物含量由处理前的500mg/kg降为20mg/kg。生物泥浆反应器法是将污染土壤从污染点挖出来放到一个特殊的反应器中进行处理的一种方法。微生物的异位修复还包括遗传改性法和游离酶法。

用于修复的微生物具备的特点有：①个体小，比表面积大，代谢速度快；②种类繁多，分布广，代谢类型多样；③繁殖快、易变异、适应性强（含各类嗜极微生物）；④细胞形态微生物中的质粒快速转移，使别的细菌获得新的降解力，便于建构新的、高效的降解有机污染物的“工程菌”，发挥其特定功能的降解作用；⑤在自然界的生态系统中微生物与微生物之间的相互作用及其对有机污染物的共代谢能促进有机污染物降解（柯为，2005）。

根据来源，用于生物修复的微生物分为土著微生物、外来微生物和基因工程菌三种类型。

1. 土著微生物

土著微生物是通过对自然界存在的大量微生物进行筛选驯化而获得的对污染物具有较高降解能力的菌株或微生物种群。环境中微生物逐渐适应生长环境，在污染物的诱导下产生可以分解污染物的酶系，进而将污染物降解或转化为低毒或无毒代谢物质。土著微生物具有较高的多样性，群落中的优势菌种会随着污染物的种类、环境温度等条件发生相应的变化。目前，利用土著微生物降解污染物质在环境工程中占据着十分重要的位置。

2. 外来微生物

土著微生物的生长速度缓慢、代谢活性低或者由于污染物的影响会造成土著微生物的数量急剧下降，而采用外来微生物接种，其降解污染物能力和污染物降解的速率都较高。目前，用于生物修复的高效降解菌大多数是多种微生物混合而成的复合菌群，如光合细菌PSP（*Photosynthetic bacteria*），是在厌氧光照下进行不产氧光合作用的原核微生物的总称。目前广泛使用的PSP菌剂多为红螺菌科（Rhodospirillaceae）光合细菌的复合菌群，它们在厌氧光照及黑暗条件下都能以小分子有机物为基础，进行代谢和生长，对很多有机物具有很强的降解和转化能力。筛选高效广谱微生物和在极端环境下生长的微生物及改善商品菌剂的生产、包藏、使用方法，可以更好地运用到生物修复工程中。

3. 基因工程菌

基因工程菌是指通过遗传工程的手段将能降解多种污染物的降解基因从某一供体微生物中提取出来，转移到另一种微生物细胞中，从而获得的具有广谱降解能力的新物种菌。这种新物种菌通过增加细胞内降解基因的拷贝数来增加降解酶的数量，以提高其降解污染物的能力。假单胞菌中的不同菌株 CAM、OCT、SAL、NAH 四种降解性质粒结合转移至一个细菌中，构建出能同时降解环芳烃、多环芳烃、萜烃和脂肪烃的“超级细菌”。该细菌能将浮油在数小时内消除，而使用天然菌要花费一年以上的时间。

应用于环境污染治理的基因工程菌一般具备以下特征：①基因工程菌对自然界的微生物或高等生物不构成威胁；②具有一定的寿命；③进入净化系统后，需要一段适应期，但比土著种的驯化期要短得多；④基因工程菌降解污染物的功能下降时，可以重新接种；⑤污染物可能大量杀死土著菌，而基因工程菌却容易适应生存。尽管现代分子生物学技术的应用对提高微生物的生物降解能力具有重要的价值，但目前美国、日本等很多国家对工程菌的实际应用有严格的立法控制。

思 考 题

1. 简述我国农药污染的特点及农药对生态环境的影响。
2. 简述农药污染对动物、植物的影响及其机制。
3. 重金属超累积植物有什么特点，有哪些选择标准？
4. 重金属超累积植物累积重金属的机制是什么？
5. 总体来讲，生物对污染物的抗性通过哪些途径实现？
6. 根际环境条件对植物吸收重金属有哪些影响？
7. 简述污染物在植物体内的迁移方式。
8. 在实际生产中如何减少植物对土壤中污染物的吸收？
9. 简述影响植物吸收、迁移污染物的因素。
10. 简述生物对污染物吸收、富集与污染物对生物毒害的关系。

推荐读物

李元，朱鲁生，祖艳群等. 2008. 农业环境学. 北京：中国农业出版社
孙铁珩，周启星，李培军. 2001. 污染生态学. 北京：科学出版社
王焕校. 2002. 污染生态学. 北京：高等教育出版社
周启星. 2006. 生态修复. 北京：中国环境科学出版社
周启星，宋玉芳. 2004. 污染土壤修复原理与方法. 北京：科学出版社

参考文献

陈同斌，韦朝阳，黄泽春等. 2002. 砷超累积植物蜈蚣草及其对砷的富集特征. 科学通报，47 (3)：207～210，36
何光好. 2005. 我国农药污染的现状与对策. 现代农业科技，12 (3)：57
黄淑惠. 1992. 细菌固定金属的作用机制. 微生物学通报，19 (3)：171～173
蒋先军，骆永明，赵其国. 2000. 重金属污染土壤的植物修复研究Ⅰ. 金属富集植物 Brassica juncea 对铜、锌、镉、铅污染的响应. 土壤，32 (2)：71～78

柯为. 2005. 微生物治理有机污染物. 生物工程学报，21 (1)：106

李元，王焕校，吴玉树. 1992. Cd、Fe 及其复合污染对烟草叶片几项生理指标的影响. 生态学报，12 (2)：147～153

李元，祖艳群. 1994. Cd、Pb 及其相互作用对小麦种子生活力的影响. 云南农业大学学报，9 (2)：75～81

吕朝晖，王焕校. 1998. 镉铅对小麦醇脱氢酶基因表达影响的初步研究. 环境科学学报，18 (5)：500～503

米长虹，黄士忠，王继军等. 2000. 农药对农田土壤的污染及防治技术. 农业环境与发展，12 (4)：23～25

牛慧，许学书，王建华等. 1993. 非生长产黄青霉吸附铅的研究. 微生物学报，33 (6)：459～463

彭鸣，王焕校. 1989. 铅镉在玉米幼苗中的积累和迁移. 环境科学学报，9 (1)：61～67

曲格平. 1987. 环境科学基础知识. 北京：中国环境科学出版社

孙铁珩，周启星，李培军. 2001. 污染生态学. 北京：科学出版社

王焕校. 2002. 污染生态学. 北京：高等教育出版社

王新，吴燕玉. 1997. 重金属在土壤-水稻系统中的行为特征. 生态学杂志，6 (4)：10～14

韦朝阳，陈同斌. 2002. 重金属污染植物修复技术的研究与应用现状. 地球科学进展，17 (6)：833～839

翁焕新，Pres BJ. 1996. 重金属在牡蛎（*Crassostrea virginica*）中的生物积累及其影响因素研究. 环境科学学报，16 (1)：51～58

谢黎虹，许梓荣. 2003. 重金属镉对动物及人类的毒性研究进展. 浙江农业学报，15 (6)：376～381

熊建平，龙育堂，刘世凡等. 1994. 苎麻对稻田土壤汞净化效果研究. 农业环境保护，13 (1)：30～33

杨居荣，鲍子平，张素芹. 1993. 镉、铅在植物细胞内的分布及可溶性结合形态. 中国环境科学，13 (4)：263～268

杨少林，孟菁玲. 2004. 浅谈生态修复的含义及其实施配套措施. 中国水土保持，10：7～9

杨树华，曲仲湘，王焕校. 1986. 铅在水稻中的迁移积累及其对水稻生长发育的影响. 生态学报，6 (4)：312～323

张爱云，蔡道基. 1990. 除草剂对土壤微生物活性，土壤氨化作用和硝化作用的影响. 农村生态环境，3：62～66

周启星，宋玉芳. 2004. 污染土壤修复原理与方法. 北京：科学出版社

周启星. 2006. 生态修复. 北京：中国环境科学出版社

Baker A J M，Brooks R R，Pease A J et al. 1983. Studies on copper and cobalt tolerance in three closy related taxa within the denus *Silence L.*（*Caryophyllaceae*）from zaire. Plant and Soil，73：377～385

Baker A J M. 2003. Tolerant plants and hyperaccumulators. *In*：Wonf M H，Bradshaw A D. Restoration and management of derelict lands-modern approaches. London（UK）：World Scientific

Berry W L. 1986. Plant factors in influencing the use of plant analysis as a tool for biogeochemical prospecting. *In*：Carlisle D，Berry W L，Kaplan I R et al. Mineral Exploration：Biological Systems and Organic Matter. Englewood Cliffs，USA. 13～32

Brooks R R，Chambers M F，Nicks L J et al. 1998. Phytoming. Trends in Plant Science，3 (9)：359～362

Brooks R R，Lee J，Reeves R D. 1977. Detection of nickeliferous rocks by alysus of herbarium species of indicators plants. Journal of Geochemical Exporation，7：49～57

Brown S L，Chaney R L，Angle J S et al. 1995. Zinc and cadmium uptake by hyperaccumulator *Thlaspi caerulescens* grown in nutrient solution. Soil Sci Soc AmJ，59：125～133

Cataldo C C，Garland T R，Wildung R E. 1983. Cadmium uptake，kinetics in intact soybean plants. Plant Physiol，73，844～848

Chaney R L，Malik M，Li Y M. 1997. Phytoremediation of soil metals. Current Opinions in Biotechnology，

8：279～284

Kramer U，Pickering I J，Prince R C et al. 2000. Subcellular localization and speciation nickel in hyperaccumulator and non-accumulator *Thlaspi species*. Plant Physiol，122：1343～1353

Kupper H，Zhao F J，McGrath S P. 1999. Cellular compartmentation of zinc in leaves of the hyperaccumulator *Thlaspicaerulescens*. Plant Physiol，119：305～311

Lasat M M，Baker A J M，Kochian L V. 1996. Physiological characterization of root Zn^{2+} absorption and translocation to shoots in Zn hyperaccumulator and non-accumulator species of *Thlapi*. Plant Physiol，112：1715～1722

Lasat M M，Baker A J M，Kochian L V. 1998. Altered Zn compartmentation in the root symplasm and stimulated Zn absorption into the leaf as mechanisms involved in Zn hyperaccumulation in *Thluspi caerulescens*. Plant Physiol，118：875～883

Roberts S K，Tester M. 1997. Permeation of Ca^{2+} and monovalent cations through an outwardly rectifying channel in maize root stellar cells. J Exper Bot，48：839～846

Salt D E，Kramaer U. 2000. Mechanisms of metal hyperaccumulation in plants. *In*：Raskin H，Ensley B D. Phytoremediation of toxic metals；Using plants to clear up the environment. New York：John Wiley & Sons，Inc. 231～246

Salt D E，Prince R C，Pickering I J et al. 1998. Mechanisms of cadmium mobility and accumulation in Indian Mustard. Plant Physiol，109：1427～1433

Senden M H M N，Van Paassen F J M，Van Der Meer A J G M et al. 1994. Cadmium-citric acid-xylem cell wall interactions in tomato plans. Plant Cell Environ，15：71～79

Siedlecka A. 1995. Some aspects of interactions between heavy metals and plant mineral nutrients. Acta societatis Botanicorum Poloniae，64：265～272

Zhang Z Q，Huang M H. 2000. Uptake and translocation of heavy metals in dominant plants of soil seed banks introduced to a lead/zinc mine tailings pond. Acta Phytoecologica Sinica，25 (3)：306～311

第六章　生态破坏与生物的生态关系

摘要：本章介绍了生态破坏的概念、类型以及引起生态破坏的原因，重点讨论分析了植被破坏和土壤退化的特征、成因、类型；阐述了生态破坏对生物的影响，并进一步介绍了植被破坏、土壤退化、水域破坏的生态修复与重建技术。

人类活动及自然灾变引起生态环境因子的一系列变异，从不同尺度上改变了生物个体生长发育、种群动态、群落演替以及生态系统结构与功能等，对生态系统的稳定性产生深刻影响，并对人类生产生活构成威胁。研究生态破坏的原因、类型、作用机制，对于协调人与自然的关系、保护人类生存环境的健康稳定发展具有重要意义。

第一节　生态破坏的原因及类型

生态系统是人类生存和发展的基础，人类活动及自然灾变等引起的生态破坏已经对人类的生存和发展构成了严重威胁。生态破坏是指自然和人为因素对生态系统结构和功能的破坏，导致生态系统结构变异、功能退化，环境质量下降等。生态破坏涉及植被、土壤、水体等生态环境要素，其表现形式纷繁复杂。造成生态系统破坏的主要原因包括自然因素和人为因素。其中，人为因素起主导作用，它不但诱发了大量的环境问题，也对自然因素引起的生态破坏起到推波助澜的作用。所以，研究生态破坏原因，规范人类活动方式，加强生态管理，显得尤为必要。

一、生态破坏的原因

（一）自然因素

对生态系统产生破坏作用的自然因素包括地震、火山爆发、泥石流、海啸、台风、洪水、火灾和虫灾等突发性灾害，造成的生态破坏后果严重、直接，较难预防，在短时间内对生态系统造成毁灭性的破坏，导致生态系统演替阶段发生根本的逆转。地面沉降、土地沙漠化、干旱和海岸线变化等属于渐变性灾害，既有自然环境演变的后果，也有人类活动的原因，影响因素复杂，现在更偏重于将上述渐变性灾害的发生归为人类活动的结果。随着环境破坏的加剧，人类活动对生态系统的影响越来越深刻，影响范围不断扩大，已经上升到全球生态系统的尺度，未来的各种自然灾害都可能因人类活动而加剧。

1. 地震

地震是地球内部介质局部发生急剧的破裂，产生地震波，从而在一定范围内引起地面震动的现象，地震不仅会导致建筑物与构筑物的破坏，而且能引起地面开裂、山体滑坡、河流改道或堵塞等，进而对地表植被及其生态系统造成毁灭性破坏。

2. 火山爆发

火山岩浆所到之处，生物很难生存。火山爆发时喷出的大量火山灰和二氧化碳、二氧化硫、硫化氢等气体，不仅会造成空气质量大幅度下降，造成酸雨损害植物和建筑物，同时火山物质会遮住阳光，导致气温下降。火山灰和暴雨结合形成泥石流，破坏山体植被。火山爆发过后，生态系统破坏严重，区域内出现原生演替。

3. 泥石流

泥石流具有冲刷、冲毁和淤埋等作用，改变山区流域生态环境。高山区泥石流沟口一般位于森林植被覆盖区，大规模的泥石流活动毁坏沿途森林植被，造成水土涵养力降低，加速水土流失，环境恶化，部分地段形成荒漠化。同时泥石流活动还改变局部地貌形态。

4. 海啸

海啸是由海底地震、火山爆发或海底塌陷、滑坡以及小行星溅落、海底核爆炸等产生的具有超大波长和周期的大洋行波。当其接近岸边浅水区时，波速变小，波幅陡涨，有时可达20～30 m，骤然形成“水墙”，对沿岸的建筑、人畜生命和生态环境造成毁灭性的破坏。2004 年 12 月 26 日印度尼西亚近海发生里氏 9.0 级强烈地震，引发了印度洋少见的大海啸，造成约 21 万人死亡，同时大量海洋动物死亡。

5. 台风

台风是发生在热带海洋上的强大涡旋，它带来的暴雨、大风和暴潮及其引发的次生灾害（洪水、滑坡等）会对环境造成巨大的破坏，特别是风暴潮对沿海地区危害最大。1970 年 11 月袭击孟加拉国的热带风暴，登陆时值天文高潮时期，因而出现数十米高的巨浪袭击沿海地区，导致 30 万人死亡。

6. 洪水

洪灾是我国经济损失最重的自然灾害，暴雨和洪水还常常引发山崩、滑坡和泥石流等地质灾害。1950 年以来，全国年平均受灾面积 667 万 hm^2，成灾面积 470 万 hm^2，人民生命财产遭受重大损失，并且造成严重的生态破坏，改变了大量动植物的生境。

7. 火灾

主要是森林火灾，突发性强、危害性极大，不仅直接危害林业发展，也是破坏生态环境最严重的灾害。森林火灾烧毁大面积的林木和大量的林副产品，破坏森林结构，森林火灾后，如果不能及时地人工种草植树，往往会引起水土流失、土壤贫瘠、地下水位下降和水源枯竭等一系列次生自然灾害。同时森林火灾使大量的动植物丧生灭绝，甚至使一些珍稀的动植物物种绝迹，使整个生态系统中各种生物群落之间赖以维系的食物链、食物网遭到破坏，需经过多年的恢复和调整，正常的食物链才能重新建立起来。据统计，我国森林火灾平均每年发生 1.43 万次，受害森林面积 82.2 万 hm^2。

8. 虫灾

草原、农业、林业均受到虫灾威胁。我国主要的森林虫害 5020 种，病害 2918 种，鼠类 160 余种，每年致灾面积在 700 万 hm^2 以上。虫灾主要有森林虫灾，包括结构单一的经济林虫灾和农作物虫灾两种。由于虫灾都是大面积暴发，同时害虫种类也在日益增多，所以目前在对虫灾的控制治理方面仍存在着不少难题。在我国，一些常灾性害虫如马尾松毛虫、天牛等每隔数年就大规模暴发一次，危害性极大。

（二）人为因素

生态破坏除了自然因素的驱动外，人为活动往往起着主导的诱发作用。人类活动的强烈干扰往往会加速生态退化进程，将潜在的生态退化转化为生态破坏。人为活动可能会从生物个体、种群、群落到生态系统等不同层面上，直接和间接地破坏生态系统。中国科学院对沙漠化过程的成因类型的调查结果表明，在我国北方地区现代荒漠化土地中，94.5%为人为因素所致。荒漠化的主要原因是由于人口的激增及对自然资源利用不当所致。从某种意义上说，人类活动是生态破坏的主导因子。生态破坏的人为因素主要有环境污染、滥砍滥伐、过度放牧、围湖围海、疏干沼泽、物种入侵和全球变化等。

1. 环境污染

环境污染主要包括大气污染、水污染和土壤污染等。大气污染以及大气层臭氧空洞扩大等，不仅对人类健康造成严重危害，而且对植被、生态系统也会产生破坏。例如，严重的大气污染导致森林植物大量死亡，植被退化。大量污水排入河流、湖泊及海洋，导致水体富营养化、水华和赤潮暴发频繁，水生生态系统退化。土壤污染导致土壤功能退化，农产品产量和质量严重下降。环境污染造成的生态破坏已经严重威胁到人类的生存质量和可持续发展。

2. 滥砍滥伐

人类对木材、薪柴的需求和农业、放牧、人口居住等用地的需求不断增加，导致对森林的滥砍滥伐。滥砍滥伐一方面引起森林面积迅速减少、生物多样性丧失，另一方面造成水土流失、生态服务功能下降乃至地区及全球气候变化等环境问题。

3. 过度放牧

过度放牧不仅直接引起草原植被退化、生物多样性下降，而且引发土壤侵蚀、干旱、沙化、鼠害和虫害等。近30年来，由于严重过度放牧，我国的许多地区、特别是西部地区的草地已经严重退化，沙漠化和盐碱化趋势加剧。过度放牧造成的生态破坏经常是难以逆转的，例如，草场的荒漠化是我国沙尘暴产生的关键因素之一，不仅严重影响退化牧区的可持续发展，同时也导致邻近区域的环境质量下降。

4. 围湖围海

基于生产生活用地的需要，人类通过各种工程措施，围填河湖海洋，直接改变了河湖海洋水域生态系统的基本特征。围湖造田不仅加快湖泊沼泽化的进程，使湖泊面积不断缩小，还侵占河道，降低了河湖调蓄能力和行洪能力，导致旱涝灾害频繁发生，水生动植物资源衰退，湖区生态环境劣变，生态功能丧失。

5. 疏干沼泽

湿地被称为地球之肾，在涵养水源、调节水文、调节气候、防止土壤侵蚀和降解环境污染等方面起着极其重要的作用。排水疏干沼泽湿地，导致沼泽旱化，沼泽土壤泥炭化、潜育化过程减弱或终止，土壤全氮及有机质大幅度下降。沼泽植被退化，重要水禽种群数量减少或种群消失，最终导致湿地生态系统结构退化、功能丧失。

6. 物种入侵

物种入侵是指某种生物从外地自然传入或经人为引种后成为野生状态，并对本地生态系统造成一定危害的现象。外来物种成功入侵后，侵占生态位，挤压和排斥土著生物，降低物种多样性，破坏景观的自然性和完整性。目前在我国外来入侵物种已达200多种，已造成巨大的经济损失。例如，豚草、水葫芦、海莱花、松树线虫和飞机草等在我国均属于入侵种。各国均加强建立入侵种预警系统，建立物种信息系统，限制入侵物种的扩散，加强物种的输出和引进管理。土著生态系统退化也为外来物种入侵创造了条件，例如，撂荒地、污染水域和新开垦地等都是外来物种易入侵的地方。

7. 全球变化

全球变化是指由于自然或人为因素而造成的全球性环境变化，主要包括气候变化、大气组成变化（如二氧化碳浓度及其他温室气体的变化），以及由于人口、经济、技术和社会的压力而引起的土地利用的变化。全球变化导致全球生态系统深刻变化，极端灾害事件频繁发生，从而导致严重的生态破坏，例如，厄尔尼诺、拉尼诺现象、臭氧空洞、冰川融化和海平面上升等，直接或间接地改变了一些生态因子，导致生物生长、发育、繁殖等出现异变，例如，全球气候变化，可能会导致植被带分布出现位移、病虫害散布等。

二、生态退化的类型

根据生态系统中主要生态因子遭受破坏的状况，可以将生态破坏划分为植被破坏、土壤退化和水域退化等。

（一）植被破坏

按照生态系统类型，植被破坏分为森林植被破坏、草地退化和水生植被破坏。

1. 森林植被破坏

森林是地球表层最重要的生态系统，每年生产的有机物质约占陆地有机物质生产总量的56.8%。森林植被不仅为人类提供丰富的产品和生产资料，与人类的生活及经济建设都有着极其密切的关系，还具有涵养水源、保持水土、防风固沙、保护农田、净化大气和防止污染等重要功能。

(1) 森林面积减少。2000～2005 年，全球有 57 个国家的森林面积在增加，但仍有 83 个国家的森林面积在继续减少。全球森林每年净减少面积仍高达 730 万 hm^2，平均每天有 2 万 hm^2 森林消失，1990～2005 年，世界森林面积减少了 3%。联合国粮食及农业组织的资料显示，全球森林面积的减少主要发生在 20 世纪 50 年代以后，其中 1980～1990 年，全球平均每年损失森林 995 万 hm^2。表 6-1 是 1990 年按地区统计的全球森林现状。

表 6-1 按地区统计的全球森林现状（1990 年）

地　区	森林及其他林地/$10^6 hm^2$	年变化量/$10^3 hm^2$	人均森林/hm^2	森林占土地比例/%
工业地区	2064	−79	1.1	27
欧洲	195	191	0.3	27
前苏联	942	51	2.2	35
北美洲	749	−317	1.7	25
亚洲、大洋洲	178	−4	0.5	9
发展中国家	3057	−9874	0.5	26
非洲	1137	−2828	0.9	8
亚太地区	660	−999	0.2	19
中美洲、南美洲、加勒比	1260	−6047	2.2	48
所有地区	5120	−9953	0.6	27

资料来源：联合国粮食及农业组织《1990 森林资源评估：全球综合状况》。

(2) 森林植被组成变化。我国暖温带落叶阔叶林带原始植被几乎破坏殆尽，目前多为天然次生植被和栽培植被所占据，20 世纪 70 年代以来，我国在北方种植大量杨，南方以松、杉、竹为主，品种单一，抗病抗虫性差，经常出现大规模的病虫害事件。

(3) 森林植被景观破碎化。景观破碎化引起斑块数目、形状和内部生境等多方面的变化，它不仅会给外来种的入侵提供机会，而且会改变生态系统结构、影响物质循环、降低生物多样性，还会降低景观的稳定性以及生态系统的抗干扰能力与恢复能力。

(4) 森林植被功能丧失。森林植被生产力降低，生物多样性减少，调节气候、涵养水分、保育土壤、储存营养元素能力等生态功能明显降低。对世界各地44个模拟植物物种灭绝实验的结果表明，物种单调的生态系统与生物多样性丰富的自然生态系统相比，植物生物量的生产水平下降50%以上。

(5) 森林植被利用价值下降。森林植被破坏后往往导致一些速生种和机会种占据优势地位，木材品质下降。我国暖温带一些材质优良的落叶阔叶树种，已经被一些速生树种取代，例如，北方常见的白杨、泡桐。南方的常绿阔叶林也被一些速生的针叶林取代，例如，马尾松、水杉等。传统的名贵木材已经很难见到自然林，现在我国的名贵家具用材主要靠进口，也会对出产国造成植被破坏。

2. 草地退化

草地退化是指草原生态系统在不合理人为因素干扰下进行逆向演替，植物生产力下降、质量降级和土壤退化，动物产品质量和产量下降等现象。

(1) 草地面积减少。由于过度放牧、人类活动等对草地的侵占，全世界草原有半数已经退化或正在退化，中国草地面积逐年缩小，退化程度不断加剧。

(2) 草地植被组成变化。退化草原植物主要由耐牧、抗性强、有毒的草种构成。过度放牧以及缺乏必要的管理，导致优质牧草数量减少，杂类草和毒草增加，草丛变矮、稀疏，产草量下降。青海湖南部草场严重退化，狼毒和黄花棘豆等毒草和不可食杂类草的产草量占草地总产量的比例多数在20%以上，高者达27%～28%。

(3) 草地植被景观破碎化。草地植被破碎化、斑块化，最终导致草场沙漠化、荒漠化。1980年我国若尔盖县草原沙化面积仅0.49万hm^2，1995年达到2.56万hm^2，2001年发展到4.67万hm^2，尚有潜在沙化面积6万多公顷，目前沙化面积正在以每年11.8%的速度递增。

(4) 草地土壤退化。草地植被与草地土壤是草地生态系统的两个相互依存的重要成分，草地植被退化不仅导致草地土壤有机质含量和含氮量下降，而且也引起土壤动物、微生物组成的巨大变化，土壤生物多样性下降。同时，草地表层土壤质地变粗，通气性变弱，持水量下降。

(5) 草地植被利用价值下降。过度放牧导致优质的、适口性好的牧草被高强度利用，优质牧草的再生产和恢复能力下降，最终导致优质牧草退化、低适口性的牧草成为优势，草地利用价值下降，畜产品的数量和质量下降。

3. 水生植被破坏

水生植被是水域生态系统的重要初级生产者和水环境质量调节器，分布于江河湖库以及近海海域水体中，由挺水植物、漂浮植物、浮叶植物以及沉水植物等水生湿生植物组成。

(1) 水生植被面积减少。水体污染、过度养殖以及水面围垦等，导致水生植被分布面积缩小。例如，滇池的水生植被面积由20世纪60年代的90%下降到80年代末的12.6%。

(2) 植被组成变化。污染及水环境质量下降导致一些不耐污种类逐渐消失并灭绝，耐污种类滋生。例如，由于水体富营养化、透明度下降等原因，清水型水生植物如海菜花（*Ottelia acuminate*）、轮藻（*Chara*）在滇池等湖泊已经消失；20 世纪 50 年代，滇池水生植物多达 28 科 44 种，而到 80 年代只有 12 科 15 种。

（3）植被景观破碎化。由于人类干扰，如围垦造田、水产养殖和修路筑坝等，水陆交错带绵延成片的湿地植被景观出现严重的破碎化，无论是沿海的红树林、碱蓬等盐沼植被，还是江河两岸的芦苇等湿地植被，多数已经是百孔千疮、溃不成片。

（4）植被功能丧失。水生植被可吸收分解水中的污染物、控制藻类生长、为水生动物提供生境等，由于污染等原因，水生植物的退化甚至消失，水体“荒漠化”，水体自净能力下降。水陆交错带的湿生植被具有拦截泥沙、吸收分解污染物等功能，同时还能够为动物提供食物来源和栖息环境，随着湿生植被的退化甚至消失，其环境、生态功能也丧失。

（5）植被利用价值下降。不少水生植物是重要的食物资源和工业原料，例如，一些水生蔬菜和海洋大型藻类，水生植被破坏不仅直接导致植物性水产品的种类、产量下降，而且导致以水生植物为食物的其他水生动物产量和品质下降。

（二）土壤退化

土壤退化（soil degradation）即土壤衰弱，又称土壤贫瘠化，是指土壤肥力衰退导致生产力下降的过程，也是土壤环境和土壤理化性状恶化的综合表征。土壤退化包括土壤有机质含量下降、营养元素减少，土壤结构遭到破坏、土壤侵蚀、土层变浅、土体板结，土壤盐化、酸化、沙化等。其中，有机质下降，是土壤退化的主要标志。在干旱、半干旱地区，原来稀疏的植被受破坏，土壤沙化就是严重的土壤退化现象。

1. 土壤退化类型

中国科学院南京土壤研究所借鉴了国外的分类，结合我国的实际，采用了二级分类。一级类型包括土壤侵蚀、土壤沙化、土壤盐化、土壤污染、土壤性质恶化和耕地的非农业占用等六大类，在这六类基础上划分了 19 个二级类型，见表 6-2。

表 6-2　中国土壤（地）退化二级分类体系

一级		二级	
A	土壤侵蚀	A_1	水蚀
		A_2	冻融侵蚀
		A_3	重力侵蚀
B	土壤沙化	B_1	悬移风蚀
		B_2	推移风蚀
C	土壤盐化	C_1	盐渍化和次生盐渍化
		C_2	碱化
D	土壤污染	D_1	无机物（包括重金属和盐碱类）污染
		D_2	农药污染
		D_3	有机废物（工业及生物废弃物中生物易降解有机毒物）污染
		D_4	化学肥料污染
		D_5	污泥、矿渣和粉煤灰污染
		D_6	放射性物质污染
		D_7	寄生虫、病原菌和病毒污染

续表

一　级		二　级	
E	土壤性质恶化	E_1	土壤板结
		E_2	土壤潜育化和次生潜育化
		E_3	土壤酸化
		E_4	土壤养分亏缺
F	耕地的非农业占用		

2. 土壤退化的特征

（1）土壤物理特性退化。土壤物理特性包括土体构型、有效土层厚度、有机质层厚度、质地、容重、孔隙度、田间持水量和储水库容等。退化土壤土层浅薄，土体构型劣化，导致土壤水、肥、气、热条件的恶化，有效土层明显减少。储水库容下降，抗旱能力下降。

（2）土壤化学特性退化。土壤化学特性指土壤中化学元素的含量及其形态分布，主要有pH、有机质、全氮、全磷、全钾、速效磷、速效钾、阳离子交换量、交换性盐基、化学组成和交换性铝等指标。土壤退化导致土壤肥力状况和土壤质量普遍下降，有机质贫乏，黏粒流失，阳离子交换量下降，供应营养元素的缓冲能力下降。

（3）生物学特性退化。土壤生物学特性包括土壤酶活性、土壤大型动物群落组成和土壤微生物群落组成等。退化土壤中，与土壤肥力相关的酶活性下降、土壤大型动物群落和土壤微生物群落多样性下降，生物量下降。

（三）水域退化

水域退化包括由人为及自然因素造成的河流生态退化、湖泊水库富营养化、海洋生态退化和湿地生态退化等。水域生态退化表现在水域生态系统结构退化、功能下降、水体环境质量下降，严重制约水域功能的实现。

1. 水质恶化

水质恶化是指水体环境质量下降，水生生态系统结构和功能退化，不能满足水体的正常功能，生态平衡被破坏等现象。例如，富营养化引起的赤潮、水华等，湖泊水华频发，不仅影响到湖泊水环境质量，而且影响水体生态安全；海洋赤潮暴发不仅对海洋生态系统产生威胁，而且对近海海域经济发展和生态安全构成较大的制约影响。

2. 水文条件异常

水文条件是水域生态系统的关键控制因子，水文条件异常将导致水域生态系统的演替趋势偏离。各种人为因素和自然因素均影响水域的水文条件，并对水域生态系统产生重大影响。例如，过水性湖泊洪泽湖、洞庭湖等，由于水文条件变化，在水位较高的年份（尤其是春季水位较高的年份），湖泊水深加大，透光层变浅，水底的植物难以萌发生长而退化。

3. 生态系统结构破坏

水域生态系统结构的破坏包括生物多样性下降、物种暴发和物种灭绝等。湖泊水域萎缩，导致湖区生态环境恶化，直接改变湖泊生态环境与水域类型结构，使水生生物量及其种类构成发生变化。水域萎缩直接危及鱼类的栖息、产卵和索饵的空间，使得鱼类种群数量减少，种类组成趋向简单。同时，水域破坏也导致大量物种灭绝。我国各大水域破坏严重，大量水生动物物种濒临灭绝或已经灭绝。

4. 生态功能退化

水生生态系统结构退化进一步引发了生态功能的退化，表现为生产力下降、水产品质量下降和景观功能下降等。例如，发生富营养化的水体水质恶化、水质腥臭、鱼类及其他生物大量死亡，某些藻类能够分泌、释放有毒性的物质对其他物种产生毒害，不仅直接影响湖泊供水水质、水体景观，而且会影响水域其他经济活动。在富营养化的水体中，水生生物的群落、种类结构发生变化，一些耐污的生物数量猛增，相反，一些非耐污生物的数量减少甚至消失，一些优质鱼类等经济水产种类也会大量减少甚至消失，而低劣种类会有所增加，使得水产养殖的经济效益大幅度下降。

第二节　植被破坏对生物的影响

植被是地球表面某一地区内所覆盖的植物群落的总体，分为自然植被和人工植被。自然植被是一地区的植物长期发展的产物，包括原生植被、次生植被和潜在植被。人工植被包括农田、果园、草场、人造林和城市绿地等，人工植被的组成和结构都很单调。植被不仅是生态系统的主要初级生产者，还为次级生产者提供食物来源和栖息生境。由于自然以及人为因素导致植物破坏严重，从而对植物、动物、微生物的个体特征、群落结构、生态系统过程和生态系统服务等产生深刻影响。

一、植被破坏对植物、动物和微生物的影响

（一）植被破坏对植物的影响

1. 生产力下降

植被破坏的后果首先是初级生产力的下降，进而可能导致次级生产力下降。例如，典型草地植被破坏，导致地上部分初级生产力的下降，导致载畜能力的下降。研究表明，轻度退化、中度退化、重度退化、极度退化的草地，其初级生产力分别下降 20%～35%、35%～60%、60%～85%、大于 85%，地上部分初级生产力分别只有 1000～1200kg/hm^2、600～1000kg/hm^2、200～600kg/hm^2、小于 200kg/hm^2。水生植被破坏后水域初级生产力下降，造成鱼类食物资源缺乏，鱼类减产，品质下降。森林植被破坏后，林木蓄积量下降，人造林和次生林的生产力和各种生态服务功能均低于原生林。

2. 物种多样性下降

植被破坏导致大量植物物种消失或灭绝，物种多样性下降。一般来说，一种植物的灭绝，常常会导致 10～30 种生物的生存危机，据世界生物保护监测中心估计，在 20 世纪末，全世界有 6 万种以上的植物受到不同程度的威胁，中国至少有 4000～5000 种植物受到不同程度的威胁。内蒙古锡林郭勒典型草原最近 20 年来在草地不断退化的背景下，生物物种多样性下降，例如，珍稀濒危植物——单花郁金香的丧失灭绝，曾经闻名的口蘑和黄花苜蓿也变得十分稀少。

（二）植被破坏对动物的影响

1. 植被破坏对动物生态特征的影响

植被破坏对动物个体特征的影响主要表现为个体适应性特征的变化、个体死亡、病变、

畸变和抵抗力下降等。植被破坏以后，生境因子发生变化，动物个体表现出相应的适应机制。环境因子的剧烈变化可能导致个体的死亡，例如，森林大火会导致大量动物或死于火灾，或死于火灾之后的食物缺乏、水分缺乏等极端因子胁迫。缓慢的植被破坏导致环境因子的渐变，迫使动物个体改变食物类型、调整栖息生境和繁殖行为，发展出新的适应特征，是生物个体进化的选择因素之一。植被破坏导致的各种因子变化也可能导致动物发生病变、畸变，导致抵抗力和适应性下降。

2. 植被破坏对动物种群生存的影响

植被破坏对动物种群的影响主要表现为种群数量下降、种群的结构发生改变、小种群化、种内竞争和种间竞争加剧、种群灭绝或暴发。另外，植被的破坏对动物分布也构成影响。植被破坏对物种最直接的影响是栖息地破坏，栖息生境要素丧失或质量下降是动物物种灭绝的首要原因。例如，华南虎的灭绝就是由于栖息地丧失所致，我国的国宝大熊猫虽然受到严格保护，但是由于人类干扰导致野外栖息生境质量退化，野生种群保持难度很大。植被生境破坏，由于资源限制，动物种内和种间竞争加剧，可能发生物种的迁入、迁出、死亡率和出生率变化，改变种群的结构特征。生境破碎化往往导致种群隔离，形成复合种群（meta种群）。复合种群是指一组空间上隔离，但是相互之间有迁入、迁出和基因交流等联系的同种种群的组合。在景观破碎化严重的情况下，复合种群的存在有利于物种的保护和恢复，但是当栖息地面积小于“最小面积”，或者种群数量下降到最小维持数量以下，物种将会灭绝。另外，环境因子的变化也可以造成机会种的暴发，例如，一些杂草和虫害。

3. 植被破坏对动物群落结构的影响

植被破坏对动物群落结构的影响表现为群落生物多样性下降，次级生产力下降，组成发生改变。个体小、生活史短、繁殖快的r对策种增加，物种暴发。生物多样性是生态系统复杂性的重要表现，一般来说，一个生态系统越复杂，生物多样性越丰富，生态系统在受到外来干扰时，自我维持与恢复能力越强。植被破坏以后，营养级别较高的大型动物首先消失，群落次级生产下降。例如，森林植被破坏导致虎、灵长类等首先受到威胁。

（三）植被破坏对微生物的影响

植被破坏对微生物产生影响主要是由于根际生境的破坏、枯枝落叶层的减少影响到微生物的生存环境。植被破坏导致的逆行演替、水土流失等因素降低土壤的营养水平，导致环境因子异变，使微生物群落组成及生态功能退化。

1. 微生物生物量降低

广义的土壤微生物量可以用微生物中碳、氮、磷和硫等含量来表示。森林砍伐后，随着砍伐程度的提高，各项土壤微生物活性指标都呈逐渐下降的趋势，林地的微生物总量明显高于裸露休闲地、砍伐迹地和开垦的沟间农地。当原始森林退化或被改变成草原、耕地或废矿点后，微生物生物量显著降低。不同植被类型的土壤其土壤微生物生物量的大小不同，一般而言，草地大于林地，林地大于耕地。

2. 微生物多样性下降及微生物群落结构破坏

土壤微生物的种群数量与其发挥的生态功能密切相关，其数量的减少反映出土壤质量的下降。土壤微生物多样性包括物种多样性、遗传（基因）多样性、生态多样性以及功能多样性。植被是土壤微生物赖以生存的有机营养物和能量的重要来源，影响着土壤微生物定居的物理环境，例如，植物凋落物的类型和总量、水分从土壤表面的损失率等，通过改变土壤有机碳和氮的水平、土壤含水量、温度、通气性及 pH 等来影响土壤微生物多样性。植被的破坏可能改变微生物组成并降低微生物多样性。植被类型的逆行演替、植被退化和植物种类多样性下降均能造成微生物多样性的下降。

3. 降低微生物生理活性

土壤的微生物生理活性表现为土壤呼吸强度、代谢葡萄糖能力、分解纤维素能力、固氮作用强度以及土壤各种酶的活性等。森林植被破坏后，连续分布的原生林变成片状分布的次生林，或被砍伐为灌丛和裸地，地表裸露，水土流失严重，枯落物减少，土壤微生物生长和代谢降低。荒漠开垦为绿洲后，土壤细菌明显增加，真菌无明显变化，放线菌显著减少，细菌在绿洲农田土壤矿化作用中占主导，真菌则在荒漠中占优势，绿洲农田土壤微生物活性明显高于荒漠。

4. 改变微生物代谢途径

植被破坏，土壤中根际环境破坏，植物次生代谢产物发生改变，土壤养分状况改变，影响微生物的代谢途径，例如，碳循环、氮循环途径等。研究表明，放牧活动可以增加植物残体的分解速率，促进微生物矿化作用，也有研究认为放牧减缓了养分循环。而过度放牧使土壤微生物量、微生物碳占全碳的比例下降，土壤肽酶和酰胺酶活性降低。

二、植被破坏对生物地球化学循环的影响

生物地球化学循环（biogeochemical cycle）是生物所需的物质，如水、碳、氢、氧、氮、硫、磷、钙、镁、钾、钠、氯等，在地球表面各圈层之间、生态系统各营养级的生物之间迁移转化和反复利用的过程。生物地球化学循环可分为三大类型，即水循环、气体型循环和沉积型循环；按照元素类型分为碳循环、氮循环和磷循环等。植被破坏使得循环链断裂，循环过程异化。

（一）源/汇平衡失调

植被通过光合作用固定大气中的碳而成为重要的碳汇，而动植物的代谢排泄及残体经过微生物分解后，向大气中释放碳，植被又成为碳源。热带地区由于森林砍伐和火灾向大气中排放二氧化碳，1860～1980 年，热带森林已经成为大气二氧化碳的一个重要源，约为全球矿物燃料燃烧释放的二氧化碳总量的 30%。全球陆域植被退化、面积减少，对大气碳同化吸收能力减弱。

（二）同化、净化能力下降

植物生长过程中，不断吸收包括二氧化碳、氨及氮氧化物等大气中的物质，对大气环境起着十分重要的净化作用；同时，通过光合作用产生的氧气净化分解污染物，称为生态系统的自净作用。植被退化，面积减少，地球表面生态系统的产氧和自净能力下降；同时，各种人类活动产生的污染物排放量尚难有效遏制，而植被的利用、吸收和净化分解能力又呈现下降趋势，因此，污染物往往会积累，生态系统进入恶性循环状态。

三、植被破坏对生态系统服务功能的影响

Costanza 1997 年分析了生态系统功能和生态系统服务，将全球生态系统的服务价值归

纳为17种，认为生态系统功能是指其生境、生物学性质或生态系统过程，而生态系统提供的商品（如食物）和服务（如废弃物的同化）代表着人类直接或间接从生态系统得到的利益，并将把生态系统提供的商品和服务统称为服务（表6-3）。

表6-3　生态系统服务分类（Costanza et al.，1997）

序　号	生态系统服务	生态系统功能	举　例
1	气体调节	调节大气化学组成	二氧化碳/氧气平衡，臭氧防护紫外线和硫化物水平
2	气候调节	对气温、降水的调节以及对其他气候过程的生物调节	温室气体调节以及影响云形成的硫化二甲酯（DMS）的形成
3	干扰调节	生态系统对环境波动的容纳、延迟和整合能力	防止风暴、控制洪水，干旱恢复及其他由植被结构控制的生境对环境变化的反应能力
4	水分调节	调节水文循环过程	农业（如灌溉）、工业和运输的用水供给
5	水分供给	水分的储存和保持	集水区、水库和含水岩层水分供给
6	侵蚀控制和沉积物保持	生态系统内的土壤保持	防止土壤被风、水以及其他运移过程侵蚀，把淤泥保存在湖泊和湿地中
7	土壤形成	成土过程	岩石风化和有机质积累
8	养分循环	养分的获取、形成、内部循环和存储	固氮和氮、磷等元素的循环
9	废弃物处理	易流失养分的再获取，过多或外来养分、化合物的去除或降解	废弃物处理，污染控制，解除毒性
10	传粉	有花植物配子的移动	提供传粉者以便植物种群繁殖
11	生物控制	生物种群的营养动力学控制	关键捕食者控制猎物种群数量，顶级捕食者影响食草动物猎物种群数量
12	庇护	为定居和迁徙种群提供生境	迁徙种的繁育场所和栖息地、本地种区域栖息地或越冬场所
13	食物生产	总初级生产中可提取为食物的部分	通过渔、猎、采集和农耕活动收获的鱼、鸟兽、作物、果实等
14	原材料	总初级生产中可用为原材料的部分	木材、燃料和饲料产品
15	遗传资源	特有的生物材料和产品的来源	药物、抵抗植物病原和作物害虫的基因、装饰物种及家养物种（宠物和植物栽培品种）
16	休闲娱乐	提供休闲娱乐	生态旅游、垂钓运动及其他户外游乐活动
17	文化	提供非商业性用途	生态系统的美学、艺术、教育、精神及科学价值

植被是生态系统的初级生产者，是生态系统维持稳定平衡并发挥作用的基础，植被破坏将导致生态系统服务功能下降甚至丧失。森林的蒸腾作用对调节自然界的水分循环和改善气候有重要作用，研究表明，1hm^2 的森林每天要从地下吸收水70～100t，这些水大部分通过植物的蒸腾作用回到大气中，其蒸发量大于海水蒸发量的50%，大于土地蒸发量的20%。但随着人类对森林的破坏，大量森林被砍伐、森林面积减少不仅对林地水分循环产生极大的影响，而且还引起大气中二氧化碳浓度的增加，破坏大气中碳循环的平衡，加剧大气温室效应；植被破坏还导致物种灭绝、生物多样性丧失、土壤退化等，对人类的生活品质和生态安全造成重大影响。

第三节　土壤退化对生物的影响

土壤是生物生存的基质，人类活动对土壤的功能造成了严重的破坏，表现为物理性质、化学功能和生物功能的退化。土壤退化对栖息于其中的动物、植物和微生物等各大类群均有影响，对人类的生命健康和生活质量也存在严重威胁。

一、土壤退化对植物的影响

土壤是植物生存的基质，土壤退化对植物的影响是全面而深刻的。短期直接的影响包括植物个体的生态特征、生产力、群落结构的改变；长期的综合影响包括植被类型及植物区系的改变。由于植被的长期分布受各种环境因子的综合制约，机制十分复杂，这里主要讨论短期的、明显的影响。

（一）生态特征

土壤退化对植物生态特征的影响表现为个体形态的变化、死亡、病变和品质下降等。①退化土壤中的营养成分缺乏，肥力降低，影响植物的生长，使植物的产量和质量下降。②污染物在植物体内的富集对人类食品安全造成威胁，例如，农产品的农药残留、重金属含量超标，对人类健康造成严重威胁，导致癌症高发，畸变率提高。③污染物对植物造成胁迫作用导致植物发生病变乃至死亡。例如，用含镉的废水灌溉农田，土壤受到污染，导致植物生长受到损害。当土壤中镉的含量过高时，对有些植物，如白榆、桑、杨等造成直接危害，使其叶片褪绿、枯黄或出现褐斑等，不易生长。

（二）生产力下降

土壤退化导致土壤营养状况恶化，土壤污染物对植物的毒害作用，导致植物生产力下降。①对植物生产力损害严重。研究表明，镉能抑制植物的光合作用，5mg/kg 的镉处理可使水稻减产 79%。土壤盐碱化、酸化造成的胁迫环境，导致一些耐受种占据优势，使群落生产力下降。②土壤退化导致农业、林业、畜牧业生产的产量和品质下降。例如，高寒草甸严重退化使植物组织 68.30%的氮损失，86.5%的碳损失。

（三）群落结构

土壤退化对植物群落结构的影响主要表现为群落多样性下降，物种组成发生改变，极端情况下，可能导致物种的灭绝或暴发。由于不同植物在养分吸收和利用效率上存在差异，土壤养分状态的改变将影响各种植物在群落中的关系，从而引起植物群落组成、结构和生产力等特性发生变化。草场内土壤沙化和盐碱化严重，产草量大幅度下降，群落组成结构也发生了较大的变化。

二、土壤退化对动物的影响

土壤动物是土壤中一个重要的生物类群，包括土壤原生动物和土壤后生动物。土壤后生动物是指一生或生命过程中有一段时间定期在土壤中度过，而且对土壤产生一定影响的动物。土壤动物涉及的门类很广泛，常见的土壤动物主要包括蚯蚓、蚂蚁、鼹鼠、变形虫、轮虫、线虫、壁虱、蜘蛛、潮虫和千足虫等。有芝麻粒大小的螨和跳虫等小型动物，还有大型的蜈蚣、马陆、西瓜虫和甲虫，以及蜘蛛和昆虫等的幼虫。人类的活动如森林采伐，使用杀虫剂、除草剂、化学肥料，排放重金属、放射性污染等对土壤动物有一定的影响，一般说来凡土壤动物多样性丰富的地方，往往也是土壤健康的表现。土壤退化以后，土壤动物的数量和丰富程度下降。

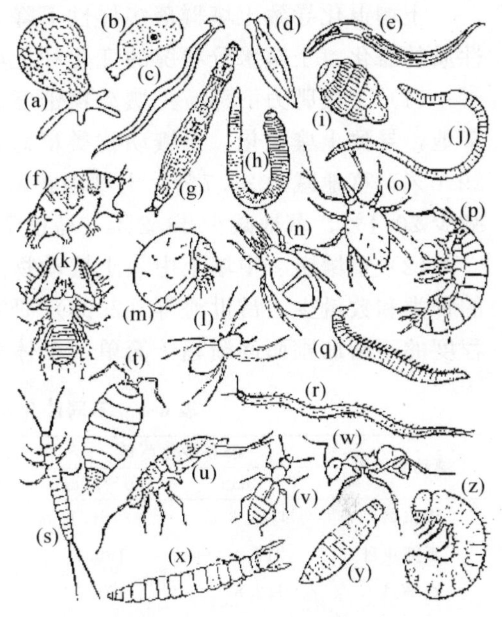

图 6-1　常见的土壤动物

(a)，(b) 变形虫；(c)，(d) 涡虫；(e) 线虫；(f) 熊虫；(g) 轮虫；(h) 蛭；(i) 螺；(j) 蚯蚓；(k) 伪蝎；(l) 蜘蛛；(m～o) 螨；(p) 钩虾；(q) 马陆；(r) 蜈蚣；(s) 双尾虫；(t) 鼠妇；(u) 跳虫；(v) 隐翅虫；(w) 蚁；(x) 原尾虫；(y) 双翅目幼虫；(z) 鞘翅幼虫

（一）对土壤动物生态特征的影响

土壤退化对土壤动物个体水平的影响主要表现为个体形态的变化，包括个体死亡、病变、畸变、基因突变和生活史改变等。例如，污染物在土壤中的积累可能导致土壤动物死亡、病变。辐射和放射性的污染物可能造成个体的基因突变。研究表明，农药污染对土壤动物的新陈代谢及卵细胞的数目和受精卵的孵化能力有明显的影响。如果土壤缺少了这些动物，植物就不能很好的生长。对土壤退化敏感的物种消亡，耐受种存活得到发展，进而改变土壤动物群落结构。生态毒理试验表明，污染区的星豹蛛肠道黏膜细胞出现弥漫性溃疡、肿大和穿孔等病理变化（图 6-2）。

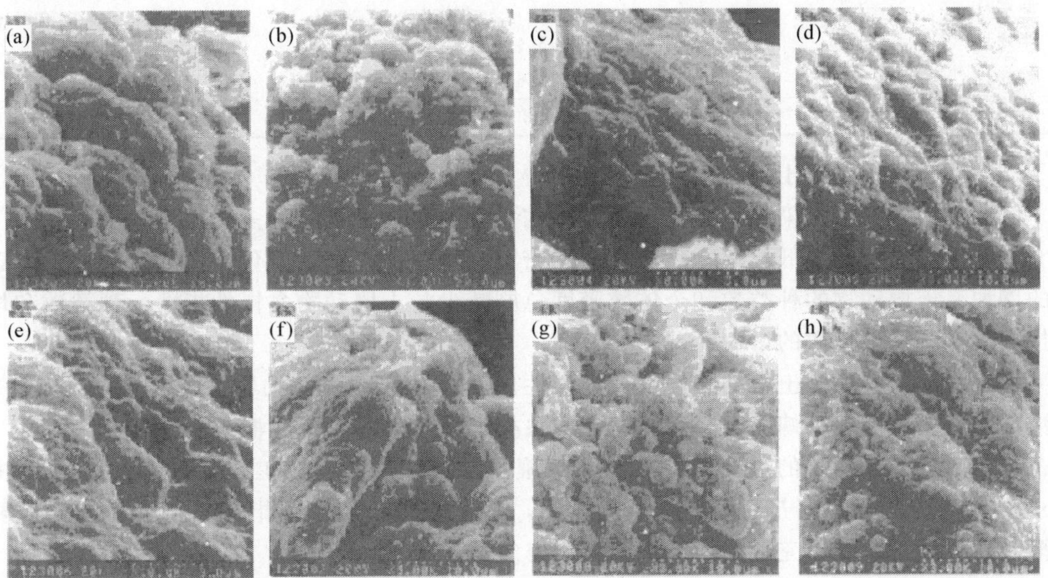

图 6-2　农药污染区星豹蛛（*Pordosa astrigera*）肠表面超微结构观察（王振中等，1996）

(a) 对照区；(b)，(c) 重污染区（肠黏膜发生弥漫性溃疡并伴有穿孔现象）；

(d) ～ (h) 中污染区（肠上皮细胞体积膨大，胃小凹消失，局部开始发生溃疡）

(二) 对动物群落结构的影响

土壤退化导致土壤群落多样性下降，土壤动物总量下降，群落组成发生改变。土壤理化性质的恶化、土壤水分状况的变化和土壤污染等因素均影响土壤动物组成和数量。

(1) 土壤肥力下降，土壤动物密度下降。紫茎泽兰入侵云南昆明地区针叶林、阔叶林和草地，导致土壤退化，土壤动物类群总数显著减少，其中针叶林减少 41.3%，阔叶林减少 29.0%，草地减少 36.7%；土壤动物群落个体总数下降，其中针叶林减少 63.5%，阔叶林减少 20.4%，草地减少 43.2%（马正学等，2007）。

(2) 重壤土、中壤土中，土壤动物的种类、数量多；而在轻壤土、沙壤土中，土壤动物的种类和数量少。吕世海等（2005）研究发现，呼伦贝尔沙化草地土壤动物群落随草地沙化程度的不断加剧而逐渐趋于简单，个体数量逐渐减少（表 6-4）。

表 6-4 不同沙化阶段土壤动物群落组成及密度变化 （单位：头/m^2）

土壤动物类群	潜在沙化草地		轻度沙化草地		中度沙化草地	
	0～10cm	10～20cm	0～10cm	10～20cm	0～10cm	10～20cm
线虫纲	9341.3	8766.1	2415.7	2 131.8	316.3	328.7
真熊虫目	217.4	196.7	116.8	101.3	21.2	23.3
蜱螨目	112.8	104.0	67.1	59.3	3.1	4.0
弹尾目	48.3	41.2	22.3	19.7	0.2	0.3
鞘翅目	82.3	74.0	14.8	7.8	1.2	0
蜘蛛目	3.8	1.2	0.9	0.3	0	0
蜈蚣目	1.1	0.7	0	0	0	0
双翅目	20.7	18.7	0	0	0	0
直翅目	0	0.0	2.1	0	0	0
膜翅目	5.2	3.7	0	0	0	0
半翅目	0.7	0.3	3.4	0	0	0
鳞翅目	8.3	6.7	0.6	0	0	0
合　计	9841.9	9213.3	2643.7	2320.2	342.0	356.3

(3) 缺水的土壤中土壤动物密度下降。

(4) 受焦化废水污染的土壤动物群落结构发生变化，群落物种多样性明显下降。

(5) 重金属污染降低群落物种多样性和密度，结构组成辐射变化。例如，随着铜污染程度的增加，土壤动物的种类数和个体数密度急剧减少，土壤动物多样性指数、种类数和均匀度指数都随着污染指数的增大而减小。

(6) 农药污染降低土壤动物数量及多样性。农药污染区土壤动物种类和数量明显下降，清洁种类消失，出现以蜱螨类、弹尾类和线虫类等耐污类群为优势群落。

作为土壤生态系统的重要组成成分，土壤动物被称为“生态工程师”（ecological engineer），对碎屑的分解和养分循环有关键作用，是土壤健康的重要指标。土壤动物的重要性逐渐受到重视，不少研究试图利用土壤动物修复退化土壤。

三、土壤退化对微生物的影响

土壤微生物具有很强的适应性，对土地退化的响应十分敏感。土壤覆被类型变化、土地利用方式改变、土壤污染和土壤理化性质恶化等均对土壤微生物有重要影响，导致土壤微生物各项指标下降，其中破坏作用最大的是农药污染和重金属污染。

（一）微生物生物量下降

土壤微生物包括细菌、真菌、放线菌和藻类等，其生物量是指某一特定时刻单位体积土壤中微生物个体数、重量或其含能量，一般可以用土壤中微生物氮、磷、碳含量表示土壤微生物生物量。土壤微生物生物量高低是衡量土壤微生物数量及生长状态的重要指标之一。

（1）化学农药对多数土壤微生物具有不同程度的毒性，大量施用农药以及农药在土壤中残留对土壤微生物产生不同程度的抑制作用，长期超量施用农药的农田菜地微生物生物量往往比较低。偶尔也有一些农药在较低剂量时能刺激少数微生物生长。

（2）重金属污染后微生物的生物量明显下降，原有的种群结构发生改变，耐性菌增加，并出现新菌群，生物活性也发生变化，代谢熵随呼吸强度增强而增加。在重金属胁迫下，微生物种类组成发生变化，有时会形成具有较强解毒机制的菌群。

（二）微生物生理活性下降

土壤退化对土壤微生物生理活性的影响主要是使微生物呼吸作用和酶活性下降。研究表明，农药污染降低土壤微生物对单一碳源底物的利用能力，除草剂地乐消酚可以减少土壤微生物的生物量，抑制微生物碳源代谢途径，促进氮矿化。在大多数情况下，低浓度重金属污染土壤有利于二氧化碳的释放，但高浓度重金属污染土壤，其呼吸速率极显著地下降；较高浓度的重金属会对酶活性产生抑制作用。

（三）微生物代谢途径改变

污染物进入土壤，通过诱导、抑制、竞争等作用，影响酶的活性，改变微生物代谢途径。高浓度的多菌灵、呋喃丹或丁草胺等农药可以抑制硫酸盐还原酶活性，降低水稻田土壤的反硝化作用，杀虫剂、除草剂可以减少根瘤的数量，降低根瘤干重，抑制根瘤菌的固氮功能。重金属污染导致土壤微生物中各主要生理类群数量下降，矿区受重金属污染土壤中氨化细菌、硝化细菌数量减少，降低了土壤的供氮能力。

（四）微生物群落组成（结构）变化

土壤微生物主要包括土壤细菌、土壤放线菌、土壤真菌、土壤藻类和土壤原生动物五大类群。土壤退化对微生物群落的影响表现为物种组成改变、遗传多样性下降等。例如，重金属和农药污染严重的土壤其微生物种类数量明显下降、物种多样性和遗传多样性均下降。又如，随着尾矿污染区土壤中重金属含量的增加，土壤细菌、真菌、放线菌以及各生理类群数量均显著降低。一般而言，各生理类群对于重金属的敏感性从大到小依次为放线菌、细菌、真菌、自生固氮菌、氨化细菌、硝化细菌、反硝化细菌、纤维分解菌。对 Cd^{2+} 的敏感度从大到小依次为放线菌、细菌、真菌，对 Cu^{2+} 的敏感度从大到小依次为真菌、放线菌、细菌。

第四节　生态破坏的修复与重建

修复和重建被破坏的生态系统已经成为生态环境保护领域的热点研究方向，也是改善环境质量的重要途径之一。生态修复与重建的核心理念是遵循自然规律，充分发挥生态系统的自组织功能，综合多学科知识，构建自然、经济、工程复合技术体系，实现生态、经济、社会综合效益。

一、生态修复与重建概述

（一）概念

1. 生态修复

生态修复（ecological remediation）是根据生态学原理，通过人工措施，调整受损或退化生态系统的结构与功能，使生态系统的结构更加完善、功能更加健全，以实现生态系统的健康稳定以及环境质量的安全可靠。较早的研究比较多的用“生态恢复”（ecological restoration）这个概念，生态恢复是指对受到干扰、破坏的生态环境进行调整，使其尽可能恢复到原来的状态或未受损伤、完善的健康状态。而生态修复强调的是使之更完善，并不强调回到原来的状态。实际上，一些生态系统原来是什么状态，受损退化生态系统能否回到原来的状态，原来的状态能否适应人类发展、人口增加带来的不可避免的干扰及胁迫压力，正是由于存在这些疑问，越来越多的研究主张用生态修复这个概念。生态修复遵循生态学基本原理，辅以人工措施，最大限度发挥生态系统的自组织特性，修复生态系统的结构与功能。

2. 生态重建

生态重建（ecological rehabilitation）是根据生态学原理，通过生物、生态以及工程的技术与方法，人为地改变和消除生态系统退化的主导因子，调整和重新建立生态系统中缺失的结构与功能，使受损退化生态系统恢复到原初状态。与生态修复相比较，生态重建强调使受损的生态系统恢复到原初状态。

（二）生态修复与重建的原则

退化生态系统的修复与重建一般是通过工程技术手段，改变生态环境因子，调整物种组成和结构。由于生态系统的复杂性，人为调控后生态系统的变化往往难以预测和控制，因而存在一定的风险性。因此，在进行生态重建时，必须遵循一定的原则，采用可操作性的技术与方法，只有这样才能减小盲目性和风险性，使生态重建按人们所预期的目标进行，这是生态重建成败的关键所在。生态恢复与重建一般应遵循以下几方面原则。

1. 生态学原则

无论是调控生态系统的非生物因子，还是调控物种组成结构等生物因子，均必须遵循生态学基本原理，例如，限制因子原理、物种协调共生原理、群落演替原理和生态位原理等。本着循序渐进的原则，逐步修复、逐步改善、不断完善。

2. 地域性原则

生态系统无论是其物种组成，还是群落结构，都是与其地域性环境长期适应的结果。因此，在实施生态修复与重建时，无论是物种的引种，还是群落的构建，必须因地制宜，优先选择土著物种，根据地域特征性生态系统的结构，构建群落和生态系统。

3. 工程学原则

自然恢复的演替周期一般比较长，为了加速生态恢复和良性演替，需采取人工辅助措施，针对一些关键因子、制约因子，通过工程措施，人为地改善生态因子，为生物生长繁殖提供合适的环境条件。例如，对于严重盐渍化的土地，首先必须建立完善的排灌系统，排水、排盐消除土壤积水、降低土壤盐分含量等。

4. 生态经济学原则

充分考虑生态与经济的有机结合，本着化害为利、变废为宝的原则，利用生物的富集放大及转化，将有害物质转变为生物质能并进一步利用，既解决生态破坏问题，又形成一定经济效益。例如，对于富营养化的水体的生态修复重建，在适宜的区域，可以引种水生蔬菜、水生花卉等，水生蔬菜和花卉生长吸收水体中的营养盐，改善水体环境质量，同时，水生蔬菜和花卉的生产又可以产生一定的经济效益。

（三）生态修复与重建的过程

鉴于生态系统的复杂性以及生态修复重建的风险性，在对退化受损生态系统实施修复重建的过程中，必须遵循生态学原理，循序渐进，一般可分为下列几个步骤或阶段。

1. 诊断

首先必须了解和掌握需要修复重建的生态系统的退化特征，包括退化生态系统的生物群落结构及功能特征、非生物因子特征等。根据原位调查观测，对退化生态系统进行系统的诊断分析，阐明退化受损生态系统缺失的主要物种及其限制因子，剖析引起生态系统退化的主要原因。

2. 制定修复方案

根据初步诊断分析的结果，对生态系统退化的主导机制、过程、类型、退化阶段和强度进行综合评判，确定正确的恢复目标，制定详细的恢复与重建方案，并对制定的生态恢复方案进行生态的、经济的、社会的、技术的可行性分析。修复方案制定后，必须开展充分的论证，并制定实施方案。

3. 实施修复

在生态恢复中，对于轻度退化的生态系统，通常采取消除胁迫压力，辅以生态系统关键生物的保育，促进生态系统的自我恢复。对于严重退化的生态系统，除了消除胁迫压力外，还需要实施一系列工程技术措施，修复退化的生境因子，引种缺失的关键物种，重建生物群落。

4. 维护与稳定

生态修复与重建是一项长期的系统工程，修复和重建初期的生态系统一般十分脆弱，需要跟踪监测，掌握其动态变化情况，并根据生态系统的变化，及时采取必要的维护措施，以保障修复重建的生态系统向预期的方向发展和演替。

（四）生态修复与重建的途径和手段

生态修复与重建既要对退化生态系统的非生物因子进行修复重建，也要对生物因子修复重建，因此，修复与重建途径和手段既包括采用物理、化学工程与技术，也包括采用生物、生态工程与技术。

1. 物理法

物理方法可以快速有效地消除胁迫压力、改善某些生态因子，为关键生物种群的恢复重建提供有利条件。例如，对于退化水体生态系统的修复，可以通过调整水流改变水动力学条件、通过曝气改善水体溶解氧及其他物质的含量等，为鱼类等重要生物种群的恢复创造条件。

2. 化学法

通过添加一些化学物质，改善土壤、水体等基质的性质，使其适合生物的生长，进而达到生态系统修复重建的目的。例如，向污染的水体、土壤中添加络合螯合剂，络合螯合有毒有害的物质，尤其是对于难降解的重金属类的污染物，一般可采用络合剂，络合污染物形成稳态物质，使污染物难以对生物产生毒害作用。

3. 生物法

人类活动引起的环境变化会对生物产生影响甚至破坏作用，同时，生物在生长发育过程通过物质循环等对环境亦有重要作用，生物群落的形成、演替过程又在更高层面上改变并形成特定的群落环境。因此，利用生物的生命代谢活动减少环境中的有毒有害物的浓度或使其无害化，从而使环境部分或完全恢复到正常状态。微生物在分解污染物中的作用已经被广泛认识和应用，已经有各种各样的微生物制剂、复合菌制剂等广泛用于污染退化水体和土壤的生态修复。植物在生态修复重建中的作用也已经引起重视，植物不仅可以吸收利用污染物，而且可以改变生境，为其他生物的恢复创造条件。动物在生态修复重建的作用也不可忽视，动物在生态系统构建、食物链结构的完善和生态平衡方面均有十分重要的作用。

4. 综合法

生态破坏对生态系统的影响往往是多方面的，既有对生物因子的破坏，也有对非生物因子的破坏，因此，生态修复需要采取物理法、化学法和生物法等多种方法的综合措施。例如，对退化土壤实施生态修复，首先应在诊断土壤退化主要原因的基础上，对土壤物理特性、土壤化学组成及生物组成进行分析，确定退化原因及特点；根据退化状况，采取物理化学及生物学等综合方法。对于严重退化的土壤，如盐渍化严重或污染严重的土壤，可以采取耕翻土层、深层填埋、添加调节物质（如用石灰、固化剂、氧化剂等）和淋洗等物理化学方法；在土壤污染胁迫的主要因子得以控制和改善后，再采取微生物、植物等生物学方法进一步改善土壤环境质量，修复退化土壤生态系统。

由于不同类型（如森林、草地、农田、湿地、湖泊、河流、海洋）的退化生态系统存在差异性，加上外部干扰类型和强度的不同，所以其恢复方法亦不同。对一般退化系统而言，大致需要以下几种类型的基本恢复技术体系（表 6-5）。

表 6-5　生态恢复与重建技术体系

类　型	对　象	技术体系
非生物因素	土壤	土壤肥力恢复技术、污染控制与恢复技术、水土流失控制与保持技术
	水体	节水技术
生物因素	物种	物种保护技术、物种选种与繁育技术、物种引入与恢复技术
	种群	种群动态调控技术、种群行为控制技术
	群落	群落结构优化配置技术、种群演替控制与恢复技术
生态系统	结构功能	生态评价与规划技术、生态系统组装与集成技术
景观	结构功能	生态系统链接技术

二、植被破坏的生态修复与重建

（一）植被破坏的生态修复

植被恢复（vegetation restoration）是指通过人工引种或生境保护措施，逐步恢复和重建天然或人工植被，包括植被的组成、群落的结构及功能修复与重建。

1. 森林破坏的生态修复

退化森林生态系统的范围广、类型多，表现形式也各不相同。常见的类型有裸地、火烧迹地、森林采伐迹地、废弃采矿地和荒漠地等。不同退化类型的森林生态系统退化程度不同，次生林地一般生境较好，或植物被破坏而土壤尚未破坏，或是次生裸地而已有林木生长。因而其恢复的步骤是按演替规律，人为促进顺性演替的发展。其常用的修复方法主要有以下几方面。

1）封山育林

封山育林是最简便易行、经济有效的方法，因为封山可达到最大限度地减少人为干扰，消除胁迫压力，为原生植物群落的恢复提供适宜的生态条件，使生物群落由逆向演替向正向演替发展。

2）林分改造

为了促进森林的快速演替，可对受损后处于演替早期阶段的群落进行林分改造。引种当地植被中的优势种、关键种和因受损而消失的重要生物种类，以加速生态系统正向演替的速度。

3）透光抚育或遮光抚育

在南亚热带（如广东），森林的演替需经历针叶林、针阔叶混交林和阔叶林阶段；在针叶林或其他先锋群落中，对已生长的先锋针叶树或阔叶树进行择伐，改善林下层的光照环境，可促进林下其他阔叶树的生长，使其尽快演替到顶极群落。在东北，由于红松纯林不易成活，而纯的阔叶树（如水曲柳等）也不易长期存活，采取“栽针保阔”的人工修复途径，实现了当地森林的快速修复，这种方法主要是通过改善林地环境条件来促进群落正向演替而实现。

4）林业生态工程技术

林业生态工程是根据生态学、林学及生态控制论原理，设计、建造与调控以木本植物为主的人工复合生态系统的工程技术，其目的在于保护、改善与持续利用自然资源与环境。

具体内容包括四个方面：①构筑以森林为主体的或森林参与的区域复合生态系统的框架。②进行时空结构设计。在空间上进行物种配置，构建乔灌草结合、农林牧结合的群落结构；时间上利用生态系统内物种生长发育的时间差别，调整物种的组成结构，实现对资源的充分利用。③食物链设计。使森林生态系统的产品得到循环利用。④针对特殊环境条件进行特殊生态工程的设计。例如，工矿区林业生态工程、严重退化的盐渍地、裸岩和裸土地等生态恢复工程（盛连喜，2002）。

极度退化的生态系统，其特点是土壤极度贫瘠，理化结构很差。由于这类生态系统总是伴随着严重的水土流失，每年反复的土壤侵蚀，更加剧了生境的恶化，因而极度退化的生态系统是无法在自然条件下恢复植被的。对极度退化的生态系统的整治，首先是植被重建。重建植被可以达到以下效果：①控制水土流失；②促进生态系统土壤的发育形成和熟化，改善局部环境；③为其他生物提供稳定的生境。

2. 草地破坏的生态修复

草地生态系统是地球上最重要的陆地生态系统之一，草地破坏的生态修复一直是生态学家关注的焦点。草地的生态修复应遵循以下原则：①关键因子原则，确定草地植被破坏关键因子；②节水原则，恢复进程要求最少或不灌溉，尽可能截留雨水；③本地种原则，尽量使用乡土种，配置多样性；④环境无害原则，不用化肥和杀虫剂。

1）围栏养护，轮草轮牧

对受损严重的草地实行“围栏养护”是一种有效的修复措施，这一方法的实质，是消除外来干扰，主要依靠生态系统具有的自我修复能力，适当辅之以人工措施来加快其恢复。对于那些破坏严重的草地生态系统，自然修复比较困难时，可因地制宜的耕翻或适时火烧等措施改善土壤结构，播种群落优势牧草草种，人工增施肥料和合理放牧等方法来促进恢复。

2）重建人工草地

重建人工草地是减缓天然草地压力、改进畜牧业生产方式而采取的修复方法，常用于已完全荒弃的退化草地。它是受损生态系统重建的典型模式，它不需要过多地考虑原有生物群落的结构等，而且多是由经过选择的优良牧草为优势种的单一物种所构成的群落。其最明显的特点是，既能使荒废的草地很快产出大量牧草，获得经济效益；同时又能够使生态环境得到改善。

3）实施合理的畜牧育肥生产方式

这种修复方法实行的是季节畜牧业，它是合理利用多年生草地（人工或自然草地）每年中的不同生长期，进行幼畜放牧育肥的方式，即在青草期利用牧草，加快幼畜的生长。而在冬季来临前便将家畜出售。这种生产模式避免了在草地牧草幼苗生长初期比较脆弱时的牧食破坏，既可改变以精料为主的高成本育肥方式，又可解决长期困扰草地畜牧畜群结构不易调整的问题。采用这种技术的关键是畜牧品种问题，要充分利用现代生物技术，培育适合现代畜牧业这种生产模式的新品种。

3. 水生植被破坏的生态修复

水生植被修复的实践主要是湖泊河流的生态修复。水生植被（aquatic vegetation）由生长在湖泊河流浅水区及滩地上的沉水植物群落、浮叶植物群落、漂浮植物群落、挺水植物群落及湿生植物群落共同组成，这几类群落均由大型水生植物组成，俗称水草。一般而言，水体生态系统中水草茂盛则水质清澈、水产丰盛、生态稳定，而水草缺乏则水质浑浊、水产贫乏、生态脆弱。

水生植被修复包括自然修复与人工重建水生植被两条途径。前者是指通过消除水生植物的胁迫压力促进水生植被的自然恢复。后者则是对已经丧失了自动恢复水生植被能力的水体，通过生态工程途径重建水生植被。重建水生植被绝非简单的“栽种水草”，也并非要恢复受破坏前的原始水生植被，而是在已经改变了的水体环境条件基础上，根据水体生态功能的现实需要，按照系统生态学和群落生态学理论，重新设计和建设全新的能够稳定生存的水生植被。一般来说，水生植被修复技术主要包括以下方面。

1) 挺水植物的恢复

挺水植物是水陆交错带重要的生物群落，对于净化陆源污染、截留泥沙等有十分重要的作用。水位波动、岸坡改造及水工建筑等使得挺水植被退化甚至消失，因此，在进行挺水植物恢复时，首先应了解胁迫因子的状况，对基质（如河流湖泊的石砌护岸）、水位波动等进行适当改造和调节，为挺水植物生长繁殖奠定基础。多数挺水植物可以直接引种栽培，芦苇、茭草和香蒲等挺水植物种类大多为宿根性多年生，能通过地下根状茎进行繁殖。这些植物在早春季节发芽，发芽之后进行带根移栽成活率最高。

2) 浮叶植物的恢复

浮叶植物对水环境有比较强的适应能力，它们的繁殖器官如种子（菱角、芡实）、营养繁殖并体（荇菜）、根状茎（莼菜）或块根（睡莲）通常比较粗壮，储存了充足的营养物质、在春季萌发时能够供给幼苗生长直至到达水面。它们的叶片大多数漂浮于水面，直接从空气中接受阳光照射，因而对水质和透明度要求不严，可以直接进行目标种的种植或栽植。但是，浮叶植物的恢复应注意其蔓延和无序扩张。

种植浮叶植物可以采取营养体移栽、撒播种子或繁殖芽和扦插根状茎等多种方式。例如，菱和芡，以撒播种子最为快捷，且种子比较容易收集；初夏季节移栽幼苗效果也比较好，只是育苗时要控制好水深，移栽时苗的高度一定要大于水深。

3) 沉水植物的恢复

沉水植物与挺水和浮叶植物不同，它生长期的大部分时间都浸没于水下，因而对水深和水下光照条件的要求比较高。沉水植物的恢复是水生植被恢复的重点和难点。沉水植物恢复时，应根据水体沉水植被分布现状、底质、水质现状等要素，选择不同生物学、生态学特性的先锋种进行种植。在沉水植被几乎绝迹、光照条件差的次生底质上，应选择光补偿点低、耐污的种类建立先锋群落。

4. 采矿废弃地植被破坏的生态修复

采矿废弃地是指为采矿活动所破坏而无法使用的土地。根据形成原因可分为三大类型：一是剥离表土开采的废土废石及低品位矿石堆积形成的废土废石堆废弃地；二是随矿物开采形成的大量采空区域及塌陷区，即开采坑废弃地；三是利用各种分选方法分选出精矿后的剩余物排放形成的尾矿废弃地。采矿废弃地植被恢复技术有以下几种。

1) 植被的自然恢复

废弃地植被的自然恢复是很缓慢的，但在不能及时进行人工建植植被的采矿废弃地上，植被自然恢复仍有其现实意义。采矿废弃地在停止人类活动和干扰后，只要基质和水分等条件适宜，可以逐步出现一些植物，并开始裸地植被演替过程。调查表明，在人为废弃地上植被自然恢复过程长达10～20年，条件差的地区20～30年也难以恢复。为了促进废弃地植被的自然恢复，改良废弃地土壤基质成分、改善水分特征，适当播撒草、树种子，可以促进植被的自然恢复。

2) 基质改良

基质是制约采矿废弃地植被恢复的一个极为重要的因子，一般采矿废弃地的基质比较差，有机质含量低，矿化度低，保水、含水能力差，植物难以生根、难以获得有效养分和水分。因此，必须对基质进行改良。

利用化学肥料改良基质：采矿废弃地一般矿化度低，肥力差，人工添加肥料一般能取得快速而显著的效果。但由于废弃地的基质结构被破坏，速效化学肥料极易淋溶，在施用速效肥料时应采用少量多施的办法，或选用长效肥料效果更好。

利用有机改良物改良基质：利用有机改良物改良废弃地有很好的经济效益，改良效果好。污水污泥、生活垃圾、泥炭及动物粪便都被广泛地用于采矿废弃地植被重建时的基质改良。另外，作物秸秆也被用作废弃地的覆盖物，可以改善地表温度，维持湿度，有利于种子的萌发及幼苗生长。秸秆还田还能改善基质的物理结构，增加基质养分，促进养分转化。

利用表土转换改良基质：表土转换是在动工之前，先把表层土壤剥离保存，以便工程结束后再把它放回原处，这样土壤基本保持原样，土壤的营养条件及种子库基本保证了原有植物种迅速定居建植，无需更多的投入。表土转换工程关键在于表土的剥离、保存和工程后的表土复原。另外，也可从别处取来表土，覆盖遭到破坏的区域。这种方法在较小的工程中已广泛使用，但由于代价昂贵，获得适宜的土壤较为困难，难以在大型工程中推广。

利用淋溶改良基质：对含酸、碱、盐分及金属含量过高的废弃地进行灌溉，在一定程度上可以缓解废弃地的酸碱性、盐度和金属的毒性，Cresswell 指出，南非金矿的尾矿砂堆在种植植物前，采用人工喷水淋溶酸性物质，最终获得了成功的植物建植。一般经过淋溶，当废弃地的毒害作用被解除后，应施用全价的化学肥料或有机肥料来增加土壤肥力，以使植物定居建植。

3）生物改良

生物改良是基质改良措施的继续深入，以实现采矿废弃地的植被恢复与重建。生物改良主要是利用对极端生境条件具特异抗逆性的植物、金属富集植物、绿肥植物和固氮植物等来改善废弃地的理化性质，通过先锋植物的引种，不断积累有机质、改良土壤，为植物群落的演替创造条件。

（二）植被破坏的生态重建

在对植被破坏进行生态重建过程中，首先要确定重建的目标，即广义目标是使受损的植被系统回到一个更自然的条件下，包括建立合理的植被组成（种类丰富度）、结构（植被和土壤的垂直结构）、格局（植被系统成分的水平安排）、异质性（各组分由多个变量组成）和功能（诸如水、能量、物质流动等基本生态过程的表现）。具体目标为：

（1）实现植被系统的地表基质稳定性；

（2）恢复植被和土壤，保证一定的植被覆盖率和土壤肥力；

（3）增加种类组成和生物多样性；

（4）实现生物群落的恢复，提高植被系统的生产力和自我维持能力；

（5）减少或控制环境污染，注重选择净化污染能力强的物种；

（6）增加视觉和美学享受，注重景观效果好的植物配置。

植被恢复重建对环境具有明显的改造作用。在森林植被的重建中，森林的发展增加了生态系统的多样性，产生的功能过程，对林地土壤、森林水分、林地小气候等均产生高的生态学效应。对人工植被的光能利用率进行了比较，可以发现植被恢复过程中，林地的生物量积累与初级生产力逐步提高（表 6-6）。

表 6-6　人工植被恢复后其功能强度的发展

项　目	光　地	桉树林	混交林
乔木种数（$100m^2$）	0.0	2.0	11.0
昆虫种数（$100m^2$）	50.0	100.0	300.0
鸟类种数（$100m^2$）	4.0	7.0	11.0
微生物数量/(10^7/g)	0.36	3.55	4.74
土壤动物优势种数	1.0	3.0	7.0
年平均温度（地面下 1.5cm)/℃	22.8	22.7	22.6
年平均湿度（地面下 1.5cm)/%	83.2	85.5	87.3
光能利用率（CO_2)/[mg/(dm^2 · h)]	0.3	7.91	9.16
地面水深度/m	1～4	9～11	3～5
土壤酸度（10～20cm）	45.0	5.0	5.3
有机质含量（1～15cm)/%	0.6	0.75	1.13

植被恢复与重建过程的森林生态效应，最直观体现在侵蚀的控制上。研究表明（表 6-7)，光地的侵蚀最严重，土壤侵蚀达 52.3 t/(hm^2 · a)；其次是桉树林，土壤侵蚀量为 10.79 t/(hm^2 · a)；人工混交林最低，土壤侵蚀量为 0.18 t/(hm^2 · a)。与其他地区相比，在瑞士，光地年侵蚀量为 2.22 t/(hm^2 · a)，森林为 0.05 t/(hm^2 · a)；美国的森林年水土流失为 0.05 t/(hm^2 · a)；在中国的海南岛，轮作后的荒地为 32 t/(hm^2 · a)；而在天然热带山地雨林里则为 0.05 t/(hm^2 · a)。可见，人工阔叶混交林对水土的保持能力基本接近天然混交林，植被恢复的生态效应不但影响林地本身，也影响周围的环境，进而对区域和全球的生态平衡有所贡献。

表 6-7　退化生态系统植被的恢复及与控制侵蚀的关系

年　份	光地			桉树林			混交林		
	降雨量/mm	流失量/(m^3/hm^2)	土壤侵蚀/(t/hm^2)	降雨量/mm	流失量/(m^3/hm^2)	土壤侵蚀/(t/hm^2)	降雨量/mm	流失量/(m^3/hm^2)	土壤侵蚀/(t/hm^2)
1983	1 560	3 567.4	29.4	1 658	6 666.2	6.3	1 494	43.3	0.1
1984	1 962	6 022.8	44.3	2 013	10 041.9	12.4	2 040	1 728.2	1.0
1985	2 369	5 920.8	66.2	2 415	12 808.8	21.2	2 431	1 641.2	0.3
1986	1 402	2 908.1	58.9	1 394	5 220.6	12.0	1 400	3.1	0
1987	1 348	2 946.2	71.0	1 352	6 374.5	11.3	1 368	5.8	0
1988	1 289	2 567.1	46.2	1 285	1 913.8	4.3	1 313	4.5	0
1989	1 255	2 596.9	50.2	1 285	5 273.4	8.0	1 257	2.2	0
总　计	11 185	26 524.9	3 66.2	11 420	49 299.3	75.5	11 303	3 428.4	1.3
年平均	1 598	3 789.3	52.3	1 629	7 042.8	10.2	1 615	489.7	0.18

三、土壤退化的生态修复与重建

（一）土壤退化的生态修复

退化土壤修复是保障人类食物生产安全的重要举措。近 20 年来，美、德、荷、英等国先后开展了比较系统的退化土壤的修复研究与实践，在物理修复、化学修复和生物修复方面均取得显著进展，一些应用型土壤修复技术已进入到商业化阶段。

1. 重金属污染土壤的生态修复

对于重金属污染土壤一般可以采取物理、化学、生物及生态方法修复。生态修复是以植物修复为主，主要内容包括植物筛选与合理搭配、修复机制和根际圈效应以及修复强化措施等。植物修复中利用植物对重金属的富集积累，将土壤中的重金属转移是重要途径之一。有关超累积植物的筛选受到广泛的关注，它更注重从单一污染的吸收富集到复合污染的吸收富集。由于土壤污染往往呈现多个污染物的共存，因此，不少研究致力于开发、发掘对多种重金属同时具有吸收富集作用的植物。与此同时，为了解决土壤复合污染的问题，套种、混种和多种超累积植物，合理配置并构建镶嵌群落，提高植物对重金属类污染物的去除能力。

此外，有些植物虽然不具有超累积能力，但也可以用于重金属污染土壤的生态修复。特别是一些叶菜类植物，地上部分生长旺盛、生长速度快、生物量大，吸收富集的总量往往也比较大，对污染土壤的修复潜力也很大。

2. 有机污染土壤的生态修复

对于土壤中的有机污染物，主要是利用微生物的降解作用，分解、降解土壤中残留的农药、除草剂以及其他有机污染物。

菌种筛选是利用微生物修复有机污染土壤的关键，已经研究开发了一系列降解石油类、农药、多氯联苯、三氯乙烯、多环芳烃和五氯酚等污染物的微生物菌株，并制备了一些可工业化生产的菌制剂。应该注意的是，在使用菌制剂治理和修复污染土壤时，应开展跟踪监测研究，避免外来菌株产生的危害。同时，应注意菌种的生长条件，如温度、湿度及养分等，保证投放的菌制剂能够正常发挥作用。

为了保证有足够的土著有益菌种生长、保证微生物的养分及微生境，越来越多的研究正致力于植物-微生物联合作用的效果。植物不仅以其残体及分泌物作为微生物的养分源，而且植物存在改善了微生物的生存环境，使得微生物的作用更容易发挥。

也有研究利用一些特殊的菌群提取和制备的酶制剂对有机污染物进行降解，取得较好的效果。

3. 沙漠化土壤的生态修复

治理沙害的关键是控制沙质地表面被风蚀的过程和削弱风沙流动的强度，固定沙丘。一般采用植物治沙、工程防治和化学固沙等措施。

1） *植物治沙*

植物治沙具有经济效益好、持久稳定、改良土壤、改善生态环境等优点，并可为家畜提供饲草，应用最普遍，是世界各国治沙所采用的最主要措施。

（1）封沙育草：封沙育草就是在植被遭到破坏的沙地上，建立防护措施，严禁人畜破坏，为天然植物提供休养生息、滋生繁衍的条件，使植被逐渐恢复。封沙育草应选择适宜的地形地貌，在平坦开阔或缓坡起伏的草地和比较低矮的半流动半固定沙质草地围封，注意围栏最好沿丘间低地拉线。

（2）封沙造林：沙漠化草地自然条件差，因此沙造林一般是先在立地条件较好的丘间低地造林，把沙丘分割包围起来，经过一定时间后，风将沙丘逐渐削平，同时在块状林的影响下，沙区的小气候得到了改善，可以在沙丘上直播或栽植固沙植物，这种方法俗称为“先湾后丘”或“两步走”。

（3）营造防沙林带：防沙林带按营造的目的可分为沙漠边缘的防沙林带和绿洲内部护田

林网。沙漠边缘防沙林带：在沙漠边缘营造防沙林带的目的是为了防止流沙侵入绿洲内部，保护农田和居民点免受沙害。在流沙边缘以营造紧密林带为宜。在靠近流沙的一侧最好进行乔灌混交。绿洲内部护田林网：在绿洲内部营造护田林网，主要目的是降低风速，以防止耕作土壤受风蚀和沙埋的危害。一般护田林网按通风结构设置，采用窄林带、小林网、高大乔木为主要树种的配置方式。

2）工程防治

工程防治就是利用柴、草以及其他材料，在流沙上设置沙障和覆盖沙面，以达到防风阻沙的目的。

（1）覆盖沙面：覆盖沙团的材料有砂砾石、熟性土等，也可用柴草、枝条等。将其覆盖在沙面上，隔绝风与松散沙面的作用，使沙粒不被侵蚀。但它不能阻挡外来的流沙。

（2）草方格沙障：草方格沙障是将麦秸、稻草、芦苇等材料，直接插入沙层内，直立于沙丘上，在流动沙丘上扎设成方格状的半隐蔽式沙障。流动沙丘上设置草方格沙障后，增加了地表的粗糙度，增大了对风的阻力。在风向比较单一的地区，可将方格沙障改成与主风向垂直的带状沙障，行距视沙丘坡度与风力大小而定，一般为1～2m。据观测，其防护效能几乎与格状沙障相同，但能大大地节省材料和劳力。

（3）高立式沙障：高立式沙障主要用于阻拦前移的流沙，使之停积在其附近，达到切断沙源、抑制沙丘前移和防止沙埋危害的目的。该种沙障一般用于沙源丰富地区草方格沙障带的外缘。高立式沙障采用高秆植物，例如，芦苇、灌木枝条、玉米秆、高粱秆等直接栽植在沙丘上，埋入沙层深度为30～50cm，外露1m以上。将这些材料编成篱笆，制成防沙栅栏，钉于木框之上，制成沙障。沙障的设置方向应与主风向垂直，配置形式可用“一”字形、“品”字形、行列式等。

3）化学固沙

化学固沙是在流动沙地上喷洒化学胶结物质，使沙地表面形成一层有一定强度的防护壳，隔开气流对沙层的直接作用，达到固定流沙的目的。目前，国内外用作固沙的胶结材料主要是石油化学工业的副产品。常用的有沥青乳液、高树脂石油、橡胶乳液等。

4）细菌和藻类等孢子植物固沙

研究发现，细菌、藻类、地衣、苔藓等孢子植物在固沙方面作用巨大。中国科学院新疆生态与地理研究所对古尔班通古特沙漠奇特的微观世界进行探索，在1000～2000倍的电子显微镜下，看到了“生物结皮”的真实结构，细小的沙粒并不是以单独颗粒的形式存在，而是被微生物形成的黏液粘连，或者被藻类、地衣和苔藓的假根捆绑起来。荒漠藻类作为先锋拓殖生物不仅能在严重干旱缺水、营养贫瘠、生境条件恶劣的环境中生长、繁殖，并且通过其生活代谢方式影响并改变环境，特别是在荒漠表面形成的藻类结皮，在防风固沙、防止土壤侵蚀、改变水分分布状况等方面更是扮演着重要角色。生物结皮的生长替代过程在实验室得到模拟，微生物、藻类、地衣和苔藓分别形成了完整的结皮，固定了容易流失的飞沙，同时还证明了其降低沙粒粒径、固氮肥壤的作用。

（二）土壤退化的生态重建

退化土壤的生态重建不同于一般的绿化工程和景观建设，它注重生态系统结构与功能的恢复，以及健全生态过程的引入，从而使系统具有一定的自稳性和持续性，建立复合生态经济系统以缓解人地矛盾。生态重建遵循生态学的基本原理，通过一定的生物、生态以及工程的技术与方法，人为改变或切断生态系统退化的主导因子或过程，调整、配置和优化系统内部及其与外界的物质、能量和信息的流动过程和时空秩序，使生态系统的结构、功能和生态学潜力尽快恢复到原态。

退化土壤生态重建一般采用的主要技术如下。

1. 地貌重塑和土壤重构

土壤是一个综合的、立体的概念，从自然属性方面看，它是由地质、地貌、气候、土壤、植被和水文等自然要素相互作用、相互联系而形成的一个自然综合体。其中，地貌及土壤结构不仅影响土壤水分、肥力等理化因子，而且会影响土壤生物组成。对于地震、泥石流、采矿等引起的土壤破坏，首先应通过工程措施，开展地貌重塑和土壤重构，为植被重建奠定基础。

2. 植被重建

植被恢复和生物群落重建能促进土壤矿物质分解、腐殖质形成和养分富集，改善土壤理化性质、提高土壤肥力和保水能力，并能有效地控制水土流失。因此，植被重建对退化土壤的生态修复非常重要，是修复生态系统的关键途径之一。

植被恢复重建的关键在于植物物种的筛选。植物物种的筛选应根据土壤基质退化状况，因此，首先应对土壤污染及退化程度开展调查分析，在了解和掌握土壤退化特征的基础上选择合理的植物物种。植物物种的选择应该遵循下列原则：第一，选择生长快、适应性强、抗逆性好的植物；第二，优先选择固氮植物；第三，尽量选择当地优良的乡土植物；第四，选择植物时不仅要考虑经济效益，更主要的是要考虑植物的多功能效益。

植物物种筛选后，在引种栽培时，应注意时间、空间的配置，注意建立镶嵌群落。在时间配置，要注意不同生长期、不同年龄组植物的配置，既要有春夏生长旺盛的种类，也应有秋冬季节保持生长的种类。在空间配置方面，要考虑“乔、灌、草”相结合，立体化构建生态系统。

3. 食物链重建

土壤是农林牧副业生产的基础，土壤生态重建不是简单的种草植树工程，要维护林、草植被的持续稳定发展，必须加强生态管理。其中，利用食物链原理，同步发展畜牧副业，科学利用牲畜类消解和转化过量的植物物质，既可以实现一定的经济效益，又可以在动物的驱动下，快速将植物性物质转化为肥料（动物的粪便等），提高土壤肥力。

此外，恢复一个受干扰的生态系统，微生物的恢复也是不可忽视的一环。因为退化的土壤微生物的含量很少，而缺少微生物的活动，土壤中仅有的一些营养元素就难以被植物直接吸收利用，作物不能正常生长。因为任何生物的生存都离不开群落，这是由生物的多样性所决定的。

因此，在生态重建中，植被的恢复必须根据所选择植物种类的植物学特征、生物学特性和修复地的地貌特点及水土保持要求，对植物群落结构进行设计，并按照未来植物群落层次结构和各层优势度大小由上层到下层依次确定最初植物种群组合。

总之，退化土壤的生态重建应根据不同类型、不同气候水文条件、土壤条件、土壤改造工程及经济投入和市场需求等因素进行自然及其技术经济的综合分析评价，探索符合各类退化土壤的重建模式。

四、水域破坏的生态修复与重建

（一）水域破坏的生态修复

水域破坏的生态修复是指对受破坏的水域生态系统，采取工程措施，消除生态系统的胁迫压力，同时，根据生态系统正承受的难以避免的压力，采取生态技术，构建结构更完善、功能更强大的生态系统，以改善水环境质量和维持健康稳定的状态。

1. 湖泊的生态修复

湖泊生态恢复工作最早始于20世纪60年代，1976年美国EPA开始资助湖泊恢复工作，并于1980年正式开始“Lake Clean Programme”计划，到1987年该计划共支持362个湖泊恢复项目。欧洲国家也先后开始湖泊治理项目，我国湖泊恢复始于20世纪80年代，例如，“八五”国家科技攻关项目“中国湖泊生态恢复工程及综合治理技术研究”。我国先后在太湖、洱海、滇池和巢湖等湖泊开展一系列研究和工程实践。

1）外源污染控制技术

控制外源性负荷是改善湖泊富营养化状态的首要途径。对于工业污染，主要是进一步强化污染治理技术、完善排放管理，走循环经济之路，实施清洁生产工艺，努力实现零排放。对于农业污染，需要进一步提高肥料的利用率，大力推广有机肥和生态农业技术，推行精准施肥，减少肥料流失；加强秸秆综合利用。对于城镇生活污染，应加强环境污染治理的基础设施建设，开发新技术，强化生活污水（尾水）、固体废弃物等的治理和处置，加强生活污水（尾水）回用技术研究，减少污染排放。

湖滨带湿地：位于水体和陆地生态系统之间的生态交错带，具有过滤、缓冲功能。它不仅可吸附和转移来自面源的污染物、营养物，改善水质，而且可截留固定颗粒物，减少水体中的颗粒物和沉积物；同时可以提供生物繁育生长的栖息地。在湖泊周边建立和修复水陆交错带，是整个湖泊生态系统修复的重要组成部分。

人工湿地：人工湿地系统是利用湿地净化污水能力的人为建设的生态工程措施，是指人为地将石、砂、土壤等材料按一定的比例组成基质，并栽种经过选择的水生、湿生植物，组成类似于自然湿地状态的工程化湿地系统。人工湿地根据湿地中的主要植物形式分为浮生植物系统、挺水植物系统和沉水植物系统。人工湿地净化污水的机制十分复杂，其中包括基质、植物、微生物的净化作用。人工湿地作为一种低成本、低能耗的污水处理方法，已被广泛采用。

生物塘系统：生物塘又称稳定塘或氧化塘，是室外污水生物处理的一种设施。其基本原理是污水在塘内停留一定时间，经过塘内微生物与藻类的共同作用，将污水中复杂的有机物质分解成简单的无机物质，从而使污水水质得到改善。它具有运行管理费用低、操作管理简易、高效的除污染效能等优点。

2）内源污染控制技术

水生植被恢复：水生高等植物是湖泊主要的初级生产者之一，对湖泊生态系统的结构和功能有十分重要的作用。水生高等植物在生长过程中，能够从水和沉积物中吸收大量的氮、磷等营养元素。而且，水生高等植物个体大、生命周期长，吸收和储存营养盐的能力强，能够使水体的污染物及养分离开水相进入生物相，从而有效净化水体。此外，水生高等植物利用其竞争、相生相克等作用，有效地抑制水体中浮游藻类的生长。

底泥疏浚与封闭：底泥富集了水中大量的污染物质，包括营养盐、难降解的有毒有害有机物、重金属等，沉积在水体底部。在浅水水体中，受水动力条件、水体化学特性以及温度等变化的影响，底泥中富集的营养盐及其他污染物很容易释放进入表层水体，导致藻类异常繁殖，水体水质恶化，这种现象极容易发生在春夏交替的季节。为了有效控制和消除底泥中污染物对水环境的影响，可以采取物理及化学方法，对底泥进行封闭钝化，以阻止沉积物中污染物的释放；也有采取工程措施，对污染底泥实施清淤疏浚，将污染底泥移出水体。清淤疏浚工程量大、耗资大，而且会对水-沉积物界面产生难以逆转的影响，因此，对污染底泥实施疏浚工程，一定要进行科学的论证与评价。疏浚的底泥处置是另一方面的问题，有用于作肥料，也有用于制造砖块，还有用于作燃料。由于底泥蓄积的污染比较复杂，在利用底泥时需要进行安全性评价。

营养盐固定：含铁、钙和铝等阳离子的盐，可与水中的无机磷或含磷颗粒物结合而沉淀湖底，达到净化水质的目的。因此通过投加药剂可控制水中营养盐。常用药剂包括氯化铁、改性黏土、石灰和铝盐等。药剂投加法既要考虑实际成本，又要考虑由此造成的长期生态影响，因此一般只用于应急措施。

3）稀释和冲刷

稀释和冲刷是一种常用的技术，在我国南京玄武湖、杭州西湖以及昆明滇池内海，都采用引清水对污染水体进行稀释和冲刷。这种技术可以有效地减少污染物的浓度和负荷，可以减少水体中藻类的浓度，也可以促进水的混合，稀释藻类的有害分泌物等。

4）深层水抽取

深水湖泊底层水交换比较慢，往往处于厌氧状态，水质较差，不仅直接影响底层鱼类等生物生长发育，而且时常会诱发底泥中蓄积的污染物向水中释放。将深层水抽取出来，并进行一定程度的水处理，缩短深层水停留时间，增加深层缺氧水与浅表层相对富氧水的交换，增加底层水的氧含量，由此减小底泥中富营养元素和重金属离子释放的速率，减小对鱼类的不利影响，也减小污染物质或者富营养元素向表层水的扩散传播。

5）水动力学循环技术

通过泵、射流或曝气技术，促进湖泊内部的水体循环，可直接阻抑藻类等生物的生长繁殖。此外，通过加速水流过程，促进水-气、水-沉积物间的氧气交换，提高水体中溶解氧含量，加速污染物质氧化分解，有效改善水质和水生生物的生存环境。

6）深水曝气

通过工程措施对深层湖水进行曝气，能够在不改变水体分层的状态下提高溶氧浓度；同时，也可以改善冷水鱼类的生长环境，增加食物供给；还可以通过改变底泥界面厌氧环境为好氧条件，降低内源性磷的负荷。

7）生态控制

生态控制技术是利用水生生物之间的生态关系，包括竞争、捕食、相生相克等关系，使各种水生生物数量保持在一定范围之内，并维持平衡。这种技术可以避免施用药物所产生的副作用和使用机械所需要的高成本，而且具有比较长期持久的效果。由于各种生物的组成和比例与水环境质量之间的相互影响关系比较复杂，水生生物的引入可导致水环境质量的变化，而水环境的变化又反过来影响各种水生生物的生长速率及现存量。因此，对湖泊进行生态控制时，应该在周密生态调查、生态分析的基础上，对环境演变及各种水生生物的动态变化趋势进行模拟预测。例如，利用食藻鱼类控制富营养化水体中的藻类暴发，利用草食性鱼类控制水生高等植物的疯长，但是，在投放鱼类时，必须认真研究分析鱼类生长速率、捕食速率，分析鱼-藻-草-水质间的关系及动态变化过程。

8）控制营养盐的生态技术

控制富营养化湖泊水体的氮、磷等污染物的负荷，是改善水环境质量、控制富营养化及藻类暴发的关键。外源污染主要包括来自流域内城镇生活污水和工业废水的点源污染以及来自农田径流、禽畜养殖、水产养殖的面源污染，通常可以采取人工湿地、生物氧化塘以及恢复湖滨带湿地等生态技术，对城镇及工业污水的尾水以及面源污染等进行深度处理，进一步脱氮除磷，减缓外源污染对湖泊的压力。内源污染是由湖泊内沉积物以及湖泊养殖等活动产生的污染，通常利用多种生态类型的水生高等植物等快速吸收富集水体中的营养盐，并通过食物链或人工管理措施，将水生高等植物移出水体。

9）直接控制藻类的生态技术

生物调控（biomanipulation）概念最早由 Shapiro 提出，就是用调整生物群落结构的方法改善水环境质量。生物调控比较适用于小而浅的、相对封闭的湖泊系统，由于在浅水湖泊生物分布垂直空间差异较小，因而生物调控在一定时间内对某些浮游植物控制得效果较好。对应于传统的营养盐控制技术，生物调控是管理生物组成，通过管理湖泊内较高层次的消费者生物而控制藻类，实现水质管理目标。主要采用捕获、毒杀鱼类以增加浮游动物以及直接投放肉食性鱼类来控制浮游生物食性鱼类，进而促进大型浮游动物发展，借以控制水华发生。

在富营养化湖泊，生态调控主要是调整鱼类组成，增加"食藻性"鱼类、减少"食动物性"鱼类，从而保护和发展大型牧食性浮游动物，控制藻类过量生长。鱼群结构调整的方法是在湖泊中放养某些鱼种，抑制或消除另外一些鱼种，使整个食物网适合于浮游动物或鱼类自身对藻类的牧食和消耗，实现对藻类的有效控制，改善湖泊环境质量。

2. 河流的生态修复

河流生态修复的主要技术方法包括自然净化技术、缓冲区及植被修复技术、河道补水技术、生物-生态修复技术及生境修复等技术。

1）自然净化修复

自然净化是河流的一个重要特征，指河流受到污染后能够在一定程度上通过自然净化使河流恢复到受污染以前的状态。污染物进入河流后，在水流过程中有机物经微生物氧化降解，逐渐被分解，最后变为无机物，并进一步被分解还原离开水相，使水质得到恢复，这是水体的自净作用。水体自净作用包括物理、化学及生物学过程，通过改善河流水动力条件、提高水体中有益菌的数量等措施，有效提高水体的自净作用。

2）河岸缓冲区的修复

缓冲区是河流与陆地的交界区域，如河边湿地、河谷或洪泛平原。在河流两岸各设置一定宽度的缓冲区是重要的河流生态修复方法。缓冲区修复可起到分蓄和削减洪水的功能。其次，河流与缓冲区河漫滩之间的水文连通性是影响河流物种多样性的关键因素。此外，河岸缓冲区还具有其他修复作用，包括将洪水中污染物沉淀、过滤、净化，改善水质；截留、过滤暴雨径流，净化水体；提供野生动植物的生息环境；保持景观的自然特征；为人类提供良好的生活、休闲空间等。

3）植被修复

恢复重建河流岸边带湿地植物及河道内的多种生态类型的水生高等植物，可以有效提高河岸抗冲刷强度、河床稳定性，也可以截留陆源的泥沙及污染物，还可以为其他水生生物提高栖息、觅食、产卵及繁育场所，改善河流的景观功能。在水工、水利安全许可的前提下，尽可能地改造人工砌护岸、恢复自然护坡，恢复重建河流岸边带湿地植物，因地制宜地引种栽培多种类型的水生高等植物。在不影响河流通航、泄洪排涝的前提下，在河道内也可引种沉水植物等，以改善水环境质量。

4）裁弯工程

裁弯能够加快上游河水的流速，增加洪峰流量，使上游水位有所下降。但是，裁弯工程却可能引起下游洪峰加大和水位抬高。实施裁弯工程时，在可能的情况下，开始可以只挖掘小断面，利用河水裁直后的冲刷作用，使之逐渐扩大成河，从而大大减小裁弯工程量。鱼道恢复则是近年来河流系统生态修复中最受关注的问题之一。西方国家在进行河流修复时普遍注意了鱼类通道的重建。

5）河床隔离和覆盖

对于底泥污染比较严重的河流，可以采取物理、化学及生物学技术，隔离和覆盖底泥，永久或者半永久性地抑制或封闭河流底泥中的污染物质，例如，重金属、难降解有机污染物等。隔离或覆盖河床底部的污染物，很难从根本上解决污染的影响，只有对那些污染物比较稳定、又无法采取其他措施去除的水体，方可以采取这类措施。

6）河流维护

定期维护修理对于河流工程的正常发挥具有非常重要的作用。维护内容包括：定期取样检测河流水文水质变化，监测河流变化趋势；维护岸边植被，进行定期的收割或者整理；定期清理河床淤泥，避免过度淤积，清理周期的长短取决于底泥淤积的程度，一般 1～5 年一次。

7）生态补水

水是河流生态系统中最重要的环境因素，也是维持河流系统健康的重要因素。河流生态系统中的动物、植物及微生物组成都是长期适应特定水流、水位等特征而形成的特定的群落结构，为了保障河流生态系统的稳定，应根据河流生态系统主要种群的需要，调节河流水位、水量等，以满足水生高等植物的生长、繁殖。例如，在洪水年份，应根据水生高等植物的耐受限，及时采取措施，降低水位，避免水位过高对水生高等植物的压力；在干旱年份，水位太低，河岸及河床干枯，为了保障水生高等植物正常生长繁殖，必须适当提高水位，满足水生高等植物的需要。

8）生物-生态修复技术

生物-生态修复技术利用培育的生物或培养和接种的微生物的生命活动，对水中污染物进行转移、转化及降解，从而改善水环境质量；同时，引种包括各种植物、动物等，调整水生生态系统结构，强化生态系统的功能，进一步净化污染，维持优良的水环境质量和生态系统的平衡。本质上说，生物-生态修复技术是对自然恢复能力和自净能力的一种强化。因此，生物-生态修复技术必须因地制宜，根据水体污染特性、水体物理结构及生态结构特点等，设计生物技术、生态技术，合理组合。常用的技术包括生物膜技术、固定化微生物技术、高效复合菌技术、植物床技术和人工湿地技术等。

生物-生态修复技术组合生物-生态的多种技术，从净化污染着手，不断改善生境，为生态修复重建奠定基础，而生态系统的构建，又为稳定和维持环境质量提供保障。

（二）水域破坏的生态重建

1. 湖泊的生态重建

湖泊生态系统生态重建的目标是通过生态工程技术对污染及退化的湖泊水体进行恢复重建，重新构建污染或退化前的湖泊生态系统结构，实现湖泊水体水质优良、水生生态系统健康的目标。

湖泊生态重建以营养盐消减、基底修复、生境改善、植被重建、稳态调控为主线，重建技术包括营养盐消减技术、底泥疏浚技术、物种的选择技术、先锋区重建技术及生态系统的稳定化技术等。

1）底泥疏浚技术

底泥疏浚是富营养化湖泊治理和生态修复重建常用的技术之一，一般是通过工程措施，清除淤积在湖泊底部的、富含污染物的底泥。这是一项投资大、风险大的工程措施，为了尽量避免清淤疏浚对湖泊生态系统的影响，节约成本，在实施底泥疏浚工程前，需要对疏浚厚度、疏浚方法、污染细颗粒扩散以及疏浚对生态造成的可能风险等开展调查研究。针对底泥疏浚技术及生态风险，已经形成了一系列技术，包括环保疏浚生态风险评估技术、生态风险-污染释放疏浚深度确定技术、环保疏浚高精度定位及挖深自动监控技术、自走式污泥开沟机及渐进开沟软泥作业技术、疏浚污泥资源化利用技术、堆场黏土防渗技术、堆场污泥固化技术、高效余水处理工艺及絮凝剂复配技术等。我国还吸收国外的经验，研制了专门的环保疏浚船，在富营养化及污染河湖清淤疏浚中发挥了巨大作用。

2）物种选择和先锋种选择技术

污染及退化的湖泊水体营养盐含量高、透明度差、底泥淤积和污染严重，对于一般水生植物而言，尤其是对于沉水植物，高营养盐、低透明度等都是巨大的胁迫因子，多数沉水植物难以直接恢复重建。选择一些耐污能力强、对透明度要求较低的物种，是生态重建的关键步骤，研究发现菹草、狐尾藻等沉水植物可以在透明度较差的水体生长繁殖，并快速改善水体透明度、降低营养盐浓度，为其他沉水植物生长提供条件，因此，可以作为先锋种。一些漂浮植物和浮叶植物，如喜旱莲子草、凤眼莲、水龙等，也不受透明度制约，可以直接在富营养化湖泊中引种繁殖，利用漂浮植物快速生长的优点，迅速改善水体透明度，为沉水植物生长创造条件；但是由于富营养化水体营养盐浓度比较高，这些漂浮植物容易出现疯长，甚至出现失控现象，因此，在富营养化水体中引种漂浮植物一定要充分考虑其生态风险，要在有把握控制其疯长的条件下应用该技术。

3）生态系统的稳定化技术

生态系统的稳定依赖于系统中各种生物之间的相互作用，因此，合理配置各种生物的组成是实现湖泊生态系统稳定的关键。生态系统的稳定化技术要注意各类生物的配置比例以及生长繁殖、摄食动态，尤其是对于食草动物的投放，一定在可控制条件下进行，否则一旦失控，植被恢复重建将十分困难。同时，注意各类水生高等植物的空间、时间配置。在空间配置方面，既要考虑湖盆形态、水深等因素，又要考虑各种植物形态特征，充分利用植物种间的相互竞争、相生相克等关系，控制单一种群暴发现象；在时间方面，要注意不同季节种类的配置。

4）水生植被基底修复技术

由于围垦、修筑堤坝等水工程以及污染的淤积，富营养化湖泊的底质对水生植物的生长繁殖存在明显的制约作用，例如，一些湖泊底泥淤积厚达100cm，黑臭缺氧，流质态，不利于水生植物的繁殖体萌发生长及着根生长，对于这类底质应采取固化或抽吸的办法，消除部分浮泥。有些水体底质乱石丛生，水生植物也无法着根，应采取工程措施，移去乱石，或添加一些利用植物着根的草垫，改良和修复底质。

5）水生生态操控技术

水生生态的操控技术最早是通过人工投放大型浮游动物、鱼类等，控制富营养化湖泊的浮游植物，改善水体透明度。随着对富营养化湖泊水体生态系统的不断认识，生态操控技术也不断完善，除了利用大型浮游动物、鱼类控制藻类外，也有利用鱼类控制水生植物、利用水生植物控制藻类、利用微生物控制藻类等一系列技术。针对一些富营养化湖泊水草疯长，还开发研制了割草船，人工管理和调控水生植物的生长。

6）生物浮床技术

生物浮床技术集水生植物水质净化技术、水下光补偿技术、自然能曝气充氧技术、接触氧化技术于一体。通过生物浮床上水生植物自身生长过程中吸收水体中氮、磷等营养盐，降低水体中营养盐的浓度，达到净化水质的目的；同时，浮床上生长的植物根系为水体中的微生物提供栖息和吸附环境，通过自然能（风能、太阳能）曝气充氧系统，提高水体中溶解氧，促进水体中微生物好氧呼吸，降解水体中的有机污染物；生物浮床技术在实施中可操作性强，可针对污染严重的区域进行安装治理；具有移动性强的特点，在区域内水质指标有所恢复后可转移到其他区域继续治理；同时生物浮床上种植的水生植物具备景观功能。

7）水位调控法

在种植期、生长期根据需求灵活调控湖泊水位，并与生物调控措施以及稳态管理措施相结合，进行湖泊生态重建，对具有可调控水位条件的受损生态系统或新建的小型水体是一项成本较低、效果显著的方法。

8）群落时空调控法

利用植物群落季节演替调控、群落空间调控和鱼类控藻措施相结合，例如，根据季节的水质变化，利用沉水植物菹草、马来眼子菜、狐尾藻的季节生长规律以及浮叶植物菱的空间分布，结合鲢鱼控藻的作用，改善水体理化环境，实现生态系统重建。

9）水生动植物优化组合改善生境生态重建技术

重建湖岸带挺水植物发挥净化作用，构建漂浮植物与蚌的组合浮床，利用浮叶植物形成生物消浪带，建立水中“生态网”形成净化生物膜，调整鱼类结构增加浮游动物。采用以上优化组合措施改善生境，进行生态重建。

10）湖滨区低浓度污染物强化净化技术

为了减少低浓度的富营养化水体和初期雨水对湖泊生态系统的胁迫，保障水生植被的生境条件，在湖滨区建立了防堵塞复合人工湿地系统与初期雨水吸附净化系统。该技术与湖泊景观建设相结合，达到降低营养盐的目的。

2. 河流的生态重建

河流生态重建是以恢复生态学为理论基础，通过对一定生境条件下河流生态系统退化的原因及退化机制的诊断，运用生物、生态及工程的技术与方法，依据人为设定的目标，使河流生态系统的结构、功能和生态学潜力尽可能地恢复到原有的或更高的水平，建立健康的河流生态系统，使其发挥应有的作用。

退化河流生态重建遵循以下原则：自然循环原则；功能性需求原则；主功能优先原则；多功能协调原则；分时段考虑原则；分河段细化原则；生物多样性原则；景观美化原则；综合效益最大化原则；利益相关者有效参与原则。

河流生态重建的步骤如下。

(1) 制定总体目标。河流生态重建的总体目标是恢复河流系统健康，实现河流和人类的和谐发展。

(2) 协调分目标（包括分析约束条件）。对于特定的河流，应具体分析河流的主要功能以及它们之间的关系，明确各要素对诸项河流功能的重要性以及各项功能对河流系统健康的权重。

(3) 分析目标要素（包括功能指标阈值与功能受损程度）。功能分析的主要工作是功能指标的亏值比较和约束条件分析，明确受损的河流功能要素及其受损程度。

(4) 确定修复方案。根据对各个河段特征和问题的认识与受损程度和修复的难易程度对河段修复次序进行排列，因地制宜地选择合理、有效的修复方法。

(5) 监测和评估。为了全面、谨慎地考虑各种可能的负面效果，避免或减小负面影响，必须对河流进行适时的监测和评估，及时更改修复措施，调整和完善修复工程。

河流的生态重建可概括为河流生物重建、河岸缓冲带生境重建和河流生态系统结构与功能恢复三个部分。河流的生态重建技术也划分为三大类：第一类为河流生物重建技术。主要包括物种选育和培植技术、物种引入技术、物种保护技术、种群动态调控技术、种群行为控制技术、群落结构优化配置与组建技术、群落演替控制与重建技术等。第二类为河岸缓冲带生境重建技术。河岸缓冲带是指河道与陆地的交界区域，在河岸带生物重建的基础上建立起来的河流两岸一定宽度的植被，是河流生态重建的标志，其目的是通过采取各类技术措施，提高生境的异质性和稳定性，发挥河岸缓冲带的功能。河岸缓冲带技术包括河岸带坡面工程技术、土壤恢复技术（土壤污染控制技术、土壤肥力恢复技术等）以及河岸水土流失控制技术等。第三类为河流生态系统结构与功能恢复技术，主要包括生态系统总体设计技术、生态系统构建与集成技术等。

植被恢复是最普遍的河流修复的重要技术方法。植被可以通过影响河流的流动、河岸抗冲刷强度、泥沙沉积、河床稳定性和河道形态对河流产生很大影响。同时，合理分布的植被还有助于减轻洪水灾害、净化水体，提供景观休闲场所和多种生态服务功能。

生物-生态重建技术主要包括人工曝气复氧、底泥污染控制、生物强化人工河道、自然河道生态塘、生态沟渠、生态重建耦合系统和生态护岸等技术，是生态重建及构建自然环境和人居环境和谐统一的主要技术。

裁弯河流的恢复则可利用弯曲河流消耗河流能量，强化河流的自净功能，同时恢复河流的天然景观，是实现流域中河流回归自然的重要改造措施。鱼道恢复则是近年来河流系统生态重建中最受关注的问题之一。

水生生物群落修复技术利用生态学基本原理以及水生生物的基础生物学特性，以人工和生物调控相结合的方式改善水体生态环境条件，通过引种移植、保护和生物操纵等技术措施，系统重建水生生物多样性。

生物修复

生物修复（bioremediation）是20世纪80年代以来出现和发展的清除和治理环境污染的生物工程技术，指利用生物将存在于环境中的有毒、有害污染物降解为二氧化碳和水或转化为无机物质，将污染生态环境修复为正常生态环境的过程。

生物修复技术最初主要应用于环境中石油烃污染的治理，并取得成功，此后不断扩大应用于环境中其他污染类型的治理。欧洲各国如德国、丹麦、荷兰对生物修复技术非常重视，从事该项技术的研究机构和商业公司很多。它们的研究证明，利用微生物分解有毒有害物质的生物修复技术是治理大面积污染区域的一种有价值的方法。美国国家环境保护局、国防部、能源部都积极推进生物修复技术的研究和应用。例如，新泽西州、威斯康星州规定将该技术列为净化受储油罐泄漏污染土壤治理的方法之一。美国能源部制定了20世纪90年代土壤和地下水的生物修复计划，并组织了一个由联邦政府、学术和实业界人员组成的“生物修复行动委员会”（Bioremediation Action Committee）来负责生物修复技术的研究和具体应用实施。

生物修复是采用诸如提高通气效率、补充营养（对石油污染而言，主要是补充氮、磷），投加优良菌种、改善环境条件等办法来提高微生物的代谢作用和降解活性水平，以促进对污染物的降解速度，从而达到治理污染环境的目的。

生物修复技术最成功的例子是Jon E. Llidstrom等在1990年夏到1991年应用投加营养和高效降解菌对阿拉斯加Exxon Valdez王子海湾油轮泄漏造成的污染进行的处理，取得非常明显的效果，使得近百公里海岸的环境质量得到明显改善。

生态修复概念辨析

生态修复研究的时间和历史可追溯到19世纪30年代，但将生态修复作为生态学的一个分支进行系统研究，是1980年Cairns主编的《受损生态系统的恢复过程》一书出版以来才开始的。

在生态修复的研究和实践中，涉及的相关概念有生态恢复（ecological restoration）、生态修复（ecological rehabilitation）、生态重建（ecological reconstruction）、生态改建（ecological renewal）和生态改良（ecological reclamation）等。虽然在含义上有所区别，但是都具有恢复和发展的内涵，即使原来受到干扰或者损害的系统恢复后使其可持续发展，并为人类持续利用。

生态恢复是指对受到干扰、破坏的生态环境修复使其尽可能恢复到原来的状态。

生态改良是指将被干扰和破坏的生境恢复到使它原来定居的物种能够重新定居，或者使原来物种相似的物种能够定居。

生态修复是指根据土地利用计划，将受干扰和破坏的土地恢复到具有生产力的状态，确保该土地保持稳定的生产状态，不再造成环境恶化，并与周围环境的景观（艺术欣赏性）保持一致。

生态重建是指通过外界力量使完全受损的生态系统恢复到原初状态。

生态改建是指通过外界的力量使部分受损的生态系统进行改善，增加人类所期望的人工特点，减少人类不希望的自然特点。

思 考 题

1. 生态破坏的主要类型有哪些？你周围的生活环境中有哪些生态破坏现象？原因是什么？造成了何种危害？

2. 植被破坏的生态影响主要有哪些？请举例说明。

3. 土壤破坏的生态影响主要有哪些？请举例说明。

4. 简述退化土壤、退化水域生态修复的主要方法及关键步骤。

推荐读物

陈怀满. 1996. 土壤-植物系统中的重金属污染. 北京：科学出版社

陈玉成. 2003. 环境污染生物修复工程. 北京：化学工业出版社

李博，杨持，林鹏. 2000. 生态学. 北京：高等教育出版社

任海，彭少麟. 2001. 恢复生态学导论. 北京：科学出版社

参考文献

陈怀满. 1996. 土壤-植物系统中的重金属污染. 北京：科学出版社

陈玉成. 2003. 环境污染生物修复工程. 北京：化学工业出版社

程胜高，罗泽娇，曾克峰. 2003. 环境生态学. 北京：化学工业出版社

丁圣彦. 2004. 生态学——面向人类生存环境的科学价值观. 北京：科学出版社

高焕梅，孙燕，和林涛. 2007. 重金属污染对土壤微生物种群数量及活性的影响. 江西农业学报，19（8）：83～85

郭正刚，牛富俊，湛虎等. 2007. 青藏高原北部多年冻土退化过程中生态系统的变化特征. 生态学报，27（8）：3294～3301

国家环境保护总局. 1994. 21世纪议程. 北京：中国环境科学出版社

侯彦林，皮广洁. 2004. 汞污染紫色土中微生物区系及生理类群. 农业环境科学学报，23（4）：668～673

黄振管，曹广才，姚高宽等. 1999. 植物、环境与人类. 北京：气象出版社

贾建丽，李广贺，钟毅. 2007. 石油污染土壤生物修复中试系统对微生物特性的影响. 环境科学研究，20（5）：115～118

姜恕，陈昌笃. 1994. 植被生态学研究. 北京：科学出版社

蒋先军，骆永明. 2000. 重金属污染土壤的微生物学评价. 土壤，32（3）：30～134

金岚. 1992. 环境生态学. 北京：高等教育出版社

金钊，齐玉春，董云社. 2007. 干旱半干旱地区草原灌丛荒漠化及其生物地球化学循环. 地理科学进展，26（4）：23～32

鞠美庭. 2005. 生态恢复的原理与实践. 北京：化学工业出版社

孔繁翔. 2000. 环境生态学. 北京：高等教育出版社

李晨华，李彦，谢静霞等. 2007. 荒漠绿洲土壤微生物群落组成与其活性对比. 生态学报，27（8）：3391～3399

李春雁，崔毅. 2002. 生物操纵法对养殖水体富营养化防治的探讨. 海洋水产研究，23（1）：71～74

李瑞美，何炎森. 2003. 重金属污染与土壤微生物研究概况. 福建热作科技，28（4）：41～43
李铁军，孙铁珩，巩宗强. 2006. 污染土壤生态修复理论内涵的初步探讨. 应用生态学报，17（4）：747～750
刘云国，李小明. 2000. 环境生态学. 长沙：湖南大学出版社
柳劲松，王丽华，宋秀娟. 2003. 环境生态学基础. 北京：化学工业出版社
龙健，黄昌勇，腾应等. 2002. 我国南方红壤矿山复垦土壤的微生物特征研究. 水土保持学报，16（2）：126～132
龙健，黄昌勇，腾应等. 2003. 矿区废弃地土壤微生物及其生化活性. 生态学报，23（3）：496～503
卢升高，吕军. 2004. 环境生态学. 杭州：浙江大学出版社
吕世海，卢欣石，金维林. 2005. 呼伦贝尔草地风蚀沙漠化演变及其逆转研究. 干旱区资源与环境，19（3）：59～63
马剑敏，严国安，任南等. 1996. 东湖大型围隔及围栏内植物群落和水质的变化. 植物资源与环境，5（3）：35～40
马正学，康瑞琴，孙宏飞等. 2007. 焦化废水污染土壤中原生动物的群落特征. 西北师范大学学报（自然科学版），43（5）：90～93
邱东茹，吴振斌，刘保元. 1997. 武汉东湖水生植被的恢复试验研究. 湖泊科学，9（2）：168～174
任海，彭少麟. 2001. 恢复生态学导论. 北京：科学出版社
任天志. 2000. 持续农业中的土壤生物指标研究. 中国农业科学，33（1）：68～75
盛连喜. 2002. 环境生态学. 北京：高等教育出版社
宋碧玉，曹明，谢平. 2003. 沉水植被的重建与消失对原生动物群落结构和生物多样性的影响. 生态学报，20（2）：270～276
宋福，陈艳卿，乔建荣等. 1997. 常见沉水植物对草海水体（含底泥）总氮去除速率研究. 环境科学研究，10（4）：47～49
宋永昌，由文辉，王祥荣. 2000. 城市生态学. 上海：华东师范大学出版社
宋永昌. 2001. 植被生态学. 上海：华东师范大学出版社
孙波，赵其国，张桃林. 1997. 土壤质量与持续环境Ⅲ——土壤质量评价的生物学指标. 土壤，29（5）：225～234
孙波，赵其国，张桃林等. 1997. 土壤质量与持续环境. 土壤质量评价的生物学指标. 土壤，29（5）：225～234
孙刚，盛连喜. 2001. 湖泊富营养化治理的生态工程. 应用生态学报，12（4）：590～592
孙铁衍，周启星，李培军. 2001. 污染生态学. 北京：科学出版社
谭炳卿，孔令金，尚化庄. 2002. 河流保护与管理综述. 水资源保护，（3）：53～57
滕应，黄昌勇，骆永明. 2005. 重金属复合污染下红壤微生物活性及其群落结构的变化. 土壤学报，（3）：113～119
滕应，黄昌勇，骆永明等. 2004. 铅锌银尾矿区土壤微生物活性及其群落功能多样性研究. 土壤学报，41（1）：113～119
藤应，黄昌勇，龙健. 2003. 铅锌银尾矿污染区土壤微生物区系及主要生理类群研究. 农业环境科学学报，（4）：408～411
王国祥，濮培民，张圣照等. 1998. 用镶嵌组合植物群落控制湖泊饮用水源区藻类及氮污染. 植物资源与环境，7（2）：35～41
王焕校. 2002. 污染生态学. 北京：高等教育出版社
王嘉，王仁卿，郭卫华. 2006. 重金属对土壤微生物影响的研究进展. 山东农业科学，（1）：101～105
王堃，张英俊，戎郁萍. 2001. 草地植被恢复技术. 北京：中国农业科学技术出版社
王文颖，王启基，景增春等. 2006. 江河源区高山嵩草草甸覆被变化对植物群落特征及多样性的影响. 资

源科学，28 (2)：118～124

王文颖，王启基，王刚等. 2007. 高寒草甸土地退化及其恢复重建对植被碳、氮含量的影响. 植物生态学报，31 (6)：1073～1078

王秀丽，徐建民，姚槐应. 2003. 重金属铜锌镉铅复合污染对土壤环境微生物群落的影响. 环境科学学报，(1)：24～29

韦朝阳，陈同斌. 2001. 重金属超富集植物及植物修复技术研究发展. 生态学报，21 (7)：1196～1203

吴春艳，陈义，闵航等. 2006. Cd^{2+}和Cu^{2+}对水稻土微生物及酶活性的影响. 浙江农业科学，(3)：303～307

吴玉树，余国莹. 1991. 根生沉水植物菹草（*Potamogenton crispus*）对滇池水体的净化作用. 环境科学学报，11 (4)：411～416

西安市地方志编纂委员会. 2000. 西安市志. 第二卷. 西安：西安地图出版社

谢龙莲，陈秋波，王真辉等. 2004. 环境变化对土壤微生物的影响. 热带农业科学，24 (3)：39～47

许炼烽，朱伍坤. 1994. 热带次生林利用方式与土壤微生物活性. 生态学杂志，13 (1)：17～20

杨小波，吴庆书. 2000. 城市生态学. 北京：科学出版社

杨志新，刘树庆. 2001. 重金属复合污染对土壤酶活性的影响. 环境科学学报，21 (1)：60～63

易志刚，蚁伟民，周国逸等. 2003. 鼎湖山三种主要植被类型土壤碳释放研究. 生态学报，23 (8)：1673～1678

于志熙. 1992. 城市生态学. 北京：中国林业出版社

余作岳，彭少解. 1996. 热带亚热带退化生态系统植被恢复生态学研究. 广州：广东科学技术出版社

余作岳，王铸豪，何绍颐. 1994. 广东热带沿海侵蚀地的植被恢复. 亚热带森林科学，7 (1)：28～38

张合平，刘云国. 2001. 环境生态学. 北京：中国林业出版社

张玲，叶正钱，廷强等. 2006. 铅锌矿区污染土壤微生物活性研究. 水土保持报，20 (3)：136～140

张萍，郭辉军，刀志灵等. 2005. 高黎贡山土壤微生物生化活性的初步研究. 土壤学报，37 (2)：275～279

张锡辉. 2002. 水环境修复工程学原理与应用. 北京：化学工业出版社

赵晓英，陈怀顺，孙成权. 2001. 恢复生态学：生态恢复的原理与方法. 北京：中国环境科学出版社

周怀东，彭文启等. 2005. 水污染与水环境修复. 北京：化学工业出版社

周启星，魏树和，张倩茹等. 2006. 生态修复. 北京：中国环境科学出版社

Costanza R，d' Arge R，de Groot R et al. 1997. The value of the world's ecosystem services and natural capital. Nature，(387)：253～260

Frieden E. 1972. The chemical elements of life. Scicntific American，227：539～546

Mackenzie A，Ball A S，Virde S R. 2000. 生态学. 孙儒泳，李庆芬，牛翠娟等译. 北京：科学出版社

Rutherfurd I D，Jerie K，Marsh N. 2000. A rehabilitation manual for Australian streams. Land and Water Resources Research and Development Corporation，Cooperative Research Centre for Catchment Hydrology. 1～192

Shapiro J. 1990. Biomanipulation：The next phase-making it stable. Hydrobiologia，200/201：13～27

Srivastava S C，Singh J S. 1991. Mcrobial C，N and pindrytropical soils. Soils Biology & Biochemitry，23 (2)：117～124

Webb AA，Erskine W D. 2003. A practical scientific approach to riparian vegetation rehabilitation in Australia. Journal of Environmental Management，68：329～341

Wiles C C. 1987. A view of solidification/stabilization technology. J Hazard Mater，14：5～21

Williams T C，Dee P E. 1995. A citizen's approach to integrated river basin management. Water Science and Technology，32 (5～6)：169～174

第七章　全球变化及其对生物的影响

摘要：本章主要介绍了全球变化，尤其是全球变暖、紫外线-B（UV-B）辐射增强和酸雨沉降对生物及其环境的影响，以及全球变化与生物之间的相互关系。分析了全球变暖、UV-B辐射增强和酸雨沉降产生的原因、过程和条件。阐述了全球变化对植物、动物和微生物形态结构、生长发育和生育进程，对生态系统中植物、动物和微生物群落，生物多样性，物质循环和能量流动的影响，以及生物和生态系统对全球变化的适应。

全球变化是指由于人类活动引起的在全球范围或者地区范围内变化，它包含大气成分的变化、土地利用和覆盖度的变化、全球气候变化、人口增长、全球生物多样性变化和荒漠化等。本章主要围绕对流层温室气体增加产生的温室效应、平流层臭氧浓度变化导致UV-B辐射增强以及酸雨沉降等全球变化因子进行讨论，并对这些因子产生的原因、机制以及它们所产生的生物学和生态学效应进行了详细阐述。

第一节　温室效应及其对生物的影响

人类大量使用化石燃料以及土地利用方式或格局等的变化，导致排放到大气中的温室气体逐年增加，打破了原有的地球表面大气组成的平衡，进而产生了温室效应。那么，温室效应的产生原因是什么？温室效应对生态环境和人类社会有哪些影响？这是本节所要阐述的内容。

一、温室效应的概念

温室效应是指地球大气层上的一种物理特性，即太阳短波辐射透过大气层射入地球表面，而地面增暖后放出的长、短辐射被大气中的二氧化碳等物质所吸收，从而产生大气变暖的效应（图7-1）。大气中的二氧化碳就像一层厚厚的玻璃，使地球变成了一个大暖房。假若没有大气层，地球表面的平均温度将是－18℃，而不会是像现在这样适宜的15℃，这就是说，温室效应使地表温度提高33℃。这种温度上的差别是由温室气体造成的。受到温室气体的影响，大气层吸收红外线辐射的量多于它释放到太空外的量，这使地球表面温度上升，此过程可称为“天然的温室效应”。本书所谈及的温室效应是指人类活动释放出大量的温室气体，使更多的红外线辐射被折返到地面上，进而加强了温室效应的作用（图7-1）。

大气层中主要的温室气体有二氧化碳（CO_2）、甲烷（CH_4）、一氧化二氮（N_2O）、氟氯烃化合物（CFCs）及臭氧（O_3）。大气层中的水汽（H_2O）虽然是“天然温室效应”的主要分子，但它的成分并不直接受人类活动所影响。温室气体占大气层不足1%，其总浓度需视各“源”和“汇”的平衡结果而变化。表7-1列出了不同年代温室气体浓度、变化速率和它们在大气中的寿命期。

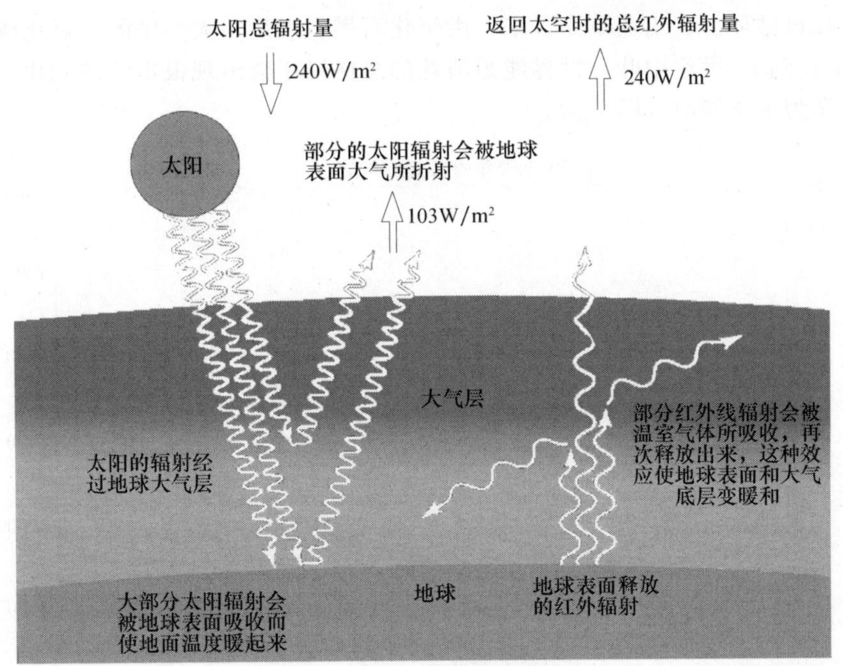

图 7-1 温室效应示意图

表 7-1 几种主要温室气体的特性

温室气体	源	汇	对气候的影响
二氧化碳	燃料，改变土地的使用（砍伐森林）	被海洋吸收，植物的光合作用	吸收红外线辐射，影响大气平流层中 O_3 的浓度
甲烷	生物体的燃烧，肠道发酵作用，水稻	和 OH^- 起化学作用，被土壤内的微生物吸取	吸收红外线辐射，影响对流层中 O_3 及 OH^- 的浓度，影响平流层中 O_3 和 H_2O 的浓度，产生 CO_2
一氧化二氮	生物体的燃烧，燃料，化肥	被土壤吸取，在大气平流层中被光线分解及和 O_2 起化学作用	吸收红外线辐射，影响大气平流层中 O_3 的浓度
臭氧	光线使氧气（O_2）产生光化作用	与 NO_x、ClO_x 及 HO_x 等化合物的催化反应。	吸收紫外光及红外线辐射
一氧化碳	植物排放，人工排放（交通运输和工业）	被土壤吸取，与 OH^- 起化学作用	影响平流层中 O_3 和 OH^- 的循环，产生 CO_2
氯氟碳化合物	工业生产	在平流层中会被光线分解和与 O_2 产生化学作用	吸收红外线辐射，影响平流层中 O_3 的浓度
二氧化硫	火山活动，煤及生物体的燃烧	干和湿沉降，与 OH^- 产生化学作用	形成悬浮粒子而散射太阳辐射

1. 二氧化碳

在工业革命以前全球大气二氧化碳为 280cm³/m³，2005 年为 379cm³/m³。其中，2/3 的大气二氧化碳是人类通过化石燃料排放的，1/3 是由于土地利用变化（植被减少、城市化加剧等）造成的。总大气二氧化碳中的 45%滞留在大气中，30%被海洋藻类固定，25%被陆生植物吸收再循环。自工业革命以来，由于化石燃料燃烧，大气中的二氧化碳浓度上升了约 $70cm^3/m^3$。到 21 世纪中叶，世界能源消耗的总格局不会出现根本性的变化，人类将继续以化石燃料作为主要能源（图 7-2）。

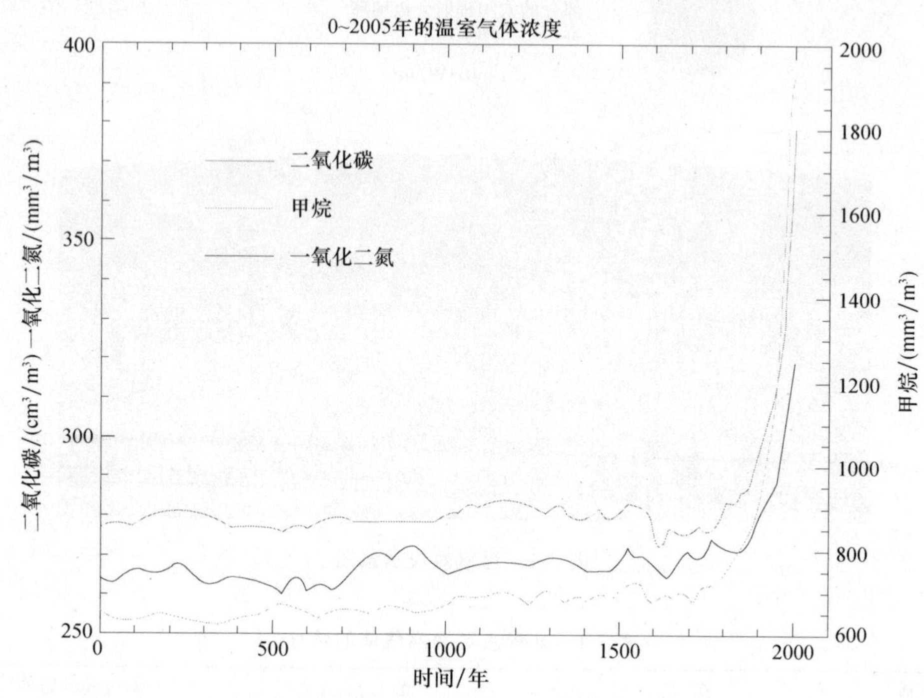

图 7-2　主要温室气体在过去 2000 年的变化（IPCC，2007）

2. 甲烷

甲烷最重要的来源是沼泽、稻田和反刍动物，这三项占总排放量的 60%左右。天然气、煤的采掘和有机废弃物的燃烧等人类活动也产生甲烷。18 世纪以来，甲烷浓度从 $0.8cm^3/m^3$ 增长到 $1.72cm^3/m^3$，每年的变化速率为 0.9%。在温室气体中甲烷的寿命期最短，仅为 10 年（图 7-2）。

3. 一氧化二氮

海洋是一氧化二氮的一个重要来源，无机氮肥的大量使用和化石燃料及生物体的燃烧也能释放出一定量的一氧化二氮。工业革命前一氧化二氮的浓度为 $288cm^3/m^3$，目前已增加到 $310cm^3/m^3$（图 7-2）。

4. 氟氯烃

大气中原来基本不含氟氯烃，从 20 世纪以来，人工合成的卤素碳化物不断大量排入大气，使其在大气中的浓度迅速上升，CFC-11 和 CFC-12 是最重要的氟氯烷烃，它们不仅浓度高，保留时间也很长，因而其对环境的影响也是长期的。

二、温室效应对生态环境的影响

1. 全球变暖

温室气体浓度增加的后果之一是全球变暖。二氧化碳是造成温室效应最重要的气体，其浓度增加所造成的气候变暖作用，远远超过其他温室气体，目前地表和大气温度上升，有70%～80%是由于大气中二氧化碳增加所造成的。辐射强迫（radiative forcing）是由于太阳或红外线辐射量的转变而导致对流层顶部的辐射强度的改变。正的辐射强迫会使地球表面变暖，负的辐射强迫使地球表面变凉。若将温室气体的增温效应也换算成相应的“辐射强迫”，那么在相同的时间内，人类活动造成的所有温室气体给每平方米地球表面的能量则增加了0.6～2.4W，净辐射强迫为1.6W/m²。

联合国政府间气候变化专门委员会（IPCC）在2007年的评估报告中指出，在未来几百年中，全球温度将以每百年0.2℃的速度持续上升。如果温室气体保持以较低速度排放，在2100年，气温将比21世纪初升高1.1～2.9℃；如果温室气体以较高速度排放，则升温将为2.4～6.4℃。由于海洋热容量大，不太容易增温，因此陆地的气温上升将大于海洋，其中又以北半球高纬度地区升温幅度最大，因为北半球陆地较多。

2. 冰川融化和海平面上升

冰川是地球上最大的淡水水库，全球70%的淡水被储存在冰川中。自1850年小冰期结束以来，全球冰川开始发生退缩，这种退缩属于正常气候变化现象。然而，近几十年来，由于全球变化加剧了冰川融化的速度，到20世纪90年代，全球冰川呈现出加速融化的趋势，这一时段也正好是有记录以来全球最为温暖的10年。冰川融化和退缩的速度不断加快，这意味着数以百万的人口将面临洪水、干旱以及饮用水减少的威胁。冰川的融化会导致埋藏在冰盖中病原微生物暴露出来，微生物的扩散会影响人类的健康。

全球变暖和冰川融化会引起海平面升高。一方面，海水受热膨胀而水平面上升。另一方面，冰川和格陵兰及南极洲上的冰块溶解使海洋水分增加。从1900～2100年，地球的平均海平面上升幅度为0.09～0.88m。IPCC记录表明，从1961～2003年，全球平均每年的海平面上升1.8±0.5mm/a。

3. 雨水分布不均，灾害天气增多

IPCC 2007年的报告指出，受气候变暖的影响，在高纬度地区和一些湿润的热带地区，可供使用的水资源有可能在21世纪增加；但原本已出现水资源短缺的中纬度和干旱热带地区，其短缺程度将进一步加剧，受干旱困扰的地区有可能会增加。报告还指出，极端降水的强度和出现的频率也有可能增加，这将会加大洪水灾害的危险。另外，全球气候变化使极端气候变化出现的频率发生改变，气候系统变得异常敏感，导致高温热浪、强台风、强降水、持续干旱等极端事件发生的频率增加。

就自然灾害的地区分布而言，受冲击最强烈的是发展中国家。预计到2020年，7500万～2.5亿非洲地区居民可能将陷入缺水困境，亚洲地区人口超百万的大城市极有可能遭遇水位和海平面上升带来的洪涝灾害，欧洲人将目睹大量物种灭绝，而北美人将经历持续时间更长、温度更高的热浪天气。

4. 生物气候带变化

生物气候带是指生物与气候相适应而形成的大致与纬度平行的带状地域。生物气候带在山地海拔高度上的表现，则为垂直生物气候带。温室效应导致全球温度升高，热区面积扩大，从而对全球生物气候带生物的分布和生存产生深远的影响。

第一，气温上升使植被带北移。原来居住地温度的升高，将使得冷型温带森林或温带草原代替目前的北方森林，而亚热带森林将由热带森林所代替。证据表明，在更新世期间北美洲东部植物的平均北移速率为100～400m/a。众所周知，蝴蝶是全球变暖的最敏感的指示物种之一。研究发现，生活在北美洲和欧洲的斑蝶（*Euphrydryas editha*）其分布区已经向北迁移了200km。

第二，生物群落的迁移并非同步进行。有r迁移对策种（r-migration strategist）、k迁移对策种（k-migration strategist）和逃亡迁移对策种（fugitive migration strategist）三种。云杉属（*Picea*）植物属于r迁移对策种，冰川消退后，它会很快占据这个领地，后面的种群可能会跟不上前者的节奏而衰退。k迁移对策种倾向生长在中生稳定的环境中，如栎属（*Quercus*）就是这样。逃亡迁移对策种如美洲落叶松（*Larix laricina*）对生境的要求比较严格，缺少与其他物种的竞争，因此，环境的突然变化，其他物种的侵入会加速该类型物种的灭绝。

第三，温度升高导致生物物候提前。物种随着纬度分布分析表明，在过去的20世纪里，生物春季的物候（开花、产卵等的时间）显著提前。北纬32°～49°物种物候平均每10年提前4.2天，北纬50°～72°提前5.5天。这充分证明全球变暖对北半球、尤其极地生物的影响更明显。

第四，山低部生物的分布向山顶推移。由于温度升高低海拔生长的生物不得不向高海拔温度较低的环境迁移。过去的近50年里，欧洲阿尔卑斯山脉维管植物分布平均每10年升高23.9m，维管植物数量增加最多的海拔为2800～3100m，这正是过去50年冻土融化向高海拔退缩的距离。

第五，全球变暖使许多生物种类面临灭绝危险。如果气温上升幅度超过1.5℃，全球20%～30%的动植物物种面临灭绝。如果气温上升3.5℃以上，40%～70%的物种将面临灭绝。如果全球气温上升2℃，欧洲将有38%的鸟类灭绝。除温度升高的直接作用和温度增加后疾病增多的间接原因导致死亡或者灭绝外，生物响应温度变化的差异，使原有生态系统中生物与生物、生物与环境之间在长期进化过程中形成的相互关系被打破，从而引起食物链和传粉媒介的中断，最终导致物种的灭绝。例如，不同生物类群生物物候在春季提前的时间不同（表7-2），这种不同步性会导致生态系统中协同进化的物种出现诸如动物的庇护所、营巢地和食物来源及植物的传粉媒介等障碍，从而威胁到该物种的生存。

表7-2 不同物种每10年春季物候期提前的天数（Parmesan，2007）

分类群	平均提前的天数（d/10a）	分类群	平均提前的天数（d/10a）
所有物种	2.8	灌木	1.1
两栖类	7.6	乔木	3.3
鸟类	3.7	鱼类	1.3
蝶类	3.7	蝇类	5.0
草本植物	1.1	哺乳类	9.6

5. 对农林牧业的影响

根据温度变化与积温的关系，温度的升高导致等于0℃的积温提高，这大大改变了农业种植结构和作物的复种指数，不同程度地改变了农业的生产格局。例如，年平均温度增加1℃，我国东部热带的北界大致北移1.8°，亚热带的北界北移至北纬34°～35°的一线。在不考虑降雨的情况下，仅从变暖与种植制度关系分析，热量的增加提高了复种指数，作物种植界限北移，越冬作物种植区北界向北扩展。同时，作物的生长季节延长，过去的100年里，由于全球变暖导致植物和作物的生长季节平均每10年延长了10～20天。暖冬的出现，对牧区牲畜越冬度春有利。

三、温度升高对人类健康的影响

温室效应对人类健康的影响包括直接和间接两个方面。第一，随着气温升高，炎热引起的人类疾病和死亡数量会增加，北半球中高纬度地区花粉过敏症状感染者会增多。第二，热浪、病原微生物的释放、干旱频繁暴发、自然灾害数目增多等会对人类健康产生威胁。第三，全球有超过一半人口居住在沿海100km的范围以内，其中大部分住在海港附近的城市区域。所以，海平面的这一变化将会给沿海地区带来如下的影响和灾难：①部分沿海地区被淹没；②海滩和海岸将遭受侵蚀；③地下水位升高，导致土壤盐渍化；④海水倒灌与洪水加剧；⑤损坏港口设备和海岸建筑物，影响航运；⑥沿海水产养殖业将受到影响；⑦破坏供排水系统。第四，气候变化的情况下，降雨分布也会相应出现变化，干旱和饥荒问题将变得更加突出。

四、温度升高对植物的影响

1. 温度对植物影响的研究方法

温度是影响植物生长、发育和功能的重要环境因子。目前模拟温度升高的方法有电阻加热、红外线照射、交互移植、夜间被动变暖、开顶式或封顶式田间温室等（表7-3）。不同研究组采用不同的加热或者升温的方法，因此，得到的结论有所不同。每一种实验方法都有其优缺点，相比之下，被动式夜间升温法因接近自然状态而备受青睐。

表7-3　模拟陆地生态系统变暖的方法比较

方　法	变温机制	优　点	缺　点
田间温室	温室升温（红外线辐射升温和减少水分流动的升温）	操作简单，成本适宜，无需电力支持	较少或者没有温度控制，没有大的温差变化；改变了光照、气流、湿度和降水特征
被动式开顶气室	同上	同上	较少或没有温度控制，改变了气流和湿度，仅能操作较小的面积
主动式顶气室	同上，以及电动式水平流动加热，迫使空气升温	准确控制空气温度或者温差；可以控制二氧化碳浓度	改变了气流、湿度和蒸散
主动式土壤升温	通过埋地电阻电缆传导升温	准确控制土壤温度或温差，可以结合温度或开顶气室使用	改变了土壤湿度，对地面的湿度没有影响
电动式红外线加温	通过增强红外线辐射升温	准确控制能量输入，直接模拟全球变化的能量平衡	升温完全依靠辐射，水平流动的能量没有变化
交互或单向转移	转移植物和土壤或者整个植物和土壤	通过相对接近自然温度梯度系统的温度差进行比较	干扰影响，多重环境的变化使植物对待定因素的响应产生困难
被动式夜间升温	通过反射夜间红外线辐射升温	接近自然状态，其他环境因子的变化较少甚至无变化	不能控制温度，湿度升幅小

2. 温度升高对植物光合作用的影响

光合作用是一系列的生物化学反应，需要由酶来催化。温度过高或过低都不利于酶的催化作用，影响光合作用效率的提高。光合作用的最适温度是指光合速率达到最大值时的温度，它受植物的遗传性、生长发育阶段和栽培管理条件，以及所处的生态环境等多种因素影响，因此，不同植物有不同的光合作用最适温度范围。光合作用的最高温度和最低温度又统称为光合作用的临界温度。一般而言，随着温度的升高，植物叶片的净光合作用、气孔导度、蒸腾速率升高，达到植物最适宜温度之后，净光合作用开始下降，气孔导度和蒸腾速率仍然继续提高。

对于 C_3 植物来说，随着温度的上升，暗呼吸和光呼吸也随之加剧，这就使得光合作用吸收二氧化碳和呼吸作用释放二氧化碳之间迅速达到动态平衡，于是决定了 C_3 植物不可能有很高的热限温度。而 C_4 植物由于起源于高温、干旱的环境，因此，比 C_3 植物有较高的最适温度范围。

气孔作为植物气体交换的通道。升温不仅影响植物的气孔密度（stomatal density，SD）和气孔指数（stomatal index，SI），而且也影响到表皮细胞密度（epidermal cell density，ECD）和气孔孔径长度（stomatal aperture length，APL）。SD 对于叶片表皮细胞分化和伸展非常敏感，而 SI 则仅对表皮细胞分化敏感，因此，一般 SI 比 SD 对环境条件的改变表现更稳定。

3. 温度升高对植物呼吸作用的影响

大约 50%植物光合作用的产物用于自主呼吸，以获得维持生长发育和生殖的能量。当温度较低时，温度是植物能量代谢的限制因子；但在较高温度下，底物和代谢产物通过自由扩散过程的量成为呼吸的限制因子；然而在极端高温下，植物地上和地下根系的呼吸作用增强，碳损失增加，原生质体开始崩溃，植物的呼吸器官受到破坏。因此，与光合作用一样，植物的呼吸作用存在一个温度响应曲线，植物呼吸作用的最佳温度高于光合作用过程。在达到最佳温度之前，呼吸强度随着温度升高呈指数式上升，此时的 Q_{10}（在一定温度范围内，温度提高 10℃，化学反应的速度增加 1 倍左右）为 2，即温度每升高 10℃，呼吸强度加倍。超过适宜温度后，高温抑制呼吸作用。

4. 温度升高对植物生长和繁殖的影响

一定程度的温度升高促进了植物的光合作用能力，加速了碳水化合物的积累，最为主要的是提前和延长了植物的生长发育周期，从而提高了植物的生物量和株高。

温度不但影响植物的光合作用、呼吸作用和生长，同时升温对植物的繁殖器官也会产生影响。首先，高温会阻碍花粉成熟与花药开裂，一方面，散发到柱头上的花粉数不足，另一方面，花粉活力和萌发率下降，引起不受精，导致不育。温度对花粉活力和萌发率负面的影响随开花时间的后移而逐渐下降。其次，高温导致植物授粉成功率下降，结实率降低，空粒率和秕粒率提高。

然而，植物对温度升高的反应存在种间、功能群间、物种特性之间以及持续增温时间的差异性。由于 C_4 植物比 C_3 植物适宜较高的温度和干旱环境，因此，升温有利于 C_4 植物的生长发育。在温带草地生态系统中，加温对 C_4 植物有促进生长的作用，而 C_3 的生长在前两年升高，后两年下降。沼泽和泥炭环境中加温实验表明，升温对灌木的促进作用大于草本，对禾本科草类的促进响应大于非禾草类草本植物。因此，功能群和种间响应温度升高的差异，导致生态系统中物种多样性、种类的均一性改变，最终影响生态系统的净生产力和物质循环。

五、温度升高对动物的影响

1. 温度升高对动物地理分布的影响

全球气候变暖改变了物种的地理分布范围，增加了某些物种潜在的分布区域。生境是生物生活的空间及其全部生态因子的总和，各生态因子相互关联、相互影响，共同对生物产生影响。全球气候变化改变了区域的温度和降水格局，使动物的栖息生境发生改变，某些鸟类和两栖类，甚至丧失了栖息生境。当温度和降水格局发生变化时，物种的分布会随之发生变化，因为物种总是倾向于分布在气候条件最适宜的区域。植被是野生动物赖以生存的栖息环境，也是野生动物的食物来源。气候变化影响植被，尤其对植被的初级生产力产生较大影响。植被变化时，动物分布区相应地随之发生改变。气候变化对极地和湿地影响显著。在内陆地区，随着温度的升高，湿地大面积缩小，分布于湿地的两栖动物受到影响。

温度是影响物种分布的关键因子之一。特定的物种分布在特定的温度带内。全球气候变暖后，由于不同地区温度升高不均衡，加上这些地区本身环境的差异，温度升高对这些地区的野生动物生境产生了影响。气候变化对野生动物分布的影响，除了温度升高使其受到直接胁迫外，还引起其他环境因子改变，而使其重新分布。对扩散能力不同的动物，全球气候变化对其分布的影响结果不同，扩散能力较强的动物，随气温的升高，其分布区北移或出现在更高海拔地区，当温度变化在其忍受范围之外时，其分布范围因其分布边界的移动而扩大。在一定范围内，动物的分布范围与种群大小有关。当生境因子的变幅在动物的忍受范围之内时，动物种群的大小与分布范围呈正相关。对那些受益于全球气候变暖的动物种群，其分布范围会随着种群的壮大而扩展。例如，近年来频繁的极端气候事件，尤其是温度和干旱，常会引起一些昆虫的大暴发，从分布中心向更大范围扩展。

2. 温度升高对动物物候的影响

物候是生物长期生活于特定生境，经过适应后，其发育节律与自然周期相协调的现象。物候的时间与气温、降水、土壤温湿度和光照等因子有关。但不同的物种对这些因子的敏感程度不同，这些因子的长期改变也常会引起其物候的变化，最终影响到物种繁殖力、竞争力以及物种间的相互作用。物候变化也许是动物对气候变化最简单的反应。温度升高使野生动物的物候发生改变，通常表现为物候期提前（表 7-2）。

3. 温度升高对动物行为与生理的影响

动物的繁殖期是动物生活史中对气候最敏感的时期，微小的气候变化都有可能影响到动物繁殖的成功率。这种影响可能是正向的也可能是负向的，关键看动物繁殖限制因子的变化方向。当限制因子变得对动物有利时，其繁殖的机会增加，繁殖后代的成功率也会增加，种群逐渐壮大；反之，动物的繁殖会进一步受限制，繁殖后代的成功率减小。

气候变暖还可以影响动物的冬眠行为。旱獭在阿拉斯加的冬眠时间缩短，美洲许多鸟类的繁殖期提前。全球变暖还影响雀形目动物和啮齿类动物的身体大小等生理机制。

4. 温度升高对动物种群动态的影响

种群的数量变动由出生与迁入和死亡与迁出两组数据决定。影响出生、死亡和迁移率的因素都影响种群的数量动态。气候变暖主要是通过影响动物的生境及其繁殖率，最后导致动物种群数量波动。

温室效应导致动物生境的改变。栖息地的退化也是导致生物多样性减少的主要原因。栖息地的破碎化是导致物种灭绝的重要原因。物种灭绝的另一个重要原因是极端天气灾害导致大量物种的死亡。

极地是受气候影响最显著的区域，由于北极受人类直接干扰少，由气候变暖引起的生境变化比较容易与其他因素区分，因此，北极被认为是研究气候变化对野生动物影响的一个理想区域。极地温度升高的另一显著效应是植物生长期延长，生物量增加，野生动物的食物增加，从而改变动物种群的动态。

六、温度升高对微生物的影响

土壤生态系统中，植物的生长发育受到增温效应的促进或者抑制，从而对地下土壤微生物的群落结构和组成产生影响，进而导致土壤碳、氮循环发生改变（图 7-3）。

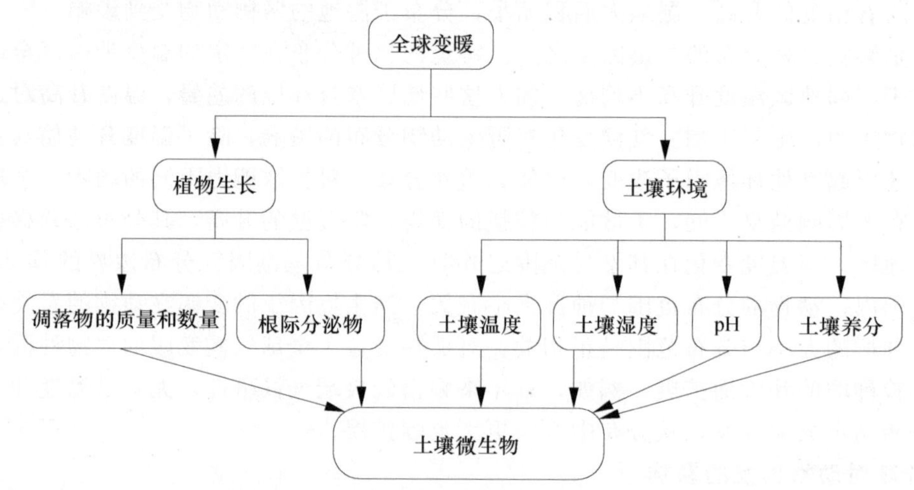

图 7-3　温度升高对土壤微生物群落的影响

首先，温度升高对真菌和细菌生长的影响。在不同的温度下，不同的微生物其生长速率不同。细菌和真菌的最适宜生长温度是 25～30℃，超过最佳温度，两类微生物的生长速率开始下降，其中真菌比细菌对高温较敏感，因此，较高温度下，细菌的生长速率超过真菌。相反，在较低温度下，真菌的生长占优势（图 7-4）。

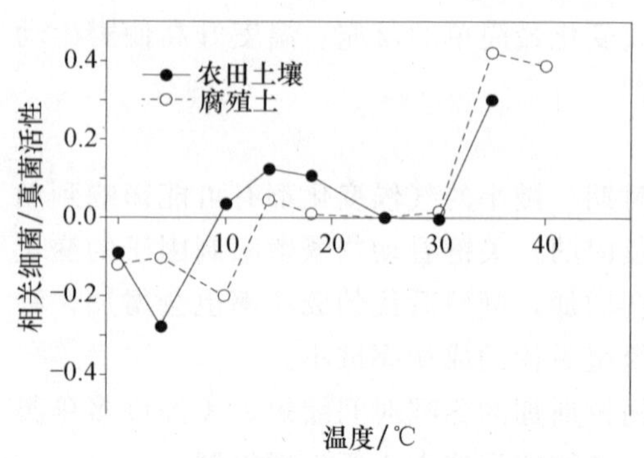

图 7-4　不同温度下农田和森林腐殖质土壤中细菌和真菌活性的变化曲线（Pietikåinen et al.，2005）

其次，土壤升温导致土壤中真菌/细菌值的变化。土壤升温诱导植物生长加速，植物群落中 C_3/C_4 比例改变，土壤 C∶N 提高，土壤可用性氮素减少，这种消长变化更有利于以氮素代谢为主的真菌的生长。因此，尽管微生物生物量不受温度的影响，全球变暖可能会增加土壤中真菌的比例，降低细菌的种群，从而改变土壤原有的微生物群落结构。

最后，温度升高对微生物活性和土壤呼吸的影响。土壤呼吸作用是指未受扰动的土壤中产生二氧化碳的所有代谢过程，它包括 3 个生物学过程（植物根呼吸、土壤微生物呼吸和土壤动物呼吸）和 1 个非生物过程（含碳物质化学氧化过程）。比较表明，在升温 0.3～6.0℃范围内，土壤呼吸速率增高 20%。在时间尺度上，升温处理后的前 3 年土壤呼吸的响应更加强烈，森林生态系统土壤呼吸对气候变暖的响应比冻土地带和草地生态系统更大。较高的温度通过对土壤微生物的代谢活性，加速有机碳的分解作用来促进土壤碳的释放，并将导致森林生态系统生产力改变。

随着时间的推移，土壤微生物由于土壤水分亏缺、代谢底物限制、氮素供应不足和生物本身的适应特性，温度升高对土壤微生物呼吸的促进作用越来越微弱，表现为一定的适应性。

七、温度升高对陆地碳循环的影响

陆地生态系统主要通过光合作用、自养呼吸和异养呼吸与大气进行碳素交换，在碳平衡状态下表现为没有净的碳排放，即碳排放等于碳吸收。而气候变暖可以增加或降低各个过程的速率或反应量，进而影响到全球陆地生态系统的碳素收支，表现为碳源或碳汇。

全球升温对陆地碳循环的影响表现在对陆地生态系统中植物净初级生产力（NPP）、土壤碳库以及凋落物的影响 3 个方面（图 7-5）。

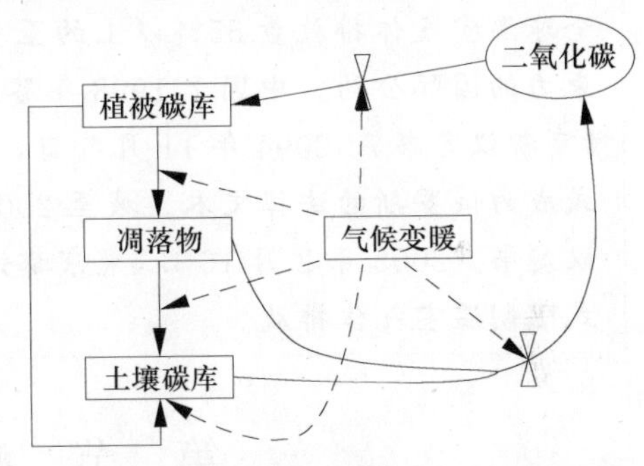

图 7-5　气候变暖对陆地生态系统碳循环的影响（徐小锋等，2007）

首先，净初级生产力变化。在未来气候变暖条件下，陆地生态系统植被碳库增加可以减缓大气二氧化碳浓度和碳库的增加速率，减缓温室效应；相反，如果植被碳库减少，将给大气二氧化碳浓度的增加提供更多的碳素，形成正反馈，导致大气温度的加速上升。随着全球气候变暖，低纬度地区生态系统 NPP 一般表现为降低，而在中高纬度地区一般表现为增加，在全球尺度上表现为 NPP 增加，以及陆地生态系统植被碳库增加，这是因为气温的升高加快了光合作用。

其次，凋落物变化。陆地生态系统凋落物是指陆地生态系统内，由生物（植物、动物和土壤微生物）组分的残体构成，亦称残落物，是为分解者（微生物）提供物质和能量来源的有机物质的总称，包括地上部分的枯枝落叶以及地下根系的凋落物，通常以月或年来表示单位时间内植被的凋落物量，即单位面积、单位时间地面上形成的凋落物量。气候变暖对凋落物分解的影响，一方面体现在影响凋落物的产生量和质量，另一方面气候变暖也影响凋落物的分解速率。一般认为气候变暖可以增加植被碳库，而植物形成凋落物是按一定比例进行的，所以气候变暖可以增加凋落物的量。一般来说，高纬地区土壤有机碳更容易大幅度提高分解速率，或通过土壤呼吸排放进入大气，而低纬地区的生态系统土壤碳库由于来自植被碳库的补充，而 Q_{10} 增加不明显，仍然表现为增加。

最后，土壤碳库变化。在全球温度改变的条件下，陆地生态系统土壤必定表现为碳源或碳汇。气候变暖对陆地生态系统土壤碳库的影响主要表现为 3 种作用：增加土壤有机质分解、增加土壤呼吸碳释放和增加 NPP 的输入土壤的碳素。整体来说，在气候变暖条件下，全球陆地生态系统表现为一个很弱的碳源，同时碳循环的速率加快。而不同的生态系统在气候变暖条件下表现不同，高纬地区生态系统在气候变暖条件下要释放大量的碳进入大气，表现为碳源，而低纬地区因为植被碳库的积累超过了土壤碳库的释放表现为碳汇。

《京都议定书》

1997 年 12 月，《联合国气候变化框架公约》第三次缔约方大会在日本京都召开。149 个国家和地区的代表通过了旨在限制发达国家温室气体排放量以抑制全球变暖的《京都议定书》。《京都议定书》旨在减排温室气体的 3 个灵活合作机制——国际排放贸易机制、联合履行机制和清洁发展机制。《京都议定书》规定，到 2010 年，所有发达国家二氧化碳等 6 种温室气体的排放量，要比 1990 年减少 5.2%。具体说，各发达国家从 2008～2012 年必须完成的削减目标是：与 1990 年相比，欧洲联盟（以下简称欧盟）削减 8%、美国削减 7%、日本削减 6%、加拿大削减 6%、东欧各国削减 5%～8%。新西兰、俄罗斯和乌克兰可将排放量稳定在 1990 年水平上。议定书同时允许爱尔兰、澳大利亚和挪威的排放量比 1990 年分别增加 10%、8%和 1%。《京都议定书》需要占 1990 年全球温室气体排放量 55%以上的至少 55 个国家和地区批准之后，才能成为具有法律约束力的国际公约。中国于 1998 年签署了议定书。欧盟及其成员国于 2002 年正式批准了《京都议定书》。2004 年 11 月 5 日，俄罗斯总统普京在《京都议定书》上签字，使其正式成为俄罗斯的法律文本。截至 2005 年 8 月 13 日，全球已有 142 个国家和地区签署该议定书。2005 年 2 月 16 日，《京都议定书》正式生效。这是人类历史上首次以法规的形式限制温室气体排放。

第二节 酸雨及其对生物的影响

酸雨是半个世纪以来全球关注的区域环境问题。1972 年联合国首次讨论了酸雨的问题。随后，欧美各国围绕酸雨的形成、生态影响以及跨国输送等，进行了大量的研究工作。酸雨问题在我国也非常严重，尤其是长江流域以南的各地区，已经对经济和生态环境产生了影响。本节主要讲述酸雨的概念、形成机制、酸雨对水生和陆地生态系统的影响。

一、酸雨及其形成机制

（一）酸雨的概念

1872 年，科学家 R. 史密斯在分析伦敦市的雨水成分时，发现市区雨水呈酸性，在其著作《空气和降雨：化学气候学的开端》中首次提出“酸雨”（acid rain）一词。

什么是酸雨？pH 小于 5.6 的雨称为酸雨；pH 小于 5.6 的雪称为酸雪；在高空或高山上弥漫的雾，pH 小于 5.6 时称为酸雾。英文中烟雾（smog）是烟（smoke）和雾（fog）的合成词。

酸雨率指一年出现酸雨的降水过程次数除以全年降水过程的总次数，是判别某地区是否为酸雨区的一个指标。pH 为 5.3～5.6，酸雨率是 10%～40%，为轻酸雨区；pH 为 5.0～5.3，酸雨率是 30%～60%，为中度酸雨区；pH 为 4.7～5.0，酸雨率是 50%～80%，为较重酸雨区；pH 小于 4.7，酸雨率是 70%～100%，为重酸雨区。

（二）酸雨的来源

造成雨水带酸的原因主要有两个方面：自然源（natural resource）和人为源（anthogenic resource）。

我们所指的酸雨是工业化过程中因人类的活动产生的，称之为人为源（anthogenic resources），由于大量使用燃料，燃烧过程中产生出来的二氧化硫（SO_2）、氮氧化物（NOx）及氯化氢（HCl）等污染空气的物质被排放至大气当中，经光化学反应生成硫酸、硝酸等酸性物质，使得雨水之 pH 降低，形成酸雨（图 7-6）。

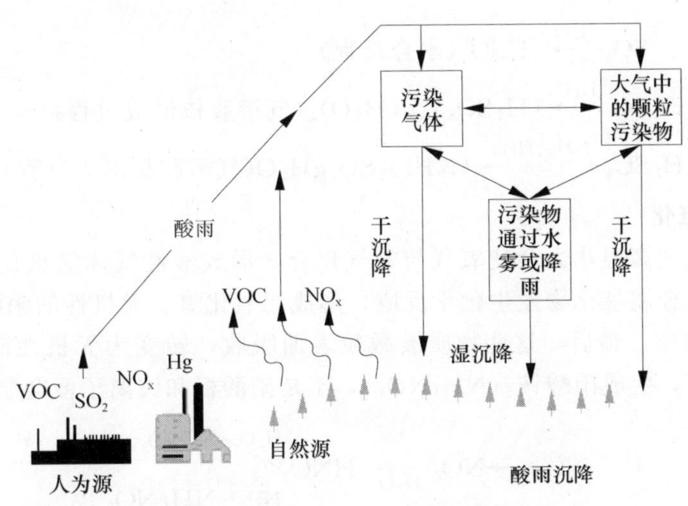

图 7-6　酸雨的来源及其形成过程示意图

（三）酸雨的形成机制

酸雨的正确名称应该是“酸性沉降”（acid deposition）。带酸性的污染物有两种沉降方式——“湿沉降”（wet deposition）和“干沉降”（dry deposition）。湿沉降是指那些酸性污染物随着雨、雪、雾或雹等降水形态而落到地面，该过程是雨滴吸收包含了酸性物质，继而降下时再冲刷酸性物质，降到地面；干沉降则是指酸性污染物在没有水分参与的情况下，从空中飘落下来的一种方式。通常，大气中酸性物质可被植被吸附或重力沉降到地面。

酸雨主要是二氧化硫和氮氧化物在大气或水滴中转化为硫酸、硝酸所致，这两种酸占酸雨中总酸的 90%以上，其机制归纳如下。

1. 二氧化硫的氧化

二氧化硫会在空气中被氧化成硫酸根（SO_4^{2-}）。首先，二氧化硫与氧产生反应，生成三氧化硫。其过程非常复杂，有时还会涉及碳氢化合物及锰、铜、铁等金属离子。若有水蒸气存在时，三氧化硫会溶在水蒸气中，形成硫酸，在空气中凝结成水点。或者，在空中被雨水溶解，成为雨水中的硫酸根。

直接光化学反应：$SO_2 \xrightarrow[\text{水}]{\text{紫外线 } O_2} H_2SO_4$

间接光化学反应：$SO_2 \xrightarrow[\text{过氧化物}]{\text{烟雾、}O_2\text{ 水}} H_2SO_4$

在液滴中空气氧化：$SO_2 \xrightarrow{\text{液体水}} H_2SO_3 \quad H_2SO_3 + NH_3 \xrightarrow{O_2} NH_4^+ + SO_4^{2-}$

在液滴中多相催化氧化：$SO_2 \xrightarrow[\text{重金属离子}]{O_2\text{ 液体水}} H_2SO_4$（重金属离子：Fe、Mn、V 等）

在干燥表面上催化氧化：$SO_2 \xrightarrow[\text{炭颗粒}]{O_2\text{ 水蒸气}} H_2SO_4$

臭氧氧化：$SO_2 + O_3 \longrightarrow SO_3 + O_2$

该反应是大气中最主要的化学反应，由二氧化硫氧化成三氧化硫，由三氧化硫进一步形成硫酸和 MSO_4 气溶胶。

$$SO_2 \xrightarrow{H_2O} H_2SO_4\text{（水合过程）}$$

$$H_2SO_4 \xrightarrow{H_2O} (H_2SO_4)_m g(H_2O)_n\text{（气溶胶核形成过程）}$$

$$H_2SO_4 \xrightarrow{NH_3\text{、}H_2O} (NH_4)_2SO_4 gH_2O\text{（气溶胶核形成过程）}$$

2. 氮氧化物催化氧化

燃烧煤时产生的高温热力会使氧气与氮气化合，形成酸性气体氮氧化物（NOx）。空气中的氧、氮化物及金属催化物发生化学反应，形成二氧化氮、无机性的硝酸盐或过氧硝酸乙酸脂（PAN）等物质。最后，这些物质被微粒表面吸收，转变为无机性硝酸盐或硝酸，硝酸再与氨产生反应，生成硝酸铵（NH_4NO_3），于是硝酸根和铵离子便会制造出来。

$$NO \xrightarrow[O_3]{} NO_2 \xrightarrow[H_2O]{} HNO_3 \begin{cases} \xrightarrow{H_2O} HNO_3 \\ \xrightarrow{NH_3} NH_4NO_3 \end{cases}$$

（四）影响酸雨形成的因素

1. 酸性污染物质的迁移和扩散

通常情况下，酸物质在一定的气象条件下，可传输和扩散几百公里甚至更远。中国内地排放的酸性污染物以境内传输为主，在东北、华北和东南沿海地区与东面邻国和地区之间存在酸性污染物的相互传输。南极长城站局地并不存在污染源，由于大气环流把远离南极的污染源传输到南极上空，遇降水冲刷降至地面形成酸雨，这足以说明酸雨的迁移和扩散作用。

2. 土壤性质

土壤中金属离子含量及 pH 是影响酸雨形成的重要因素之一。我国降水中的主要碱性离子 Ca^{2+}、Mg^{2+}、NH_4^+，主要来自土壤之中。我国的土壤北方偏碱性，pH 为 7～8；南方偏酸性，pH 为 5～6。土壤中碱金属钠、钙的含量是由南至北逐渐递增，尤其是经过淮河、秦岭后其含量迅速增加。由于空气中的颗粒物有一半左右来自土壤，而且碱性土壤的氨挥发量大于酸性土壤，因此北方地区大气中的碱性物质远高于南方，从而导致我国酸雨主要发生在土壤碱性物质含量低，土壤 pH 低的南方地区。

3. 大气中的氨

氨（NH_3）为大气中常见的气态碱，易溶于水，能与大气或雨水中酸性物质起中和作用，从而降低了雨水的酸度。一般酸雨区氨的含量比非酸雨区普遍低一个数量级，说明氨在酸雨形成中的重要作用。大气中氨主要来自有机物分解及农田施用氮肥的挥发。土壤中氨的挥发量随土壤pH的上升而增加，我国北方土质偏碱性，南方偏酸性，氨含量北高南低，是中国酸雨主要分布在南方的一个重要原因。

4. 大气颗粒物

降水中的碱金属和碱土金属主要来自大气中的颗粒物，大气颗粒物主要来自土地飞起扬尘。与国外相比，我国的大气颗粒物浓度大，特别是粗颗粒物多，且南北地区存在着显著差异。我国南方地区由于湿润多雨、植被良好、大气颗粒物浓度低，大气总悬浮微粒（TSP）平均含量为218$\mu g/m^3$；而北方地区干燥少雨、土壤裸露、大气颗粒物浓度大，大气TSP平均含量为426$\mu g/m^3$。可以看出，北方的大气TSP平均含量约为南方的2倍。

5. 气象条件

太阳光强和水汽浓度与二氧化硫的转化速率有直接的关系。光强增加使大气自由OH^-等浓度升高，加速二氧化硫的氧化，丰富的水汽也有利于二氧化硫转化为硫酸，形成硫酸的局地沉降。太阳光强随纬度的升高而降低，我国的大气湿度也是由南向北递减。因此，当其他条件相同时，我国南方大气中的二氧化硫较北方大气可以较快的转化为硫酸，酸化当地大气环境，通过降水冲刷形成酸雨。气象条件对污染物的扩散、输送和沉降的作用也直接影响酸雨的形成。气象条件如果有利于污染物扩散，则大气污染物浓度降低，酸雨就弱，反之则强。

（五）中国酸雨现状

1. 地理分布

我国的酸雨主要分布于长江以南，青藏高原以东地区及四川盆地，华中地区酸雨污染最重，其中心区域酸雨年均pH低于4.0，酸雨频率在80%以上，西南地区以南充、宜宾、重庆和遵义等城市为中心的酸雨区，近年来有所缓解，但仅次于华中地区，其中心地区年均pH低于5.0，酸雨频率高于80%。华东沿海地区的酸雨主要分布在长江下游地区以南至厦门的沿海地区，该区域酸雨污染强度较华中、西南地区弱，但区域分布范围较广，覆盖江苏南部、安徽南部、福建沿海及浙江大部分地区。华南地区的酸雨主要分布于珠江三角洲及广西的东部地区，重污染城市降水年均pH为4.5～5.0，中心区域酸雨频率为60%～90%。广西的酸雨污染较普遍，除南部滨海地区，大部分地区酸雨频率在30%以上，酸雨区沿湘桂走廊向东西扩展，东与珠江三角洲相连。北方城市降水年均pH低于5.6的有青岛、图们、太原和石家庄。目前，我国酸雨面积占国土面积的30%。

我国降水pH的分布与全国地面风场分布特征有相似之处。从宏观上看，东北平原、内蒙古北部至北疆东端为全国风力最强区，其次是华北平原及沿海地区，风力也较强，这些地区对污染物的输送、稀释能力强。北至秦岭，包括汉中盆地、四川盆地，向东至长江三峡的宜昌，云贵高原和广西的局部地区为全国风力最弱区，尤其是四川盆地，地形闭塞，冬季北来的冷空气难以侵入，夏季又无台风影响，风速小，静风频率高，污染严重。四川盆地的重庆、成都是我国酸雨严重的地区，广东、广西、湖南、江西的一些地区pH

也很低。

2. 我国酸雨的趋势

20 世纪 80 年代以来，世界上只有亚洲的酸雨有上升的趋势。中国酸雨的发生和发展与中国能源消费的增长密切相关。目前我国 75％的一次能源是煤，在今后相当长的时期，我国能源仍将以煤为主，可以预见中国酸雨面积将继续扩大，酸雨区将向西、北蔓延，像云南东南部、东北东部和北部、山东东部这样一些地区也可能出现酸雨。

二、酸雨对水生生态系统的影响

（一）酸雨对水体环境的影响

酸雨对水环境的影响表现为河流和湖泊的酸化，它与降水量及雨水的 pH 直接相关，也与其汇水区的大小及周围土壤、岩石、地形地貌、陆生植被相关，还与湖泊自身的缓冲能力即碱性大小相关。一般认为初始碱度小于 200μg/L 的水体是对酸雨敏感的水体。

酸雨在湖泊酸化过程中与介质的反应主要有以下 3 种。

（1）岩石和矿物的溶解 $Al(OH)_3 + 3H^+ \longrightarrow Al^{3+} + 3H_2O$

$$CaCO_3 + H^+ \longrightarrow Ca^{2+} + HCO_3^-$$

（2）阳离子交换 $Al(OH)_4^- + 2H^+ \longrightarrow Al(OH)_2^+ + 2H_2O$

$$Ca^{2+}\text{-有机物} + 2H^+ \longrightarrow 2H^+\text{-有机物} + Ca^{2+}$$

（3）碱性降低 $HCO_3^- + H^+ \longrightarrow H_2CO_3$

$$H_2PO_4^- + H^+ \longrightarrow H_3PO_4$$

其中，反应（1）和（2）主要适于土壤，反应（3）主要适于表层水。

湖泊水体的酸化是酸雨影响的严重后果之一。酸雨中的氢离子（H^+），首先中和碳酸氢根离子（HCO_3^-）形成弱酸性的碳酸，碳酸氢根离子被耗尽时，水体的 pH 大幅下降，湖水变成酸性。水体的酸取决于酸性物质的沉降量，同时，还取决于当地地质土壤缓冲作用的强弱，进入江河湖泊的雨水有些直接落入水体，但多数的雨水是落在土壤上，进入土壤的水一部分还可以通过地下水、地表径流、渗出等作用再进入水体。湖泊水体本身对酸性水也具有一定的缓冲能力，随水中的溶解物和沉积物的组分，以及微生物活动的不同而变化。其中，通过微生物活动减少酸性物质是水体生物缓冲过程，而化学缓冲取决于水中能够接受氢离子化学物质的量，碱性是其强弱的尺度。碱性强的化学物质主要由流域供给。一般来说，盐基成分高的石灰岩地带的河流湖泊的中和能力大，难以酸化。北美洲和斯堪的纳维亚半岛严重的湖泊酸化与其碱性物质贡献量很少的花岗岩湖基，是众多湖泊对酸雨非常敏感的地质原因。湖泊中水的 pH 由原来的 6～8 下降 1～2 个单位需要 10 年以上的时间，对美国缅因州的 1368 个湖泊及挪威、瑞典一些湖泊 pH 的分析表明，大部分湖泊的酸化时间为 10～40 年。

酸雨对水环境的影响，不仅降低了水的 pH，同时也使水体可溶性金属（铝、铁、锰、铜、镉、锌、钙、镁）水平提高。有人研究美国阿弟伦达克山区中 217 个湖泊 pH 与铅的浓度之间的关系后指出，pH 为 4～5 时，铅浓度约为 500μg/L，是中性水中铅浓度的一倍左右。

（二）酸雨对水生生物的影响

1. 酸雨对微生物和藻类的影响

大部分微生物生活在中性或微偏酸、偏碱的环境中，pH对微生物生命活动的影响主要有以下3方面：①引起细胞膜电荷的变化，从而影响微生物对营养物质的吸收；②影响微生物代谢过程中酶的活性；③改变水环境中营养物质的可利用性及有害物质的毒性。

各种微生物的最适合pH不同，水体酸化后的微生物区系以霉菌占优势，真菌在沉积物中数量增加，即酸化水体中，细菌通常被真菌所取代。藻类是水生态系统的初级生产者。水体的酸化对藻类生长繁殖的影响很大，主要表现为藻类生长潜力减弱，其原因之一是水体酸化大大降低了磷的生物有效性，从而导致淡水贫营养化。同时藻类的群落结构、细胞密度、生理状态都发生变化。在pH为4.5时，藻类细胞内含物变粗、细胞壁增厚，出现细胞老化现象。在酸化的水域中，卵形隐藻（*Cryptomonas ovlata*）和啮蚀隐藻（*C. erosa*）的种群数量下降。随着酸雨pH的下降，浮萍（*Lemna minor*）和紫萍（*Spirodela polyrrihiza*）叶绿体的膜系统渗率增大，叶绿体超微结构受损。总之，对于水生生态系统来说，酸雨对水生植物的种群数量和结构都会造成影响和破坏，最终导致水环境中初级生产力降低，食物链遭受破坏，生命之水变成死亡之水。

2. 酸雨对浮游动物和软体动物的影响

浮游动物，例如，甲壳纲和轮虫纲对水体酸化的反应非常明显。低pH对浮游动物毒性效应机制可能是在低pH胁迫下，浮游动物的膜通透性增大，心肌肿胀，血红蛋白迅速凋谢，Na^+和Cl^-出现净流失等。使其存活率、繁殖、离子调控、呼吸、心率、生长及食物都受到影响，种类和密度逐渐减小，生物简单化。pH低于5.5时对浮游动物繁殖及生理的不利影响更甚。

腹足纲、双壳纲等软体动物的消失是湖泊酸化的例证。这是因为：①贝壳形成过程中需要大量碳酸钙、磷酸钙及碳酸镁，湖泊酸化使Ca^{2+}、Mg^{2+}大量流失，导致其对钙的同化作用受到影响。②细菌活动减弱，有机物未经分解便沉于湖底，水质趋向贫营养化，致使贝壳变薄，碳酸钙构成粗糙，黏合松脆，易破坏。③产卵量的变化比螺壳大小和结构的变化更敏感，软体动物的耐受性、存活、生长及繁殖均受到影响。④低pH时藻类密度下降导致饵料不足也是影响软体动物发育的原因之一。

3. 酸雨对鱼类的影响

在酸性水体中，低pH毒性的靶器官之一是感觉器官，如味觉和嗅觉器官。与生物活动相关的化学信号可能在酸性水体中被掩饰或抵消，或这些器官的结构和生理功能直接受到破坏，干扰了与化学感受器相联系的规避和逃亡反应，群体交流出现障碍，寻找食物的能力下降，使其生存能力减弱。

低pH对鱼类的生理损害主要表现为：①阻碍鳃的气体交换和血氧运输；②导致渗透压调节机制失调；③血酸离子调节机制的丧失及血液酸碱平衡紊乱。首先，酸化水体鳃受刺激导致鳃组织损伤，鳃小片弯曲并融合，鳃上皮肿胀、渗血；其次，鳃上皮细胞肥大、增生，黏液大量分泌，而这些均可导致鳃部的血氧交换困难。而鳃表面微环境的pH比水中的高也会导致氧摄取的减少，因此组织缺氧可能是极端pH下鱼死亡的主要原因之一。酸性水体中的H^+对鳃有高渗透性，它通过鳃上皮大量进入体液，改变血液的化学组成，使血球比容升高，体内水分在细胞内外重新分配，血液黏滞性增大。过多的 H^+ 导致 HCO_3^- 的丧失，直接促进鱼的败血症的形成，血红蛋白在缓冲细胞外酸负荷作用降低。低 pH 对鳃 Na^+/H^+ 和 Cl^-/HCO_3^- 对应离子交换机能产生干扰，随着 pH 下降，Na^+ 损失增多，在 pH 为 4.0 时，Na^+ 流出量增高，体液 Cl^- 的损失增加。离子的耗尽使血液的黏度明显增大，从而导致循环崩溃，这亦是鱼死亡另一原因。另外，Ca^{2+} 也控制着鱼鳃对 Na^+ 和 H^+ 的渗透性，低钙水平能引起血液盐含量降低，鱼换气过度和血液氧含量下降。

鱼在低 pH 胁迫下肾间组织增生肥大，细胞核径增加，血浆甲状腺素和三碘甲状腺氨酸的比例增大，血浆中的皮质醇（素）也增高，它刺激鳃上皮细胞增殖与分化。虽然皮质醇在机体抵抗酸性水中起重要作用，但长期较高浓度的皮质醇对免疫系统有负面影响，这种生理压力和免疫能力的降低可能会导致鱼的高死亡率。

低 pH 亦影响鱼的繁殖和生长。使鱼的产卵量下降，受精卵因离子调节机制发育尚不完全或被破坏而死亡，其孵化成功率也因低 pH 导致的孵化酶合成及活性的降低而降低。仔鱼的体长也与水体 pH 有明显的相关性，其原因是低 pH 抑制了胚胎离子的主动吸收，使新陈代谢变慢，卵黄转变为结构物质的比例减小，许多营养物质被用于克服低 pH 压力所需的能量上，胚胎活动减弱致使胚胎生长缓慢，不能有效破膜而出，且畸形率较高。

4. 酸雨对水禽的影响

淡水酸化对于河流和湖泊中生存的禽类具有副作用。在酸化水体中，昆虫较多，几乎没有鱼，这种环境适宜于雏鸟的生长，但对于大禽如秋沙鸭、潜鸟的成体来说其食物是不够的。而且在酸性栖息地，水禽类的食物中重金属含量很高，而钙含量较低，影响了卵壳的形成，钙和磷的同化吸收和骨骼的矿物化，破坏了其繁殖过程，使其繁殖成功率远低于高 pH 栖息地。

5. 酸雨对水生态系统结构与功能的影响

水体酸化及其所导致的水化学改变都会影响水生生物，使其生物多样性下降，结构简单化，食物链和种间关系遭到破坏。一方面，水体酸化，浮游藻类总数量锐减，藻类生物量下降，水体中底栖动物的密度、生长量也与 pH 呈负相关，多样性指数降低。另一方面，水环境酸度的增加也使鱼类的多样性下降，种类的数量减少，丰度降低，补充群体衰退，肥满度和生长下降。另外，水体 pH 降低也影响到两栖类、水禽类的组成和数量。

在酸化水体中因生物种类和数量及营养成分的生物有效性都发生变化，加之其产生的次生效应等都会使整个水生态系统的物质循环和能量流动受到干扰，生态系统的稳定性也遭受破坏。这种物质与能量流动的中断使正常的食物链（网）无法维持而导致该生态系统的破坏。另外，鱼的中毒或死亡将产生对以它为食物的大型禽类及人类的生态效应，造成水禽的减少，并对人类健康也有一定的影响。

三、酸雨对陆地生态系统的影响

（一）酸雨对植物的影响

1. 叶片结构破坏

叶片是植物进行光合作用的器官，酸雨影响植物叶片的结构和正常的生理生化过程，进而间接影响到植物的生长发育。然而由于液态酸雨和气态二氧化硫的差异，因此对植物叶片伤害症状也存在不同。

酸雨导致植物气孔不同程度的永久性开放和表皮细胞瓦解，植物的叶肉组织中，栅栏组织明显增加，叶片增厚、海绵组织数量降低。

线粒体内含有很多酶系，它们参与细胞内物质氧化并释放出能量，因此线粒体是细胞的供能站。研究表明，酸雨作用下线粒体的峙间变大，内含物减少，这样酶分子附着的表面就减小，细胞呼吸减弱，从而导致植物糖有氧氧化过程受阻，呼吸作用减弱。

酸雨致使叶绿体结构破坏，叶绿素和类胡萝卜素含量下降，叶绿体的光还原活性降低。同时，叶绿体的片层结构被破坏，且类囊体膜明显扭曲，活性叶绿体片层结构被破坏后则意味着捕获光能的机构效能降低，因而不能有效地收集光能，加速光合反应，同样也使细胞代谢受阻。随着酸雨 pH 的下降，叶绿素 a 与叶绿素 b 的比值变小。另外，在酸雨作用下，叶绿体的光合磷酸化活性降低。

质膜正常的透性对于维持细胞进行正常的生理活动和生存是至关重要的。当植物处于逆境条件下，胁迫因子（如高温、低温、干旱、污染物作用等）会刺激细胞膜，引起膜结构的破坏，透性增大，细胞内的电解质离子外渗增加，细胞质电导率升高。研究表明，植物的叶片在酸雨的作用下细胞膜被破坏，电解质渗漏率增加。

2. 生理代谢受到影响

1）光合能力下降

通常来说，酸雨导致植物光合能力下降。例如，在 pH 为 2.5～3.5 强酸雨胁迫下杜仲（*Eucommia ulmoides*）Hill 反应活力逐渐降低，二氧化碳补偿点和光补偿点明显升高，光饱和点、最大净光合速率则显著下降。

2）氮代谢活性降低

硝酸还原酶（NR）、谷胱胺酞合成酶（GS）、谷氨酸脱氢酶（GDH）和谷丙转氨酶（GPT）是叶片氮代谢中起重要作用的 4 种酶。其中，NR 是植物氮素代谢过程中的关键酶。这 4 种酶在 pH 为 4.0 及以下的酸雨胁迫下，其活性随 pH 的降低而降低，随着降水量的增多和时间的延长，降低率增大。叶片中的可溶性蛋白含量和游离氨基酸含量也随酸雨 pH 的降低而有所降低。

3）矿质代谢紊乱

酸雨对植物体内矿质营养代谢的影响体现在酸雨对植物叶片淋洗过程中造成矿质营养元素如 Ca^{2+}、Mg^{2+}、K^{+}、Na^{+} 等的析出。酸雨穿过冠层时 H^{+} 被树冠吸收，叶中的矿质元素在低 pH 下逐渐溶解，最后通过淋洗作用使得植物叶片中的易溶解的矿质元素含量下降，一些非活性状态的元素含量增加，植物细胞组织内的元素平衡被打破，从而对植物产生次级的副作用。

酸雨对植物矿质营养的影响机制，一方面，酸雨中的 H^{+} 与叶片角质层中阳离子交换，这与叶片中外渗量增加以及叶片本身的分泌作用有关。另一方面，酸雨导致土壤酸化改变有效离子组成以及有毒离子的释放，使得有毒离子参与植物的矿质营养代谢。

4）活性氧代谢失调

在酸雨胁迫下植物体内的各种酶的活性也发生了一定的变化。植物衰老或在逆境胁迫下，活性氧代谢失调是引起细胞伤害的主要原因。

丙二醛（MDA）是酸雨作用膜质过氧化过程的产物，反过来又会加剧膜的损伤。植物在酸雨下出现的伤害与体内超氧化物歧化酶（SOD）活性下降和过氧化物酶（POD）活性增加有关。过氧化物酶活性的增加一方面有利于清除活性氧，另一方面对植物生长有调节作用，它参与细胞壁多种结构成分的聚合作用，使植物细胞失去伸展性，从而限制植物细胞伸长。酸雨降低膜保护酶活性可能有几个方面原因：一是酸雨使植物叶片细胞内环境 pH 和原生质等电点降低，从而酶活性偏离最适 pH；二是改变了酶的带电性质和底物电离状况或破坏了酶结构使酶活性钝化；三是酸雨可能影响植物核酸代谢，使 DNA 和 RNA 含量降低，相应的酶合成减少，保护酶数量降低。

3. 生长量下降

酸雨对农作物生长和产量的影响，表现在酸雨可导致作物产量和生长量下降。但是，不同作物有不同的反应。

酸雨对森林的副作用通常不是直接的，而是通过伤害植物叶片、限制养分吸收和土壤释放的毒害离子等过程实现的。根据“七五”、八五”国家攻关酸雨课题在 11 省（自治区）的研究结果表明，中国酸雨对森林危害的经济损失：木材经济损失为 18.0 元/a；森林生态效益经济损失为 162.3 元/a。世界范围内，到 1988 年，欧洲森林的损失率从葡萄牙最低的 4%到捷克斯洛伐克最高的 71%，平均达到 35%。

4. 繁殖能力降低

酸雨破坏花的结构，使得花序主轴不伸长、花柄缩短、花蕾脱落、花萼变色、花粉受到明显的损伤，部分花粉还丧失了萌发能力。

酸雨不仅影响花器官，同时也对种子萌发和幼苗形成产生一定的影响，其程度与物种和酸雨的强度有关。

花是植物由长时间营养生长转为生殖生长的表现之一。研究发现，酸雨不但对花的结构有影响，而且对植物的花期也存在一定的影响。

（二）酸雨对土壤生态系统的影响

酸雨落地后会使土壤原有的酸度增大或碱性降低，从而改变土壤的物理化学性质和微生物群落，引起土壤中营养物质的流失和某些金属元素的溶出，影响植物的生长发育和作物的品质。由此可知，酸雨对土壤生态系统会产生很大的影响。

1. 土壤酸化

酸性物质随降水进入土壤后，对土壤最主要的影响是加速土壤的酸化及盐基阳离子的淋溶（表 7-4）。土壤溶液中 H^+ 浓度的进一步增高，会引起土壤矿物质的风化和可溶态铝浓度的增加。静态培养下，外源 H^+ 可使土壤发生酸化作用，酸化作用的程度因土壤类别而异，这是不同土壤具有不同缓冲容量的结果。酸雨可以把土壤中的磷肥转化为难溶于水的化合物，这样就影响了植物根系对肥的吸收。酸雨所带来的过量 H^+ 会替换其他元素，包括钾、镁、钙等营养元素。土壤中含有大量铝的氢氧化物，土壤酸化后，可加速土壤中含铝矿物的风化而释放出大量 Al^{3+}，形成植物可吸收形态的铝化合物，铝一旦被释放就会妨碍植物根系吸收水分和养料的能力，尤其是镁的吸收，随着镁的溶出，土壤会发生镁不足情况。镁是叶绿素的核心元素，是植物活性、新陈代谢不可欠缺的元素，缺少镁将会导致植物枯萎和森林枯萎。而锰、铅、汞、镉、铜等金属元素在酸的作用下也可变成可溶性的物质。植物生长发育中长期和过量的吸收重金属，会中毒，甚至死亡。

表 7-4 模拟酸雨对于黄壤化学性质的影响

采样部位	模拟酸雨 pH	土壤 pH		盐基饱和度 /%	铝	钙	镁
		水	氯化钾		mmol/kg 干土		
表土 (0～4cm)	2.0	3.26	2.96	17.24	9.1	2.2	0.5
	3.0	3.95	3.16	33.04	7.9	8.6	0.6
	4.5	4.77	3.98	51.93	2.6	17.7	3.2
	对照	6.12	5.05	82.94	0	25.1	8.4
深层土 (15～20cm)	2.0	3.69	3.20	27.12	15.0	1.0	0.3
	3.0	3.81	3.33	29.88	10.0	5.9	0.4
	4.5	4.75	3.92	51.47	3.0	13.3	3.0
	对照	5.76	4.75	74.67	0	24.0	6.4

2. 土壤酶活性发生变化

土壤酶作为一种蛋白质，与存在于其他生物体的酶一样，具有一般蛋白质的理化性质。酶分子上有许多酸性、碱性氨基酸的侧链基团，这些基团随着 pH 的变化可以处于不同的解离状态。侧链基团的不同解离状态或者直接影响底物的结合和进一步反应，或者影响酶的空间结构，从而影响酶的活性。pH 对酶活性的影响有下列几个方面：①酸或碱可以使酶的空间结构破坏，引起酶活性丧失，这种失活或者可逆或者不可逆，可逆失活是当 pH 适当改变后，活力完全恢复。②酸或碱影响酶活性催化基团的解离状态，使得底物不能分解成产物。③酸或碱影响酶活性结合基团的解离状态，使得底物不能和它结合。④酸或碱影响了底物的解离状态，或者使底物不能和酶结合，或者结合后不能生成产物。总之，pH 对土壤酶活的影响比较复杂，构象的变化往往和结合、催化能力的变化交织在一起，不能截然分开。

土壤酸性磷酸酶活性与土壤 pH 密切相关。土壤酸性磷酸酶主要来源于植物、微生物及动物，在土壤磷循环中起重要作用。在制约酶活性的众多因素中，pH 是较为重要的一项。pH 通过改变酶的肽链构象、氨基酸残基微环境而影响其活性的发挥。除此以外，pH 还将改变酶与腐殖质或黏土间的吸附行为、影响酶的解离状态，从而改变酶活性。

棉花根际土壤水解酶活性对不同酸雨的影响表明，脲酶、中性磷酸酶在低酸度(0～6.88mmol/kg H^+)表现为激活效应，此后随 H^+ 增大而转为抑制。在 0～55mmol/kg H^+ 范围内，转化酶、酸性磷酸酶活性随酸浓度增大而上升，继续增大酸浓度将会使酶活性降低。脲酶、中性磷酸酶活性与 H^+ 呈显著负相关；而转化酶、酸性磷酸酶活性与 H^+ 呈正相关。

酸雨明显减弱土壤微生物的氨化作用强度，在重酸雨区氨化作用强度较轻酸雨区下降27%，经折算每千克土减少约 50mg 氨态氮。较相对清洁区下降 50%，约相当于每千克土减少 500mg 氨态氮。

（三）酸雨对土壤微生物的影响

土壤中繁衍着数量巨大、种类繁多、代谢类型各异的微生物种群，它们对生态系统的物质循环和能量转化具有重要作用，同时生态环境的变化又直接或间接地影响微生物种群的组成及其功能的发挥。

酸性的土壤环境可使土壤微生物种群发生变化，细菌个体生长变小，生长繁殖速度降低，例如，分解有机质及其蛋白质的主要微生物类群芽孢杆菌、枯草杆菌和有关真菌数量降低，影响营养元素的良性循环。特别是酸雨可降低土壤中氨化细菌和固氮细菌的数量，使土壤微生物的氨化作用和硝化作用能力下降。这是造成农业减产和植物生产力下降的原因之一。根际微生物的酸性胁迫就根际这个特殊的生长环境而言，根际微生物数量和种类的下降直接影响根际养分的供应和根的代谢活动，从而对植物的生长产生负面影响。

在重酸雨区土壤中，蕈状芽孢杆菌（*Bacillas mycoides*）、巨大芽孢杆菌（*B. megatherium*）、蜡状芽孢杆菌（*B. cereus*）和枯草芽孢杆菌（*B. subtilis*）的数量与相对清洁区的土壤相比，数量明显减少。受酸雨的影响，土壤中真菌数量增加，但种类减少，数量增加主要是由于较喜酸性的青霉（*Penicilliun*）和木霉（*Trichoderma*）数量增加有关。同时，在酸雨的影响下，湿地土壤中的硫酸根还原细菌（sulphate reducing bacteria，SRB）活性增强，且抑制了湿地中的另外一类微生物甲烷产生菌（methanogene）的活动，从而使得土壤甲烷气体的排放降低，硫酸根的还原能力增强。

根际与植物根系共生的微生物对土壤酸化非常敏感，强酸性的土壤可导致这些共生的细菌和真菌的数量和种类下降。这种土壤微生物多样性和数量的消长变化最终引起陆地生态系统中植物群落的动态变化。

综上所述，酸雨对陆地生态系统危害过程可以总结如下（图 7-7）。

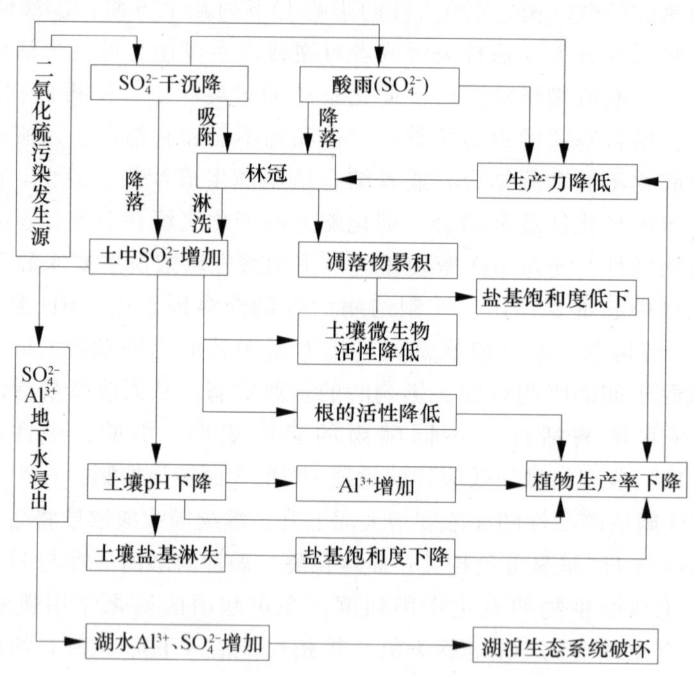

图 7-7 酸雨对陆地生态系统影响过程

四、酸雨对人类健康的影响

酸雨对人类健康产生影响主要通过三种方式：一是经皮肤沉积而吸收；二是经呼吸道吸入，主要是硫和氮的氧化物引起急性和慢性呼吸道损害，原先就有肺部疾患，特别是年幼的哮喘患者受酸雨影响最为明显；三是来自地球表面微量金属的毒性作用，这是酸雨对人类健康最具重要性的潜在危害。

酸雨对人体健康产生间接的影响。酸雨使地面水变成酸性，地下水中金属量也增高，饮用这种水或食用酸性河水中鱼类会对人类健康产生危害。

酸雾对人类健康的危害比酸雨更为严重，但至今尚未引起人们的重视。酸雨一般通过饮水和食用受酸雨污染的食物对人类造成危害。而酸雾则随着人类的呼吸直接进入肺中，对人类健康的危害更为严重。

五、酸雨对建筑物和文物古迹的影响

酸雨能与金属、石料、混凝土等材料发生化学反应或电化学反应，从而加快楼房、桥梁、历史文物、珍贵艺术品、雕像的腐蚀。我国故宫的汉白玉雕刻、敦煌壁画、埃及的斯芬克斯狮身人面雕像、罗马的图拉真凯旋柱等一大批珍贵的文物古迹正遭受酸雨的侵蚀，有的已损坏严重。酸雨还直接危害电线、铁轨、桥梁和房屋等。

第三节　UV-B辐射增强及其对生物的影响

大气臭氧浓度的变化是全球变化方面之一。人类的活动排放了大量破坏大气臭氧层的碳烃类化合物，使得地球的“保护伞”平流层的臭氧浓度从20世纪70年代开始急剧衰减，有些地方出现了臭氧“空洞”。臭氧的减少导致辐射到地表有害的UV-B强度增加，从而打破了地球生物圈原有的平衡，对人类健康、生态环境、材料、大气质量和建筑物等产生深远的影响。本节主要讨论了臭氧层衰减的机制，臭氧浓度减少的现状和未来发展趋势，UV-B辐射对生态环境中主要的生产者、消费者、分解者、生物地球化学循环以及人类健康的影响。

一、臭氧层衰减与UV-B辐射增强概述

（一）臭氧层衰减

1. 大气臭氧的发现及性质

臭氧，因其类似鱼腥味的臭味而得名。其分子式为O_3，是氧气的同素异形体。1840年，Schonbein首次在低层大气中发现并命名。1881年，Hatley发现臭氧可以吸收波长小于290nm的紫外线。1924年，Dobson发明了一种分光光度计用来测量大气中臭氧的浓度，为臭氧的研究奠定了基础。后人为了纪念Dobson，现在用DU（Dobson Unit）来表示大气臭氧通量（$1DU=2.69\times10^{16}mol/cm^2$）。自然条件下，臭氧是淡蓝色的气体；在标准压力和常温下，它在水中的溶解度是氧气的13倍；臭氧比空气重，相对密度是空气的1.7倍；臭氧有很强的氧化力；正常情况下，臭氧极不稳定，容易分解成氧气；臭氧分子是逆磁性的，易结合一个电子成为负离子分子。

正因为臭氧具有上述特殊性质，因此，广泛应用于杀菌、消毒、防腐和保鲜日常生活和工农业生产中。

2. 大气臭氧层的形成及其作用

大气中的臭氧含量很低，仅一亿分之一，由于臭氧具有强氧化性质，在大气中的分布如图7-8所示，有一定特点。在大气50km以上的中层和热层中，短波紫外线（240nm左右）辐射非常强烈，氧气分子（O_2）被离解成氧原子（O），从而使氧气分子以原子状态存在，

大约占99%的氧。在低于50km的大气中，大量的能够分解臭氧和氧气的短波紫外线被上层的氧气和臭氧吸收，分子氧的数量远大于原子氧的数量，因此，氧分子与另一个氧原子结合产生臭氧。根据光化学平衡理论，高于50km，形成臭氧所需的氧分子太少，而低于15km，由于紫外线辐射被吸收而分解产生的氧原子太少，难以形成过多的臭氧，因此，臭氧主要集中在15～45km的大气层中，这一层的大气层通常称为平流层，同时，由于该层富集有大量的臭氧，因此也称臭氧层（图7-8）。

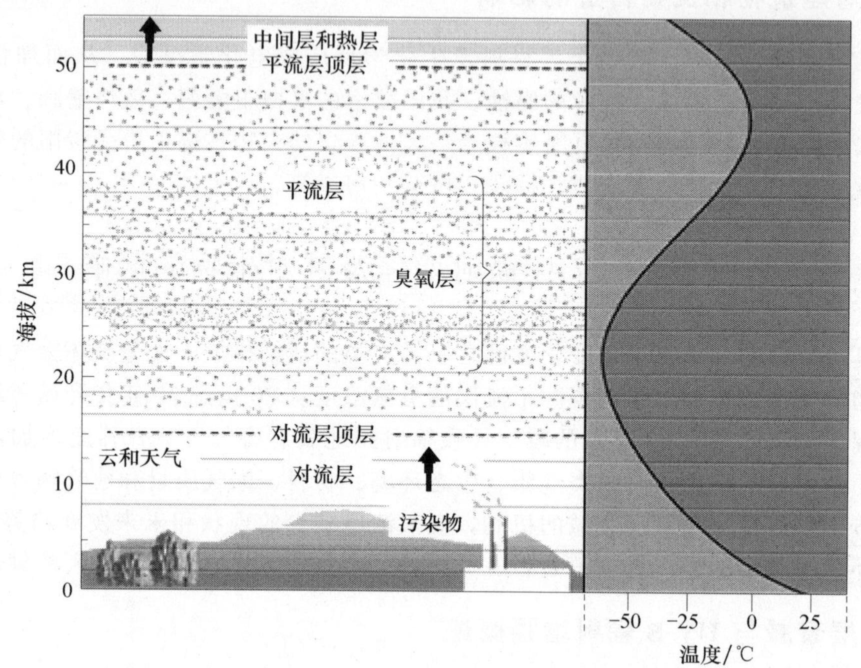

图7-8　地球表面大气层的组成及其温度变化

然而，在距离地面15km以下的大气对流层中，由于人类活动排放了大量的氮氧化物（NO_x），包括对人体有害的一氧化氮和二氧化氮气体。氮氧化物和碳氢化合物在大气环境中受强烈的太阳紫外线照射后产生一种新的二次污染物——光化学烟雾，在这种复杂的光化学反应过程中，主要生成光化学氧化剂（主要是臭氧）及其他多种复杂的化合物等。这些化合物全为空气污染物，长期滞留在对流层中，对人类健康和地球生态系统产生明显的负面影响。

大气臭氧层的变化与生物的生存和发展密不可分，在地质历史上，臭氧层的形成是水生植物登陆以及陆生植物进化的主要推动力。早期地球上的紫外线辐射（包括UV-A，320～400nm，UV-B，280～320nm，UV-C，280～220nm）很强。据估计，距今3.8亿年前的地球UV-B辐射是现在的1万倍。当时只有水生原生生物生活在海洋中。随着时间的推移，海洋生物光合作用过程放氧量的增多，以及UV催化形成臭氧的增加，臭氧层逐渐形成。

臭氧层的臭氧含量虽然极其微小，却具有非常强烈的吸收紫外线的功能，可以吸收太阳光中对生物有害的全部280nm以下的短波UV-C以及部分280～320nm的中波UV-B，对于320～400nm的较长波长UV-A没有吸收作用。由于臭氧层像遮阳伞一样能够吸收和阻挡高能的对生物具有杀伤作用的全部UV-C和部分UV-B辐射，有效地挡住了来自太阳紫外线的侵袭，才使得人类和地球上各种生命能够存在、繁衍和发展，臭氧层是地球生物的“保护伞”。同时，臭氧在紫外线辐射的分解与合成过程中，不断产生热能，从而增加了大气的温度。

臭氧对紫外线辐射的吸收能力决定于臭氧通量，即单位大气层中臭氧分子的数量。如果在0℃的温度下，沿着垂直于地表的方向将大气中的臭氧全部压缩到一个标准大气压，那么臭氧层的总厚度只有3mm左右。这种用从地面到高空垂直柱中臭氧的总层厚来反映大气中臭氧含量的方法称为柱浓度法，采用Dobson单位（Dobson unit，简称DU）来表示，正常大气中臭氧的柱浓度约为300DU，相当于地面上3mm厚度的纯臭氧层。工业革命后，平流层臭氧层的动态平衡逐渐被打破，臭氧浓度衰减的速度大于生成的速度，从而对全球生态系统产生影响。

3. 大气臭氧层衰减的机制

在平流层中，一部分氧气分子可以吸收小于240μm波长的太阳光中的紫外线，并分解形成氧原子。这些氧原子与氧分子相结合生成臭氧，生成的臭氧可以吸收太阳光而被分解掉，也可与氧原子相结合，再变成氧分子。其过程可用下面的化学反应方程式来表示。

$$O_2 + h\nu \longrightarrow 2O$$

$$O_2 + O + M \longrightarrow O_3 + M$$

$$O_3 + h\nu \longrightarrow O_2 + O$$

$$O_3 + O \longrightarrow 2O_2$$

M为反应第三体，它们是氮气和氧气分子，其作用是与生成的臭氧相碰撞，接受过剩的能量以使臭氧稳定。通过如下链式反应消除臭氧。

$$X + O_3 \longrightarrow XO + O_2$$

$$XO + O \longrightarrow X + O_2$$

合并 $O + O_2 \longrightarrow 2O_2$，其中X为—H，—OH，—NO，—Cl。

如果考虑了上述大气中微量成分消除臭氧的反应，再考虑大气运动效果，则大体上可以再现实际的臭氧高度分布。在平流层中，臭氧的生成和消亡处于动态平衡。

4. 大气臭氧层的衰减

1930年，杜邦（Du Pont）公司研制了一种称为氟利昂（Freon）的氯氟烃类（CFCs）化合物。除用作冷冻剂之外，CFCs还可用作泡沫的发泡剂、电路板的清洗剂以及喷雾器和灭火器的发生剂等。用作发泡剂时，CFCs可以用来制作硬质泡沫，生产泡沫冰箱、速食容器和绝热硬质泡沫板。1970年，化学家Lovelock首次在伦敦上空探测到氯氟烃的存在。1970年，Crutzen和Johnston报道大气氮氧化物能与臭氧发生反应并破坏臭氧层。1972年，Rowland和Molina发现在紫外线照射下，氯氟烃能够分解产生氯原子和自由基，前者能够以连锁反应的方式破坏大气臭氧分子，一个氯原子能破坏10万个臭氧分子。这几位科学家因成功揭示大气臭氧含量变化的化学机制而分享了1995年的诺贝尔化学奖。目前发现可以破坏臭氧层的物质有CFC、哈龙（Halon）、四氯化碳、甲基氯仿、溴甲烷以及氢氟烷、氢氟溴烷等。

“臭氧层”名虽为层，但实际上臭氧分布各地并不均匀。地球大气上空的臭氧层从赤道（低纬度）到极地（高纬度），从低海拔到高海拔，从春季到冬季，从早上到晚上，存在着动态的波动，这就是自然的臭氧层的时空变化梯度。

1984年南极首次观测到臭氧洞，到现在北极也观测到臭氧层的损耗。据联合国环境规划署（UNEP）1998年的报告，1998年是全球臭氧水平最低的一年，与20世纪70年代相比，目前北半球中纬度冬春季臭氧平均减少7%，夏秋季减少4%，南半球中纬度每年平均减少6%。现在南极大气平流层臭氧的含量是70年代的50%，中纬度地区的臭氧损失达5%。与1998年报告不同的是，2002年的报告，南极臭氧洞在春季连续出现，2000年平均臭氧浓度90～100DU，为70年代的40%，在北极，该值为200～250DU。极地以外，与1980年相比，南半球中纬度年臭氧损耗率为6%，北半球中纬度冬春季为4%，夏秋季为2%；而热带没有显著变化。平均而言，20世纪90年代全球臭氧浓度的年耗损率为3%。到了2006年，随着《蒙特利尔公约》的执行，报告显示全球臭氧耗损物质（ozone-depleting substance，ODS）排放逐渐减少。图7-9是全球有记录以来臭氧浓度的年际变化。

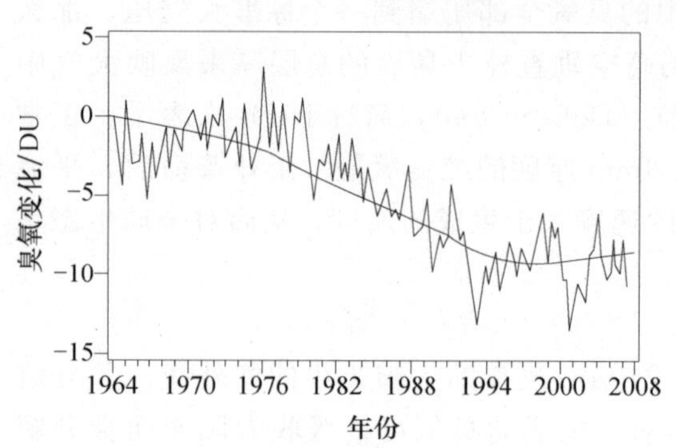

图7-9　全球臭氧记录以来的年际变化（UNEP，2008）

（二）UV-B辐射增强

1. UV-B辐射及其作用光谱

紫外线按其所起的生物作用和波段长度，可分为3个部分：A区紫外线波长320～400nm，其影响表现在对合成维生素D有促进作用，但过量的紫外线A照射会引起皮肤老化，产生皱纹，抑制免疫系统功能，太少或缺乏紫外线A照射又容易患红斑病和白内障；B区紫外线波长280～320nm，其影响表现在使皮肤变红和短期内降低维生素D的生成，长期接受可能导致皮肤癌、白内障及抑制免疫系统功能；C区紫外线波长280nm以下，具有DNA和蛋白质的直接破坏作用，但是全部被平流层臭氧层所吸收，不能达到地表。

紫外线辐射强度是用生物响应紫外线的作用光谱来表达的。生物响应涉及分子水平的，诸如对DNA的损害，也有涉及整个生物组织水平的。目前有DNA损伤的UV辐射作用光谱、植物损伤的UV作用光谱和红斑UV作用光谱3种方式表示UV辐射强度。红斑作用光谱是基于皮肤对紫外辐射的各种波长照晒后，产生发红现象的一种主观度量。红斑作用光谱取决于很多变化着的因素，例如，个体对紫外辐射的敏感度、辐射源的辐射特性、皮肤的色素沉着、解剖位置和被辐照后至观察到发红现象之间所用的时间等。红斑作用光谱也指紫外辐射在人类皮肤上产生红斑的能力，在很大的程度上依赖于辐射的波长（图7-10）。红斑作用光谱随着波长的增长而急速下降，从290～320nm，紫外光谱辐照度随波长集聚增加，UV-B占地面紫外辐射的5%，UV-A占地面紫外辐射的95%。对人类皮肤的作用实际上是二者加权（即相乘）的结果（图7-11）。加权后，太阳光谱辐照度其对皮肤的危害主要集中在B区域，峰值接近305nm。

紫外辐射增加随臭氧减少的程度可用辐射（光）放大系数（radiation amplication factor，RAF）来表示。计算出RAF值，就能预测未来臭氧减少导致的紫外辐射量的变化，因而就可预测出对地球生物和生态系统的影响程度。

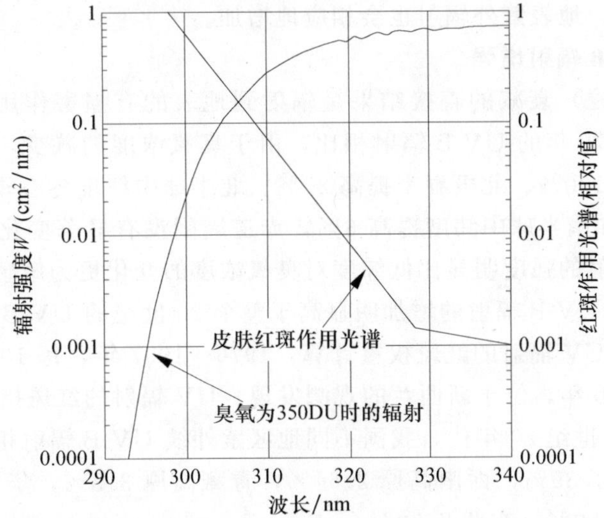

图 7-10　在臭氧浓度为 350DU 和太阳角 0°时辐射强度和红斑作用光谱

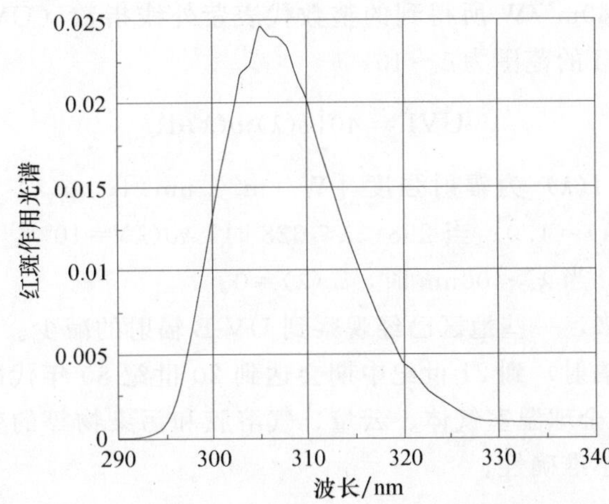

图 7-11　290～340nm 的红斑作用光谱

不同的波长对臭氧的吸收系数不同，所以不同波长的 RAF 不同。对于任意波段的 RAF 可通过以下公式进行计算：

$$\mathrm{RAF} = \mathrm{d}E/E \div (\mathrm{d}X/X)$$

式中，X 代表臭氧层浓度。

当已经知道臭氧从 X 变化到 X^* 时，紫外辐射 E 变化到 E^*，则 RAF 可从下式估算：

$$\mathrm{RAF} = \ln(E^*/E) \div \ln(X^*/X)$$

RAF 值表示平流层臭氧每减少 1% 地表生物有效辐射增加的百分数。有了 RAF 值，就可以得到臭氧层衰减引起紫外辐射的增加量。计算表明，UV-A 波段的 RAF 值为 0.02，可以忽略不计，UV-B 波段的 RAF 权重值为 1.0。如果以全波段（UV-A、UV-B）表示，UV 辐射皮肤红斑的 RAF 值为 1.2，DNA 损伤的 RAF 值为 2.2，植物损伤的 RAF 值为 1.6。

太阳的入射角、地表的纬度、海拔、大气云量、地表反射和气溶胶等都影响到 UV-B 辐射到达地表的实际量以及生物有效辐射（biological effective radiation）。目前大气层臭氧总量减少已经成为事实，地表紫外辐射也会相应地增加。

2. 臭氧层衰减与 UV-B 辐射增强

平流层臭氧层（柱）衰减的直接结果是辐射到地表的有损害作用的 B 区紫外线增强。在全球范围内，与 1970 年的 UV-B 辐射相比，由于臭氧浓度的减少，20 世纪 90 年代南极春季 UV-B 辐射增加 130%、北极春季提高 22%、北半球中纬度冬春季增加 7%、北半球中纬度夏秋季增加 4%和南半球中纬度提高 6%，赤道周围没有显著变化。由此看来，极地和高纬度地区 UV-B 辐射的强度明显比低纬度对臭氧浓度的变化更为敏感。

在 20 世纪后期，UV-B 辐射的增加明显高于整个 20 世纪的 UV-B 辐射的波动范围。波兰的监测表明，按照 UV 辐射的红斑权重计算，1976～1997 年，每 10 年 UV 辐射增加 6.1±2.9%。相比于 1990 年，位于新西兰的观测发现，UV 辐射的红斑指数提高了 12%。

有人预测，到 21 世纪 20 年代，我国不同地区紫外线 UV-B 辐射相对于 20 世纪 80 年代的增加率分别为华南 1.39%，西南高原 2.64%，青藏高原 3.3%，华中华东 3.16%，西北高原 3.91%，华北 5.59%，东北 7.93%。

目前，气象部门用对当天紫外辐射的测量结果，经过标准红斑作用光谱加权并换算成红斑有效辐照度后，除以 $40m^2/W$ 所得到的整数代表紫外线指数（UVI），进行 UVI 指数预报。在正常情况下，UVI 的范围为 1～10。

$$UVI = 40\int I(\lambda)w(\lambda)d\lambda$$

式中，λ 为波长（nm）；$I(\lambda)$ 为辐射强度［$W/(m^2 \cdot nm)$］；$w(\lambda)$ 为 UV 红斑权重系数。当 $250<\lambda\leqslant298$ 时，$w(\lambda)=1.0$；当 $298<\lambda\leqslant328$ 时，$w(\lambda)=10^{0.094(298-\lambda)}$；当 $328<\lambda\leqslant400$ 时，$w(\lambda)=10^{0.015(139-\lambda)}$；当 $\lambda>400nm$ 时，$w(\lambda)=0$。

有证据表明，近年来，一些地区已经观察到 UV-B 辐射的减少。模型预计，中纬度地区的臭氧水平（即 UV-B 辐射）到 21 世纪中期会达到 20 世纪 80 年代的水平，而极地地区可能要晚 10～20 年。由于全球温室气体、云量、气溶胶和污染物等的变化和不确定性决定了预测未来的 UV 辐射的不准确性。

二、UV-B 辐射增强对植物的影响

1. 对植物形态结构的影响

当 UV-B 辐射到植物叶片表面时，大多数有害的 UV-B 辐射会被反射，反射的程度因植物种类和作物品种而异，光滑无毛的革质叶可以反射多达 40%的 UV-B 辐射，而有毛的叶片仅反射 3%～10%。透过植物叶片的 UV-B 光为 0.1%～5%，其余的光被 UV-B 辐射所吸收。从而，对植物的生长发育产生影响。

在增强的 UV-B 辐射下，植物叶片和茎等会出现明显的可见伤害症状，最初可以在叶片表面看到铜锈色或者棕色的斑点，随即出现失绿、坏死甚至叶片脱落等早衰症状。有些植物随着辐射时间加长，叶片呈现卷曲、杯形或干死症状。

首先，UV-B 辐射导致叶面积减小。通常来说单位叶面积的减少可以接收较少数量的有害的 UV-B 辐射，是对 UV-B 辐射的一种适应性反应。叶面积的减小有些是细胞分裂次数减少造成的，有些是细胞变小所致，统计表明，作物和植物叶面积下降的幅度为 15%。

其次，UV-B 辐射会引起叶片增厚。从解剖结构上分析，增厚的部分主要是海绵组织的

细胞，表现为海绵组织细胞层数增多，细胞间隙增大；而栅栏组织细胞变得又宽又短。也有一些植物表现为栅栏组织增加，如拟南芥（*Arabidopsis thaliana*）的突变体在 UV-B 辐射下比野生型多形成了 2～3 层栅栏组织。这样，细胞数目的增加，有利于阻挡有害的紫外线辐射。细胞层数的增多扩大了 UV-B 辐射穿越叶片的距离，从而，减少了对叶肉细胞的破坏，同时也是对叶面积减少的一种适应性补偿。

最后，在亚显微结构上，光合作用的细胞器遭到破坏。一些植物叶片的叶绿体基粒片层、类囊体和膜遭到 UV-B 光的破坏，叶片木质部导管数量和直径变小。

2. 对植物光合色素的影响

UV-B 辐射增强下绝大多数植物光合作用色素含量下降。当然，种间和种内（品种间）差异非常明显，实验条件的不同也影响着色素含量的变化。整体上，单子叶植物比双子叶植物具有较高的抗 UV-B 辐射的能力，据统计，在 UV-B 辐射下，双子叶植物的叶绿素含量下降 10%～78%，而单子叶植物下降 0～33%。究其原因，单子叶植物叶片条形或带状，通常直立，而双子叶植物叶片通常阔形、水平着生。这样，相比于单子叶植物，双子叶植物接收到更多的 UV-B 辐射。

3. UV-B 辐射增强对植物大分子物质的影响

1）UV-B 辐射增强对植物蛋白质的影响

含有芳香环或杂环的氨基酸对蛋白质（包括酶）的生物学功能来说是不可缺少的。芳香环和杂环中的共轭双键对 UV-B 有强烈的吸收。这些基团在 UV-B 辐射作用下，转变为活性很强的激发态，随后易发生开环或与其他物质直接结合，而使本身所在的蛋白质分子的空间结构发生改变，从而失去原有的生物活性；另外，极易将激发产生的高能电子传递给氧气、OH^-甚至水而产生破坏力很强的自由基。UV-B 对植物光合器中光系统Ⅱ（PSⅡ）的 D1 蛋白、核酮糖-1,5-二磷酸羧化酶加氧酶、ATP 合成酶、ATP 酶等酶和蛋白质的破坏非常明显，已经进行了大量研究。

2）UV-B 辐射增强对植物 DNA 的影响

DNA 是遗传的物质基础，它的改变一般会引起相应性状发生变化。DNA 分子中碱基都含有杂环（嘧啶环和嘌呤环），这些基团（特别是嘧啶环）吸收 UV-B 后，转变为具有很强氧化活性的激发态，这种激发态很容易引起一系列反应。一是相邻嘧啶环之间会发生结合形成二聚体，而导致移码突变。二是激发态的碱基与其他物质结合而脱落，也引起移码突变。三是将激发产生的高能电子传递给氧气、OH^-和水等基团或分子，产生破坏力很强的氧气、OH^-和水等自由基。这些自由基反过来又可能导致 DNA 链的断裂，进而引起基因突变甚至影响 DNA 的复制。

DNA 是 UV-B 攻击的主要靶位之一。UV-B 导致植物 DNA 损伤主要是通过形成环化的嘧啶二聚体（CPD）和（6-4）光解产物（6-4PP）及其异构体。嘧啶二聚体和（6-4）光解产物分别占 DNA 光产物的 70%～80%、20%～30%。前者常常引起细胞毒害，而后者导致严重的基因突变甚至致死效应。6-4PP 通常在 UV-B 和 UV-A 的波段产生较强的吸收，从而形成（6-4）光解产物的同分异构体。

4. 对植物光合作用的影响

光合作用过程对增强的 UV-B 辐射的响应与植物种、品种以及实验条件、UV-B 辐射的剂量和环境 PAR 有关。通常来说，在温室和生长房中 UV-B 辐射对植物光合作用的负面影响大于室外田间条件。双子叶植物比单子叶植物更敏感，在 UV-B 辐射下，叶片的光合作用下降程度比单子叶植物高。在 UV-B 辐射下光合作用下降的机制，首先，位于类囊体膜上的光系统Ⅱ受到 UV-B 光的攻击。其次，UV-B 辐射导致卡尔文循环中核酮糖 1,5＝磷酸羧化酶加氧酶的活性下降，含量降低。同时，核酮糖-1,5-二磷酸（RuPB）的再生能力以及景天庚酮糖-1,5-二磷酸羧化酶的活性受到 UV-B 辐射的抑制。再次，在 UV-B 辐射下植物叶片的气孔限制作用（如气孔导度、胞间二氧化碳浓度等）对光合作用速率的影响也是重要的一个方面。一般而言，UV-B 辐射导致气孔关闭，胞间二氧化碳浓度降低，气孔导度下降等，最终影响植物光合作用能力以及植物的生长发育。但是，究竟哪个过程起着关键作用，其机制如何，目前仍然不清楚。

5. 对植物物候的影响

植物随四季气候变化呈现出不同的生命活动现象，称为植物的物候期（phenology）。对大多数植物来说，UV-B 辐射可推迟其幼苗形成和花期，使生育期滞后，并延长。植物物候期是长期进化过程，花粉的传递，果实的形成以及种子散播等与生长地的环境协同进化，花期和生育期的延迟会产生深远的生态学效应。

6. 对植物生长的影响

在 UV-B 辐射下，植株（株高）矮化，主茎和节间缩短是一个普遍观察到的结果。有人认为植株矮化的主要原因是 UV-B 辐射抑制生长素（IAA）的生物合成或者促进了其裂解。半数以上植物物种的生物量积累在增强的 UV-B 辐射下降低，1/3 以上植物物种生物量积累不受紫外线辐射的影响，个别作物的生物量在 UV-B 辐射下增加，平均的减幅为 9%～14%。这种差异仍然归因于植物种类、UV-B 辐射的剂量、实验条件、环境 PAR 和 UV-A。

大量实验证明，接近一半的植物和作物经济产量在 UV-B 辐射下下降，少部分植物经济产量不会受到影响，个别的一些种类或作物品种产量甚至提高。引起作物籽粒产量下降的主要原因是 UV-B 辐射影响了植物生殖结构和过程。

7. 植物的 UV-B 保护机制

1）蜡质积累

植物表皮蜡质（wax）是覆盖在植物表面最外层，由高碳脂肪酸和高碳一元脂肪醇构成的酯所组成。一般认为表皮蜡质具有阻止植物组织内水分的非气孔性散失、防止植物被有害光线损伤、维持植物表面清洁与植物表面防水、保护植物避免被病菌侵害和防止某些昆虫的蚕食等功能。同样，表皮蜡质在反射 UV-B 光方面具有重要的作用。例如，桉（*Eucalyptus grandis*）的叶表皮蜡质可以反射 10%～30%的 UV-B 辐射，但对于可见光反射能力较低。因此，UV-B 辐射下，植物表皮蜡质含量的增加可以机械阻挡和反射 UV-B 辐射，成为防护 UV-B 伤害的第一道防线。

2）抗氧化剂和次生代谢产物

植物防护 UV-B 辐射的第二道关卡就是诱导性合成紫外线吸收物质（UV-B absorbing compounds），如类黄酮和酚类化合物。这些化合物在短波为 260～320nm 具有较高的吸收峰，因此，可以“过滤”过量的紫外线，减少对叶绿素等的伤害。复合种群分析表明，在 UV-B 辐射下，植物 UV-B 吸收复合物平均增加 10%。植物阳生比阴生叶片含有较高的类黄酮，因此，阳生叶片可以较好的抵挡 UV-B 辐射，减轻对光合作用器官的损伤。

藻类细胞中含有或经诱导后能合成 UV-B 屏障色素，主要有孢粉素（sporopollenin）、三苯甲咪唑（mycosporine）和三苯甲咪唑类氨基酸（MAA）等。MAA 是藻类普遍存在的 UV-B 屏障色素，但不同的种类之间及同种藻在不同强度的 UV-B 下含量差别很大。

3）补偿性物质的合成

有些植物如低等的藻类在 UV-B 辐射下，会合成抵抗 UV-B 辐射的同功物质，以适应这种环境。比较典型的例子是 *Synechococcus* sp. PCC7492。当它受到 UV-B 辐射后，光系统Ⅱ D1 蛋白基因家族的表达发生改变，编码 PSⅡ D1：1 基因表达减弱，而编码 PSⅡD1：2 的基因表达明显增强，这与 PSⅡ D1：2 蛋白不受 UV-B 的影响有关。

4）自由基消除

UV-B 会使植物细胞内产生多种自由基，这些自由基对细胞的成分和结构都会产生破坏作用，而细胞中存在有消除自由基的系统。细胞内能消除自由基的物质主要有：谷胱苷肽（GSH/GSSG）系统、维生素 C(VC)、过氧化物歧化酶（SOD）、过氧化物酶（POD）和 β-胡萝卜素等。这些物质通过氧化还原反应，可消除自由基。例如，氧自由基（$\cdot O_2$）在 SOD 的催化下，生成过氧化氢，接着在过氧化氢酶（CAT）的催化下转变为无毒的水和氧气。

$$2H_2O + \cdot O_2 \xrightarrow{SOD} 2H_2O_2 \xrightarrow{\text{催化剂}} 2H_2O + O_2$$

谷胱苷肽也是细胞中常见的氧自由基消除剂，在 UV-B 等胁迫增强时，它的合成增加。但由于谷胱苷肽在消除氧自由基的同时，不断转变为氧化型谷胱苷肽，因而随 UV-B 的增强，GSH 含量增加，而 GSH/GSSG 却降低。

5）DNA 的修复

UV-B 辐射不仅诱导植物的形态学和生理学变化，而且也诱导植物的光修复和重组修复过程。DNA 的损伤程度和稳定性与嘧啶的数量、二聚体形成的位置等有关。一旦损伤的 DNA 没有得到修复，会影响 DNA 的转录和复制，最终导致基因编码突变甚至死亡。

UV-B 损伤后 DNA 的修复方式有 3 种：光复活（photoreactivation）、切除修复（excise repair）和重组修复（recombination）。

增加 UV-A 和蓝光的比例有减轻 UV-B 伤害的现象，就是因为 UV-A 和蓝光能激活光复活酶。链霉素能使本来对 UV-B 抗性很强的藻类变得对 UV-B 很敏感，主要是由于阻断了光复活酶和与切除修复有关的酶的合成。多数蓝藻具有较强的抗 UV-B 的能力，DNA 修复能力强是其原因之一。敏感型藻类对 UV-B 的损害之所以呈累积效应，就是因为 DNA 受到 UV-B 损伤后，不能得到修复，而使损伤越来越严重。而抗性藻对 UV-B 的损害不呈累积效应，则是因为在 DNA 受到 UV-B 损伤的同时，也得到修复。因此，UV-B 没有达到一定的强度是不会表现出受伤迹象的，只有当单位时间内 UV-B 造成的损伤超出了其修复极限时，才会导致损伤日趋严重。所以，抗性藻对 UV-B 的伤害只与剂量率呈正相关，而不是与剂量呈正相关。

三、UV-B 辐射增强对动物的影响

1. 对昆虫的影响

植食性昆虫作为生态系统中的重要组成部分，其种群波动和适合度变化对系统的结构和功能均具有深刻影响。UV-B 对昆虫行为、生长发育及种群动态等有着直接或间接影响，

UV-B 增强通过影响植食性昆虫可间接影响生态系统中第一营养级的植物和第三或四营养层的捕食者或寄生者，从而对生态系统产生冲击作用。因此，了解 UV-B 增强对植食性昆虫的影响对全面评价其对生态系统的影响具有重要意义。

首先，紫外辐射可被昆虫利用作为识别、接收而影响昆虫的定位、飞行、取食及两性间的交互作用。某些昆虫具有一些特殊的 UV 识别器，例如，海洋中的甲壳类昆虫具 4 个独立的 UV 感受通道。UV 光谱可在一定程度上控制这些昆虫的行为，UV 强度的变化会刺激昆虫体内的识别器，支配其日常的觅食行为及地理分布和活动范围。可以预见，UV-B 增强将不可避免地影响这类昆虫的行为。

作为植食性昆虫的主要栖息场所及食物来源，植物响应 UV-B 辐射的变化必然影响到昆虫的生存环境和食物的供应，从而间接影响昆虫种群及其多样性。在实验室条件下，梨豆夜蛾（*Anticarsia gemmatalis*）对 UV-B 处理叶片的取食喜好性明显下降，与对照相比，若强迫其取食，则表现为生长缓慢，死亡率上升。这与增强的 UV-B 使植物发生了一定的结构和生理生化上的变化，从而间接影响了昆虫的生长发育有着密切联系。

在 UV-B 辐射下，植物表皮的加厚、毛被的增加和蜡质积累等会间接地影响植食性昆虫口器的使用和正常的取食行为。

UV-B 增强会使植物内的营养物质含量发生变化，从而影响植食性昆虫的生长、发育和繁殖。蛋白质和氨基酸是昆虫生长发育和生殖所必需的营养物质。而 UV-B 增强可改变植物内的蛋白质和氨基酸含量。植食性昆虫所必需的氨基酸一般从寄主植物中摄取，若寄主植物中必需氨基酸缺乏，则会延长昆虫的幼虫期，并影响到雌成虫的卵巢发育，降低其产卵量。UV-B 辐射下，杜鹃花科植物帚石楠（*Calluna vulgaris*）上木虱科的一种昆虫 *Strophingia ericae* 的种群密度明显下降，这可能是 UV-B 处理后异亮氨酸浓度上升所致。

因为植物糖类的组成和含量是昆虫食物和助食物质，所以增强 UV-B 辐射通过影响植物体内糖类物质的积累，从而影响取食昆虫的生长发育。另外，UV-B 增强可能通过影响植物糖类的合成而对昆虫的取食喜好和取食量产生影响。例如，汉马夜蛾（*Autographa gamma*）在增强 UV-B 处理豌豆叶片上取食的减少，认为主要是由于叶片氮含量增加，C∶N 值下降的结果。

UV-B 辐射下植物的次生代谢产物会发生变化，例如，类黄酮含量上升、单宁积累增加、木质素合成下降等，这是植物响应 UV-B 辐射的一种适应性反应，有利于提高植物抵御辐射的能力。然而，这些次生代谢产物的消长变化恰恰影响到了植食性昆虫取食的行为和程度，从而影响到昆虫的生长、发育和繁殖。UV-B 辐射诱导的病理相关基因的表达可以增强植物抗病虫害的能力。

另外，在 UV-B 辐射下，植物物候期的改变和种间竞争性平衡的变化会导致直接或间接影响昆虫的行为、活动和分布。

2. 对水生动物的影响

水体消费者包括幼小鱼类、海胆、软体动物、甲壳动物和海绵动物等浮游动物（zooplankton）、两栖动物和鱼类。在淡水湖泊中 UV-B 是这些类群分布的潜在驱动力。研究表明，当浮游动物从深水移动靠近 UV 辐射的潜水区时，几天内这些浮游动物的种群受到负面影响。水蚤属（*Daphnia*）动物会以逃避的方式减轻 UV-B 辐射的伤害，当它们遇到 UV-B 辐射时水表面的活动减少，游动进入较深水体，当水表面 UV-B 辐射减少时，又开始在表面活动。在 UV-B 辐射下，海洋桡足类的成活率显著下降，尤其是卵和幼虫，因为卵和幼虫身体多数是透明的，UV-B 更容易穿透到达组织内部。UV-B 诱使海胆胚胎发育出现程序性死亡，在过去的 25 年里，环极低海的海胆（*Sterechinus*）数量减少了 50%，这与臭氧层衰减 UV-B 辐射增强关系极为密切。

在 20 世纪里两栖动物的数量和种类急剧下降，有些种类已经或者濒临灭绝。归结起来，原因有生境破坏、斑块化、全球气候变化、酸雨沉降、环境污染（包括杀虫剂、化学肥料、除草剂、重金属等）、病虫害、外来种入侵、降雨的年际变化等。UV-B 辐射是否直接影响种群和群落变化，一直存在争议。近年来的实验证明，UV-B 辐射的增加是导致两栖动物种群下降的主要原因之一。例如，UV-B 可以导致美洲蛙（*Rana pipiens*）胚胎发育畸形和死亡，青蛙（*Bufo boreas*）幼体成活率在 UV-B 辐射下降低。

四、UV-B 辐射增强对微生物的影响

在 UV-B 辐射的直接影响下，微生物的变化多是显著的。在对真菌分解者的研究中，发现在相当于 15% 臭氧层衰减的 UV-B 辐射下，孢子萌发将会减少 40%，菌丝形态也有很显著的变化，但菌丝的扩展在数量上变化很小。增强的 UV-B 辐射会导致一些真菌生长出许多紧密的菌丝，也会使真菌相对丰富度产生显著变化。

微生物的 UV-B 敏感性存在种内和种间的差异，这种差异可能是色素所造成的。叶面微生物（phyllosphere community）群落的变化研究表明，随着 UV-B 辐射时间的延长，抗 UV-B 辐射的细菌种群增加，而敏感性的群落类型减少，总的细菌群落没有发生显著变化。其中可以产生色素的凝结芽孢杆菌（*Bacillus coagulans*）、棒杆菌（*Clavibacter michiganensis*）和短小杆菌（*Curtobacterium flaccumfaciens*）是具有抗性的类群，而不产色素的种类比较敏感。

微生物对直接的 UV-B 辐射相当敏感。例如，苏云金杆菌（*Bt*）对 UV-B 非常敏感性，UV-B 增强降低苏云金杆菌的生长和活性。绿脓杆菌（*Pseudomonas aeruginosa*）生长随着 UV-B 辐射剂量强度的增加而下降。有人运用一种对 UV-B 敏感的枯草杆菌（*Bacillus subtilis*）突变体（TKJ 6321）在南极大陆监测了臭氧层变化的季节动态对该菌成活率的影响。结果表明，枯草杆菌突变体的活性与臭氧层的季节变化高度相关，臭氧层的衰减不仅提高有伤害作用的 UV-B 辐射，而且，会对生物的生长发育产生直接影响。

微生物的群落改变和种群动态直接或间接地影响了生物地球化学循环，从而对生态系统的结构和功能产生影响。一方面，UV-B 辐射可以改变植物根系分泌物的种类和数量，从而影响土壤微生物的种群动态和群落结构。另一方面，植物化学组成在 UV-B 辐射下的变化是导致微生物多样性和功能改变的原因。

五、UV-B 辐射增强对人类健康的影响

阳光紫外线 UV-B 的增加对人类健康有严重的危害作用。潜在的危险包括引发和加剧眼部疾病、皮肤癌和传染性疾病。

紫外线会损伤角膜和眼晶体，例如，引起白内障、眼球晶体变形等。据分析，平流层臭氧减少 1%，全球白内障的发病率将增加 0.6%～0.8%，全世界由于白内障而引起失明的人数将增加 1 万～1.5 万人；如果不对紫外线的增加采取措施，预计到 2075 年，UV-B 辐射的增加将导致大约 1800 万白内障病例发生。

紫外线 UV-B 段的增加能明显地诱发人类常患的皮肤疾病。其中，巴塞尔皮肤瘤和鳞状皮肤瘤是非恶性的。若臭氧浓度下降 10%，非恶性皮肤瘤的发病率将会增加 26%。UV-B 辐射对浅肤色的人群特别是儿童期恶性黑瘤发病致病非常明显。

动物实验发现紫外线照射会减少人体对皮肤癌、传染病及其他抗原体的免疫反应，进而导致对重复的外界刺激丧失免疫反应。长期暴露于强紫外线的辐射下，会导致细胞内的 DNA 改变，人体免疫系统的机能减退，人体抵抗疾病的能力下降。这将使许多发展中国家本来就不好的健康状况更加恶化，大量疾病的发病率和严重程度都会增加，尤其是麻疹、水痘、疱疹等病毒性疾病，疟疾等通过皮肤传染的寄生虫病、肺结核和麻风病等细菌感染以及真菌感染疾病等。

六、UV-B 辐射增强对生物地球化学循环的影响

陆地生态系统的物质循环通常指植物矿质营养的循环，即营养元素在土壤-植物系统中的循环与平衡，它是系统存在和发展的营养基础，也是系统的主要功能之一。UV-B 辐射通常以两种途径影响生物地球化学循环。第一，通过影响生态系统中碳的获取（光合作用）、储藏（生物量的积累和土壤碳含量）以及碳释放（植物与土壤碳呼吸）等环节影响整个系统的物质循环和能量转换。第二，UV-B 辐射影响矿物质（氮、磷、钾）循环。

UV-B 辐射下植物残体分解影响陆地生态系统的营养循环有两种机制：第一种是 UV-B 辐射直接影响土壤中营养循环过程起主导作用的分解者，但是大多的 UV-B 被群叶或簇叶所吸收，所以这种直接影响很微弱。第二种机制似乎更合理一些，UV-B 通过改变叶片的质量而影响生物地球化学循环。UV-B 辐射增强的情况下，植物体内黄酮、丹宁、木质素等次生代谢物的含量增加，分解微生物种群数量和多样性受到显著的影响，从而影响了微生物对植物残体的分解，改变植物残体分解速率，导致养分循环的改变。

《关于消耗臭氧层物层的蒙特利尔议定书》

1987 年 9 月，由联合国环境规划署组织的“保护臭氧层公约关于含氯氟烃议定书全权代表大会”在加拿大蒙特利尔市召开。出席会议的有 36 个国家、10 个国际组织的 140 名代表和观察员，中国政府也派代表参加了会议。1991 年 6 月 14 日，中国政府签署并正式加入修正后的《关于消耗臭氧层物质的蒙特利尔议定书》（以下简称《议定书》）的决定。

《议定书》主要内容如下：①规定了受控物质的种类，有两类共 8 种。第一类为 5 种氟氯烃（CFCs）；第二类为 3 种哈龙。②规定了控制限额的基准，发达国家生产量与消量的起始控制限额都以 1986 年的实际发生数为基准；发展中国家都以 1995～1997 年实际发生的 3 年平均数或每年人均 0.3kg，取其低者为基准。③规定了控制时间。发达国家的开始控制时间，对于第一类受控制物质（CFCs），其消费量自 1989 年 7 月 1 日起，生产量自 1990 年 7 月 1 日起，每年不得超过上述限额基准。1993 年 7 月 1 日起，每年不得超过限额基准的 80%。自 1998 年 7 月 1 日起，每年不得超过限额基准的 50%。对于第二类受控物质（哈龙），其消费量和生产量自 1992 年 1 月 1 日起，每年不得超过限额基准。发展中国家的控制时间表比发达国家相应延迟 10 年。④确定了评估机制。

1994 年，联合国大会宣布从 1995 年起每年 9 月 16 日为国际保护臭氧层日。

思　考　题

1. 什么是温室效应？什么是温室气体？
2. 温室效应的直接后果是什么？
3. 升温对全球生态环境有什么影响？
4. 全球变暖对人类健康的影响有哪些方面？
5. 简述酸雨发现的历史。
6. 中国酸雨的分布情况如何？
7. 酸雨对土壤生态系统产生什么影响？
8. 酸雨对水生生态系统有什么负面影响？
9. 酸雨对文物古迹和人类健康有何影响？
10. 为什么臭氧层是地球的保护伞？
11. 简述 UV-B 辐射增强对植物、动物和微生物的直接影响。
12. 论述 UV-B 辐射增强对人类健康的影响。
13. 举例说明 UV-B 辐射与其他环境因子相互作用对生物的影响。

推荐读物

方精云. 2000. 全球生态学-气候变化与生态响应. 北京：高等教育出版社，施普林格出版社

李元，岳明. 2000. 紫外辐射生态学. 北京：中国环境科学出版社

张兰生，方修琦，任国玉等. 2000. 全球变化. 北京：高等教育出版社

参考文献

陈志远. 1997. 中国酸雨研究. 北京：中国环境科学出版社

方精云. 2000. 全球生态学-气候变化与生态响应. 北京：高等教育出版社，施普林格出版社

冯宗炜. 2000. 中国酸雨对陆地生态系统的影响和防治对策. 中国工程科学，2 (9)：5～11

付晓萍，田大伦. 2006. 酸雨对植物的影响研究进展. 西北植物学报，21 (4)：23～27

李元，岳明. 2000. 紫外辐射生态学. 北京：中国环境科学出版社

刘颖杰，林而达. 2007. 气候变暖对中国不同地区农业的影响. 气候变化研究进展，3 (4)：229～233

马瑞俊，蒋志刚. 2005. 全球气候变化对野生动物的影响. 生态学报，25 (11)：3061～3066

彭金良，严国安，沈国兴等. 2001. 酸雨对水生态系统的影响. 水生生物学报，25 (3)：282～288

徐小锋，田汉勤，万师强. 2007. 气候变暖对陆地生态系统碳循环的影响. 植物生态学报，31 (2) 175～188

曾小平，赵平，孙谷畴. 2006. 气候变暖对陆生植物的影响. 应用生态学报，17 (12)：2445～2450

张兰生，方修琦，任国玉等. 2000. 全球变化. 北京：高等教育出版社

赵艳霞，侯青，徐晓斌等. 2006. 2005 年中国酸雨时空分布特征. 气候变化研究进展，2 (5)：242～245

Häder D P，Kumar H D，Smith R C et al. 2007. Effects of solar UV radiation on aquatic ecosystems and interactions with climate change. Photochem Photobiol Sci，6：267～285

IPCC (the Intergovernmental Panel on Climate Change). 2007. An assessment of the intergovernmental panel on climate change：the fourth assessment report. IPCC Plenary XXVII，Valencia，Spain

Kiesecker J M，Blaustein A R，Belden L K. 2001. Complex causes of amphibian population declines. Nature，410：681～684

Luo Y. 2007. Terrestrial carbon-cycle feedback to climate warming. Annu Rev Ecol Evol Syst, 38: 683～712

McKenzie R L, Aucamp P J, Bais A F et al. 2007. Changes in biologically active ultraviolet radiation reaching the Earth's surface. Photochem Photobiol Sci, 6: 218～231

McKenzie R, Connor B, Bodeker G. 1999. Increased summertime UV radiation in New Zealand in response to ozone loss. Science, 285: 1709

Parmesan C. 2007. Influences of species, latitudes and methodologies on estimates of phenological response to global warming. Global Change Biology, 13: 1860～1872

Penuelas J, Boada M. 2003. A global change-induced biome shift in the Montseny mountains (NE Spain). Global Change Biology, 9: 131～140

Pietikåinen J, Pettersson M, Bååth E. 2005. Comparison of temperature effects on soil respiration and bacterial and fungal growth rates. FEMS Microbiology Ecology, 52 (1): 49～58

Rhode S C, Pawlowski M, Tollrian R. 2001. The impact of ultraviolet radiation on the vertical distribution of zooplantkton of the genus Daphnia. Nature, 412: 69～72

Rozema J, van Geel B, Björn L O et al. 2002. Toward solving the UV puzzle. Science, 296: 1621, 1622

Sant' Anna-Santos B F, da Silva L C, Azevedo A A. 2006. Effects of simulated acid rain on the foliar micromorphology and anatomy of tree tropical species. Environmental and Experimental Botany, 58: 158～168

Saxe H, Cannell M G R J. 2007. Tree and forest functioning in response to global warming. New Phytologist, 149 (3): 369～399

Stern D I. 2005. Global sulfur emissions from 1850 to 2000. Chemosphere, 58: 163～175

UNEP (UN Environment Program). 2008. UNEP 2007 annual report. ISBN: 9789280729078. Geneva, Switzerland

Zaller J G, Caldwell M M, Flint S D et al. 2002. Solar UV-B radiation affects below ground parameters in a fen ecosystem in Tierra del Fuego, Argentina: implications of stratospheric ozone depletion. Global Change Biology, 8: 867～871

Zhang W, Parker K M, Luo Y et al. 2005. Soil microbial responses to experimental warming and clipping in a tallgrass prairie. Global Change Biology, 11 (2): 266～277

第八章　生物多样性与生物安全

摘要：本章主要介绍生物多样性的概念、测定方法、丧失的原因，以及生物多样性保护的原则和方法。讨论了生物安全的概念。重点分析外来生物入侵的生态环境效应、对生态系统的影响及其防治对策；转基因生物的环境行为与生物技术安全管理。阐述了生物多样性与生物安全的关系。

生物多样性是人类赖以生存和发展的基础，也是保障区域乃至全球生态安全的根本。随着工业化发展，人类对自然的改造强度和干扰程度日益加剧，使世界范围内的生物多样性受到前所未有的破坏而逐渐丧失，由此引发的生物安全问题成为世界各国广泛关注的热点。除此之外，外来生物入侵、转基因生物及生物技术安全问题也越来越成为影响生物安全的重要问题。

第一节　生物多样性

生物多样性可以简单理解为生命形式的多样性（the diversity of life)，它是自然进化的产物，同时也是对生物进化过程的反映。从35亿年前生命在地球上产生以来，在环境对生物的塑造和生物对自然环境的改造过程中，不断有新物种的产生和不适应环境的物种的灭绝。因此，生物多样性是一个动态发展过程，物种的灭绝是自然过程。纵观生命进化历程，除了五次自然大灾变（冰川活动、地震、火山喷发、小行星与地球碰撞等）导致的物种大灭绝外，在生命进化的大部分时间里，物种的灭绝率是很低的。但从1600年以来，由于人类活动超出了自然的承受能力，导致生物多样性的丧失明显加速。物种的灭绝量大约是以往地质年代“自然”灭绝的100～1000倍（孙儒泳，2000)，从而被古生物学家称为地质史上的第六次物种大灭绝。

生物多样性是人类赖以生存和发展的基础。生物多样性的存在，使得人类有可能多方面、多层次地、可持续性地获得资源，并为自己的生存和发展获得环境支撑。生物多样性的丧失将引起人类生存与发展的根本危机。

一、生物多样性的概念及测定

（一）生物多样性的概念

生物多样性（biodiversity）是描述自然界多样性程度的一个内容广泛的概念。生物多样性是指地球上所有生物（动物、植物、微生物等）所包含的基因以及由这些生物与环境相互作用所构成的生态系统的多样化程度。

生物多样性及其构成的生态系统对人类生存和发展具有不可替代的作用，这种作用又称为为生态系统服务，主要体现在两个方面：一是作为资源而体现出来的产品服务；二是作为环境维持所体现出来的生态价值。地球上的多种多样的生物提供人类所有的食物和许多诸如木材、纤维、油料、橡胶等重要工业产品，很多药物直接来自生物，它们是维持人们健康的重要组成部分。生物多样性是人类赖以生存的各种生命资源的汇集和未来农林业、医药业发展的基础，为人类提供了食物、能源、材料等基本需求。

生物多样性的生态功能价值也是巨大的，它在自然界中维系能量的流动、净化环境、改良土壤、涵养水源及调节小气候等多方面发挥着重要的作用。丰富多彩的生物与它们维持的自然环境共同构成了人类所赖以生存的生物支撑系统，为全人类带来了难以估价的利益。

另外，生物多样性也具有重要美学价值。千姿百态的生物给人以美的享受，是艺术创造和科学发明的源泉。人类文化的多样性很大程度上起源于生物及其环境的多样性。

目前，人们重点关注的生物多样性有三个层次，即遗传多样性、物种多样性和生态系统多样性。

1. 遗传多样性

遗传多样性是指物种内的遗传变异度，即基因多样性。基因是决定生物性状的基本单位。基因多样性“记录”了生物种族的进化史，既是生物种族形成未来多样性的出发点和源泉，也是生物种族面对未来环境变化的资本，因而遗传多样性就是物种未来生存机会的多样性。对人类来说就是未来服务的多样性。

人类活动对物种遗传多样性的丰富度有较大影响。例如，在南美洲的马铃薯、玉米、西红柿等野生亲缘种中存在着非常丰富的遗传多样性；在经过多年的选择而高度特化的农田中则存在着相对较低的遗传多样性。栽培植物遗传多样性在农业生产上表现为丰富多彩的作物、种质资源，它是人类物质生活的基础。中国是世界上遗传资源最丰富的国家之一，全球现栽培的农作物有6000种，其中237种起源于中国。

一个物种由许多具有非常丰富的遗传变异的种群组成，从而使其具有大量的基因型。

2. 物种多样性

物种多样性是指动物、植物及微生物种类的丰富性。丰富而均匀分布的种群就具有高的物种多样性。物种多样性是基因多样性的现实表现和载体，生物种群中的每一个个体都是“一条运载基因的小船”。丰富遗传多样性，必须要求一定数量的种群个体承载，并且个体之间要有最大的变异度。当一个物种的个体数量大幅度减少以后，其遗传多样性就会大量丧失。一个小的残存种群比具有丰富遗传多样性的种群更易于濒危或灭绝。生物多样性还是一个非常脆弱的资源。当一个物种被发现濒危的时候，其遗传多样性已大量减少了，该物种存活的机会也严重下降，拯救它使之免于灭绝可能为时已晚。

表8-1列出了全球不同类群生物的多样性的基本情况。

表 8-1 全球生物（物种）多样性概况 (McNeely et al.，1990)

类 群	已描述的物种数	类 群	已描述的物种数
细菌和蓝绿藻	4 760	其他节肢动物和小型无脊椎动物	132 461
藻类	26 900	昆虫	751 000
真菌	46 983	软体动物	50 000
苔藓植物（藓类和地钱）	17 000	海星	6 100
裸子植物（针叶植物）	750	被子植物（有花植物）	250 000

续表

类　群	已描述的物种数	类　群	已描述的物种数
原生动物	30 800	鱼类（真骨鱼）	19 056
海绵动物	5 000	两栖动物	4 184
珊瑚和水母	9 000	爬行动物	6 300
线虫和节肢动物	24 000	鸟类	9 198
甲壳动物	38 000	哺乳动物	4 170
		总计	1 435 662

世界上生物多样性最丰富的地区是热带，仅占全球陆地面积7%的热带森林容纳了全世界50%以上的物种。位于或部分位于热带的少数国家拥有全世界最高比例的生物多样性（包括海洋、淡水和陆地中的生物多样性），如巴西、哥伦比亚、厄瓜多尔、秘鲁、墨西哥、扎伊尔、马达加斯加、澳大利亚、中国、印度、印度尼西亚、马来西亚12个生物多样性丰富的国家拥有全世界60%～70%的生物多样性。

中国的生物多样性在世界上占有十分独特的地位。中国辽阔的国土和复杂多样的自然条件孕育了丰富的动、植物资源，根据《中国生物多样性国情研究报告》（国家环境保护局，1998），中国拥有30 000多种种子植物，占世界总种数的10.0%，居世界第三位，其中裸子植物250种，占世界29.4%，居世界首位。脊椎动物6347种，占世界总种数的13.9%，其中鸟类1244种，占全球总数的13.7%，是世界上鸟类种数最多的国家；鱼类3862种，占世界总数的20.0%；兽类约500种，占全球总数的11.8%；爬行类376种；两栖类284种。还有海洋生物2万种，占世界的25.0%。

3. 生态系统多样性

生态系统多样性是指生物圈内生境、生物群落和生态过程的多样性。生境的多样性主要指无机环境，如地形、地貌、气候、水文等的多样性，生境多样性是生物群落多样性的基础。生物群落的多样性主要是群落的组成、结构和功能的多样性。生态过程是指生态系统组成、结构和功能在时间、空间上的变化（蔡晓明，2002）。

中国生态系统主要包括森林、草原、荒漠、农田、湿地和海洋生态系统，此外还有竹林和灌丛生态系统等。森林生态系统主要有寒温性针叶林、温带针阔混交林、暖温带阔叶林和针叶林、亚热带常绿阔叶林和针叶林、热带雨林及季雨林等生态系统。草原生态系统包括温带草原、高寒草原和荒漠区山地草原。荒漠生态系统主要分布在西北部，约占中国国土面积的1/5，主要包括小乔木荒漠、灌木荒漠、半灌木与小灌木荒漠和垫状小半灌木荒漠。中国是个农业大国，农业历史悠久，农田生态系统类型复杂，有稻田生态系统、茶园生态系统等。湿地生态系统主要有浅水湖泊生态系统、河流生态系统和沼泽生态系统。此外还有海岸与海洋生态系统。

遗传多样性为物种多样性的形成奠定了基础，并通过丰富的物种多样性形成不同类型的生态系统，它们为人类生存与发展提供了至关重要的生态功能和服务。

（二）生物多样性的测定

测定和评价生物的多样性，通常限定在某一个层次（如遗传基因、生物物种、生态系统等）。评价不同层次的生物多样性所采用的技术方法和分析指标是不同的。

1. 遗传多样性的检测方法

遗传多样性的检测可以从形态学水平、染色体水平和分子水平上来进行，这也是目前这项研究所普遍采用的方法。

1）形态学水平

用形态特征来检测遗传变异是传统而简便易行的方法。形态分析可分为质量性状和数量性状两个方面。对于质量性状来说，可以通过统计其在一定总体或样本内某性状出现的频率或次数来判定居群内个体间及居群间的差异，从而推断其遗传变异的程度。这样的统计结果可以通过次数分布表或次数分布图直观地反映出来。另外，质量性状也可以给予相当数量的方法进行数量化处理。对于数量性状来说，由于基因作用大多表现为一种连续性的变化，从而可以用数量统计等方法对它们加以度量，所得结果也都是些数字材料，只有对它们进行适当的数理统计，估算一些遗传参数，才能反映出其遗传变异的特点并洞察其中的规律。

2）染色体水平

（1）染色体结构变异的鉴别。染色体的结构变异通常采用细胞学的常规方法加以鉴别。对于缺失来说，在减数分裂粗线前期，由于缺失的染色体不能和它的正常同源染色体完全配对，所以在一对联会的同源染色体间可以看到正常的一条多出一段（顶端缺失），或者形成一个拱形结构（中间缺失）。对于重复来说，联会时那条重复染色体的重复区段形成一个拱形结构或增长一段。对于倒位来说，在减数分裂联会时，具有倒位的染色体通常在倒位区段弯转呈 180°的倒位环。对于易位来说，单向易位的细胞学表现为联会时出现“T”字形；相互易位的表现则较为复杂，依据易位区段长短不同，联会时出现“+”字形、“8”字形或“O”字形。

（2）核型分析。核型是指一个种或个体的全部染色体的形态结构，包括染色体的数目、大小、形状、主缢痕和次缢痕的相对位置等，并根据大量测量值的平均值绘出核型图。通过对其核型的对称性、随体的特征、B 染色体的数目等特点，对遗传多样性加以评判。

（3）染色体分带。目前，在遗传多样性的检测中主要采用的是 C 带技术。最初 C 带是指着丝粒异染色质带，后来发现该方法可以使不同器官染色体上的任何位点的组成型异染色质着色，故 C 带的含义就衍生成为组成型异染色质带。

3）分子水平

在分子水平上对遗传多样性进行检测，是目前最为活跃的一个领域，研究对象主要是蛋白质（包括酶）和 DNA 两大类分子。常见的研究方法有如下。

（1）蛋白质（酶）的凝胶电泳。从电泳的技术和方法来讲，目前主要采用水平切片淀粉凝胶电泳（SGE）和聚丙烯酰胺凝胶电泳（PAGE）两种方法，而且技术手段也相当成熟。

（2）DNA 分子标记。包括基于 PCR 技术的 DNA 标记和基于 DNA 探针的 DNA 标记。如 RAPD（随机引物扩增多态性 DNA）、AFLP（随机扩增片段长度多态性）等。

2. 遗传多样性的度量

1）等位酶遗传多样性的度量

在等位酶水平上遗传多样性的度量目前已形成了一套完整的方法，主要参数如下：

（1）等位基因频率（q_i）。q_i 是指每一个居群中每一个基因位点上每一个等位基因出现的频率，它是通过基因型的数目或频率来计算的。

（2）多态位点的百分数（P）。多态位点是指在某一基因位点上最常见的等位基因出现的频率小于或等于 0.99 的位点；P 值就是指在所测定的全部位点中多态位点所占的比例。

(3) 平均每个位点的等位基因数（A）。各位点的等位基因之和除以所测定位点的总数。

(4) 平均每个位点的预期杂合度（He）。He 表示在 Hardy-Weinberg 定律下预期的平均每个个体位点的杂合度，同时也反映居群中等位基因的丰富度和均匀程度。也有学者将其称为基因多样性指数（index of genediversity）。

(5) 平均每个位点的实际杂合度（Ho）。实际观察到的杂合度。

(6) 多态位点的固定指数（F）。F 值是指一个个体在某个基因位点上的一对等位基因同时来自同一亲本的同一个等位基因的概率。固定指数是对基因型偏离 Hardy-Weinberg 平衡的测量。如果杂合体过多，$F<0$；全部杂合时，$F=-1$；如果纯合体过多，$F>0$；全部纯合时，$F=1$。

此外，还可利用等位基因频率（q_i）计算出居群内的基因多样度（Hs）、总居群的基因多样度（HT）、居群间的遗传一致度（I）等参数，进而推算出基因分化系数（GST）和居群间的遗传距离（D），并在此基础上进行遗传多样性和 UPGMA 聚类分析。

2) DNA 水平上遗传多样性的度量

多样性指数（DC）的计算公式为

$$\mathrm{DC}=\sum_{i=1}^{m}\sum_{j=1}^{m}\sqrt{\frac{1}{n}\sum_{k=1}^{n}(X_{ik}-X_{jk})^2}$$

式中，m 为物种、居群或亚居群的个体数；n 为多态位点总数；X 代表不同个体。

居群间遗传差异在总遗传差异中所占比例（PDC）按如下公式计算：

$$\mathrm{PDC_{XY}}=\frac{\mathrm{DC_{XY}}-\left(\frac{m_{\mathrm{X}}}{m}\mathrm{DC_X}+\frac{m_{\mathrm{Y}}}{m}\mathrm{DC_Y}\right)}{\mathrm{DC_{XY}}}$$

式中，m_{X} 和 m_{Y} 分别为居群 X 和居群 Y 的个体数，$m=m_{\mathrm{X}}+m_{\mathrm{Y}}$；$\mathrm{DC_X}$ 和 $\mathrm{DC_Y}$ 分别为居群 X 和居群 Y 内部的多样性指数；$\mathrm{DC_{XY}}$ 为居群 X 和居群 Y 作为一个整体的多样性指数；$\mathrm{PDC_{XY}}$ 则为居群 X 和居群 Y 间的遗传差异在总遗传差异中所占的百分比。

Shannon 信息指数（Ho）的计算公式为

$$\mathrm{Ho}=-\sum P_{\mathrm{i}}\log_2 P_{\mathrm{i}}$$

式中，P_{i} 表示 i 带的表型频率；Ho 表示表型多样性。

在 DNA 多态性的分析中，为了明确居群间的相互关系常常要进行聚类分析。在聚类分析之前，首先要计算相似性系数（S）。相似性系数的计算方法有多种：其一，$S=2N_{ij}/(N_i+N_j)$，式中，N_i 和 N_j 分别为两个样品各自的 DNA 片段或带数，N_{ij} 为两个样品共有的片段或条带数。其二是匹配系数法，$S=m_1/(m_1+m_2)$，式中，m_1 为匹配的变量个数（即两变量同时为 1 与同时为 0 的配对数），m_2 为不匹配的变量个数（即两变量取不同值的配对数）。

3. 物种多样性的测度

自从 1943 年 Williams 提出物种多样性的概念和 Fisher 提出物种多样性指数的概念以来，已有许多物种多样性的测度方法相继问世，这为不同群落、不同地域的物种多样性测度提供了方便。Wittaker 将生态多样性和群落多样性大体上划分为 3 类，即 α 多样性、β 多样性、γ 多样性。β 多样性和 γ 多样性在生态调查过程中应用比较少。

α 多样性指同一地点或群落中种的多样性，是由种间生态位的分异造成的。它是针对某一特定群落样本的物种多样性。α 多样性主要包括物种丰富度、物种相对多度分布模型、物种多样性指数和物种均匀度。

1）物种丰富度

物种丰富度（species richness）即群落的物种数目，是最简单、最古老的多样性测度方法。目前，这种方法仍被多数的生态学家使用。它一般用物种密度（单位面积的物种数目）和数量丰度（一定数量个体或生物量中的物种数目）来测度。另外，还可以用物种数目与样方大小或个体总数之间的关系来测度。

2）物种相对多度模型

物种的相对多度是指物种对群落总多度的贡献大小。物种相对多度模型是物种多样性指数应用的基础。在不了解群落中物种多度的情况下盲目地应用一些多样性指数，只会导致错误的结论。在众多理论分布中，有 4 个模型效果较好，为大多数学者采用。这就是几何级数分布（geometric series distribution）、对数级数分布（log series distribution）、对数正态分布（log normal distribution）和分割线段模型（broken stick model）。

3）物种多样性指数

物种多样性指数（speciesdiversityindex）是把丰富度和均匀度（species evenness）结合起来的一个统计量。物种丰富度和物种均匀度不同的结合方式或同一结合方式给予的权重不同都可以形成大量的多样性指数。在多样性的测度中最为常用的是辛普森指数（index of Simpson）、香农-威纳指数（index of Shannon-Wiener）、种间相遇概率（PIE），其中，辛普森指数是 Simpson 在 1949 年利用概率论的原理提出来的，该指数对常见种敏感，对稀有种的贡献较小；香农-威纳指数是 Shannon 和 Wiener 于 1949 年把信息论中不定性的概念引入到群落多样性的研究中提出的，此指数对稀有种贡献大，对常见种贡献小；种间相遇概率（probability of interspecific encounter，PIE）是 Hurlbert 在 1971 年提出的，这个指数与辛普森指数一样对常见种敏感，对稀有种的贡献较小。另外，还有 Gini 指数、Brillouin 指数、MacArthur 指数、统一多样性指数、多样性奇测法、多样性的几何度量等。这些多样性指数在某些环境下对于特定的研究对象可能具有特定的生态学意义，但其应用的广泛性较差。

4）物种均匀度

均匀度（evenness）可以定义为群落中不同物种的多度（生物量、盖度或其他指标）分布的均匀程度。自 Loyd 等（1964）和 Pielou（1969）提出均匀度的测定方法以来，已有若干种均匀度指数问世。目前常用的主要是 Pielou 的均匀度指数（以辛普森指数和香农-威纳指数为基础）、Alatalo 均匀度指数。另外还有 Sheldon 均匀度指数、Hiep 均匀度指数、Hurlbert 均匀度指数等。

二、生物多样性丧失及其成因

（一）生物多样性丧失概况

据估计，自 1600 年以来，人类活动已经导致 75％的物种灭绝。根据法国《科学与未来》杂志转载的数据，目前全世界濒危动、植物已经达到 10 954 种，其中动物达 5423 种、植物达 5531 种。在今后的几十年里，世界上将有 1/4 的植物种类面临绝迹的危险。

中国的物种受威胁或灭绝的现象较为严重。高等植物中有4000～5000种受到威胁，占总数的15%～20%，高于世界10%～15%的水平；约20%的野生动物的生存受到严重威胁。中国被子植物有珍稀濒危种1000种，极危种28种，已灭绝或可能灭绝7种；裸子植物濒危和受威胁63种，极危种14种，灭绝1种；脊椎动物受威胁433种，灭绝和可能灭绝10种。

（二）生物多样性丧失的原因

1. 生物资源的过度利用

滥捕乱猎是造成动物物种多样性下降的重要原因之一。在20世纪50年代对猕猴的大量捕捉，加之其栖息地的丧失，使中国猕猴的种群大量减少，至今仍未得到恢复。此外，对羚羊、野生鹿及用作裘皮的动物和各种鱼类等资源进行过量的狩猎、捕捞，造成其种群数量锐减甚至绝灭。中国海域主要经济鱼类资源在20世纪60年代初已出现衰退现象，70年代开始过度捕捞，引起各海区沿岸与近海的底层和近底层传统经济鱼类资源出现全面衰退，如大黄鱼、小黄鱼、带鱼、鲫、马鲛鱼、黄姑鱼以及其他某些经济鱼类资源出现全面衰退。淡水湖泊这种现象更为严重（国家环境保护局，1998）。

过度采挖野生经济植物对植物生物多样性造成严重威胁。由于过度采挖人参、天麻、砂仁、甘草，致使其分布面积大量减少。云南有“动植物王国”之誉，近几年很多野生药用植物采挖一空，如极具观赏价值的野生兰花几乎绝迹。1994年年底至1995年年初发生在云龙县分水岭国家级自然保护区的红豆杉被盗伐9.2万株，盗伐木材1000多m^3，剥离树皮13万kg，被剥皮后成为枯木的约2万m^3。由于进行了及时的保护，才使野生红豆杉免于绝迹。内蒙古黄芪是驰名中外的特产，过度采集导致目前在草原上已很难见到。

另外，掠夺式利用生物资源还引起相应的生态系统退化甚至崩溃，如大量砍伐树木是森林生态系统减少的首要原因。

2. 生境破坏

栖息地的减少和破碎化是物种多样性降低的主要原因之一。为了满足日益增长的粮食需求，大量的森林、湿地被开发成为农业生产基地。据估计，在世界范围内，热带雨林已有40%被砍掉，致使约67%的濒危、渐危和稀有种形成。据统计，全世界共有湿地$8.558\times 10^9 km^2$，占陆地总面积的6.4%（不包括滨海湿地），由于人类的开发利用，近十余年来，湿地面积已经消失了一半。我国湿地也日益减少，使许多物种尤其是稀有物种生存受严重威胁，区域的植被结构改变，植物多样性下降，相应地，栖息于此的鱼类、鸟类和哺乳动物的多样性也受到严重破坏。在我国暖温带落叶阔叶林区有分布记录的兽类77种（不包括分布北界秦岭的种类），已绝迹或近年无记录的（可能绝迹）的种类有11种，占总数的1/7。其中，绝大多数是对环境压力敏感的一些大型种类，如虎（*Panther tigris*）、棕熊（*Ursus arctos*）和梅花鹿（*Cervus nippon*），全球11 500种鸟类中已有20%因栖息地的减少和破碎化而灭绝。

草原开垦、过度放牧、不合理的围湖造田、过度利用水资源，导致生物生境破坏，影响到物种的正常生存。

兴修大型水利工程造成江湖阻隔，破坏了水生生物栖息的生境，阻塞某些鱼类的洄游通道，致使大量物种濒危。例如，长江葛洲坝至南津关段是“四大家鱼”的产卵场，由于大坝截流后水流流速、水温等水文条件的变化，长江中段“四大家鱼”鱼苗数量有减少趋势，1980 年为 1960 年的 15.7%，1991 年是 1980 年的 59.0%。大坝截流阻挡了中华鲟溯江而上至金沙江产卵的通道，许多中华鲟滞留于坝下江段，有的甚至撞死于坝下，这对中华鲟的生存造成严重威胁。

人类活动造成的生境破坏，使很多微生物在尚不为人所知的情况下就已经灭绝了。同时森林景观破碎对土壤微生物的群落组成和物种多样性也有很大的影响。森林砍伐的直接后果是土壤放线菌种类减少，且随着森林砍伐的加剧，土壤放线菌的种类按次生林、荒地、旱地依次减少。原始环境破坏后的直接后果必然是大量的未知菌死亡，微生物群落单一化，即使原始森林砍伐后种上人工林，也很难阻止放线菌的单一化。

栖息地的丧失是动物灭绝的最大原因。在濒临灭绝的脊椎动物中，有 67%的物种遭受生境丧失、退化与破碎的威胁。在夏威夷，2/3 的原始森林已经被毁，当地特有的 140 种鸟类有一半已经绝迹，另外还有 30 多种正濒临灭绝。灵长目动物赖以生存的热带雨林和生态系统每况愈下，陷入十分危险的境地，估计在未来的 20 年里，灵长目中的 20%（大约 120 种各类猿、猴）将有可能遭受灭顶之灾。

3. 环境污染和全球气候变化

环境污染会导致物种灭绝是一个不争的事实。例如，我国滇池受污染后生物种类明显减少，50 年代滇池有水生维管植物 28 科 44 种，70 年代减少到 22 科 30 种，80 年代仅有 12 科 20 种。在浙江海宁，由于长期不合理使用农药，农田内蛇、青蛙、蚯蚓等数量已显著减少，泥鳅、黄鳝等几乎绝迹，有益天敌加速消亡、有益生物种群数量急剧下降，生物多样性遭到了严重破坏，生物链单一，不少地区农田生态平衡失调。土壤重金属污染和有机污染问题在一些地区日益显露，致使一些敏感物种的生存受到严重威胁。很多科学家发现环境污染使对环境质量敏感的两栖爬行动物正在大范围地消逝。随着工业化的发展，环境污染已经成为生物多样性丧失的主要因素之一。

气候变化对生物多样性施加了额外的压力，并已经开始影响全球生物多样性。前工业时代，由于人类活动主要是化石燃料的燃烧及土地利用和土地覆盖的变化，大气中温室气体的浓度已经开始上升。在整个 20 世纪，人类活动和自然作用引起了地球气候的变化，表现在如下方面：使陆地和海洋表面温度上升，改变全球降水的时空格局，海平面上升和厄尔尼诺事件的频率和强度增加。这些变化尤其是区域变暖已经影响动植的繁殖、动物的迁移、生长季节的长度、物种分布、种群大小和病虫害暴发的频率。同样，区域气候因子变化已经影响一些高纬度海岸和高山生态系统。气候变化预计影响生物多样性的方方面面。到 21 世纪末，地球平均表面温度将上升 1.4～2.8℃，由于地表面增温比海洋快，高纬度地区比热带增温快，海平面相应升高 0.09～0.88m。总的来说，降水预计在高纬度和赤道地区有所增加，而在亚热带有所下降。通过直接的温度升高、降水变化和由于海平面变化和暴风雨增多导致的海洋和海岸生态系统的变化，以及间接的通过气候变化导致干扰频率和强度的改变（如野火），气候变化将影响个体生物、种群和物种的分布，生态系统的组成和功能。预计人类导致的气候变化的普遍影响是许多物种的生境将从当前位置向南北极移动和高海拔地区移动。表明气候变化将对生物多样性产生空前的影响。

4. 外来物种入侵

在全球范围内，外来物种入侵是继生境破坏之后严重影响生物多样性的第二大威胁因素。随着全球化、商业和旅游的增长以及对外自由贸易的扩大，有意或无意地为物种传播提供了前所未有的机会。数千年来，海洋、山脉、河流和沙漠作为天然屏障，为特有物种和生态系统提供了进化所必需的隔离环境。然而，在短短数百年间，全球各种力量结合在一起，使这些阻隔失去效用，外来物种横越千里，到达新的生境，成为外来入侵种。外来入侵种不仅威胁本地的生物多样性，引起物种的消失与灭绝，而且瓦解生态系统的功能，降低人们基本生命支持系统的健康水平。受入侵物种影响的国家和地区将付出巨大的生态和经济代价。入侵种形成广泛的生物污染，危及土著群落的生物多样性并影响农业生产，造成巨大的经济损失。尤其是近年来，为防止水土流失、治理沙丘以及重建生态系统而开展了大规模的退耕还林工程，有的地区过度、盲目地引进了大量生长期短、易于管理、更能适应环境的外来物种。然而，人们并没有意识到这种盲目地引进是要付出代价的，它们正在逐渐排挤、取代当地物种，并且不断扩大到自然和半自然地区，并影响到生态系统的种类和功能，进而激化当地居民、自然资源保护者、水源管理者和其他相关人员的矛盾。人类及其经济和非经济活动是外来种入侵的主要动因，特别最近500年加速了生境丧失和物种灭绝的速率，对生态系统产生了长期、持久的严重破坏。

5. 农业品种单一化

研究证实，农业品种单一化也对生物多样性构成了严重的威胁。如稻区生物多样性丧失的主要原因是品种的单一化。为了获取更高的产量，往往大面积推广、种植少数的几个高产品种，导致品种单一化和遗传的脆弱性。随着品种数的下降，与原品种相适应的共生细菌、捕食动物、植物以及传统耕作系统中经过上千年共进化的物种消失了。其遗传（资源）基因相应也失去了。在20世纪50年代至80年代，我国近4万份以上的水稻地方品种和农家品种在田野消失了。导致这种现象的主要原因是作物遗传资源基因的单一化、趋同化，特别是当前绝大多数培育成的高产品种或其基本的亲本基因或骨干基因相同，随之而来植物遗传压力增大，基因多样性下降甚至丧失。

三、生物多样性保护

人类生存与发展归根结底依赖于自然界各种各样的生物。保护生物多样性对人类的文明进程和可持续发展具有极其重要的意义。生物多样性的保护是一个涉及科学、技术、经济、文化等多个层面的系统工程。下面主要就生物多样性保护的科学和技术问题进行分析。

（一）生物多样性保护的原则

生物多样性保护涉及许多生态学原理，其中在应用中最重要的是要遵循两个基本原则：遗传多样性最大保护原则和最小有效种群原则。一般地，没有足够大的生境面积，就不可能容纳足够多的物种种类和足够大的种群；种群数量达不到一定的数目，种群在面对各种各样的环境变化时就难以维持。

1. 遗传多样性最大保护原则

遗传多样性最大保护是指物种及其种群的遗传多样性保护越多越好，可以理解为在自然保护区中能够保护的物种类型越多、保护目标物种的种群规模越大越好。它的理论基础是岛

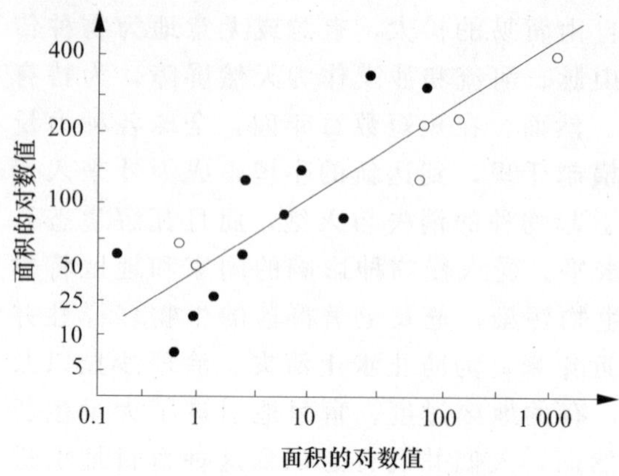

图 8-1　Galapagos 群岛的陆地植物种数与岛面积的关系

屿生物地理学理论，实践中采取的对策为“SLOSS”（Single Large or Several Small）。

1）岛屿生物地理学理论

岛屿生物地理学理论被广泛应用到岛屿状生境的研究中，小到树叶、个体植株的“微岛”，大到自然保护区和景观地理单元的“大岛”，其最重要的原理就是物种数-面积关系。

岛屿中的物种数目与岛屿的面积有密切关系。岛屿面积越大，物种数越多。Preston 1962 年提出下面著名的种-面积方程（图 8-1）：

$$S = cA^{z} \tag{8-1}$$

两边取对数，则有

$$\lg S = \lg c + z\lg A \tag{8-2}$$

式中，S 为种数；A 为面积；z、c 为常数。

z 的理论值为 0.263，通常为 0.18～0.35。c 值的变化反映地理位置对物种丰富度的影响。在实际研究中，c 和 z 值常采用统计回归方法获得。应用式（8-2）有两个前提：其一，所研究生境中物种迁入与绝灭过程之间达到生态平衡；其二，除了面积之外，所研究生境的其他环境因素都相似。

如果我们把保护区当作一个岛屿时，保护区的面积大小与所包含和保护的物种数呈正相关。当然，在理论上，当保护区面积增加到一定程度后，即使面积再增加，其所含物种数目不会随之再大幅度增加。

岛屿物种丰富度取决于两个过程：物种迁入（immigration，I）和灭绝（extinction，E）。这一理论的数学模型（简称 M-W 模型），可以用一阶常微分方程表示为

$$\frac{\mathrm{d}s(t)}{\mathrm{d}t} = I(s) - E(s) \tag{8-3}$$

任何岛屿的生态位和生境是有限的，已定居的种数越多，新迁入的种能够成功定居的可能性就越小，而已定居种的绝灭概率则越大。对于某一岛屿而言，迁入率和绝灭率将随岛屿中物种丰富度的增加而分别呈下降和上升趋势。当迁入率和绝灭率相等时，岛屿物种丰富度达到动态平衡状态（图 8-2），此时，虽然物种的组成不断更新，但其丰富度数值保持相对不变。某个岛屿达到平衡状态的物种丰富度（S_e）取决于单位种迁入率（I_0）和绝灭率（E_0）以及大陆物种库（S_p）的大小。可以用方程表示为

$$S_e = \left(\frac{I_0}{I_0 + E_0}\right)S_p \tag{8-4}$$

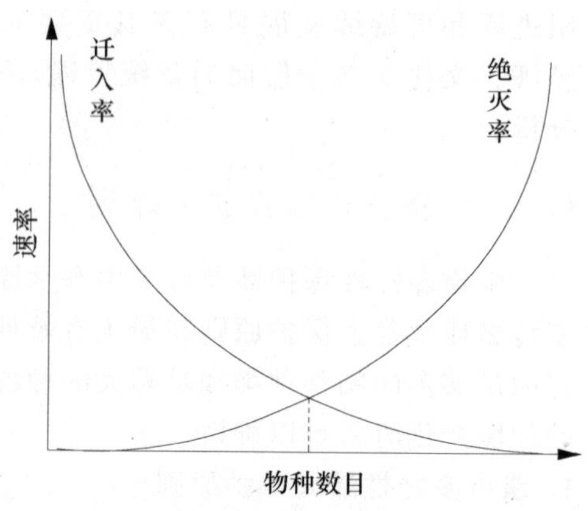

图 8-2　岛屿的物种数目与物种迁入率与绝灭率之间的关系

由式（8-4）可以得出，单位种迁入率越大，绝灭率越小，平衡态时的物种丰富度就越高。

迁入率和绝灭率又与岛屿面积和隔离程度相关。岛屿面积减小，导致绝灭率增大。这是因为岛屿面积越小，则种群越小，由随机因素引起的物种绝灭率将增加，这种现象称为面积效应（area effect）。随着岛屿与大陆种库（种迁入源）的距离增加，迁入率下降。这种由于不同种在传播能力方面的差异和岛屿隔离程度相互作用所引起的现象称为“距离效应”（distance effect）。迁入率和绝灭率不是相互独立的。由于岛屿面积越大，其截获传播种的概率越大，因此，岛屿面积不仅影响绝灭率，还会影响迁入率。这一现象称为“目标效应”（target effect）。另外，同种个体的不断迁入可能减小该种群的绝灭率，该现象称为“援救效应”（rescuer effect）。因此，隔离程度对种群迁入率和绝灭率都有影响。

综合平衡点物种丰富度与迁入率、绝灭率的关系，以及迁入率、绝灭率与岛屿面积大小和隔离程度的关系，可以得出结论：第一，大岛比小岛能支持更多的物种生存；第二，随着岛屿距大陆的距离由近到远，平衡点物种丰富度逐渐降低（图 8-3）。

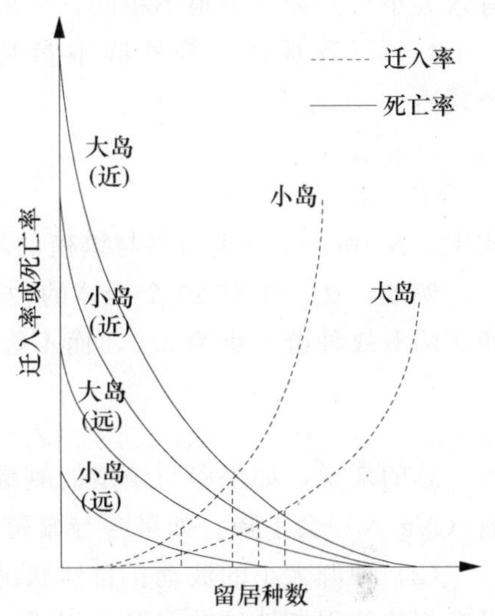

图 8-3　不同岛上物种迁入率和绝灭率交点示平衡时的物种

2）“SLOSS”原则

一个大型保护区物种丰富度高，还是总面积与其相等的多个小型保护区总的物种丰富度高，这是长期争论的一个问题，即“SLOSS”争论。

在诸多动、植物调查中证实：大型保护区的优点在于能容纳足够多的物种数，特别是分布区范围大、密度低的大型物种的种群数量能够长期维持；同时，降低了边缘效应，可以容纳更多的物种及生境类型。这一观点对于设计自然保护区具有多方面的指导意义。第一，新建一个保护区，如果可能，其面积越大越好。当面积大到一定程度，物种数不再随面积增加而大幅度增加。这时应考虑在现有保护区一定范围之外，另建一个大保护区。第二，如果有建立较大的保护区和建立小保护区两种选择，二者包括的生境类型相同，应选择建立较大的保护区。第三，如果每一个小保护区内都是相同的一些种，那么建立大保护区能支持更多的种。第四，对密度低、增长率慢的大型动物，需建立较大的保护区以保护其遗传多样性。

然而，在某些情况下更适宜于建立几个小保护区，其优势在于：第一，隔离的小保护区能更好地防止一些灾难性的影响，如外来物种影响、流行病的传播及火灾等。第二，如果在一个生境类型相当多样的区域建立保护区，多个小保护区能提高空间的异质性，有利于保护物种多样性。第三，对于某些物种在小保护区比在大保护区保护得更好，比如在保护植物、无脊椎动物方面。第四，建在人口密集地区附近的小型保护区有利于公众保护意识教育。此外，对于某些国家、地区的实际情况而言，有时别无选择，只能选择建立小保护区，这时小保护区是具有其特殊价值的。

2. 最小有效种群原则

在生物多样性保护中，虽然能保护的个体越多越好，但有时能提供的场所及可配置的资源是有限的。这就需要运用最小有效种群原则。

1）有效种群的概念

在任意时刻，繁殖个体只是种群的一小部分成员，而且即便参与了繁殖，每个个体产生的后代数也是有差异的。有效种群大小（effective population size）是用以说明繁育种群大小的一个概念。假定在一个大小为 N 的理想种群中所有个体都有相同的机会成为后代的亲本，换句话说，雌雄数目相等，配子在繁育个体中随机抽取，每个成体形成一个特定配子的概率都为 $1/N$。有效种群是指上述理想种群的繁育种群的大小，是对实际观察到的繁育种群大小的抽象数。它的大小反映了种群保持一定遗传多样性的能力。

2）影响有效种群大小的因素

实际种群的不等性比、种群大小的波动、个体间的繁殖不等量等因素，都可以使种群的有效大小与实际大小很不相同，一般都偏小。

（1）不等性比。若种群中参与繁殖的雌雄数目不等，则存在下述关系式（Wright公式）：

$$N_e = \frac{4N_f N_m}{N_f + N_m} \tag{8-5}$$

式中，N_f 和 N_m 分别为参与繁殖的雄性和雌性个体数目。

例如，在一个有 20 个个体的种群中，假设一个雄海豹与 10 个雌海豹交配，则这个种群的实际有效种群大小为 3.6，而不等于 11。

$$N_e = \frac{4 \times 10}{10 + 1} = 3.6 \tag{8-6}$$

总的来说，如果参与繁殖的雌雄个体数不等，有效种群大小与参加繁殖的个体数量的比值（Ne/N）会下降。如果参与繁殖的雌雄个体数相等，则 $N_f = N_m = N_e/2$。

（2）种群大小的波动。自然状况下，种群大小可能一代不同于一代。假如种群在若干代呈有规律的周期性波动，可以用式（8-7）得到一个有效种群大小的值：

$$1/N_e = 1/T[1/N_1 + 1/N_2 + 1/N_3 + \cdots + 1/N_T] \tag{8-7}$$

有效种群的大小约等于每代种群大小的调和平均值，在周期波动中更接近于最小种群的大小，而不是最大种群的大小。种群也可能发生少数和偶然性的波动，它对种群中基因频率的分布可能造成深刻影响。种群缩小到很小的时候，基因频率可能发生极大改变，结果出现新的进化机会和适应峰。

（3）个体间的繁殖不等量。在许多物种中，繁殖个体产生的后代数量差异很大。尤其在植物中，某些个体可能只产生少数种子，而另一些个体产生数千粒种子。产生后代数量的不均等，实际导致 N_e 降低，某些基因在下一世代的基因库中仅有极小的表达。

3）有效种群大小与突变、选择和迁移的关系

研究有效种群的大小与进化动力（如突变、选择、基因流动或迁移、随机遗传漂变）之间的关系，可以判断进化动力对其的影响是非偶然性因素还是偶然因素占主导，进一步判断种群的规模大小。大种群可以长期保持一定的种群遗传多样性，小种群则会由于遗传多样性的丧失而灭绝，中等种群的个体数量可以看做能保持一定遗传多样性的最低临界值。若用 μ、s、m 分别表示突变率、选择系数、迁移系数，研究结果表明：

（1）$4N_e\mu$，$4N_e s$，$4N_e m$ 的乘积都小于 1 时，称为小种群。突变、选择和迁移处于次要地位，随机遗传漂变会产生主导作用，基因频率会因漂变而发生随机波动，各种等位基因都

会因机会而固定或丢失。

(2) $4N_e\mu$，$4N_es$，$4N_em$ 的乘积都大于 2 时，称为大种群。随机因素对种群基因频率的分布影响很小，非偶然性压力因素控制着种群中的基因频率分布。

(3) $4N_e\mu$，$4N_es$，$4N_em$ 的乘积介于 1～2 时，称为中等种群。基因频率还将有相当大的变化。

各系数的正常变动范围不同，各种非偶然性因素的种群“大”和“小”的概念也是不同的，见表 8-2。

表 8-2　有效种群大小与 $4N_e\mu$，$4N_es$，$4N_em$ 假定值之间的关系

公　式	小种群 $4N_ex=0.5$	中等种群 $4N_ex=2$	大种群 $4N_ex=8$
$\mu=10^{-6}N_e$	125 000	500 000	2 000 000
$s=10^{-3}N_e$	125.0	500	2000
$s=10^{-2}N_e$	12.5	50	200
$s=10^{-1}N_e$	1.25	5	20
$m=10^{-2}N_e$	12.5	50	200

野生种群的选择系数 s 为 0.001～0.01 或者更大，当 $s=0.01$ 时，一个 12 个个体的种群是小种群，当 $s=0.001$ 时，一个 125 个个体的种群仍属小种群，它们的等位基因频率受随机因素决定的可能性很大。在自然状况下，0.01 的适合度差异是很难察觉的，而环境变化也可以使很小的选择劣势转变为中性或优势。对突变来说，100 000 个个体的种群仍是小种群。对迁移而言，迁移系数 m 的值为 1～0，即从无迁移的完全隔离到现存种群完全被迁移者置换。对于一个 12 个个体的种群来说，$m=0.01$ 仍然会发生漂变，但当种群数大于 50 以后，很低的迁移率也足以抵消漂变引起的种群分化。

4) 最小有效种群

理论上，存在一个有效种群的最小值，低于这个值将使种群遗传变异性丧失，进而导致进化可塑性丧失，物种对环境的变化丧失适应能力，最终走向灭绝。实际研究也表明，种群小的物种的确有濒于灭绝的危险。

不同物种的最小有效种群数值不同。确定某物种的最小有效种群的大小，是一个涉及多学科（生物分类学、生态学、自然地理学、气象学、地质学、遗传学等）的复杂问题。许多学者结合一定的动物繁育实验，对最小有效种群的大小提出了一些建议。例如，在家养动物的工作基础上，Wright 的公式表明一个具有 50 个个体的种群，每代仅会丧失 1%的变异性。根据果蝇突变率的数据，Franklin 1980 年建议的种群大小为 500 个个体。基因突变导致的新的遗传变异可能会平衡遗传漂变所丧失的遗传变异。这一数值范围被称为 50/500 法则：隔离种群至少需要有 50 个个体，为保持遗传变异性最好拥有 500 个个体。但是，只有通过实践中仔细观察，对实际资料的深入研究，才有可能确定不同保护物种的合理的最小有效种群数值。

（二）生物多样性保护的方法

1. 就地保护

大多数的就地保护方式是建立合保护区。截至 1993 年，全世界共有保护区 8619 个，总面积为 7 992 660km^2（WRI/UNEP/UNDP，1994）。所占面积是地球陆地面积的 5.9%。根据人为影响的可容许程度，保护区被分成 8 种。根据这一分类，只有 3.5%的陆地面积属于科学的、严格的保护区和国家公园。虽然保护区仅占地球总面积的一小部分，但是它们作为生物多样性保护的重要基地，其作用是毋庸置疑的。

1）保护区的规划

在保护区规划中，经常面临的主要问题是：保护物种所需要的保护区面积至少是多少？建立一个大型保护区好还是多个小型自然保护区好？保护区的形状最好是什么样？一个濒危物种的多少数量的个体在保护区得到保护，才能使其免遭灭绝？如果要建立多个自然保护区，应该互相靠近，还是互相远离？它们应该互相隔离还是由通道互相连通？这里根据已有的经验和研究结果对上述问题做一些简单地介绍。

（1）保护区的面积。保护区的面积因保护的目的种不同而不同。在保护区设立时，要根据具体的保护物种来估计其最小有效种群（MVP），再由 MVP 来确定保护区面积。一个保护区内有成千上万种物种，要逐个找出各物种的 MVP 更是困难。由于大型食肉动物在自然界中处于最高营养层次，此类生物存在表示该地域的营养循环还属正常，各营养层次的食物链没有中断，在一定程度上保持了物种的多样性。因此，在设立一个保护区时首先要顾及珍稀濒危物种、大型肉食动物、大型草食动物。保护区的面积至少要容纳地域内存在的这些物种长期生存的最小有效种群。每个生物个体都要占有一定的领域以维持其生存。根据最小有效种群和个体生存领域，可大致估计出自然保护区的设计面积。另外，在设计保护区面积时也要考虑自然保护区的缓和过程，可以运用岛屿生物地理学理论进行分析。

有关建立一个大的保护区，还是建立多个小保护区的问题，已在前面的“SLOSS”原则中详细论述，这里不再重复。

（2）保护区的形状。保护区应尽量保持较规整的形状，避免有过于突出的部分，其边界应具有生物学意义，例如，包括整个流域、生态过渡区或缓冲区。在条件许可时，保护区的形状最好是圆形。它的边缘与面积比最小，减少了边缘效应的不良影响。其中心到边界的距离均比其他形状长，增加了保护区中心向周围部分的扩散率，防止局部消失，提高了保护区的有效面积。

（3）破碎化影响。保护区内要尽量减小由于道路、围栏、砍伐、种植，以及其他形式的人为活动造成的破碎化影响。因为这些片段常常将一个大的种群分割成两个或更多的小种群。相比于大种群，小种群遭受灭绝的危险更大。同时，也为可能危害当地种的外来种入侵提供入口并增加边界影响。另外，片段造成的传播障碍可能会减少物种定居于新生境的机会，并会减小基因流动。实际中，保护区片段化的问题较为严峻，如果从地区级的管理体系来管理保护区，可以抑制破碎化的不良影响。

（4）生境走廊。当有一系列自然保护区时，应该运用生境走廊把互相隔离的保护区连成一个大的体系。生境走廊是指保护区之间的带状保护区，也称为保护通道或运动通道。它为植物和动物在保护区之间的散布、繁殖体的传播、物种寻找合适的定居点提供了方便，增强了基因流动的概率。同时，生境走廊也有利于随季节变化而迁徙的动物在多个生境中迁移以寻找充足的食物。例如，在季节性干旱的稀疏草原中，动物常常沿沿河流分布的树林迁移。而温带地区的许多鸟类和动物在一年中最热月份有规律地迁移到高海拔地区。利用这一原理，拉丁美洲的哥斯达黎加政府建立一条面积 7700hm^2、宽数千米的通道，为两个大型自然保护区至少 35 种鸟类提供了一条有海拔高度差异的迁徙通道（Wilcove et al.，1993）。

生境走廊也有其不利的一面。它可能成为瘟疫和病虫害传播的通道，其结果可能造成某些珍稀濒危物种的灭绝。另外，沿通道迁移的动物更易遭到捕杀和猎食。但从总的生物保护角度来看，尤其是面对很多保护区太小的现实，建立生境走廊是值得提倡的。

(5) 景观生态学的应用。由于保护区的物种并非局限于单一的生境中，而是经常在不同生境之间迁移，或生活在两个生境的交界处。对这些物种来说，区域尺度上生境类型的组成和相互影响方式是十分重要的。不同的景观型可能对小气候（如风、温度、湿度、光线等）、瘟疫的发生，以及动物活动的形式等有完全不同的影响。从景观生态学的角度来看，传统的以物种为中心的自然保护途径（“自然保护的物种范式”）缺乏考虑多重尺度上生物多样性的格局和过程及其相互关系，显然是片面的、不可行的。物种的保护必然要同时考虑它们所生存的生态系统及景观的多样性和完整性（“自然保护的景观范式”）。近些年来，景观生态学原理和方法在自然保护的研究和实践中被广泛应用，对自然保护中从“物种范式”向“景观范式”的转变起到了积极的推动作用。诸如岛屿生物地理学理论、复合种群理论已成为保护区建设和管理中重要的基础理论，而缀块、边缘、廊道和镶嵌体 4 个方面的原理更是广泛应用于保护区的规划。因此，景观生态学为保护区的实践提供了新的理论基础，而保护区也为检验景观生态学理论和方法提供了场所，而且为其发展不断提出新的目标。

2) 保护区的管理

保护区一旦建立，就必须开展有效的管理，这是一种技术性要求很高的任务。

(1) 保护区的监测。保护区的监测是保护区成功管理的关键。监测所提供的信息与资料是进行分析与提出管理决策的依据。保护区的监测分为生物监测与非生物监测。生物监测是研究自然界动植物种群的组成、数量以及物种内部相互作用的复合效益。非生物监测包括气象和水文的观测与测量，以及对人类污染在所有介质中的背景水平的观察和测量。保护区的监测有清查、调查、统计等研究方式，方法有建立观察样地、系统抽样等。遥感等一些新的监测手段也迅速发展起来。各国和世界都在致力于监测数据库的建设，以保证能够最大限度地收集、利用信息。例如，由 IUCN 于 1983 年建立的“自然保护监测中心”是一个由世界自然保护工作组成的具有数百种信息的信息库，其目的在于为全球的自然保护提供信息，并确保信息本身的正确性以及方法和时间的准确性。

(2) 保护区管理的特点。虽然保护区管理的方法、措施众多，但可以总体归纳出以下几个特点：第一，保护区所采取的管理措施大多是根据科学、系统的监测数据或已有经验，分析某种现象产生的原因、发展趋势及可能的后果，进而提出合理、有效、可行的管理措施。第二，分析和解决问题的知识都基于生态学、生物学，以及由它们所衍生出来的各种交叉学科与应用学科。第三，涉及从基因、个体、种群、群落、生态系统到景观格局各个层次的管理，层次不同，处理问题的方法也不同。第四，生境管理工作至关重要，尤其是对于对生境有特殊要求的种，需要提前预测生境变迁，提前采取措施。第五，保护区会面临自然环境灾害、外来物种入侵、人为干扰等多方威胁，因此，应对这些威胁是保护区管理工作的重点之一。第六，维持一个保护区管理的庞大经费开支，需要在不威胁保护区的条件下，广开融资渠道。诸如建立生态旅游区、发展自然保护基金等。第七，保护区管理往往涉及行政、执法、旅游管理、公众教育等方面的工作。第八，通常与科研单位及相关组织、大学建立长期研究合作关系。第九，越来越注重信息共享与数据库的建立。

3）保护区资源的合理利用

从保护区的功能分区来讲，分为核心区、缓冲区和经营区。核心区是保护对象的主要栖息、生存、繁殖、种群最集中以及保存最好的区域。因此，这里的自然资源不可随意利用。而缓冲区和经营区是为了维持保护对象生存、繁衍、发展的需要及开展科研、从事经营活动的区域。因此，它们的自然资源可以在一定程度上合理开发利用。总的来说，可利用的资源主要为缓冲区、经营区内的土地、水、生物、气候等有限但可更新的资源及太阳、空气、海水等无限的资源；不可（禁止）利用的资源为矿产资源及核心区内几乎所有的自然资源。

目前，保护区资源的合理利用模式主要有：旅游模式，即以优势资源开展森林、野生动植物、风景、滨海及潜水等多种旅游形式和第三产业获得经济收入的模式；生产模式，即以优势资源开展种植养殖业和副产品加工获得经济收入的模式；综合模式，即利用各种资源所获得的经济效益不相上下或不明显，甚至没有经济效益的模式。此类模式的特点是没有优势资源，虽然经济效益不明显但往往能产生良好的环境效益、社会效益。各种模式的利用要因地制宜，灵活多样。

2. 迁地保护

对许多珍稀濒危物种来说，它们赖以生存的自然生境遭到极大的干扰和破坏，残余种群已经小到不能维持长期生存的状况，随时有濒临灭绝的危险。在这种条件下，无法进行就地保护。只有一种阻止物种灭绝的方法，就是在人类管理下的人工环境中维持个体的生存。这种策略就是迁地保护。迁地保护策略可以对珍稀濒危物种及其繁殖体进行长期保存、分析、试验和增殖。迁地保护同时也适用于对保护区之外有价值物种的保护。另外，它也是依赖人类养殖或种植而生存的物种（如畜禽、农作物等）的保护方式。

迁地保护的作用主要有：①保存、增殖珍稀濒危物种，使其免遭灭绝；②为重新引种提供种质来源，同时也为驯化种的未来繁殖提供一个主要的遗传材料库；③为基础生物学研究、生物资源开发与应用研究、就地保护提供了试验素材与信息库；④为教育公众保护物种提供了场所。

迁地保护措施主要包括植物园、动物园、离体保护等方式。

1）植物园

迄今为止，在世界范围内已建立了约1500个植物园与树木园，生长着至少35 000种植物，约占全世界植物总种数的15%。世界最大的植物园是位于英格兰Kew的英国皇家植物园，估计栽培了25 000种植物，大约占全世界总种数的10%，其中2700种是濒危物种或受威胁物种。许多植物园越来越注重珍稀濒危物种的培育和研究。对从野外引种栽培的一些珍稀濒危植物进行栽培、繁育的相关试验和研究，如种子储藏、发芽、立苗、营养繁殖和种子生理学、繁育系统、病理学研究等。其次，开展珍稀濒危植物的生态环境调查，观测记录生物学特性，研究诸如食草动物、共生关系以及最小有效种群的物种生态学特性，为植物基础生物学、植物区系与植物分类学、保护生物学等方面的研究提供信息与材料来源。一些植物园还建立了一些重要分类群（如木兰科、山茶科、杜鹃花科、龙脑香科等）的专类区。这些工作帮助我们了解植物的分布与生境需求，可以为植物再引种与就地保护的规划及管理策略方面提供极有价值的建议。此外，植物园也重视野生经济植物的引种驯化和发展生产的研究，如杜鹃花、山茶花、兰花、萝芙木、人参、天麻、猕猴桃等，它们中有一些已在地方的经济发展中起了重要的作用，为植物多样性的持续利用奠定了基础。总之，植物园已经成为自然资源保护、科学研究和开发的自然资源中心。

2）动物园

据不完全统计，目前世界上有 10 000 个以上的动物园。这些动物园与其他相关的大学、政府野生动物部门以及保护组织，维持着代表哺乳类、鸟类、爬行类和两栖类的 3000 个物种的超过 7 000 000 个个体（Groombridge，1992）。这其中有 274 种珍稀及濒危物种，仅有 10%具有足够数量的自我维持圈养种群以保持它们的遗传变异。相比于过去被认为是单纯消耗野生动物，当今的动物园动物生产繁育已能大部分自给自足。许多重要的动物园当前的目标是建立珍稀及濒危动物的圈养繁殖种群，以及探索在野外重建物种的新方法和新计划，如国际鹤类基金会建立的鹤类圈养繁殖种群；国内的扬子鳄繁育中心、成都大熊猫繁育研究基地等。一些动物园与圈养繁殖机构在部分珍稀濒危动物（如阿拉伯大羚羊、旋角羚、欧洲野牛、金狮绒猴、夏威夷鹅、关岛秧鸡、美洲鹤、麋鹿、大熊猫、东北虎、华南虎、扬子鳄、白唇鹿、丹顶鹤）的饲养与繁殖方面取得了突出的成果。其中阿拉伯大羚羊、金狮绒猴、麋鹿等物种甚至获得了再引种计划的成功，以后将逐步实现建立野外种群。事实上，经过努力，大多数物种都能在人工状态下生活，其可繁衍种群也能维持较长的时间。世界自然保护联盟（IUCN）的物种生存委员会保护繁殖专家组收集了许多圈养物种的相关信息，提供给动物园。其中最重要的是国际物种编目系统（ISIS），为 59 个国家的 395 个动物协会的 4200 种动物提供信息。在新种群建立方面，对圈养动物在社会和行为方面的训练，也有一些成功的经验。动物园的这些管理和经验也为物种就地保护和保护区的管理提供了支持与帮助。

然而，由于受限于人类科技与经济的发展水平，某些物种的人工圈养繁殖计划并不成功。而对诸如大猩猩、大熊猫、黑猩猩等受威胁和珍稀濒危物种的新种群建立的成功率更低，最终实现这些物种野外种群的生存与繁衍还待探索。但是，凭借良好的资金基础，以及各动物园、国家、国际组织间的联合，动物园在生物多样性保护乃至世界自然保护运动中正发挥着越来越重要的作用。

3）离体保护

离体保护即建立基因资源库。基因资源库（genome resource bank）指将生物组织和细胞、孢粉、动物的精液、卵子和胚胎以冷冻储存（－196℃的液氮环境中）或以培养液长期保存的场所。

以种子的形式储存自然保护材料，是迁地保护中采用最广泛和最有价值的方法之一。过去 20 年以来，许多与植物遗传资源有关的部门和机构已经在该领域开发出广泛的专业技能。种子储藏较其他迁地保护方法有相当多的优点，如储藏简便、节约空间、相对低的劳力需求，因而具有以经济可行的代价保存大量样本的能力。

第二节　生物安全

生物安全有广义和狭义之分。广义的生物安全是指在特定的时空范围内，由于自然或人类活动引起的某种生物数量的急剧变化，并由此对当地其他物种和生态系统造成改变和危害，进而对人类的正常生存和发展构成影响。包括：第一，人类引起生态环境变化导致外来生物的大量侵入，即外来生物入侵问题；第二，人为破坏和影响造成环境的剧烈变化而对生物产生影响和威胁，即生态安全问题；第三，在科学研究、开发和应用中对人类健康、生存环境和社会生活产生有害的影响，主要指的是转基因生物安全问题。狭义的生物安全是指通过基因工程技术所产生的遗传工程体及其产生的安全性问题，即广义生物安全中的第三个方面。

一般来说，生物安全主要强调包括以下三个方面：外来物种入侵、生态安全、转基因生物安全。其中生态安全在本章第一节已有论述，这里主要讨论外来物种入侵和转基因生物安全。

一、生物入侵

由于人类的干扰和破坏，外来生物的影响和破坏作用日益加剧，已经酿成一个全球性的环境问题。

（一）生物入侵的概念

千万年来，海洋、山脉、河流和沙漠为物种和生态系统的演变提供了隔离性天然屏障。在近几百年间，这些屏障受到全球变化的影响已变得无效，外来入侵物种远涉重洋到达新的生境和栖息地，并成为外来入侵物种。外来入侵种（alien invasive species，AIS）就是对生态系统、生境、物种、人类健康带来威胁的外来种，可能威胁当地动植物的生存，导致庄稼减产、使海水和淡水生态系统退化。入侵物种常常表现出极强的适应进化能力，这是其成功入侵的主要特点。入侵物种的适应性变化主要涉及遗传结构、表型可塑性、他感作用和生殖策略等问题。外来物种入侵后通常会发生较大的遗传变化而增加入侵力，如乌桕（*Sapium sebiferum*），入侵种产生的化感物质可能使其在新环境中获得竞争优势。从外来昆虫的信息素和宿主挥发性物质的角度研究外来物种和宿主的协同进化，也是热点之一。表型可塑性在外来物种入侵力形成方面也发挥着重要作用。大多数入侵物种对新环境都有很强的适应能力，表现出很高的表型可塑性和多样性。

20 世纪 80 年代以来，随着我国经济的高速发展，促进了外来物种的引入。从森林到水域，从湿地到草地，从郊外到城市居民区，都可以见到这些生物“入侵者”。2001 年 5 月国际自然及自然资源保护联盟列出了 100 种入侵性最强的外来生物（表 8-3），包括水生和陆生生物、无脊椎动物、两栖动物、鱼类、鸟类、爬行动物和哺乳动物。这些入侵者包括家猫、北美灰松鼠、尼罗河鲈、水风信子和家褐蚁，世界危害最大的引入异域物种还包括灰鼠、印度鹩哥、亚洲虎蚊、黄色喜马拉雅悬钩子和直立仙人果。

表 8-3 世界 100 种恶性外来入侵种（陆庆光和干海珠，2001）

外来入侵种	数量/种	外来入侵种	数量/种
微生物	8	两栖动物	3
水生植物	4	鱼类	8
陆生植物	32	鸟类	3
水生无脊椎动物	8	爬行动物	2
陆生无脊椎动物	18	哺乳动物	14

应该注意的是，并非任何外来迁入者最后都能成为入侵者。事实上，从迁移者到入侵者的转化与多个方面的因素有关。在生物入侵过程中，外来种原产地种群中的少数个体越过地理屏障传播到新的生长区域，然后通过自身生物潜力的发挥建立新的种群，因此从迁移者到

入侵者的过渡通常有一个延迟或滞后时期。滞后时间长短与外来种本身的生物学特性、外来种与土著种的种间关系以及外来种与土著生物群落总体的关系、新生长区群落多样性对入侵种的抵抗性、新生长区环境变化对入侵的影响等几个因素相关。一般地，生态环境破坏越严重，外来入侵问题就可能越突出。

（二）生物入侵的危害性

1. 生物入侵影响物种多样性

能够成功入侵的外来物种，往往具有先天的竞争优势，在入侵地摆脱了原来的制约，就会出现疯长现象，甚至分泌化感物质抑制排挤本地物种，形成单一的优势种群，最终导致入侵地物种多样性丧失。飞机草与紫茎泽兰原产中美洲，从中缅、中越边境传入我国云南南部，现已广泛分布于云南、广西、贵州、四川的很多地区，在其发生区大肆排挤本地植物，形成单一植物群落，导致其他物种消失。豚草原产北美洲，传入我国后，已经扩散到东北、华北、华中、华东、华南的15个地区，对禾本科、菊科等1年生草本植物有明显的排挤作用，在豚草发生区，昆虫的种类显著降低。大米草入侵福建等地沿海滩涂，导致红树林湿地生态系统遭到破坏，红树林消失，滩涂鱼虾贝类以及其他生物也不能生存，原有的200多种生物减少到20多种。人们将北疆额尔齐斯河的河鲈引入南疆的博斯腾湖，从而导致原分布于该湖的新疆大头鱼的灭绝。在关岛，外来入侵物种棕色树蛇引起了关岛本地10种森林鸟类、6种蜥蜴和2种蝙蝠的灭绝。愈演愈烈的外来物种入侵对生物多样性的危害往往是不可逆转的，加快了物种灭绝的速度。

2. 生物入侵影响遗传多样性

外来物种入侵导致入侵地局部野生、原始种群消失的同时，也伴随着遗传材料减少，从而导致遗传多样性的丧失。外来物种入侵还使种群破碎化，导致遗传漂变和近亲交配，使个体适应性和生活力下降。例如，加拿大一枝黄花可与假蓍紫菀杂交；从美国引进的红鲍和绿鲍在一定条件下能和我国土著种皱纹盘鲍进行杂交。本地种与外来种杂交还易造成遗传污染，如我国北方自然海区虾夷扇贝的繁殖期是2～4月，土著栉孔扇贝是4～6月，在时间上，自然生态条件下的外来虾夷扇贝就有可能与土著栉孔扇贝杂交（实验室条件下已获得了杂交后代）。这样的后代若在自然生态环境中再成熟繁殖，与土著皱纹盘鲍和栉孔扇贝更易于杂交，势必对我国这两种土著贝类造成严重的遗传污染。

3. 生物入侵影响生态系统多样性

在自然界长期进化过程中，生物与生物之间相互制约、相互协调，形成稳定的生态平衡系统。外来物种入侵对当地自然生态环境的改变，使生态系统内部能量流动和物质循环难以进行，导致生态失衡、生态系统紊乱。例如，薇甘菊在珠江三角洲一带大肆扩散蔓延，遇树攀缘，遇草覆盖，仅深圳市受薇甘菊危害的林地面积已达2667hm^2；20世纪80年代初从美国侵入我国的红脂大小蠹，1999年在山西省大面积暴发，使大片油松林在数月之间毁灭，严重危及其他野生动植物赖以生存的生态环境。水葫芦原产南美洲，现广泛分布于我国华北、华东、华中和华南的大部分省市河流、湖泊和水塘中，往往形成单一的优势群落，特别在滇池疯长成灾。外来物种入侵的后果是导致不同生物地理区域生态系统的组成、结构和功能均匀化，并最终退化，失去其服务功能。

4. 生物入侵造成经济损失

生物入侵最直接的危害是经济上的巨大损失，据统计，美国每年因外来物种入侵造成的经济损失高达1500亿美元，印度每年的损失为1300亿美元，南非为800亿美元。我国因外来物种入侵造成的损失也相当惊人（表8-4），每年几种主要外来入侵物种造成的经济损失达574亿元人民币，于1994年进入我国的美洲斑潜蝇（*Liriomyza sativae*）已蔓延了100多万公顷，仅每年对其的防治费用就需4.5亿元。据林业专家测算，仅森林公害一项我国每年损失就有50亿元。有统计资料表明，水葫芦所造成的损失达80亿～100亿元。据报道，广东为了防治松材线虫（*Bursaphelenchus xylophilus*），一年投了600万元，仅减少受灾面积0.4万hm^2。闽东一些地区的农民原来养一亩地收入2万元，现在到处肆虐的大米草让农民的发财梦都落了空，仅闽东6个县农民每年减收数亿元。生物入侵导致生态灾害频繁暴发，对农林业造成严重损害。

表8-4 我国外来入侵种相关的经济损失和防治费用（李振宇和解焱，2002）

物 种	经济变量	时 间	经济影响	地 点
紫茎泽兰	畜牧业经济损失	每年	数千万元	四川凉山州
紫茎泽兰	控制	20世纪90年代	数百万元	四川
紫茎泽兰	控制	20世纪90年代	数百万元	云南
凤眼莲	人工打捞	1999	500万元	福建莆田市
凤眼莲	人工打捞	1999	1000万元	浙江温州市
凤眼莲	人工打捞	1999	＞1亿元	全国
豚草	感染花粉病	每年	＞100万人	全国
空心莲子草	经济损失	每年	6亿元	全国
美洲斑潜蝇	经济损失	1995	2400万元	四川
美洲斑潜蝇	经济损失	1995	11 000万元	山东
美洲斑潜蝇	防治	每年	4.5亿元	全国
松材线虫	经济损失		5亿元	安徽、浙江两省
松材线虫	仅减少受灾面积0.4万hm^2	1年	6000万元	广东省
互花米草	水产业1年的损失	1990	＞1000万元	福建宁德市东吾洋一带
互花米草	水产业1年的损失	每年	农民减收数亿元	福建6个县
禽流感病毒	销毁活鸡，赔偿鸡农鸡贩损失	1997	1.4亿港币	香港
8种主要外来入侵种	造成的经济损失	每年	574亿元	全国
外来入侵种	造成的经济损失	每年	数千亿元	全国

5. 生物入侵影响人群健康

外来生物入侵不仅对生态环境和国民经济带来巨大损失，还直接威胁到人类的健康。外来入侵种带来许多新的医学问题，而且全球化会使那些对人类有害病毒（如传染性疾病）的影响进一步扩大。

豚草、三裂叶豚草现已分布在东北、华北、华东和华中的15个地区，它的花粉就是引起人类花粉过敏的主要病原物。据调查，1983年沈阳市人群发病率达1.52%，每到豚草开花散粉季节，过敏体质者便发生哮喘、打喷嚏、流清水样鼻涕等症状，体质弱者甚至有合并症发生。南美洲的红蚂蚁是困扰美国人的“入侵者”，专门叮咬人畜，传播疾病。除了疯牛病、口蹄疫，古今中外由于有害生物危害人类健康和农业生物的安全，给人类带来的灾难是十分沉痛的。公元五世纪下半叶，鼠疫从非洲侵入中东，进而到达欧洲，造成约1亿人死亡；1933年猪瘟在我国传播流行造成920万头猪死亡；1997年，香港发生禽流感事件，不得不销毁140万只鸡，仅赔偿鸡农鸡贩的损失即达1.4亿港币；为了改良蜂种，巴西从非洲引进塞内加尔蜂王35只，不慎逃出26只，与欧洲蜂交配产生繁殖力强、毒性大的杀人蜂，已有150～200人遭蜂群袭击而死亡，曾因蜂害而中止足球比赛。

（三）生物入侵的防治

1. 生物入侵的控制方法

外来入侵种的控制不是简单的事情，需要制定控制计划，其中包括确定主要的目标物种、控制区域、控制方法和时间等。生物入侵的常见控制和清除方法主要有：化学控制、机械控制和生物控制三种。

1）化学控制

化学控制（chemical control）可能仍然是在农业上控制生物入侵的主要方法。虽然化学农药具有效果迅速、使用方便、易于大面积推广应用等优点；但不幸的是，使用化学农药存在一些弊端。首先，往往会杀灭许多本地物种，对人类和非靶物的健康造成危险，例如，DDT产生的问题众所周知。其次，费用较高，在大面积山林及一些自身经济价值相对较低的生态环境（如草原）使用往往不经济、不现实。再次，害虫抗性的频繁进化，高的费用以及重复应用的必要性通常使化学控制不可行。若是在大型自然区以控制入侵种为目标，那么化学方法的费用是被禁止的。另外，对于多年生外来杂草，大多数除草剂通常只能杀灭其地上部分，难以清除地下部分。

2）机械或物理控制

利用一些机械设备或其他物理方法来防除有害生物，短时间内也可迅速杀灭一定范围内的外来生物，缓解其对环境安全的威胁或影响，称为机械控制（mechanical control）。其控制方法主要有如下几种：①依靠人力，捕捉外来害虫或拔除外来植物，利用机械设备来防治外来植物，利用黑光灯诱捕有害昆虫等。例如，利用机械打捞船在非洲的维多利亚湖等地控制水葫芦等水生杂草取得了一定的效果。②通过物理学的各种途径防治也可控制外来有害生物，如用火烧和放牧方法控制有害植物。③种树和覆盖地表也是控制外来杂草的好方法。

3）生物控制

随着化学药剂和机械控制出现的问题产生了生物控制（biological control），即引进入侵物种的天敌。生物控制的一般工作程序包括：在原产地考察、采集天敌；天敌的安全性评价；引入与检疫；天敌的生物生态学特性研究；天敌的释放与效果评价。

当然，生物控制也有它的优、缺点。因为天敌一旦在新的生境下建立种群，就可能依靠自我繁殖、自我扩散，长期控制有害生物，所以生物控制具有控效持久、防治成本相对低廉的优点。但是，通常从释放天敌到获得明显的控制效果一般需要几年甚至更长的时间，因此对于那些要求在短时期内彻底清除的入侵，生物控制难以发挥良好的效果。由于不同利益角度对杂草的认识不同，生物控制杂草容易引起利益冲突。另外，引进天敌防治外来有害生物也具有一定的生态风险性，释放天敌前如不经过谨慎的、科学的风险分析，引进的天敌很可能成为新的外来入侵生物，从而带来不良甚至有害生态系统的恶果。国际上杂草生物控制已有100多年的历史，引进天敌控制杂草在取得成就的同时，也面临着天敌安全性等新的挑战。天敌昆虫 *Cactoblastis cactorum* 曾成功地控制了澳大利亚、南非、夏威夷等地的仙人掌

Opuntia spp.，但在 1989 年，美国的佛罗里达发现该虫威胁当地的一种仙人掌，成为一种严重的害虫。

除了以上介绍的三种主要的方法之外，综合治理是一种有发展前景的方法，就是将化学、机械、生物控制等单项技术有机融合起来，发挥各自优势、弥补各自不足，达到综合控制生物入侵的目的，因此具有速效性、持续性、安全性和经济性等特点。

2. 生物入侵控制的长期对策

生物入侵正以前所未有的速度改变着世界的自然群落和生态性状。在全社会建立系统的防范对策是必要的。控制生物入侵的长期对策主要包括以下几个方面。

管理能力：加强对无意引进和有意引进外来入侵物种的安全管理；

监管能力：建立相应的监测系统，查明我国外来物种的种类、数量、分布和作用；

教育宣传能力：加强对生物入侵危害性的宣传教育，提高社会的防范意识；

阻击能力：积极寻找针对外来入侵物种的识别、防治技术，以对当前生物入侵的蔓延趋势加以有效遏制；

预警和信息处理能力：应对潜在入侵种进行风险评价（risk assessment），还应在掌握外来种包括潜在的外来种信息的基础上，建立外来种信息库与预警系统，完善世界、国家、区域生物安全体系。将外来物种对环境影响评估（environment influence assessment，EIA）纳入成本-收益分析体系（cost-benefit analysis system），会更加科学地指导引种实践。

目前进入我国的外来杂草共有 107 种、75 属，其中有 62 种是作为牧草、饲料、蔬菜、观赏植物、绿化植物等有意引进的，占杂草总数的 58%；主要外来害虫有 32 种，如美国白蛾、松圆突蚧；外来病原菌有 23 种，如棉花枯萎病病原菌。从已入侵我国的几大害虫和杂草来看，很大程度是由于人为因素引起的。目前，我国已进入一个国际贸易和旅游发展的新时期，也是外来物种进入我国通道最多和最畅通的时期，为了我国的生态安全，应积极开展对外来物种的生物学特性、入侵生态学、防治、控制等方面的研究，以及国际、国家关于外来物种的法规、条例的制定与执行（表 8-5）。

表 8-5　与我国相关的国际和地区协议及我国涉及外来入侵种的法规、条例（李振宇和解焱，2002）

与中国有关的国际和地区协议	中国涉及外来入侵种的法规、条例
《生物多样性公约》	《中华人民共和国国境卫生检疫法》
《联合国海洋公约》	《中华人民共和国卫生检疫法实施细则》
《国际重要湿地特别是水禽栖息地公约》	《中华人民共和国植物检疫条例》
《野生动物前夕物种公约》	《中华人民共和国动物防疫法》
《非航海用国际水道法公约》	《中华人民共和国进出境动植物检疫法》
《国际植物保护公约》	《中华人民共和国家畜家禽防疫条例》
《亚洲和太平洋地区植物保护协议》	《中华人民共和国海洋保护法》
《应用卫生和植物免疫措施协议》	《家畜家禽防疫条例实施细则》
《责任制渔业行为法则》	《农业转基因数位安全管理条例》
《预防引入外来入侵种》	《陆生野生动物保护实施条例》
《21 世纪议程——联合国环境发展大会》等	《植物检疫条理实施细则》等

二、转基因生物

转基因技术将是当前和今后生物技术领域的核心技术。它可以突破物种间的界限，转移有用的基因，使远缘类群的物种之间发生基因交换，并且可以将有特定性状的基因转移到受体生物，使生物发生定向变异，成为具有人们所需要性状的新品种。例如，转基因技术将在提高农作物的产量与品质、改善作物对各种生物和非生物胁迫的抵抗力等方面做出巨大贡献。但是，转基因生物进入环境中可能产生的副作用也是不可低估的，这就是转基因生物的环境安全问题。

（一）转基因生物的概念

转基因生物也称遗传改性生物（genetically modified organism，GMO）或遗传工程生物（genetically engineered organism，GEO），指人类按照自己的意愿有目的、有计划、有根据、有预见地运用重组 DNA 技术将外源基因整合于受体生物基因组，改变其遗传组成后产生的生物及其后代。转入基因的生物个体成为受体生物，而提供目标基因的生物成为供体生物。

按照所转移目的基因的受体类型可以把转基因生物分为转基因植物、转基因动物、转基因微生物和转基因水生生物四类。

按照转移目的基因用途可以分为抗除草剂转基因植物、抗虫转基因植物、抗病性转基因植物（包括抗病毒、细菌、真菌、线虫等）、抗盐害转基因植物、抗病毒转基因家畜或禽类、生长激素转基因家畜等。

转基因技术在农业、医药、环境保护与污染治理方面都具有广阔的应用前景。1983 年世界上诞生了第一株转基因植物，1986 年世界上只有 5 项转基因植物获准进入田间试验，1992 年增加到 675 件。1994 年首例转基因植物产品开始商品化生产，1996 年以来转基因植物开始大面积种植，仅 1998 年一年内，美国就批准了 1077 项转基因农作物进入大田试验。1994～1997 年短短的三年间，国外就有了包括抗虫棉花和玉米，抗除草剂大豆、棉花、玉米和油菜，耐储藏番茄，抗病毒黄瓜等十多种植物的 46 项转基因植物获准上市销售，种植国家已达 45 个。截至 2000 年年底，全球转基因植物田间实验数量超过 1 万例，转基因作物品种达 100 多个，用转基因作物生产加工的转基因食品和食品成分达 4000 多种。全球转基因作物情况如图 8-4 所示。

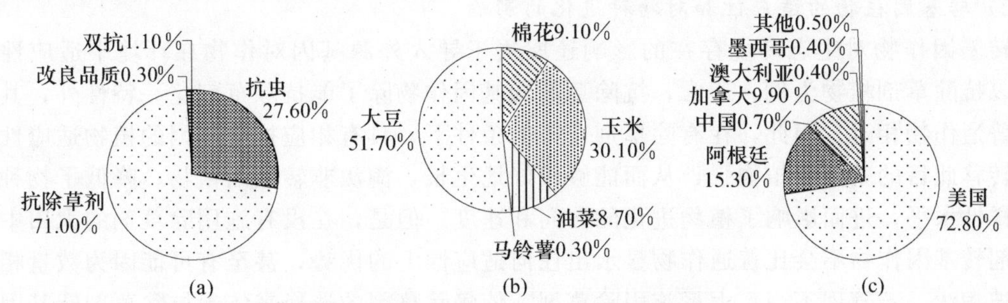

图 8-4　1998 年全球转基因作物种植面积分布

（a）按转基因性状类型；（b）按作物类型；（c）按国家，双抗指抗虫兼抗除草剂类型，其他指西班牙、法国和南非（刘谦和朱鑫泉，2001）

1996 年全世界转基因作物的种植面积为 170 万 hm^2，到 2000 年猛增至 4420 万 hm^2。1998 年我国种植各类转基因作物 15 万亩，1999 年超过 200 万亩，2000 年仅转基因抗虫棉一项便达 500 万亩（表 8-6）。

表 8-6 我国允许商品化生产的转基因食品植物（1997～1999 年）（刘谦和朱鑫泉，2001）

转基因植物	申请单位	允许种植地区
抗黄瓜花叶病甜椒 PK-SP01	北京大学	北京、厦门、云南、辽宁
抗黄瓜花叶病甜椒双丰 R	北京大学	辽宁
抗黄瓜花叶病番茄 PK-TMB805R	北京大学	北京、厦门、云南
抗黄瓜花叶病番茄 8805R	北京大学	辽宁

（二）转基因生物的环境行为

任何生物一经投放到环境中，必然会与其他生物或物质环境发生相互作用，包括繁殖、捕食、共生等生物间的相互作用，也包括物质循环、能量流动和信息传递过程中的生物与环境之间的相互影响，转基因生物是人为研制出来的特殊生命形式，势必存在一些与普通植物不同的环境行为。

鉴于转基因生物主体的生活环境和自身生物属性不同，这里对转基因植物、转基因动物、转基因微生物以分别进行论述。

1. 转基因植物的环境行为

转基因作物进入大田后，自身将出现变化，同时，在大田中生长的整个生长期内也必然会对其周围植物、其他生物以及土壤生态系统产生影响。

1）转基因植物自身的变化

转入基因的表达会对植物自身产生一定的影响，包括新陈代谢、组成成分、遗传、进化等方面。

转移目的基因的表达使植物自身蛋白质组成和含量发生了一定的变化，而且如果基因插入后发生了基因共抑制，还会导致原有基因发生表达上的变化——表达量减少或不表达，都影响了植物原有物质的组成，进而影响其新陈代谢和生长发育。例如，研究抗虫转基因水稻发现，其农艺性状与对照相比发生了很大的变化，在大田生长情况下，抗虫转基因水稻的株高、穗长、育性、单株产量和千粒重明显降低，而单株分蘖数增多，落粒性增强，花期推迟 3～5 天。

2）转基因植物的适应性和对物种进化的影响

转基因作物对生态环境存在的影响还取决于导入外源基因对作物在环境中适应性的改变。以抗除草剂植物为例，通常，抗除草剂转基因作物除了能抗除草剂这一特性外，其他特性与普通作物相近。因此，在有除草剂选择的条件下，具有相应抗性基因的植物适应性要比没有转移此目的基因的植物强，从而能够较好地生长，淘汰非转基因植物，降低了物种的遗传多样性水平，进而影响了植物进化的方向和速度。但是，在没有施用除草剂的大田中，抗除草剂转基因作物不会比普通作物显示出任何适应性上的优势，甚至有可能因为数量相对较少而被淘汰。若管理不当，大量施用除草剂，依赖除草剂的选择来体现抗除草剂转基因植物的优势并保留转基因作物，则会加剧环境污染。

3）转基因植物对生态系统的影响

（1）转基因植物对临近植物物种的影响。转基因植物投放到大田实验时，会改变自身的生存竞争力。如果通过种子的散布或花粉的传播而扩散到非控制区，一些转移抗虫基因的作物会产生毒蛋白，不但抑制了害虫的生长，也可能对天敌昆虫产生毒杀作用，从而影响野生动植物的正常繁育，改变物种多样性并扰乱自然的生态平衡。若转基因作物与野生生物杂交，发生了基因扩散则进一步影响了种质基因库，降低了遗传多样性，在一定程度上改变了物种进化方向。转基因作物还可能由于抗性增加而自身杂草化，这样就改变了植物原有的竞争优势，破坏了生态平衡。

(2) 转基因植物对土壤微生物及动物区系组成及数量的影响。转基因植物蛋白质组成的变化影响了植株体内的碳、氮元素的含量比例，其长期种植就会影响土壤的营养平衡，进而影响微生物的新陈代谢作用（如矿化作用、氨化作用、硝化作用及反硝化作用等），也就影响了微生物对枯枝落叶的分解速率，而枯枝落叶分解以及植物根系分泌物都会导致根系周围微生物种类和数量组成的变化。例如，研究发现抗真菌和细菌转基因烟草的抗性蛋白会残留于根际土壤较长一段时间，从而影响腐生型土壤细菌的数量。钱迎倩等也报道带有几丁质酶的抗真菌转基因作物通过枯枝落叶的降解和根系分泌物也会减少土壤中菌根种群。

(3) 转基因植物还通过根系分泌物改变根际细菌来影响原生动物的种类与数量。转凝集素基因马铃薯的盆栽试验及大田试验中期都表明了根际土壤鞭毛虫与对照相比有所降低，变形虫的数量也明显降低。线虫以细菌或真菌为食，通过调节分解作用和营养的释放而影响生态系统的功能。但是转移不同目的基因的植物在大田栽种试验时，对线虫数量的影响不同。例如，转 Bt 基因烟草的土壤中线虫数量明显增加；转凝集素基因马铃薯土壤线虫在生长期没有差异，残茬分解对线虫也没有影响。

2. 转基因动物的环境行为

由于转入目的基因在宿主基因是随机整合的，其整合位点数和拷贝数也是随机出现的，因此有可能出现转入基因整合到具有重要功能的基因之中，从而干扰该基因的正常表达，影响其代谢和发育，有时甚至可能引起原有基因突变或不正常表达，也影响转基因动物的生理活动。

有的外源基因表达具有时间性，使得转基因动物只在一段时间内表达外源基因，有些个体可能因插入位点不合适而无法表达外源基因。还有些个体可能基因拷贝数过多导致表达过量，干扰自身的生理活动。

不同的转基因方法，外源 DNA 导入宿主细胞整合的机制不同，对宿主的作用和影响也不一致（表 8-7）。外源 DNA 的不正常重组能够导致宿主染色体与 DNA 的一系列变化，包括缺失、重复、无关序列的插入；中断宿主细胞一些必需基因的转录过程；激活有害基因等以至于导致宿主畸变或死亡。

表 8-7　外源 DNA 导入动物细胞机制的效果

项　目	不正常重组	同源重组	逆转录病毒整合
发生概率	约 10^{-4}	约 10^{-7}	约 1
特异性	从无到有	很高	低到很高
整合位要求序列 bp 重复	无	序列同源	进入逆转录病毒载体
对靶细胞染色体的影响	随机缺失、重排	无到很小	整合位点 4～6bp
对插入序列的影响	随机缺失、重复和重排	无到很小	两侧各约 2bp 的丢失

3. 转基因微生物的环境行为

转基因微生物实质就是重组微生物。目前常用于进行转基因操作的微生物集中于发酵工业和环境污染治理的生物修复方面，例如，将固氮基因引入豆科作物以提高作物的养分利用，同时减少化肥使用，保护环境。美国、日本等国家还分离出能够降解碳氢化合物和多氯联苯的菌株。

由于微生物广泛分布于土壤、大气和水体中，其个体微小、形态多样、繁殖迅速、易于发生突变，因而转基因操作对于微生物而言就显得更为重要。转入基因的稳定表达及扩散都远比植物、动物更快、更明显。因此，转基因微生物与其他生物接触时，很容易发生基因转移，从而使得其他生物引入了外源目的基因。例如，上面已经提到植物与微生物之间也能够发生基因转移，根瘤杆菌与豆科植物结合可以形成肿瘤，这种肿瘤基因可以转化到植物基因组中并稳定遗传。

目前还有部分目的基因的导入是利用质粒进行的，这些质粒 DNA 更容易发生扩散，改变其他物种的遗传组成。有些转基因所利用的标记基因为抗生素基因，它们常常会提高微生物对抗生素的抗性，进而转移到其他生物体中，这样就改变了自然界微生物的生态位及其竞争优势，干扰了生态平衡。

(三) 转基因生物的安全管理

1993 年 12 月国家科学技术委员会发布《转基因安全管理办法》，1996 年 7 月农业部发布《农业生物基因工程安全管理实施办法》，以促进我国农业生物基因工程领域的研究和开发，加强安全管理，防止基因工程产品对人体健康及人类赖以生存的环境和农业生态平衡造成危害。2000 年 8 月我国作为第 70 个签署国加入《卡塔赫纳生物安全议定书》。2000 年 9 月，国家环境保护总局、中国科学院、农业部、科技部等联合编制了《中国国家生物安全框架》，这是我国生物安全的政策体系、法规体系和能力建设的国家框架方案，总体目标是：通过制定法规、政策以及相关的技术准则，建立管理机构和完善监督机制等，保证将现代生物技术及其产品可能产生的风险降到最低限度，最大限度地保护生物多样性、生态环境和人类健康，同时确保现代生物技术的研究、开发与产业化发展能够健康有序的进行。2001 年 6 月，我国正式颁布了《农业转基因生物安全管理条例》，规定今后转基因产品的生产和销售都必须拥有政府有关部门颁发的批准证书，而且须加贴标签予以注明。国家环境保护总局会同有关部门研究建立与《卡塔赫纳生物安全议定书》相适应的国家监管系统和技术支持系统。2002 年 1 月，农业部正式公布了《农业转基因生产安全评价管理办法》、《农业转基因生物进口安全管理办法》和《农业转基因生物标识管理办法》三个实施细则，规定对转基因大豆种子、大豆、大豆粉、大豆油、豆粕、玉米种子、玉米、玉米油、玉米粉、油菜种子、油菜籽、油菜籽油、油菜籽粕、番茄种子、鲜番茄、番茄酱进行标识，并于 2002 年 3 月 20 日正式实施。

思考题

1. 什么是生物多样性？导致生物多样性丧失的原因有哪些？
2. 保护生物多样性应遵循哪些原则？
3. 生物多样性保护有哪些途径和措施？
4. 什么是生物安全？如何从广义和狭义两方面理解？
5. 生物入侵的危害性有哪些？怎样对其进行控制？
6. 什么是转基因生物？它有哪些类型？
7. 转基因生物有哪些环境行为？怎样对转基因生物进行安全管理？
8. 如何理解技术安全问题？

推荐读物

陈领. 1999. 中国的濒危物种及其保护. 动物学报，45 (3)：350～354

程志强，陈旭君. 2002. 转基因植物中抗生素抗性基因的安全性评价. 生命科学，14 (1)：14～16

段昌群. 2005. 环境生物学. 北京：科学出版社

《联合国千年生态系统评估》委员会. 2005. 千年生态系统评估：生物多样性研究报告. 北京：科学出版社

任海，彭少麟. 2002. 恢复生态学导论. 北京：科学出版社

参考文献

蔡晓明. 2002. 生态系统生态学. 北京：科学出版社

陈仲新，张新时. 2000. 中国生态系统效益的价值. 科学通报，45：17～22

程志强，陈旭君. 2002. 转基因植物中抗生素抗性基因的安全性评价. 生命科学，14 (1)：14～16

邓欣，谭济才. 2002. 生态控制茶园内害虫、天敌种类及数量的季节变化规律. 生态学报，22 (7)：1166～1172

段昌群，杨雪清. 2006. 生态约束与生态支撑. 北京：科学出版社

段昌群. 1995. 植物对环境污染的适应与植物的微进化. 生态学杂志，14 (5)：43～50

国家环境保护局. 1998. 中国生物多样性国情研究报告. 北京：中国环境科学出版社

国家环境保护局自然保护司. 1999. 中国生态问题报告. 北京：中国环境科学出版社

蒋志刚，马克平，韩兴国. 1997. 保护生物学. 杭州：浙江科技出版社

李峋，官春云. 2002. 转基因植物的应用研究及基因产品的安全性评价. 生命科学研究，6 (1)：31～35

李振宇，解焱. 2002. 中国外来入侵种. 北京：中国林业出版社

刘谦，朱鑫泉. 2001. 生物安全. 北京：科学出版社

陆庆光，干海珠. 2001. 世界 100 种恶性外来入侵生物. 世界环境，(4)：42～44

孙儒泳. 2000. 生物多样性的启迪. 上海：上海科技教育出版社

万方浩，郭建英，王德辉. 2002. 中国外来入侵生物的危害与管理对策. 生物多样性，10 (1)：119～125

张全国，张大勇. 2002. 生物多样性与生态系统功能：进展与争论. 生物多样性，10 (1)：49～60

Curnutt J L. 2000. Host-area specific climatic-matching：similarity breeds exotics. Biological Conservation，94：341～351

Groombridge B. 1992. Global biodiversity：status of the Earth is living resources. The World Conservation，211～242

Haines A，McMichael A J，Epstein P R. 2000. Environment and health：2. Global climate change and health. Canadian Medical Association Journal，163 (6)：729～734

McNeely J A，Miller K R，Reid W V et al. 1990. Conserving the World's Biological Diversity. WWF-US and World Bank. 12～28

Schonewald-Cox C M. 1986. The boundary model：a geographical analysis of design and conservation of nature reserves. Biological Conservation，38：305～322

Simberloff D. 1992. Strangers in Paradise. Washington：Island Press. 39～61

Species Survival Commission (SSC)，IUCN. 2000. Guidelines for the prevention of biodiversity loss caused by alien invasive species. Gland Switzerland. 1～18

Wilcove D S，Mcmillan M，Winston K C. 1993. What exactly is an endangered species? An analysis of the U. S. Endangered Species List：1985～1991. Conserv Biol，7 (1)：87～93

第九章　生态监测与评价

摘要：本章介绍了生态监测的概念和特点、生态监测的基本类型。阐述了生态监测的理论依据；系统地介绍了生态监测的指标体系以及主要监测方法。概要阐述了生态评价的概念、任务、评价目标和原则，介绍了我国生态评价的指标体系及评价方法。

随着人类对环境问题认识的不断深化，环境问题已不再局限于排放污染物引起的健康问题，还包括人类活动引起的生物多样性降低、生态退化、生态平衡失调以及资源退化等一系列问题。因此，环境监测正从一般意义上的环境污染因子监测向生态监测拓宽。同时，环境问题的复杂性促使人类尝试用新的思路和方法了解和解决环境问题。为了保护生态环境，必须对生态系统的演化趋势、特点及存在问题建立一套行之有效的动态监测体系，这就是生态监测。生态监测是环境监测发展的必然趋势，已逐步成为环境科学、生态科学研究的热点；新技术新方法的运用，也给生态监测提供了新的技术手段，使生态监测进入了新时期。

第一节　生态监测

生态系统为人类提供了生产生活的重要物质，同时也受到人类活动的深刻影响。生态系统中的生物及其环境之间存在着相互影响、相互制约、相互依存的密切关系，保持着相对的生态平衡。随着外界环境的变化，生态系统内部的生物因子和非生物因子也会随之发生相应的变化，并通过反馈调节机制维持生态平衡。当外部环境变化超过一定的阈值，生态系统将会发生剧烈变化，生态平衡失调。生态监测是利用各种技术测定和分析生态系统各层次对自然或人为作用的响应，从而判断和评价这些干扰对生态系统产生的影响、危害及其变化规律，为生态环境质量的评估、调控和环境管理提供科学依据。

一、生态监测概述

（一）生态监测的概念

生态监测又称生态环境监测，迄今尚无统一的定义。美国环境保护署 Hirsch 认为生态监测是对自然生态系统的变化及其原因的监测，主要监测内容是人类活动对自然生态系统结构和功能的影响及改变。全球环境监测系统（GEMS）认为生态监测是一种综合技术，它能够相对便宜地收集大范围内生命支持系统的数据。国内有学者认为生态监测是以生态学原理为理论基础，运用可比的和成熟的方法，通过物理、化学、生化、生态学原理等各种技术手段，在时间或空间上对特定区域范围内生态环境中的各个要素、生物与环境之间的相互关系、生态系统结构和功能及其组合要素等进行系统测定和观察的过程。监测的结果用于评价和预测人类活动对生态环境的影响，从而评价生态环境质量，为保护生态环境、恢复重建生态系统、合理利用自然资源等提供决策依据。这一定义从方法原理、目的、手段、意义等方面对生态监测做了较全面的阐述。

（二）生态监测的特点

自20世纪60年代以来，针对城市生态环境、农村生态环境、森林生态环境、草原生态环境、荒漠生态环境等生态系统开展监测，旨在了解各类生态系统受干扰（包括自然灾害以及人类活动的干扰）的程度、承受环境胁迫压力的能力、动态变化趋势等，生态监测逐步成为了解生态环境变化的重要方法。经过几十年的发展完善，生态监测在理论和监测方法上逐渐成熟，并在环境监测中占有了特殊的地位。生态监测以其特有的综合性、连续性、多功能性、敏感性和复杂性而备受关注。

1. 综合性

环境问题相当复杂，任何一个环境问题往往是多种因素共同作用的结果，通常涉及多种污染物，而且每种污染物并非都是简单的加减关系，它们与外界环境之间形成复杂的相互作用，一般用物理化学仪器监测很难反映这种复杂的关系。长期暴露于各种污染和人类活动干扰下的生物及其生态系统，不仅受到水、大气及土壤等自然环境因子和环境污染的影响，而且还受到人类活动的干扰，为此可综合反映各种污染和干扰的影响。因此，通过监测生态系统的结构功能指标，能够全面掌握和了解环境污染及干扰的综合影响。

2. 连续性

对于环境突发事件的监测，常规的物理化学监测具有极大的优点，虽然可以迅速、精确地了解区域内环境因素的瞬间变化值，但却难以反映某种环境因素对长期生活于这一空间内的生命系统的影响。而生态监测则利用生态系统中动物、植物、微生物等生命系统的变化来“指示”环境污染状况。由于生态系统中各类生物对各种污染物的耐受性差异较大，从低剂量的吸收、分解、积累到高剂量的中毒、致死效应等，有一系列连续的症状“记录”环境污染物的长期变化过程及影响，因此生态监测结果能反映出某地区受污染或生态破坏的历史演变。例如，通过树木年轮中某种污染物的分布研究，可以监测大气污染的长期变化过程，因为植物体内污染物的累积量能真实地记录污染危害的全过程。

3. 多功能性

理化监测仪器一般只针对单一要素进行测定；先进分析仪器能够精确测定污染物浓度，却难以测定污染物的毒性影响。生态监测则可以通过各种指示生物的不同反应症状，同步监测污染的浓度、在生物体内的积累及其影响。例如，对污染土壤的生态监测，通过分析该土壤生态系统的生物组成、植物生长状况及残留量等，可了解土壤污染物在植物体内的生物积累、生物放大以及对植物等的影响，监测结果不仅可以评价土壤生态环境质量，而且可以评价土壤生产力、土壤安全等。

4. 敏感性

敏感性是一个系统因周围条件发生变化而引起其状态或输出结果变化的敏感程度。尽管先进的分析仪器对某些污染物有较好的灵敏度，但与生物的敏感性相比，尤其是对于综合毒性的敏感性，仪器的灵敏度有时则相形见绌。不同的生物、不同生长阶段对污染物的综合敏感性差异较大，有的敏感植物能监测到十亿分之一浓度的氟化物污染，如某种唐昌蒲，在0.01mg/kg的氟化氢下，20h就出现反应症状，而且一般幼株比成植更加敏感。

5. 复杂性

生态系统是一个庞大而复杂的动态系统，监测对象往往受多种因素影响，自然生态因素

（洪水、干旱、火灾等）以及人为干扰（污染物排放、资源开发利用等）等引起的因子变化都可能会对生态系统产生不同的影响，这就使得生态监测具有复杂性。生态监测的复杂性主要表现在四个方面：①特定生态系统的结构与功能是生态因子综合作用的结果；②生态因子对生物的作用具有阶段性；③生态系统空间变异性；④生态监测网站设计、设置的工作比较复杂。

（三）生态监测的基本要求

与传统的理化监测相比较，生态监测具有许多优点，但是生态监测专业性强、网络设置要求高、监测频率多变、指标体系复杂等，因此，开展生态监测必须具备一些基本条件。

1. 专业的队伍

生态系统的复杂性、多样性及区域差异性，导致生态监测涉及面广，往往包含生物学、生态学、环境科学、地理科学、测绘学、统计学等知识，专业性较强，因此要求生态监测队伍的专业结构应比较齐全，监测人员必须有相关专业知识作为基础。如对污染水体进行监测时，要求监测人员除了必须有娴熟的生物种类鉴定技术和生态学相关知识外，还应该熟悉环境科学、遥感与地理信息系统以及统计学方面的知识。

2. 稳定的监测点位或监测网络

在生态监测过程中，监测点位的设置应根据监测目标、监测对象等来确定，不可笼统地将监测点位按同一标准进行。在具体监测过程中，可按定位长期监测、专项研究型监测、污染事故生态监测等不同类型确定监测点位。

3. 合理的监测频率

由于生态系统是一个复杂的动态系统，其中各种生物和非生物因子有其固有的变化周期（固有频率），如一些富营养化水体溶解氧和 pH 的变化往往日变化非常显著，其固有频率往往是以“小时”为单位；而藻类等浮游生物的生活史往往只有数日，其固有频率以“日”或“周”为单位；水生高等植物的生活史稍长一些，其固有频率以“月”或者“季”为单位；微型浮游生物、鱼类、底栖动物等固有变化频率差异也十分显著。因此，监测频率的设计应考虑生态系统的关键生物、关键类群、关键指标的固有频率。

4. 完整的指标体系及评价标准

由于生态系统中各生物受气候、地质、水文等多种因子影响，群落分布具有明显的区域特征，因此一个地区的污染指示种在另一个地区的同样污染区可能并不出现。如果对不同的生态系统采用同一标准，或者完全照搬别人的监测指标往往会提供错误的信息，所以有必要建立区域性生态监测指标体系及评价标准，不同生态系统应选择不同的监测指标体系和评价标准。

5. 科学的监测方法

生态监测专业性强、技术要求高，在进行生态监测时，要求专业监测人员既要严格遵照国际、国家规定的监测方法和标准，又要在监测过程中建立一套因地制宜、行之有效的监测方法。对监测过程要进行全面的质量控制，保证数据的可靠性；同时监测结果要编制成专业文件，并建立生态监测信息库，计算机和“3S”技术为生态环境监测信息管理动态化、宏观化提供了一种新的技术手段。在监测过程中建立管理有序、技术规范和信息共享的网络，使不同时间和空间格局下的生态监测形成一个信息互联网络，从而使决策者有可能迅速、准确地了解较大范围的生态环境现状和发展变化趋势。

（四）生态监测的分类

国内对生态监测类型的划分有许多种，一般按照生态系统的类型划分，可分为城市生态监测、农村生态监测、森林生态监测、草原生态监测、湿地生态监测、水体生态监测及荒漠生态监测等。这类划分突出了生态监测对象的价值尺度，旨在通过生态监测获得关于各生态系统生态价值的现状资料、受干扰（特别指人类活动的干扰）程度、承受影响的能力、发展趋势等。

在空间尺度上，生态监测又可分为宏观监测和微观监测两大类。

宏观生态监测是指利用遥感技术、生态图技术、区域生态调查技术及生态统计技术等，对区域范围内各类生态系统的组合方式、镶嵌特征、动态变化和空间分布格局等及其在人类活动影响下的变化情况进行监测的方法。宏观生态监测一般在原有的自然本底图和专业图件的基础上进行，所得的几何信息多以图件的方式输出，从而建立地理信息系统（GIS），监测的内容多为区域范围内具有特殊意义的生态系统的分布及面积的动态变化，如热带雨林生态系统、沙漠化生态系统、湿地生态系统等。宏观生态监测的地域等级从小的流域生态系统扩展到全球，既有按照流域监测，也有按照行政区域监测。

微观生态监测是指对一个或几个生态系统内各生态因子的监测，监测对象是某一特定生态系统或生态系统聚合体的结构和功能特征及其在人类活动影响下的变化。微观生态监测通常以物理、化学及生物学的方法提取生态系统各个组分的信息。

根据监测的具体内容，可将微观生态监测分为干扰性生态监测、污染性生态监测、治理性生态监测以及环境质量现状评价生态监测。

（1）干扰性生态监测。通过对生态因子的监测，研究人类生产生活对生态系统结构和功能的影响，分析生态系统结构对各种干扰的响应。

（2）污染性生态监测。在生态系统受到污染后，通过监测生态系统中主要生物体内的污染物浓度以及敏感生物对污染的响应，可了解污染物在生态系统中的残留蓄积、迁移转化、浓缩富集规律及响应机制。

（3）治理性生态监测。受破坏或退化的生态系统实施生态修复重建过程中，为了全面掌握修复重建的实际效果、恢复过程及趋势等，对其主要的生态因子开展监测，可为评价修复重建效果、调整修复重建措施提供依据。

（4）环境质量现状评价生态监测。通过对生态因子的监测，获得相关数据资料，为环境质量现状评价提供依据。

宏观生态监测必须以微观生态监测为基础，而微观生态监测又必须以宏观生态监测为主导，二者相互独立，又相辅相成。一个完整的生态监测应包括宏观和微观监测两种尺度所形成的生态监测网。

二、生态监测的理论依据与指标体系

（一）生态监测的理论依据

生物与其生存环境是统一的整体。环境创造了生物，生物又不断地改变着环境，两者相互依存、相互补偿、协同进化，这是生物进化论的基本思想，是生态学最重要的理论基础之一，同时也是生态监测理论依据的核心。

1. 生态监测的基础——生命与环境的统一性和协同进化

生物系统各层次之所以能够作为“仪器”来指示其生存环境的质量状况，从根本上说，是由两者间存在着相互依存和协同进化的内在关系决定的。

按进化论的理论，无论是在荒无生机的原始地球上诞生生命，还是在不毛之地的裸露岩石上开始的群落演替，环境演变是生命诞生和群落演替的前提条件，环境与生命及生态系统是相互依存的。

同时，生命及生态系统其发展进化过程中不断地改变着环境，形成了生物与环境间的相互补偿和协同发展的关系。群落原生演替是生物与环境相互作用的典型例子，先锋生物在裸露的岩石上出现、定居，最初的环境并没有可供植物着根的土壤，更没有充分的水和营养物质，但是先锋植物（如地衣）在生长过程中产生的分泌物及残体有机质，不断地改善原生环境，还促进岩石风化成土，为更高级的植物（如苔藓类）创造了生存条件。生物从无到有，生物群落从低级阶段向高级阶段的发展，既是环境演变的结果，也是生物改变环境的过程，是生物和环境协同发展的过程。

生物与环境间的这种关系，是在自然界长期发展过程中形成的。因此，生物的变化既是某一区域内环境变化的一个组成部分，同时又可作为环境改变的一种指示和象征。生物与环境间的这种统一性，正是开展生态监测的基础和前提条件。

2. 生态监测的可能性——生物适应的相对性

适应（adaptation）是生物特有的、普遍存在的现象，包含两方面含义：①生物的结构（从生物大分子、细胞，到组织器官、系统、个体乃至由个体组成的群体等）大都适合于一定的功能。如高等动植物个体的各种组织和器官分别适合于个体的各种营养和繁殖功能；由许多个体组成的生物群体或社会组织（如蜜蜂、蚂蚁的社会组织）的结构适合于整个群体的取食、繁育、防卫等功能。在生物的各个层次上都显示出结构与功能的对应关系。②生物的结构与其功能适合于该生物在一定环境条件下的生存和繁殖。例如，鱼鳃的结构及其呼吸功能适合于鱼在水环境中生存，陆地脊椎动物肺的结构及其功能适合于该动物在陆地环境的生存等。

在生态系统中生物的生存和繁殖是受系统内其他生物和环境所制约的，种群数量往往处于一种动态的平衡中，繁殖率和存活率并不能作为生物适应成功的指标。勒沃廷用一个生态数学模型来证明这种观点，假定有两个受物质能源限制的种群，各含 100 个个体，每个个体消耗 1 个单位的有限物质能源（有限物质能源指自然界中相对而言数量有限的、能够维持生命所必需的物质和能量来源，例如，对于异养动物来说食物就是有限物质能源）；在第一个种群内发生了一个突变，突变的个体比正常个体繁殖力提高一倍，但物质能源的利用率保持不变，由此计算出的结果是该种群内突变型最终完全取代了非突变型（正常型）。按“生存”或“繁殖”的适应定义来说，突变型个体是最适者，然而整个种群的个体总数（种群的大小）不变，生长速率也不变。从生态学角度看，突变型完全替代了非突变型之后的种群个体总数增大了，因此第二个种群中的突变型个体才是真正的最适者。第一个种群虽然发生了进化改变（突变型替代了非突变型），但并没有提高种群的适应性；第二个种群发生了进化改变，同时又提高了种群的适应性。

3. 污染生态监测的依据——生物的富集能力

生物富集（biological enrichment）是指食物链上的多种生物，或处于同一营养级上、不同生长阶段的生物，不断从周围环境中吸收重金属及其他难降解污染物质，并在生物体内不断积累的现象，也称为生物浓缩（biological concentration）。通过生物富集，重金属或某种难分解物质在食物链的不同营养级的生物体内不断积累，由低营养级到高营养级的生物体内污染物浓度逐步升高，并大大超过该物质在环境介质中的浓度；同一营养级的生物，随着个体发育，生物体内的污染物浓度也不断上升，一般来说老年或成年个体体内污染物浓度远远高于幼龄个体。

生物富集是自然界非常普遍的现象之一。生物在生命活动的全过程中，需要不断地从外界摄取营养物质，以满足生长发育和维持各种生命活动。生物在从外界摄取营养物质的同时，必然使体内一些物质或元素的浓度大大超过环境中的浓度。在长期的进化历程中，生物对环境中某种元素或各类物质的需求与其生活环境条件间的“供需”关系基本是协调的。然而，人类的干扰如农药的使用、某些人工合成化学物质等进入环境后，必然要被生物吸收和富集，而且还会通过食物链在生态系统中传递和放大。当这些物质超过生物所能承受的浓度后，将对生物乃至整个群落造成影响或损伤，并通过各种形式表现出来。因此，污染的生态监测就是以此为依据，分析和判断各种污染物在环境中的行为和危害。

4. 生态监测结果的可比性——生命具有共同特征

生命系统、生态系统具有许多共同特征，这使得生态监测结果具有可比性。如各种生物（除病毒和噬菌体外）都是由细胞所构成的、都能进行新陈代谢、对环境变化都有响应等，这些共同特征决定了生物对同一环境因素变化的忍受能力有一定的范围，即不同地区的同种生物抵抗某种环境压力或对某一生态要素的需求基本相同。

同时，生态系统基本结构和功能的一致性也使得生态监测具有可比性。生态系统的结构和功能不仅是环境演变的结果，同时也是环境质量的综合表现。相同的生态系统受环境因子变化、人为干扰等影响，种类组成、能量转化、物质循环等会发生相应的变化，因此，可以根据系统结构是否缺损、能量转化效率、污染物的生物富集和生物放大效应等指标，判断分析环境污染及人为干扰的生态影响。

（二）生态监测的指标体系

生态监测指标体系主要指一系列能敏感清晰地反映生态系统基本特征及生态环境变化趋势并相互印证的项目。生态监测指标体系是生态监测的主要内容和基本工作。

1. 生态监测指标体系遵循原则

一般来讲，选择与确定生态监测指标体系应遵循以下几个方面的原则：

（1）代表性。指标应能反映生态系统的主要特征，表征主要的生态环境问题。

（2）敏感性。对特定环境污染或感染敏感，并以结构和功能指标为主反映生态过程变化。

（3）综合性。完整反映生态系统的时空变化特征。

（4）可行性。易于准确测定，便于分析比较。

（5）可比性。同类生态系统在不同区域或不同发育阶段具有可比性。

（6）层次性。生态系统内由生物个体到宏观系统，由基层一般性监测部门到专业性监测研究部门，应有要求不同、层次分明的指标体系。

2. 生态监测指标体系的类型

生态系统的类型纷繁复杂，各类生态系统又有各自的结构、功能，因此生态监测指标体系应针对不同生态系统类型而有所不同。其中陆生生态系统如森林生态系统、草地生态系统、农田生态系统、荒漠生态系统以及城市生态系统等，重点监测内容应包括气象、水文、土壤、植物生长发育、植被组成以及动物分布等；水域生态系统包括淡水水生生态系统和海洋生态系统，重点监测内容主要有水动力、水文、水质以及水生生物组成及生长发育等。

同时对生态系统进行监测，一般应设置常规监测指标（表 9-1）以及重点监测指标和应急监测指标（包括自然和人为因素造成的突发性生态问题）。

表 9-1　生态监测常规指标（付运芝等，2002）

要　素	常规指标
气象	气温、湿度、主导风向、风速、年降水量及其时空分布、蒸发量、土壤温度梯度、有效积温、大气干湿沉降物的量及其化学组成、日照和辐射强度等
水文	地表水化学组成、地下水水位及化学组成、地表径流量、侵蚀模数、水温、水深、水色、透明度、气味、pH、油类、重金属、氨氮、亚硝酸盐、酚、氰化物、硫化物、农药、除莠剂、COD、BOD、异味等
土壤	土壤类别、土种、营养元素含量、pH、有机质含量、土壤交换当量、土壤团里构成、孔隙度、容重、透水率、持水量、土壤 CO_2、CH_4 释放量及其季节动态、土壤微生物、总盐分含量及其主要离子组成含量、土壤农药、重金属及其他有毒物质的积累量等
植物	植物群落及高等植物、低等植物种类、数量、种群密度、指示植物、指示群落、覆盖度、生物量、生长量、光能利用率、珍稀植物及其分布特征以及植物体、果实或种子中农药、重金属、亚硝酸盐等有毒物质的含量、作物灰分、粗蛋白、粗脂肪、粗纤维等
动物	动物种类、种群密度、数量、生活习性、食物链、消长情况、珍稀野生动物的数量及动态、动物体内农药、重金属、亚硝酸盐等有毒物质富集量等
微生物	微生物种群数量、分布及其密度和季节动态变化、生物量、热值、土壤酶类与活性、呼吸强度、固氮菌及其固氮量、治病细菌和大肠杆菌的总数等
底质要素指标	有机质、总氮、总磷、pH、重金属、氰化物、农药、总汞、甲基汞、硫化物、COD、BOD 等
底栖生物	动物种群构成及数量、优势种及动态、重金属及有毒物质富集量等
人类活动	人口密度、资源开发强度、生产力水平、退化土地治理率、基本农田保存率、水资源利用率、有机物质有效利用率、工农业生产污染排放强度等

除了以上常规生态监测指标外，针对不同类型的生态系统，在监测过程中还应包括重点监测指标，下面为不同类型的生态系统监测过程中的特殊监测指标（表 9-2）。

表 9-2　不同生态系统特殊监测指标

生态系统类型	重点监测指标
湿地生态系统	大气干湿沉降物及其组成、河水的化学成分、泥沙及底泥的颗粒组成和化学成分、土壤矿质含量、珍稀生物的数量及危险因子、湿地生物体内有毒物质残留量等
森林生态系统	全球气候变暖所引起的生态系统或植物区系位移的监测；珍稀濒危动植物物种的分布及其栖息地的监测

续表

生态系统类型	重点监测指标
草地生态系统	沙漠化面积及其时空分布和环境影响的监测；草原沙化退化面积及其时空分布和环境影响监测；生态脆弱带面积及其时空分布和环境影响的监测；水土流失、沙漠化及草原退化地优化治理模式的生态平衡的监测
农田生态系统	农药化肥施用量、残留量所造成的食品安全监测
湖泊生态系统	水体营养物质、藻类等对湖泊、水库和海洋生态系统结构和功能影响的监测
河流生态系统	污染物对河流水体水质、河流生态系统结构和功能影响的监测
矿业工程开发对生态环境的影响	地面沉降；SO_2、CO_2、烟尘、粉尘、氯化物、总悬浮颗粒物含量；采矿废物产生量、排放量、回填处置量、堆存量、采矿废物的化学成分对周围土壤、地表水、地下水、空气环境的影响；地面震动频率、速度、振幅等

三、生态监测的基本方法

（一）环境污染的生态监测

环境污染往往导致生物在个体、种群到群落乃至整个生态系统水平上遭受破坏，因此对环境污染引起的生态监测，可以在分子、细胞、生物个体、种群、群落、生态系统及景观水平等不同层次上获取监测信息，以及时掌握环境污染物对生态系统产生危害的敏感点、污染或生态破坏长期影响。

1. 生物个体生态监测

生态系统中的生物个体其生长和分布受外界环境影响，环境对生物的时空分布有决定性作用。一旦生物生存的环境发生变化，则生物个体在形态、生理机能等方面均会表现出不同程度的变化，因此，对生物个体形态、生理特征等的监测，可反映环境的变化。一般而言，可从四个方面对生物个体进行监测：①形态学方面，包括植物株高及其增长率、叶片形状及色泽等；植物的茎、叶、花、果实、种子发芽率、总收获量；动物的生长比速、个体肥满度、捕食、迁移能力等；②行为学指标，在污染水域的监测中，水生生物和鱼类的回避反应（avoidance reaction）也是监测水质的一种比较灵敏、简便的方法；③生理生化指标，这类指标已被广泛应用于生态监测中，它比症状指标和生长指标更敏感，常在生物未出现可见症状之前就已有了生理生化方面的明显改变；④生物急性毒性以及遗传毒性监测，生物急性毒性以及遗传毒性监测指标包括生物 DNA、RNA、蛋白质合成及酶活性、基因突变（DNA 损伤）、染色体变异（微核）等。

2. 种群生态监测

当环境条件发生变化时，种群的数量、密度、年龄结构、性别比例、出生率、死亡率、迁入率、迁出率、种群动态、空间格局等均会发生相应的变化，因此对以上指标进行监测，可了解环境污染对生态系统的影响以及生物对污染的响应。如水体中有机物和重金属等无机有毒物质的污染超过生物耐受限度时，往往会导致敏感的种群消失，而耐污染的种类成为优势种，这有时会导致种群的年龄结构出现明显变化，由于幼体比较敏感或耐受力比较差，因此在生物种群受到污染时幼体最先死亡，从而使得种群年龄结构向衰亡型转变。

3. 群落生态监测

对群落物种组成、群落结构、生活型、群落外貌、季相、层片、群落空间格局、食物

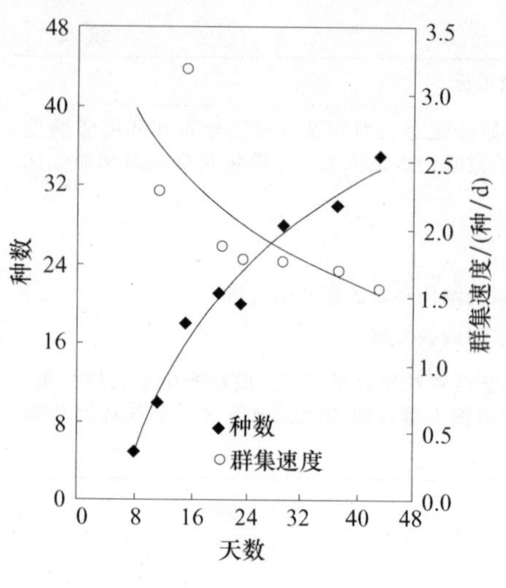

图 9-1　PFU 上原生动物集群过程 (Cairns，1969)

链、食物网统计等均可反映环境条件的变化。如采用 PFU（Polyurethane Foam Unit）法可对污染水体进行监测。PFU 法是用聚氨酯泡沫塑料块采集水域中微型生物和测定其群集速度来监测和评价环境质量状况的一种方法。该法是由美国弗吉尼亚工程学院及弗吉尼亚大学环境研究中心的 Cairns 等 1969 年创立，国内自 20 世纪 80 年代起也将这种方法用于污染水体的监测和评价。Cairns 等认为，河流、湖泊、海洋等各种类型水体中的石子、泥沙表面、沉水木块、人工基质（载玻片、PFU 等）都可以认为是一个生态上的"岛"。对于微型动物来说，悬挂在水中的 PFU 就是一个小岛。用 PFU 法得到的原生动物群集过程中群集速度随着种类上升而下降，其交叉点即是种数的平衡点。达到平衡点的时间取决于环境条件（图 9-1）。

PFU 法监测的优点体现在其克服了用单一生物种类的监测结果扩大到评价整个群落层次的不足，使监测水平提高到群落层次，因此更符合客观事实和真实环境。另外，PFU 的方法简便易行，仅用一小块 PFU 的挤出液就能测出微型生物群落结构与功能的各项参数。

4. 生态系统层次的生态监测

环境条件一旦发生变化，可能会导致生态系统的分布范围、面积大小等发生显著变化。因此对其分布格局等进行统计，可分析生态系统的镶嵌特征、空间格局及动态变化过程，而许多传统的监测技术不适宜于这种大区域的生态监测。"3S"技术集全球定位系统 GPS（Global Positioning System）、遥感 RS（Remote Sensing）和地理信息系统 GIS（Geographic Information System）一体的高新技术则适宜于大区域的生态监测。

（二）生态破坏的生态监测

对生态破坏的生态监测，可根据生态破坏的对象，从植被破坏的生态监测、土壤退化的生态监测、水域破坏的生态监测等方面着手进行。

1. 植被破坏的生态监测

1）森林植被破坏的生态监测

森林生态系统监测应采用地面样地调查、森林资源监测、航空调查，以及其他的生物和非生物的数据源调查等方面。监测可从 3 个层次进行：①探测性监测（detection monitoring）：它利用航空监测等不同来源的数据进行监测，倾向于探测区域尺度上不同灾害引起的森林健康参数变化，如森林植被冠层叶片颜色的变化等；②评价性监测（evaluation monitoring）：如果森林植被遭受的破坏问题较为严重，则需要通过评价性监测来确定问题的严重程度、范围，即在个别的样地进行强化监测调查，采集的数据包括树木、灌木、地衣、土壤等；③定点持续监测：在一定地点开展不同空间尺度的长期研究。

2）草地退化的生态监测

我国对草地破坏的生态监测开始于 20 世纪 30 年代，主要集中在对草地资源以及承载力的调查等方面，通过调查建立全国性的草地动态监测网，根据草地变化及时调整管理对策，取得了明显的经济效益和生态效益。近年来，RS、GIS、GPS等技术的发展，使得草地破坏的生态监测方面取得了更为显著的效果，如利用3S技术实现了对草地退化演替模式诊断、草地群落生态学分析、草地退化恢复途径的研究，而且做了大量的实际性工作。如利用3S技术可对草地实现动态监测，查清生态破坏对草地资源的时空分布和动态变化的影响，这样可掌握草地资源分布规律和退化发生机制，对资源价值、生态价值和多功能性进行评估，为草地植被保护、恢复和重建提供有效的科技支持，并按照生态学原理设计恢复途径和方案，实现草地畜牧业的可持续发展。

同时，地面信息也是草地动态监测的必要条件。为了建立实用的草地动态监测体系，在草地类型和生态条件方面具有代表性的区域建立若干观测点。全部观测点都按照统一的技术规程进行观测和搜集有关资料。在牧草生长期内定期测定草地生物量和草地光谱，获取在时间上较为连续的主要草地类型动态变化数据和光谱特征数据。为了保证遥感信息和地面信息有明确的相关关系，这两类数据的获取应具有相同的时空特性。

3）水生植被破坏的生态监测

水生植被作为水体生态系统的重要调节者，在固定底泥、防治沉积物再悬浮、净化水质等方面起着非常重要的作用。但由于近年来水质下降，水生植被不断萎缩、个别种类减少甚至消失，植物种群向单一化发展，藻类水华频繁暴发，加剧了水环境的进一步恶化。因此，对水生植被破坏进行监测，对合理利用水资源，改善水质具有重要的意义。对水生植被破坏的生态监测可从以下四个方面进行：①水生植被的种类；②群落结构；③时空变化；④生物多样性。

2. 土壤退化的生态监测

土壤退化包括土壤侵蚀、土壤沙化、土壤盐化、土壤污染、耕地的非农业占用等方面，针对不同的退化类型，应采取相应的生态监测方法。如土壤中的污染物质主要有重金属、农药、化肥及洗洁剂等，而生活在污染土壤中的生物，其生活力、代谢特点、行为方式、种类组成、数量分布、体内污染物及其代谢产物含量等均不同程度地受到污染物的影响，因此，土壤生物的这些特征变化可以用来监测土壤污染的成分和浓度，具体可从土壤植物、动物和微生物等方面进行监测：①土壤污染的植物监测：利用一些对特定污染物较为敏感的植物，以此作为污染物的预测和监测指示；②土壤污染的动物监测：土壤动物是反映环境变化的敏感指示生物，当某些环境因素的变化发展到一定限度时即会影响到土壤动物的繁衍和生存，甚至死亡。如受重金属污染的土壤，其动物种类、数量均随污染程度的加重而逐渐减少，与重金属的浓度具有显著的负相关。如李忠武等1999年研究了敌敌畏对土壤动物群落的影响，结果表明，土壤动物的种类和个体数均随敌敌畏农药的增加而呈明显的递减趋势，同样群落多样性指数也随浓度升高而递减（图9-2）；③土壤污染的微生物监测：废弃物对土壤的污染，导致了土壤微生物数量组成和种群组成发生改变，研究表明，许多土壤微生物对土壤中重金属、农药等污染物含量的稍许提高就会表现出明显的不良反应。当污染物进入土壤后首

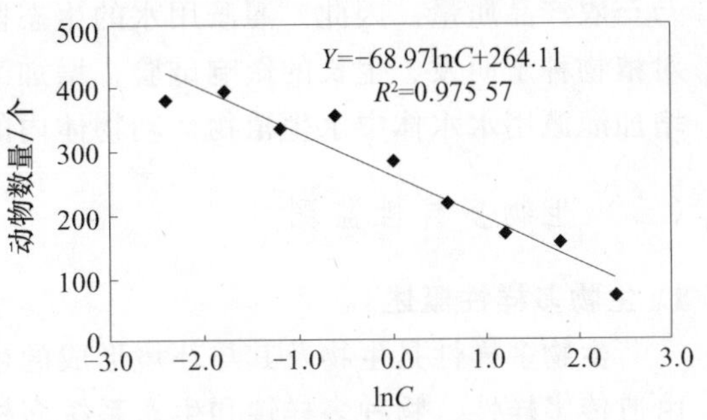

图9-2　土壤动物数量与敌敌畏农药浓度的关系（李忠武等，1999）

先受害的是土壤微生物，因此通过测定污染物进入土壤系统前后的微生物种类、数量、生长状况及生理生化变化等特征就可监测土壤污染的程度。

3. 水域破坏的生态监测

水域破坏的生态监测，应针对不同的破坏类型展开特定监测。

1）饮用水源区破坏的生态监测

对饮用水源区破坏的生态监测，应包括常规的理化指标监测以及生物指标监测，如粪大肠菌群和微囊藻毒素-LR 等，同时还应包括“浮游植物细胞数”或者“藻类密度”、生物急性毒性（生理生态指标）等，有条件的情况下，还应增加遗传毒性监测。

2）渔业养殖水体破坏的生态监测

渔业养殖安全问题仍较为严重，养殖水体污染及生态退化经常给渔业养殖带来毁灭性灾难。加强渔业养殖水体的监测，直接关系到水产品安全以及人体健康。由于鱼类处于水生生态系统食物链的顶层，其下层的浮游植物、浮游动物、底栖动物、水生高等植物、水生昆虫等均可以通过“上行效应”影响鱼类的生长、发育、繁殖乃至生存，因此，水生生态系统的结构和功能不仅直接影响到渔业鱼类的组成、产量和品质，而且影响到鱼类乃至人类的健康安全。

渔业水体生态监测，一方面，应掌握渔业水体的天然饵料生物资源状况及相应的生态关系，为渔业生产提供技术支撑；另一方面，应监测环境污染及生态退化对鱼类的影响以及渔产品的安全，以保障渔业生产和人类健康安全。

为了及时准确掌握污染物对鱼类的潜在危害、慢性长期影响，与此同时应适当增加有关“三致”影响的监测，如通过 DNA 损伤检测，了解渔业水体鱼类基因突变状况；通过鱼类细胞微核发生率，了解染色体变异状况。除了突发性的大量鱼类死亡事件外，应注意监测渔业水体中因生态退化、鱼病等引起的鱼类慢性死亡的死亡率、死亡症状，分析死亡原因。对于存在重金属、有机污染等潜在风险的水体，还应监测有毒有害物质的残留量。

3）灌溉用水的生态监测

目前，由于灌溉不当引起的水域破坏已严重影响到经济的可持续发展，如过度灌溉造成土地的沙漠化、土壤盐渍化、水资源的浪费和用水结构平衡的破坏。虽然我国已经颁发了农田灌溉水质标准（GB5084—1992），但该标准的水质监测指标多为水体的理化指标，除了“粪大肠菌群数”和“蛔虫卵数”两个生物因子外，缺乏其他的生物因子。灌溉用水不仅直接影响农作物的生长，而且还会破坏土壤生态系统结构和功能，从而影响农作物的生长发育乃至农产品质量。因此，灌溉用水的生态监测应充分考虑污染的生态影响，如增加灌溉用水对植物种子萌发、生长的影响试验；增加灌溉用水的植物微核监测试验（染色体变异监测）；增加灌溉用水水体中水生植物、动物体内的有毒有害物残留的测定。

（三）生物多样性监测

1. 生物多样性概述

生物多样性是生物及其与环境形成的生态复合体以及与此相关的各种生态过程的总和，由遗传多样性、物种多样性和生态系统多样性等部分组成。遗传多样性指生物体内决定性状的遗传因子及其组合的多样性；物种多样性是生物多样性在物种上的表现形式，可分为区域物种多样性和群落物种（生态）多样性；生态系统多样性是指生物圈内生境、生物群落和生态过程的多样性，其中遗传（基因）多样性和物种多样性是生物多样性研究的基础，生态系统多样性是生物多样性研究的重点。生物多样性反映物种在群落中的数目和相对多度，它是人类赖以生存的各种生物自然资源的总汇，是永续利用与未来农业、医学和工业发展联系紧密的生命资源的基础。

2. 生物多样性监测

对生物多样性进行监测，能够了解生物多样性面临的压力、生物多样性的现状及变化趋势。生物多样性保护及其有效性，其最主要的目的是为管理和决策服务，为保护生物多样性、制定土地利用规划、评价环境影响等问题提供科学依据，同时，生物多样性监测也可以为相关学科如土壤学、植物学、农学、林学、渔业学和环境科学等提供大量的资料。

由于生物多样性监测点多、面广，且对物种的认识到目前为止比较欠缺，监测困难很大。因此，目前对生物多样性的监测主要集中在以下几个方面。

(1) 不同时间、空间尺度上的监测。由于监测时间、尺度不同，生物多样性监测对象、结果以及监测手段有很大的不同。一般来说，中短期的监测仅能反映生物多样性量的变化，即物种增加或减少的变化；长期的监测可能需要十年、几十年甚至更长时间，但能准确反映生物多样性质的变化。监测的空间尺度包括地方监测、地区性监测以及全球监测。

(2) 不同生物系水平上的监测。集中在四个方面：①基因监测：包括遗传变异与家养动物的繁育，通过对种内基因的测定，跟踪物种的遗传标记和遗传变异；②物种监测：包括对关键种、外来种、指示种、重点保护种、受威胁种、对人类有特殊价值的物种、典型的或有代表性的物种的监测；③种群监测：包括种群大小与密度、种群结构分析、影响种群的人口压力变化等；④生态系统与景观监测：包括生态系统过程、景观破碎化、生境破坏及其他干扰的影响；种群抵抗人类干扰的变化趋势、对全球气候变化的影响；由于关键种（或关键的分类单元）的灭绝可能导致的生态系统变化，森林覆盖与土地利用对生物多样性的影响。

(3) 自然保护区监测。自然区域比受干扰的区域保持有较高的生物多样性水平。研究保护区和非保护区之间的关系，可以清楚哪些是处于最危险状态下的生物种群或群落，这是生物多样性保护所需的最基本信息。保护区监测包括 4 个方面的基本内容：①保护区管理的有效性；②保护区关键性要素的状态（所保护的物种、生境、生态系统或景观的状态）；③保护区面临的威胁；④保护区的利用及其社会经济效益。

(4) 保护区以外的监测。包括农业、林业和渔业等生态环境内的生物多样性监测。

（四）中国生态监测网络体系介绍

目前，我国的生态监测主要由中国生态系统研究网络（Chinese Ecosystem Research Network，CERN）负责，CERN 成立于 1988 年。CERN 在全国范围内已建成了 18 个农田生态系统观测研究站、18 个森林生态系统观测研究站、9 个草地和荒漠生态系统观测研究站、7 个水体、湿地生态系统观测研究站等，可重点对代表性地区的农田、森林、草地和荒漠、水体和湿地四大类生态系统开展生态监测。

CERN 对我国生态监测具体的监测点如图 9-3 所示。

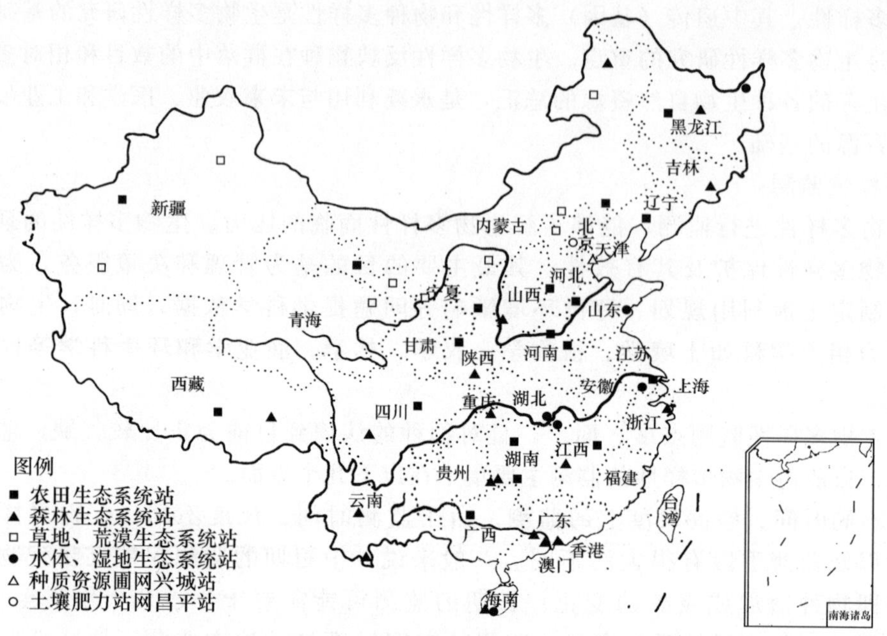

图 9-3　我国生态环境监测网点（CERN，2004）

1. 农田生态监测

农田生态系统是人工建立的、受人类干预的生态系统，各种农作物是这一生态系统的主要成员。农田生态系统与陆地自然生态系统的主要区别在于该系统中的生物群落结构较简单，优势群落往往只有一种或数种作物，伴生生物为杂草、昆虫、土壤微生物、鼠、鸟及少量其他小动物；大部分经济产品随收获而移出系统；养分循环主要靠系统外投入而保持平衡。在相似的自然条件下，农田生态系统生产力远高于自然生态系统。农田生态系统中，人们必须不断地从事播种、施肥、灌溉、除草和治虫等活动，才能够使系统朝着对人有益的方向发展，因此，可以说农田生态系统是在一定程度上受人工控制的生态系统，一旦人的作用消失，农田生态系统就会很快退化，占优势地位的作物就会被杂草和其他植物所取代。

农田生态系统监测主要包括以下方面：①生物因子：包括作物物候、作物生长状况、叶面积指数、作物生物量、产量结构、病虫害、光合作用、呼吸作用、蒸腾作用，土壤微生物结构及功能等；②土壤因子：包括土壤水分、氮、磷、钾、pH、有机质、土壤结构、土壤容重、农药、重金属及其他有毒物质的累积量等；③气候因子：包括农田小气候、农业气象灾害等；④其他因子：包括种植制度、作物分布、化肥施用量、有机肥施用量、化学除草剂施用量等。此外，由于农业生产活动中大量使用农药化肥，因此，还要对农田地表径流中氮、磷等营养要素开展监测，以掌握农业生产活动对环境的影响。

CERN 在全国各典型地区共布设了 18 个农田生态系统观测研究站，分别为河北栾城、辽宁沈阳、江苏常熟、内蒙古奈曼、黑龙江海伦、山东禹城、陕西安塞、湖南桃源、江西鹰潭、河南封丘、甘肃临泽、西藏拉萨、四川盐亭、陕西长武等农田生态系统国家野外科学观测研究站。

2. 森林生态系统监测

森林生态系统是由森林中的土壤、水、空气、阳光、微生物、植物、动物等组成的综合体，是陆地上生物总量最高的生态系统，对陆地生态环境有决定性的影响，有“绿色水库”之称。

森林生态系统监测的主要内容有以下方面：①生物因子：包括物候、林分、生长状况、蓄积量、凋落物量、树木胸径、高度、种类组成、郁闭度、密度、群落结构、年轮等；②土壤因子：包括土壤水分、碳、氮、磷、钾、pH、有机质、土壤结构、土壤容重等；③气候因子：包括森林小气候、森林气象灾害等；④其他因子：包括森林面积、森林采伐、林火、病虫害、生物多样性等。其中，森林物种多样性的测定、森林分布面积、群落结构、功能变化以及濒危种、特殊种的变化应作为重点监测项目，在此基础上还应对全球气候变暖引起的森林带迁移规律做长期动态的监测。

目前 CERN 在全国布设了 15 个国家野外科学观测研究站，对典型的森林生态系统开展监测，主要包括湖北神农架、吉林长白山、广东鹤山、四川贡嘎山、云南哀牢山、湖南会同、广东鼎湖山、云南西双版纳、四川茂县等典型气候区的主要森林生态系统野外科学观测研究站。

3. 草地、荒漠生态系统监测

草地生态系统作为地球上最重要的陆地生态系统之一，在防风、固沙、保土、调节气候、净化空气、涵养水源等方面具有非常重要的作用。

对草地生态系统的监测内容包括：①生物因子包括物候、植物种类、盖度、生长状况、生物量、枯草覆被与高度、虫鼠密度等；②土壤因子包括土壤水分、碳、氮、磷、钾、pH、有机质、土壤结构、土壤容重等；③气候因子包括草地小气候要素、草地气象灾害要素等；④其他因子包括草场分布，土地利用，生物多样性，病、虫、鼠、火害，放牧强度等。

CERN 在全国共布设了 9 个国家野外科学观测研究站观测站，主要有内蒙古锡林郭勒、新疆阜康荒漠、甘肃奈曼沙漠、新疆策勒荒漠草地、宁夏沙坡头沙漠、青海海北高寒草地、内蒙古鄂尔多斯沙地草地等生态系统野外科学观测研究站。

4. 水体、湿地生态系统监测

水体生态系统的监测包括海洋生态系统以及淡水生态系统。

对于海洋生态系统的监测包括：①水文因子包括水温、水深、水色、透明度、海况、溶解氧、化学耗氧量、磷酸盐、硅酸盐、硝酸盐、重金属、油类、悬浮物、潮汐、海平面变化等；②气候因子包括海洋气候要素、海洋气象灾害等；③沿海及海岸带生态状况包括沿海地区水土流失、海水侵蚀、海岸带变动、海洋污染、赤潮、红树林、珊瑚礁退化、沿海土地盐渍化等；④其他因子：包括沿海及近海地区生产状况调查（海洋捕捞、渔业、沿海围垦、防护林建设、生产管理活动）、生物多样性等。

对于湿地生态系统的监测主要有以下方面：①水文因子：包括地表水位、地下水位、水深盐度、水温、水质等；②生物因子：包括物候、植物种类、生长状况、生物量、盖度、高度、枯草覆被等；③气候因子包括湿地小气候、湿地气象灾害等；④其他因子：包括湿地及水体分布、面积、土地利用、生物多样性、病虫害等。

目前，CERN 在全国共布设了 7 个水体、湿地生态系统国家野外科学观测研究站，包括海南三亚、山东胶州湾、广东大亚湾 3 个海洋生态系统科学观测研究站；太湖、武汉东湖等淡水湖泊生态系统科学观测研究站；黑龙江三江沼泽湿地生态系统等国家野外科学观测研究站。

环 境 监 测

环境监测（environmental monitoring）是环境科学的一个重要分支，是环境科学的工具和手段。“监测”从广义上讲，是为了追踪污染物种类、浓度变化在一定时期内对污染进行重复测定；从狭义上讲，是为了判断是否达到标准或评价环境管理和控制环境系统的效果，对污染物进行定期测定。环境监测就其对象、手段、时间和空间的多变性、污染组分的复杂性等，具有综合性、连续性、追踪性的特点。

环境监测的过程一般为：现场调查→监测计划设计→优化布点→样品采集→运送保存→分析测试→数据处理→综合评价等。

环境监测的对象包括：反映环境质量变化的各种自然因素；对人类活动与环境有影响的各种人为因素；对环境造成污染危害的各种成分。

环境监测按监测目的可分为监视性监测（又称为例行监测或常规监测）、特定目的监测（又称为特例监测）和研究性监测。按监测介质对象可分为水质监测、空气监测、固体废物监测、生物监测、生态监测、噪声和振动监测、电磁辐射监测、放射性监测、热监测、卫生（病原体、病毒、寄生虫等）监测等。

生 物 监 测

生物监测指通过生物（动物、植物、微生物）在环境中的分布、生长、发育状况及生理生化指标和生态系统的变化来研究环境污染情况、测定污染物毒性的一类监测方法，其监测的对象往往为特定的、具体的生物。

第二节　生 态 评 价

生态评价包括生态环境质量评价和生态环境影响评价。生态环境质量评价主要是对区域内生态系统结构与功能、环境污染状况等的评价；生态环境影响评价是通过定量揭示和预测人类活动对生态影响及其对人类健康和经济发展作用的分析，确定一个地区的生态负荷或环境容量，也包括生态风险评价。生态评价以生态学理论为基础，在特定的时间和空间范围内，从生态系统层次上，分析生态环境对人类生存及社会经济持续发展的适宜程度或环境污染对生态系统的影响。生态评价实际上是根据特定的目的，选择具有代表性、可比性、可操作性的评价指标和方法，对生态环境质量的优劣程度或污染的生态影响进行定性或定量的分析和评价。

一、生态评价的概念

（一）生态评价的概念

生态评价是应用生态学、环境科学、系统科学等学科的理论、技术和方法，对评价对象的生态系统组成、结构、生态功能与主要生态过程、生态环境的敏感性与稳定性、系统发展演化趋势等进行综合评价分析，以认识生态系统发展的潜力和制约因素，评价不同的活动和措施可能产生的结果。进行生态评价是协调社会经济发展与环境保护关系的需要，也是制定区域发展规划和实施生态系统科学管理的基础。

生态评价的对象是生态系统，即评价在环境污染及人类其他干扰作用下，生态系统结构和功能的动态变化及其退化程度。与环境评价一样，生态环境评价一般也可分为生态环境质量评价和生态影响评价，从可持续发展的高度出发，生态评价更侧重于生态影响评价。

生态环境质量评价是根据选定的指标体系，运用综合评价的方法分析评价区域生态环境的优劣。作为环境现状评价和环境影响评价的参考标准，或为环境规划和环境建设提供基本依据，生态环境质量评价也可用于对资源环境的评价当中。

生态影响评价是对人类开发建设活动可能导致的生态环境影响进行分析与预测，并提出减少影响或改善生态环境的策略和措施。环境影响评价是我国一项重要的环保制度。一般来说，环境影响评价包含生态评价在内，但现行的环境影响评价以污染影响评价为主，其存在的生态评价的内容不全、深度不够、指标体系不健全等问题，需要进行深入研究。

（二）生态评价的目标

生态评价的目标主要有以下几点：

(1) 从生态完整性的角度评价生态环境质量现状，注重生态系统结构与功能的完整性；

(2) 从生态稳定性的角度评价生态系统承受干扰的能力以及受干扰后的恢复能力；

(3) 从生态演变的角度评价和预测生态系统的演变过程及趋势；

(4) 从能量流动和物质循环的角度评价生态系统服务功能状况及变化趋势。

（三）生态评价的原则

生态评价在综合分析生态环境及人类活动的相互作用的基础上，提出行之有效的保护途径和措施，并依据生态学和生态环境保护基本原理进行生态系统的恢复和重建设计。生态评价应该注意遵从：自然资源优先保护原则、生态系统结构与功能协调原则、针对性原则、政策性原则、生态环境保护与社会经济发展协调原则。

（四）生态评价的任务

生态评价的主要任务是认识生态环境的特点与功能，明确人类活动对生态环境影响的性质、程度，制定为维持生态环境功能和自然资源可持续利用而采取的对策和措施，主要包括：保护生态系统的整体性、保护生物多样性、保护区域性生态环境、合理利用自然资源、保持生态系统的再生能力、保护生存性资源等。

二、生态评价的指标体系

生态评价在根据合理的指标体系和质量标准，运用恰当的生态学方法，评价某区域环境质量的优劣及其影响作用的关系。

（一）生态评价指标系统选择原则

鉴于生态系统的复杂性，生态评价的多属性、多标准和多层次等特点，生态评价指标体系应满足以下几个方面：①代表性、综合性和可操作性；②可比性；③特殊性；④指标体系应反映生态系统各个层次和主要的生态环境问题，并以结构和功能指标为主；⑤宏观监测可依据监测项目，选定相应的数量指标和强度指标，微观生态监测指标应包括系统的各个组分，并能反映主要的生态过程。

（二）生态评价指标的建立

生态评价指标体系的建立既要按照相应的标准，又要根据具体生态系统的特点及存在问题。下面以西北地区生态环境质量评价的指标体系选择为例，说明生态评价指标体系的建立过程及要点。

西北地区的生态系统一般有高原山区、河湖、林木植被、草场、人工灌区及人类居住区、荒漠或沙漠区等类型。其中，所有的生物（林木植被、草场植被、人工灌区农作物、动物和人类）都直接与水资源的供给和气候地理环境相联系，其生态环境质量是通过生物与环境综合作用的结果（输出）反映的。目前西北地区存在的主要生态环境问题有：①山区森林资源消耗量大于生产量；②平原荒漠林与河谷林锐减；③草场退化；④河流萎缩，湖泊干涸或湖面缩小；⑤沙漠化加剧；⑥水土流失；⑦农田用地失调，肥力下降，土壤次生盐渍化严重。

因此，西北地区生态环境评价指标体系由生物变化因子集体系（如森林植被、草场等）、环境及制约因子集体系（如水资源、气候等）、后果变量因子集体系（如草场退化、土地沙漠化等）3部分组成。

在确定好生态环境评价指标体系后，针对具体的研究对象，划分每个分区系统的生态环境评价指标体系，如高原山区生态环境评价指标体系、河湖生态环境评价指标体系、绿洲生态环境评价指标体系、荒漠区生态环境评价指标体系。最后，进行西北地区的大系统生态环境评价的综合。

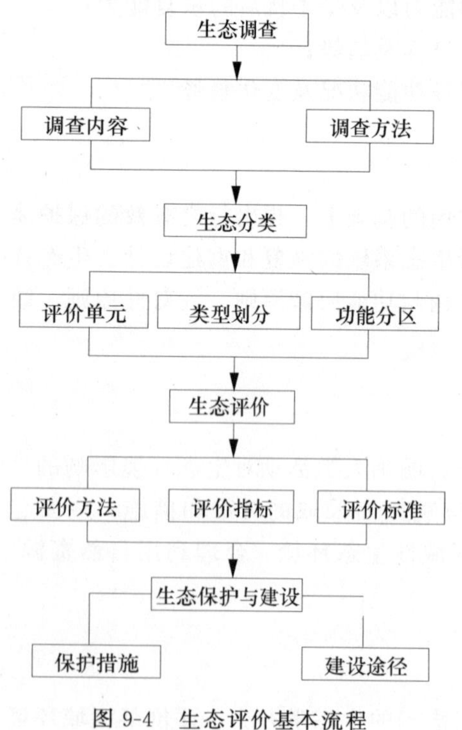

图 9-4　生态评价基本流程

（刘康，2004）

三、生态评价的程序与内容

生态评价应遵循环境影响评价的一般程序（图 9-4）。生态评价的范围、内容、标准、等级和评价方法等，需根据人类活动的影响性质、影响程度和生态环境条件作具体的分析和确定。

（一）生态评价的范围

生态评价范围的确定主要根据生态系统的特点、

人类活动及工程影响范围等。按照生态环境评价工作程序，评价范围可分为生态调查范围、生态分析范围、影响分析与预测范围等。按照受影响因子的性质，有植被、动物、土壤、地面水、地下水等不同因子的相应调查与评价范围。

（二）生态评价的标准

生态评价需要一定的判别基准，但生态系统不像大气和水属于均匀介质的单一体系，而是一个类型和结构多样性很高、地域性特别强的复杂系统，其影响变化包括内在本质（生态结构）的变化和外在表征（环境功能）的变化，既有数量变化问题，也有质量变化问题，并且存在着由量变到质变的发展变化规律，因而评价的标准体系不仅复杂，而且因地而异。此外，生态评价是分层次进行的，因此评价标准也是根据需要分层次决定的，即系统整体评价有整体评价的标准，单因子评价有单因子评价的标准。生态评价的标准可从以下几方面选取：①国家、行业和地方规定的标准；②背景值或本底值；③类比标准；④科学研究已判定的生态效应。

（三）生态影响识别

环境影响识别是设计环评工作和编制环评大纲中的重要步骤，这是将人类活动的作用和环境的反应结合起来做综合分析的第一步。影响识别是一种定性和宏观的生态影响分析，主要包括影响因素的识别、影响对象的识别和影响性质与程度的识别。

1. 影响因素识别

生态评价的影响因素识别主要是对作用主体（人类活动）的识别，作用主体应包括主要工程（或主设施、主装置）和全部辅助工程在内。在实施的时间序列上，应包括施工建设期和运营期的影响因素识别，有的项目甚至还包括设计期（如选址和决定施工布局）和死亡期（如矿山闭矿、渣场封闭于复垦）的影响因素识别。此外，还应识别集中开发建设地和分散的影响点，永久占地与临时占地等影响因素。

2. 影响对象的识别

环境污染、建设工程等人类活动对生态系统的影响往往表现在多方面，既包括生态系统的生物组成要素以及各组成要素从分子水平到生态系统不同组织层次上的参数；同时，也包括评价区域（生态系统）内的物理、化学及地形地貌等参数。

识别影响对象既要通过对生态系统各组成要素的调查、观测与分析，又要根据环境污染类型、建设工程及其他人类活动干扰方式、途径等，有针对性地选择一些指标，作重点调查分析。

（四）生态评价的等级划分

根据建设项目、环境污染以及其他人类活动等影响的空间范围、影响对象及影响程度，一般将评价工作级别定为3级（表9-3），影响范围越大、影响程度越高，评价要求和评价级别越高。在评价范围内只要存在“敏感地区”或者引起“珍稀濒危物种消失”时，不论影响范围多大，评价工作级别均必须采用1级；在影响范围大于50km^{2}时，根据影响程度可以采取1级或者2级评价；在影响范围小于20km^{2}的情况下，除了“敏感地区”和“珍稀濒危物种消失”这两种情况采用1级评价外，其余都可以采用3级评价。

表 9-3 生态环境评价工作级别划分

项 目	主要生态影响及程度	评价工作级别		
		>50km²	20～50km²	<20km²
生物群落	生物量减少（<50%）	2	3	—
	生产量锐减（=50%）	1	2	3
	异质性程度降低	2	3	—
	相对同质	1	2	3
	物种的多样性减少（<50%）	2	3	—
	物种的多样性锐减（=50%）	1	2	3
	珍稀濒危物种消失	1	1	1
区域环境	绿地数量减少，分布不均，连通程度变差	2	3	—
	绿地减少 1/2，分布不均，连通程度变极差	1	2	3
水和土地	荒漠化	1	2	3
	理化性质改变	2	3	—
	理化性质恶化	1	2	3
敏感地区		1	1	1

(五) 生态环境调查

生态环境调查是生态评价的基础性工作。通过生态调查，定量测定生态系统的物种组成、生物量、生物多样性、群落结构、空间格局等，完整了解生态系统结构与功能的主要指标，为生态评价奠定基础。

1. 生态环境调查基本要求

生态环境调查的主要内容和指标应能满足生态系统结构与功能分析的要求，一般包括生态系统的物种组成和非生物要素。此外，针对环境污染及生态破坏的特点，识别出环境污染物在生态系统中的迁移转化及对生物生长发育的影响；能分析区域自然资源的时空分布特征、资源结构及优势、资源利用情况等。在有敏感生态保护目标或有特别要求保护的对象时，还必须开展专项调查。

2. 自然生态系统的调查内容

一般陆地生态系统调查的主要内容如表 9-4 所示。在陆地生态系统调查中，应根据生态系统的类型及功能特点，结合环境污染、工程类型等对陆地生态系统的可能影响，确定调查内容。一般而言，植被调查是重点。植被不仅是区域初级生产的基础，对区域社会经济可持续发展有十分重要的影响；同时，植被也是区域环境的重要调节者，对区域环境质量有重要的调节作用。动物及微生物组成也是非常重要的调查内容，尤其是在自然保护区、重要的资源分布区。

表 9-4 陆地生态系统调查主要内容及指标（张从，2002）

调查内容		指 标	评价作用
气候与气象调查	降水	降雨量及时空分布	确定生态类型、分析蓄水泄洪功能需求等
	蒸发	蒸发量、土壤湿度	分析生态特点、脆弱性或稳定程度
	光、温	年日照时数、年积温	分析生态类型、生物生产潜力等
	风	风向、风力、风频	分析侵蚀、风灾害、污染影响
	极端气候	台风、尘暴、霜冻、暴雨等	分析系统稳定性和气候灾害，减灾功能需求

续表

调查内容		指　标	评价作用
地理地质与水土条件调查	地形地貌	类型、分布、比例、相对关系	分析生态系统特点、稳定性、主要生态问题、物流等
	土壤	成土母质、演化类型、性状、理化性质、厚度、物质循环速度、肥分、有机质、土壤生物特点、外力影响	分析生产力、生态环境功能（如持水性、报肥力、生产潜力）等
	土地资源	类型、面积、分布、生产力、利用情况	分析景观特点、系统相互关系、生态力与生态承载力等
	耕地	面积、肥力、生产力、人均粮食量等	生产力、区域人口承载力与可持续发展能力
	地面水	水系径流量、水资源量、水质及利用等	分析生态类型、水生生态、水源保护目标等
	地下水	流向、资源量、水位、补排、水质、利用等	分析采水生态影响，确定水源保护范围
	地质	构造、结构、特点	生态类型与稳定性
	地质灾害	方位、面积、历史变迁	分析生态建设需求，确定防护区域
生物因子调查	植被	类型、分布、面积、盖度、建群种与优势种、生长情况、生产力、能量、利用情况	分析生态结构、类型，计算环境功能，分析生态因子相关关系，明确主要生态问题
	植物资源	种类、生产力、利用情况	计算社会经济损失，明确保护目标与措施
	动物	类型、分布、种群量、食性与习性、生殖与居栖地等	分析生物多样性影响，明确敏感保护目标
	动物资源	类型、分布、生长繁殖、利用情况	分析资源保护途径与措施

包括气候、水文、地形地貌、土壤等在内的自然要素调查也是生态调查的内容之一。此外，还需要特别关注区域生态环境问题、区域保护目标等。

3. 与生态评价相关的社会经济状况调查

社会经济状况是人类活动方式和结果的直接反映，人类通过各种活动开发利用自然资源，创造社会物质财富，推动社会经济发展，从社会经济状况可以分析人类活动与环境的相互作用、相互影响，这对于分析生态破坏、环境退化的原因，协调人与自然的关系具有十分重要的意义。

（1）区域经济发展水平、产业结构、项目区的产业发展情况、毗邻的工矿企业等调查。

（2）区域总人口、城乡比例，人口密度、人均耕地与水资源，收入水平与主要来源，居住特点与村镇分布，占地拆迁问题及安置办法等。

（3）项目区域有无流行性疾病或地方病、疫源、危害途径等。

（4）区域社会文化特点、有无特别民俗、教育普及程度、人口文化素质、人文景观与历史文化保护目标等。

（六）生态分析

生态分析与生态影响分析是在生态调查的基础上，对生态环境进行深入认识的过程。生态分析主要是认识生态系统的类型、结构、运行特点及其环境功能，认识区域可持续发展对生态环境功能的主要需求，生物资源优势以及系统主要受到的外力作用；生态影响分析则是在工程分析和生态环境调查的基础上，分析人类活动影响生态环境的途径、方式、强度和性质，以及受影响生态系统的响应特点。

1. 生态系统分析

在生态调查的基础上进行的生态系统分析，主要是认识系统本身的特点与规律。

首先，必须对区域内主要生态系统的类型进行识别，如森林生态系统、农田生态系统、草原生态系统、河流或湖泊生态系统、海洋或滩涂生态系统、城市或乡村生态系统等，对不同类型的生态系统采取不同的指标体系及分析评价方法。

其次，分析生态系统结构的整体性。整体性分析主要内容包括：生态系统地域分布的连续性、组成层次的结构完整性、组成因子的匹配与协调性食物链（网）的完整性等。

2. 相关性分析

相关性分析是将纷繁复杂的生态关系进行梳理，分析项目工程、环境污染等人类活动对生态系统内各种因子的影响，比较其相关性程度，确定关键因子及限制因子等，为抓住主要因子、有的放矢地保护生态系统奠定基础。

3. 生态约束条件分析

生态约束条件分析的目的是认识主导生态系统"安全"的主要因子，或判明影响生态环境改善的主要障碍因素。在生态调查及相关性分析的基础上，根据区域生态环境变迁过程，分析生态约束条件。一般陆地生态约束条件分析包括水分、气候条件、地形地貌、生物因子及社会经济等方面。

4. 生态特殊性分析

生态特殊性既是区域分异的体现，又是各种特殊干扰影响的结局，同时也是区域间社会经济发展特点的基础。因此，生态特殊性分析包括生态系统内部生物和非生物因子以及外部特殊影响因子。

（七）生态影响分析

生态影响分析主要是分析影响因素、影响效应的时空变化过程，其基本要求是：对影响因素（影响主体，即人类活动）的分析要求全面性；对影响受体（生态环境）的分析要求针对性；对影响效应（即一般所谓的影响）的分析要求科学性，此外，影响分析中还需将影响的区域性特征与工程性特征结合起来考虑。

1. 影响因素分析

人类活动对生态环境的影响可分为物理性作用、化学性作用和生物性作用三类。

物理性作用是指因土地用途改变、清除植被、收获生物资源、引入外来物种、分割生境、改变河流水系、以人工生态系统代替自然生态系统，使组成生态系统的成分、结构或支持生态系统的外部条件发生变化，从而导致生态系统结构和功能发生变化。

化学性作用是指污染的生态效应，如大气中的铅、氟、硫氧化物、氮氧化物对植物的影响；水中的重金属、有机耗氧物质对水生生物的影响等。这些影响在作用方式、程度等方面都有区别，既有急性致死、慢性损伤，也有直接、间接影响等。

生物性作用是指人为引入外来物种或严重破坏生态平衡导致的生态影响，人类经济活动对优势种、建群种的影响，也间接地诱发生态系统内生物相互作用发生变化。

除了人类活动对生态系统的影响之外，许多自然力也对生态系统发生巨大影响。如气候变化、干湿交替、早霜、干旱、风沙或其他作用都会使生态系统受到很大影响，尤其在重建生态系统时，这些作用常起决定性作用。

2. 影响对象分析

影响对象分析的内容主要包括：主要受影响的生态系统和生态因子；主要受影响的途径与方式，即直接影响或间接影响，或者通过相关性分析明确的潜在影响。影响对象的敏感性是影响对象分析中的重要内容，这类敏感性高的保护对象通常是：①需要特别保护的对象，如水源地、风景名胜区、文物古迹、珍稀濒危动植物及其生境等；②法定的保护目标，如自然保护区、森林公园等；③具有较高保护价值的目标，如特产地、生物多样性高的生态系统；④脆弱生态系统，一旦破坏就可能导致不可逆性质的变化，如沙漠化地区、石漠化地带、水土流失特别严重的地带、高山峡谷生态系统等；⑤稀有或稀缺自然资源。

3. 影响效应分析

（1）影响效应的性质。影响导致的变化分为不可逆和可逆。在生态影响中，凡不可逆变化应尽量避免，分析时应给予更多的关注，在确定影响可否接受时应给予更大的权重。

（2）影响效应的程度。即根据影响作用的方式、范围、强度、持续时间来判别生态系统受影响的范围、强度、持续时间，受到影响的生态因子以及生态环境功能的损失程度。

（3）影响效应的特点。生态系统或生态因子受到影响后，其变化是渐进的、累积性的以及从量变到质变的，只有达到某种临界状态或直到系统崩溃时，才能发现影响的结果。

（4）影响效应的相关性分析。生态影响相关分析主要是分析判断生态系统变化原因、生态演变的驱动因子。

（八）类比分析法

生态环境现状评价是将生态分析得到的重要信息进行量化，定量描述生态环境的质量状况和存在的问题。生态环境结构的层次性特点决定着生态环境的评价也具有层次性，一般可按两个层次进行评价：一是生态系统层次上的整体质量评价；二是生态因子层次上的因子状况评价。

1. 生态因子现状评价

生态因子的现状评价内容包括植被、动物、土壤、水资源等时空分布的特征。

2. 生态系统结构与功能现状评价

生态系统结构是否完整、功能是否健全，既可定量评价，也可定性描述，定量与定性相结合，分析评价生态系统结构与功能特征。

3. 区域生态环境问题评价

区域生态环境问题是指水土流失、沙漠化、自然灾害和污染危害等几大类。比如用侵蚀模数、水土流失面积和土壤流失量指标，可定量地评价区域的水土流失状况。

4. 生态资源评价

生态系统的生物组成及非生物因子的可利用性是生态资源特性的重要体现，可以通过一些经济指标间接评价生态资源价值。

（九）生态影响预测

1. 影响预测的基本步骤

生态环境影响预测是在生态环境现状调查、生态分析和影响分析的基础上，对主要生态因子的变化和生态环境功能变化作定量或半定量预测计算，以便把握因开发建设活动而导致的生态系统结构变化和环境功能变化的程度以及相关的环境后果，由此进一步明确开发建设者应负的环境责任以及为保护生态环境和维持区域生态环境功能不被削弱而应采取的措施及要求。

生态环境影响预测的基本程序是：

(1) 选定影响预测的主要对象和主要预测因子；

(2) 根据预测的影响对象和因子选择预测方法、模式、参数，并进行计算；

(3) 确定评价标准，预测评价主要生态系统和主要环境功能的变化趋势；

(4) 综合分析评价社会经济与生态环境相关影响。

2. 影响预测的内容与指标

针对影响预测的对象，选择能够表征其本质的指标，并通过资料查询、实地测量和实验，获取定量计算所必需的参数，进行定量或半定量的预测计算。

3. 预测评价

(1) 生态环境所受的主要影响。阐明建设项目对生态系统结构及功能的影响性质、途径和程度。

(2) 生态环境变化对区域或流域生态环境功能和生态环境稳定性的影响。

(3) 对主要敏感目标的影响程度及保护的可行途径。

(4) 主要生态问题和生态风险。阐明区域生态环境的主要问题、发展趋势；阐明主要生态风险（生态灾害与污染风险）的源、出现概率、可能损失、影响风险的因素及防范措施。

(5) 生态环境宏观影响评述。评述区域生态环境状况及可持续发展对生态环境的需求，阐明建设项目生态环境影响与区域让会经济的基本关系。

四、生态评价的方法

根据评价对象、内容、特点、主要评价目的和评价要求等，参考数据资料的掌握情况，选择合理的评价方法。

（一）类比分析法

类比法是一种比较常用的定性和半定量评价方法，一般有生态环境整体类比、生态因子类比、生态环境问题类比等方法。

类比分析是根据已有的开发建设活动对生态环境产生的影响来分析或预测拟进行的开发建设活动可能产生的生态环境影响。选择好类比对象是进行类比分析或预测评价的基础，也是该法成败的关键。类比对象确定后则需选择和确定类比因子及指标，并对类比对象开展调查与评价，再分析拟建项目与类比对象的差异。根据类比对象与拟建项目的比较，得出类比分析结论。

类比方法主要适用于识别和筛选生态环境影响因子及评价因子；定性分级评价生态环境影响程度；预测生态环境问题的发生与发展趋势及其危害；确定环境保护目标，选择最有效的、可行的环境保护措施。

（二）列表清单法

列表清单法是 Little 等于 1971 年提出的一种定性分析方法。该法的特点是简单明了、针对性强。其基本做法是，将拟实施的开发建设活动的影响因素与可能受影响的环境因子分别列在同一张表格的行与列内，逐点分析，并用正负符号、数字、其他符号表示影响的性质、强度等，以此分析开发建设活动的生态环境影响。

列表清单法主要用于：①生态环境影响识识别和评价因子筛选；②分析开发建设活动对生态环境因子的影响；③筛选生态环境保护措施；④分析物种或栖息地重要性或优先度。

（三）生态图法

生态图法即图形叠置法，是把两个以上的生态信息叠合到一张图上，构成复合图，用以表示生态环境变化的方向和程度。本法的特点是直观、形象明了，但不能作精确的定量评价。

编制生态图有指标法和叠图法两种基本手段。指标法先确定评价区域范围，调查和收集评价范围与周边地区自然的和生态的信息，同时收集社会经济、环境污染及环境质量信息；识别和筛选拟评价因子，其中包括识别和分析主要生态环境问题；研究拟评价生态系统或生态因子的地域分异特点与规律，建立指标体系，并通过定性分析或定量方法对指标赋值或分级，再依据指标值进行区域划分；最后将上述区划信息绘制在生态图上。

叠图法先用透明纸作底图，底图范围应略大于评价范围；在底图上描绘出生态环境主要因子信息，如植被覆盖度、动物分布、河流水系、土地利用和特别保护目标等；识别与筛选评价因子；对拟评价因子作影响程度透明图，并用不同颜色和色度表示影响的性质和程度；最后将影响因子图和底图叠加，得到生态评价图。

生态图法主要应用于区域环境影响评价，如大型水利枢纽工程、新能源基地建设等具有区域性影响的特大型建设项目评价、土地利用规划和农业开发规划的生态评价。该法的优点是直观明了。

（四）指数法

指数法是建设项目环境影响评价中规定使用的评价方法，同样可将其拓展而用于生态评价中，指数法简明扼要，符合人们所熟悉的环境污染影响评价思路，该评价方法的缺点在于需明确建立表征生态环境质量的标准体系，而且难以赋权与准确定量。一般来说，指数法分为单因子指数法和综合因子指数法。

1. 单因子指数法

选定合适的评价标准，采集拟评价项目区的现状资料，可进行生态环境因子现状评价，例如以同类型土地条件的森林植被覆盖率为标准，可评价项目建设区的植被覆盖现状情况，也可进行生态环境因子的预测评价，如以评价区现状植被盖度为评价标准，评价项目建成后植被盖度的变化率。

2. 综合因子指数法

综合因子指数法主要包括以下程序：①分析研究评价的生态因子的性质及变化规律；②建立表征各生态因子特性的指标体系；③确定评价标准；④建立评价函数曲线，将评价的环境因子的现状值（开发建设活动前）与预测值（开发建设活动后）转换为统一的无量纲的环境质量指标，用0-1表示优劣（“1”表示最佳的、顶级的、原始或人类干预甚少的生态环境状况，“0”表示最差的、极度破坏的、几乎无生物性或生物性单一的生态环境状况，如沙漠、富营养化湖泊），由此计算出开发建设活动前后环境因子质量的变化值；⑤根据各评价因子的相对重要性赋予权重；⑥综合各因子的变化值，提出综合影响评价值。

$$\Delta E = \sum_{r=1}^{n} (\mathrm{Eh}_i - \mathrm{Eq}_i) \times W_i$$

式中，ΔE 为开发建设活动前后生态环境质量变化值；Eh_i 为开发建设活动后 i 因子的质量指标；Eq_i 为开发建设活动前 i 因子的质量指标；W_i 为 i 因子的权值。

指数法一般可应用于单因子质量、多因子综合质量、生态系统功能等的评价。

（五）其他方法

针对生态环境的不同特点与属性、不同的评价问题，多种评价方法已探索性地应用于生态评价。

1. 多因子数量分析法

生态环境在一定时间、一定范围所发生的变化是由各生态因子的变化和状态所决定的，通过测定各生态因子的变化趋势，分析生态因子相关性和主分量，进而分析生态环境变化的趋势。

2. 回归分析法

回归分析是研究两个及两个以上变量之间相互关系的一种统计分析方法，通过监测或观察数据，建立变量之间的回归方程，并检验，以研究分析自变量和因变量之间的统计关系。

生态环境影响评价中，往往需采用多元线性回归分析法，而且除部分问题属于线性关系外，大部分问题实质上是非线性的，因此需将非线性问题简化为线性问题，或者建立多元线性模型。

在生态评价中，多元线性回归方程的数学表达式为

$$Y_\alpha = \beta_0 + \beta_1 X_{\alpha 1} + \beta_2 X_{\alpha 2} + K + \beta_\kappa X_{\alpha\kappa} + \varepsilon_\alpha$$

式中，β_0，β_1，β_2，K，β_κ 为待定参数；ε_α 为随机变量。

β 值估计可以采用最小二乘法，则得回归模型为

$$Y = b_0 + b_1 X_1 + b_2 X_2 + K + b_\kappa X_\kappa$$

式中，b_0 为常数项；b_1，b_2，K，b_κ 为偏回归系数。

一般来说，多元线性回归模型要进行显著性检验。

3. 系统分析法

对于多目标的动态性问题，可采用系统分析法进行评价。对区域规划或方案优选，系统分析法往往具有独到优点。随着数学、统计学及计算机科学的发展与应用，专家分析法、系统动力学方法、模糊综合评判法、灰色关联分析法等已经被尝试性用于生态环境影响评价。

生态环境评价方法正处于蓬勃发展时期，这些方法各有千秋。不管采用什么方法，生态评价结论的可靠性首先取决于对生态环境的全面认识和深刻理解，其次取决于可靠的数据资料。

环境质量评价

环境质量评价指按照一定的评价标准和方法确定一个区域内环境质量状况、预测环境质量变化趋势和评价人类行为对环境的影响。环境质量评价是环境科学体系中一项最基础的工作，环境质量评价对开展区域环境综合治理、区域环境规划、环境管理等环境保护措施具有重要的指导意义。

环境质量评价按时间可分为环境质量回顾评价、环境质量现状评价和环境影响评价；按环境要素可分为单要素环境质量评价、环境质量联合评价和环境质量综合评价；此外，还可按评价参数和评价区域进行分类。

思考题

1. 比较生态监测、生物监测、环境监测的异同。
2. 简述生态监测的理论依据。
3. 生态监测的方法有哪些？
4. 什么是生态评价，其任务是什么？
5. 简述生态评价的指标体系。
6. 生态评价的基本方法有哪些？

推荐读物

李博，杨持，林鹏．1999．生态学．北京：高等教育出版社

毛文永．2003．生态环境影响评价概论．修订版．北京：中国环境科学出版社

徐新阳．2004．环境评价教程．北京：化学工业出版社

张从．2002．环境评价教程．北京：中国环境科学出版社

参考文献

安丽，曹同，俞鹰浩．2006．苔藓植物与环境重金属污染监测．生态学杂志，25（2）：201～206

曹江营．2004．论生态环境地面监测技术指标与方法．内蒙古环境保护，16（4）：48～51

常晋娜，瞿建国．2005．水体重金属污染的生态效应及生物监测．四川环境，24（4）：29～33

程胜高，罗泽娇，曾克峰．2002．环境生态学．北京：化学工业出版社

丁桑岚．2001．环境评价概论．北京：化学工业出版社

杜自强，王建，沈宇丹等．2005．基于3S技术的草地退化动态监测系统设计．四川草原，11：51～59

付运芝，井元山，范淑梅．2002．生态监测指标体系的探讨．辽宁城乡环境科技，22（2）：27～29

姜必亮．2003．生态监测．福建环境，20（1）：4～6

金岚．1992．环境生态学．北京：高等教育出版社

李博，杨持，林鹏．1999．生态学．北京：高等教育出版社

李尉卿．2003．环境评价．北京：化学工业出版社

李雪梅．2004．生物在城市大气污染监测中的应用．辽宁城乡环境科技，24（2）：16～17

李忠武，王振中，刑协加．1999．农药污染对土壤动物群落影响的实验研究．环境科学研究，12（1）：50～52

梁耀开．2002．环境评价与管理．北京：中国轻工业出版社

刘德生．2001．环境监测．北京：化学工业出版社

刘康．2004．生态评价原理与应用．西安：西安地图出版社

刘培桐．1985．环境学概论．北京：高等教育出版社

卢升高，吕军．2002．环境生态学．杭州：浙江大学出版社

陆雍森．1999．环境评价．第二版．上海：同济大学出版社

罗泽娇，程胜高．2003．我国生态监测的研究进展．环境保护，3：41～44

马天，王玉杰，郝电等．2003．生态环境监测及其在我国的发展．四川环境，22（2）：19～24

毛文永．2003．生态环境影响评价概论．修订版．北京：中国环境科学出版社

宋红波，朱旭．2004．对我国生态监测的思考．环境科学动态，3：10～11

孙巧明．2004．试论生态环境监测指标体系．生物学杂志，21（4）：13～16

王洁文．2006．浅谈城市生物多样性保护．黑龙江环境通报，30（2）：31～32

吴邦灿．1997．环境监测管理．第二版．北京：中国环境科学出版社

吴邦灿，费龙．1999．现代环境监测技术．北京：中国环境科学出版社

奚旦立，孙裕生，刘秀英．1996．环境监测．修订版．北京：高等教育出版社

徐新阳．2004．环境评价教程．北京：化学工业出版社

杨士弘．2002．城市生态环境学．第二版．北京：科学出版社

张从．2002．环境评价教程．北京：中国环境科学出版社

张合平，刘云国．2001．环境生态学．北京：中国林业出版社

中国环境与发展国际合作委员会．1997．环境监测、信息指标体系述评．北京：中国环境科学出版社

Cairns J J R．1969．The relationship of freshwater protozoan communities to the MacArthur-Wilson equilibrium mode．Amer Nat，103：439～454

CERN．2004．中国生态系统研究网络．http://www.cern.ac.cn/0index/

Schmidt K S，Skidmore A K．2001．Exploring spectral discrimination of grass species in African rangelands．International Journal of Remote Sensing，22（17）：3421～3434

Tueller P T．1989．Remote sensing technology for rangeland management application．Journal of Range Management，42（6）：442～453

第十章　生态环境管理与规划

摘要：生态环境变化是一个自然过程，也是一个管理过程。在经济社会发展的战略目标中，包括生态环境建设的目标。通过生态环境管理与规划来协调人与自然环境和自然资源之间的关系，正在日益受到重视并得到迅速发展。本章主要介绍生态环境管理的概念、内容和方法，以及生态规划的概念及发展、理论基础、基本原理和基本方法。

20 世纪 70 年代以前，环境问题往往被看做单纯的污染问题，采取的对策通常是运用工程技术措施进行治理，并且运用法律、行政手段限制排污。通过实践，人们逐步认识到环境问题不只是污染问题，采取工程技术措施代价太大，而且也不是治本之道，必须在发展的同时采取预见性政策，合理利用环境资源，预防污染。环境问题除了污染问题以外，还有沙漠化、水土流失、生态失调等自然资源破坏问题。环境管理的概念就是在这种认识的基础上提出来的。1974 年联合国环境规划署和联合国贸易和发展会议（UNCTAD）在墨西哥联合召开了资源利用、环境和发展战略方针讨论会，提出发展是为了满足人类的需要，但又不能超过生物圈的承载能力的看法。会议认为：协调环境和发展目标的方法就是环境管理。从 20 世纪 80 年代初开始，人们已经认识到经济与环境必须同步协调发展。在经济发展的战略指导思想中已经重视经济发展与生态环境的辩证关系，明确提出讲求经济效益，应包括生态环境效果在内的全面经济效益，以保证经济持续发展。根据经济发展的战略目标制定生态环境建设的战略目标，把生态建设与环境保护纳入国民经济和社会发展规划中。通过生态环境管理与规划来协调人与自然环境、自然资源之间的关系正日益受到重视并得到迅速发展。

第一节　生态环境管理

生态环境管理是保护和改善生态环境质量、平衡经济发展和生态环境之间的相互关系的重要途径。通过生态环境管理，实现经济、社会和生态环境的协调可持续发展。

一、生态环境管理的概念

（一）生态环境管理的概念

生态环境管理指运用生态学、经济学和社会学等学科的原理和现代科学技术来管理人类的开发行为，减轻对生态环境的影响，力图平衡发展和生态环境保护之间的冲突，最终实现经济、社会和生态环境的可持续协调发展。

生态环境管理的核心是要遵循生态规律与经济规律，正确处理发展与生态环境的关系。生态环境是发展的物质基础，又是发展与可持续发展的制约条件。发展可能会带来生态破坏与环境污染，只有在经济技术发展的基础上才能不断改善生态环境质量。在“人类-生态-环境”系统中，人是主导的一方，发展与生态环境的关系中，人类的发展活动是主要方面，所以生态环境管理的实质是影响人的行为，以求维护生态环境质量，保证经济、社会可持续发展的顺利进行。

我国的生态环境管理可分为三个阶段：第一阶段（1972 年以前），我国还没有明确提出生态环境管理概念，也没有普遍设立生态环境管理机构，但做了不少生态环境管理方面的工作，如在部分地区对大气污染、水污染进行了检测和控制等。第二阶段（1972～1978 年）：1972 年，我国制定了环境保护 32 字方针。1973 年召开了第一次全国环境保护会议，会后全国和各地区、各部门陆续设立了环境保护机构。1973～1978 年国家颁布了《工业三废排放标准》、《生活饮用水卫生标准》、《渔业用水水质标准》等标准，并制定了其他一些规章制度。第三阶段（1979 年至今）：1979 年 3 月在成都召开了环境保护工作会议，提出了“加强全面环境管理，以管促治”；同年公布了《中华人民共和国环境保护法（试行）》，生态环境管理进入了第三阶段。经过几十年的发展，我国的生态环境管理工作已取得较大进展，确定了生态环境管理工作在环境保护工作中的重要地位。

生态环境管理是考察过去以及现在的管理体系在造成人类目前面临的生态危机中的作用，为了建立合理的管理系统，生态环境管理应在以下方面开展研究工作。

1. 选择可持续发展的管理模式，遏制生态危机蔓延

生态环境恶化使人们不得不反思现行的社会管理理念，探求一条新的社会管理路线。20 世纪 60 年代提出的可持续发展为社会管理指明了一条可行的变革之路。

2. 对市场机制和政府干预进行生态环境管理分析，促进生态平衡的恢复

经济活动是一切社会形态下人类生存和发展的前提。经济管理是管理中的重中之重，也是与生态环境恶化的产生及解决关系最为密切的。市场机制是经济活动的基础，这个基础对于环境保护是一柄“双刃剑”，它的一面是促进生态平衡的资源配置优化，它的另一面是道德失灵、自然资源管理失灵、自然价值的定价失灵。鉴于此，政府采取一定的管理措施予以干涉矫正是需要的。但是实践证明，政府对宏观经济的干预有时也存在忽视环保的一面。对经济活动中的市场机制和政府干预进行生态环境管理的“诊断”是促进生态平衡的重要课题。

3. 构建国际管理新体制，携手营造全球生态的良性循环

科学技术的迅猛发展、经济的全球化使“地球村”成为现实，洲与洲、国与国、地区与地区间的物质和精神交往日益频繁，管理的国际化趋势比以往任何时候都更加突出。诸如威胁人类生存的十大环境问题：全球气候变暖、臭氧层的损耗与破坏、生物多样性减少、酸雨蔓延、森林骤减、土地荒漠化、大气污染、海洋污染、危险性废物越境转移等，都有待于国际联手解决。

（二）生态环境管理的特点

生态环境管理有三个显著特点，即综合性、区域性、广泛性。

1. 综合性

综合性主要是指对象和内容的综合性，以及生态环境管理手段的综合性两个方面。

1）生态环境管理对象和内容的综合性

生态环境管理涉及人类生态环境和自然环境，由社会、科学技术、管理、政治、法律、经济等组成生态环境管理系统，即 STAPLE 系统（图 10-1）。

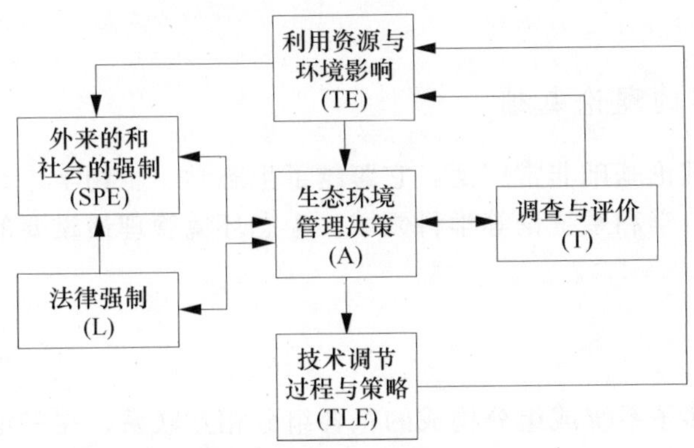

图 10-1　生态环境管理系统

STAPLE系统包含多个子系统。这个系统涉及的因素有：社会（social）因素、科学技术（technical-scientific）因素、管理（administrative）因素、政治（political）因素、法律（legal）因素、经济（economic）因素。许多相互依存、相互制约的因素处在一个有机整体中，其中任何一个因素发生变化或不协调，都将影响其他因素，甚至失去平衡而发生问题。这个特点要求生态环境管理工作必须从整体出发，运用系统分析的方法进行综合管理。

2）生态环境管理手段的综合性

生态环境管理的实质是影响人的行为，以求维护生态环境质量。对降低或损害生态环境质量的行为要加以限制或禁止，对保护和改善生态环境质量的行为则要加以鼓励。限制、禁止或鼓励要采取经济、法律、技术、行政、教育等多种手段，并综合加以运用。如对向环境中排放污染物的行为要限制或禁止，既要制定恰当的标准，又要有相应的法律手段，以及排污收费、罚款等经济手段，还要进行宣传教育。

2. 区域性

生态环境问题由于自然环境、人类活动方式、经济发展水平和环境质量标准的差异，存在着明显的区域性。区域性是生态环境管理的一个重要特点，从我国的情况看更为突出。我国地域辽阔，地形、地貌、地质情况复杂，东南临海、西北高原，南方多雨、北方干旱，各省区之间自然环境、人口密度、能源状况、经济发展水平不同，污染源密度、生产力布局以及管理水平也有较大差别，生态环境特征有明显差异性、区域性。因此，生态环境管理必须根据区域生态环境特征，以地区为主进行管理。

3. 广泛性

①生态环境管理寓于各行各业中。②公众参与是生态环境管理的重要方式。生态环境管理要求更广泛的公众参与。传统的项目管理在涉及环境问题时也要求公众参与，但公众是被动的象征性参与。生态环境管理则强调在适当指导下，由公众来确定他们想要的情形（或共同的社会愿景），以公众的价值取向来确定生态环境管理工作的目标。

二、生态环境管理的目标与原则、基本理论

（一）生态环境管理的目标

生态环境管理的目标就是要协调人类的需要与自然资源的平衡之间的关系，让人类活动和自然系统之间保持一种相对的动态平衡，维持健康的生态系统，保证各项生态系统服务功

能的正常发挥。

（二）生态环境管理的理论基础

生态环境管理的理论基础非常广泛，它跨越了生态学、生物学、经济学、管理学、社会学、环境科学、资源科学和系统论等学科领域。生态环境管理最重要的理论基础是生态理论和经济理论。

1. 生态学的一般规律

1）整体有序原则

生态系统是由许多子系统或组分构成的，各组分相互联系，在一定条件下相互作用和协作而形成有序的结构。系统发展的目标是整体功能的完善，而不是组分的增长，一切组分的增长都必须服从于系统整体功能的需要，任何对系统整体功能无益的结构性增长都是系统所不允许的。

2）相互依存与相互制约原则

生态系统内部各组分之间经过长期作用，形成了相互促进、相互制约的作用关系，这些作用关系构成生态系统复杂的关系网络。一切生物都通过竞争来夺取资源，以求自身的生存和发展；同时，面对有限的资源，生物之间又通过共生来节约资源。该原则要求人类在开发利用资源时，要注意整个生态系统的关系网，不能只注意局部。

3）循环再生原则

地球的资源是有限的，生态系统能长期生存并不断发展，在于物质的多重利用和循环再生。这一原则要求人类在实施可持续发展时要在系统内部建立和完善这种循环再生机制，使有限的资源循环和充分利用，提高资源利用率。

4）反馈平衡原则

在生态系统中，任何一种生物在其发展过程中都受到某种或某些利导因子或正反馈的作用，促使系统向某一个方向发展，也受某种或某些限制因子或负反馈机制的作用，制约系统的发展。在一个相对稳定的生态系统中，这种正、负反馈机制相互作用维持着系统的平衡。该原则要求在进行生态系统调控时，要充分注意系统内限制因子和利导因子的动态，注意其位置、作用时间和作用强度，充分发挥利导因子的积极作用，克服和削弱限制因子的消极作用。

5）输入输出动态平衡原则

该原则又称协调稳定原则。对于一个稳定的生态系统，物质的输入与输出是相对平衡的。如果输入不足，生物的生长发育受到影响，系统正常的结构和功能不能得到有效维持和发挥。输入过多，生态系统内部消化不了，无法完全输出，就会导致物质在系统某些环节积累，造成污染，最终使生态系统受到破坏。

6）最小因子原则

在生态系统中，影响系统组成、结构、功能和过程的因素很多，但往往是处于临界量的因子对系统功能的发挥具有最大的影响。改善和提高该因子的量值，就会大大增强系统的功能。

7）环境资源有限性原则

自然界中任何生态资源都是有限的，都具有促进和抑制系统发展的双重作用。对于任何一个生态系统来说，生态资源都是经过多种自然力长期作用形成的，当对其利用强度、开采强度与更新相适应时，系统保持相对的平衡，一旦利用强度超出极限，系统就会被损伤、破坏，甚至瓦解。

在生态环境管理中，不能违背生态学原理，否则，生态系统将会失去平衡。

2. 经济理论

经济与生态环境协调发展是生态环境管理的中心，生态环境管理必须遵循经济规律。社会主义市场经济规律等决定了生态环境建设目标必须与经济发展目标相统一，生态环境效益与经济效益相统一。因此，在制定国民经济长远发展规划的同时要制定生态环境规划，使两者有机地结合起来，统筹兼顾，综合平衡。在经济可持续发展的框架下，重视对生态环境价值的研究，对出现的生态赤字给以补偿，讲求全面的经济效益，保证经济可持续性增长。

3. 其他理论

以上述两种理论为基础，结合其他领域，产生了一系列新的理论，如生态经济论、自然资源价值论、生态承载力论等。

1）生态经济论

在当代世界发展中，几乎到处都存在着各种各样的生态和经济的尖锐矛盾，严重地阻碍了各国社会经济的发展。自20世纪60年代后期以来，各国的领导者、专家以及学者们一直在寻找一种解决、克服生态与经济之间的矛盾，以使社会经济走上协调和可持续发展的道路。正是在这种情况下，产生并发展了生态经济理论。人类社会经济中的生态经济不协调，主要是由人们在发展经济中错误的指导思想和错误的经济行为造成的。因此，出路就在于实行生态经济管理，在实践中指导并规范人们的经济行为，促进生态与经济协调发展。生态经济理论的建立要求人们改变过去传统的以经济发展为主导、忽视生态支持能力的旧思维，建立起生态与经济协调发展的新思维。

生态经济理论的基本原则有：①人类利用自然又受制于自然的理论和原则。人们在长期的实践中认识到，自然界向人类提供物质财富的能力是有限的，人类改造和利用自然界的能力也是有限的。在这两个限度之内，人们只有合理利用并保护自然，才能源源不断地从自然界获得各种生产和生活资料；如果超过了限度，自然资源就会枯竭，并最终制约人类社会的可持续发展。为此，我们应该树立人与自然的和谐观，改变对自然的掠夺利用方式，走绿色管理的道路。②经济主导与生态基础制约促进的理论和原则。人们的经济活动是在生态经济系统中进行的，是生态系统和经济系统相结合的统一整体。在生态经济系统中，生态与经济是共同存在的，但是对于发展社会经济来说，它们所居的地位和所起的作用又是不相同的。实践表明，经济是发展的主导，生态是发展的基础，这是相互联系的两个方面。③经济有效性与生态安全性兼容协调的理论和原则。人们在积极发展经济为自己谋福利过程中，“经济需求无限性和生态供给有限性的矛盾”日益突出，需要最有效地利用自然资源获得最有效的经济利益。经济活动是人类有目的的生产、生活与管理的活动，其目的和做法是利用自然界的资源，以最小的耗费取得最大的经济效益，满足人们日益增长的物质和文化需要。因此，追求经济有效性是由经济本身存在和发展的特点所决定的，在自然资源有限的条件下，提高经济效率和效益是发展经济的根本标志及生态经济管理的基本要求。生态安全性是经济发展的基础，因为生态系统的结构一旦遭到某种破坏，包括由于人们的过度利用对生态系统生物要素的破坏（如过度砍伐森林），或对其环境要素的破坏（如使水资源枯竭）等，都会使生态系统的功能下降，生态系统的运行与维持能力下降，从而削弱社会经济发展的基础，所以说生态发展必须要建立在生态安全性的基础之上。④经济效益、社会效益、生态效益整体统一的理论和原则。生态经济学的研究对象是生态经济系统，由于其具有整体性、综合性与内部联系性等基本特点，这就决定了其中的子系统：经济（社会）系统与生态系统是互相区别而又相互联系的，它们共同存在于统一的生态经济系统之中。与此相适应，并在此基础上客观存在的经济效益、社会效益和生态效益，也必然成为互相区别而又相互联系的统一整体，共同存在于统一的生态经济系统运行的活动中，这就是三个效益的统一作用。

2）自然资源价值论

自然资源是否具有价值，长期以来一直是有争议的。在传统的价值观念中，一些人认为没有劳动参与的、天然的自然资源没有价值；另一些人认为自然资源不能参与买卖交易，因此没有价值。受这种传统的经济和价值观念的影响，在现实生活中出现了“产品高价、原料低价、资源无价”的不合理现象。正是这种资源无价的观念及其在理论、政策上的表现，导致了自然资源的无偿占有、掠夺性开发和浪费性使用，造成资源损毁、生态环境恶化，极大地削弱了经济发展的基础，成为社会经济持续稳定协调发展的制约因素。因此，树立科学的资源价值观，正确认识自然资源的价值并合理确定自然资源的价值量，是 21 世纪生态环境保护的重要主题之一。由于长期以来受“资源无价”观念的影响，我国一直是对自然资源实行无偿使用的制度，这是造成自然资源浪费和短缺、环境污染、生态破坏的一个直接原因。历史发展到今天，人们已经认识到自然资源是有价值的，在实际工作中我们也必须注重资源的价值，并将其列为国民经济财富的重要组成部分，纳入国民经济核算体系。只有这样，才能够保护资源，做到资源的持续利用，保护我们的环境，保护我们社会经济发展的基础。

对自然资源价值的认识，只有做到价值衡量，才能做到真正意义上的自然资源保护。我们认为，自然资源的价值衡量可从以下几个方面来体现：①自然资源的价值取决于其有用性，即客体对主体的效应；②自然资源价值的大小又取决于它的稀缺性和开发利用条件；③自然资源的再生产过程包括自然再生产和社会再生产两个过程，故自然资源的价值应包括自然资源本身的价值和社会对自然资源投入的价值两个部分。有鉴于此，自然资源的价值衡量可根据地租理论和生产价格理论，并参考目前国际上流行的市场定价法、净价法、成本法和评价法，综合考虑地租、社会投入、平均时间、资源稀缺性和资本投入时间等因素而加以确定。只有科学合理地确定自然资源价值量，才能真正建立起自然资源的有偿使用制度。还有两点需要指出：①由于自然资源的稀缺性，即自然资源绝对数量的有限性或相对价值随时间的递增性，反映自然资源价值的资源价格应属于稀缺价格；②自然资源的价格应是生态经济价格，即除了上述比较实际的物质性价值外，还应考虑自然资源的生态环境价值。自然资源的生态价值是物质性价值的数十倍乃至数百倍。只有包括物质性价值量和生态环境价值量，才是完整的自然资源价值量。就目前而言，自然资源价值量的研究刚刚起步，缺乏一套完整系统的计算方法，需要我们进一步深入探讨，从而建立起真正的自然资源价格衡量标准。

3）生态承载力论

从承载概念的演化与发展中可以看出，种群承载力是在生态学发展的初期，考虑到生态系统对生活于其中的种群的可承载数量提出的，这主要是解决自然界中的种群承载问题。随着人口的膨胀和土地资源的短缺，人们又提出了土地资源承载力的概念，主要是指在一定条件下，土地资源的生产能力以及可相应承载的人口数量。此后，随着水资源的短缺、人口的增加、工农业生产用水的猛增，又提出了水资源承载力。对这个概念有两种理解：①某一区域水资源可支持的人口数量；②某一区域水资源可支持的工农业生产活动的强度。随着环境污染的加剧，人们又提出了环境承载力的概念，指区域环境对污染物的容纳能力，或某一区域环境对人类开发活动的支持强度。今天，在可持续发展的背景下，这些承载力概念所蕴涵的意义已经不能满足我们的需求，于是生态承载力概念被提出。可以说，生态承载力是在生态环境遭到严重破坏，特别是生态系统整合性和生态功能被削弱的情况下被提出来的。

资源环境子系统与社会经济子系统共同构成了生态系统，生态系统的发展需要有相应的承载力支持，这就是生态承载力。这里有三层含义：①人与生存环境共同构成生态系统；②资源作为生态系统的维持要素，提供人的衣、食、住、行；③在社会经济发展的同时，必然要排放大量的废弃物，这又构成了环境子系统。

资源承载力和环境承载力是生态承载力的两个基本条件。生态系统同生命体一样，有着自我维持和自我调节的能力，生态系统的自我调节能力在生态学上称作生态系统的弹性力，只有其维持在一定的弹性范围内才能够保持生态系统的相对稳定和相对平衡。所以生态承载力至少应该保持三方面的能力：①应该有充足的资源供给，以及相应的资源承载能力；②应该有足够的环境容量，能够承担人类生产活动所排放的废弃物，即相应环境承载能力；③生态系统需要保持一定的自我维持能力，即相应的生态弹性力。

根据以上分析，我们可以将生态承载力定义为：生态系统的自我维持、自我调节能力、资源与环境子系统的供容能力及其可维系的社会经济活动强度和具有一定生活水平的人口数量。生态承载力既考虑了资源与环境子系统的能力，同时也考虑了它们的相互关系，将自然生态子系统与社会经济子系统融为一体考虑。这种考虑既避免了单要素承载的分散性，又避免了单要素承载量只顾及一方而不顾及另一方所导致资源和环境的破坏，也符合生态系统的管理理念。

4） 生态文明观

工业文明的基本口号是征服自然、向大自然挑战，主张人定胜天；而生态文明倡导的理念是“顺应自然，保护自然，以大自然为友”。生态文明的哲学观是，在生产和社会生活中遵循生态学原理，谋求建立人与自然和谐相处、协调发展的关系。在进行资源配置时，既要重视经济和社会资源，又要重视生态环境资源供给能力的有限性，建立“经济发展-环境保护-社会公正与稳定”的世界新秩序。

生态文明理念的基本内涵有：①走可持续的经济发展道路。一是资源的充分利用，二是环境的切实保护。由此引申出生态原则的两大特点，一是“利用”重于“治理”，二是“节流”重于“开源”。利用重于治理，就是在环境保护方面，不局限于对污染的消极治理，更强调对资源的积极利用。原因是各种污染本质上都是对资源的不合理、不充分利用而造成的；节流重于开源，就是在经济发展方面，不是像现在这样只盯着加大投入和产出，而是更加注重厉行节约、杜绝浪费。②实行健康有益的消费模式。在人类社会中，粗看起来是生产占主导地位，似乎生产什么就消费什么；但事实上在很大程度上是消费占主导地位，即有什么样的消费需求，才有什么样的产品。生态文明倡导的社会消费模式应当是：低消费、生态化、俭朴、健康而有益。③树立和睦和谐的人际关系。广义的生态文明，既要求人类与自然的和谐，也要求人类本身的和谐。可持续性的经济发展模式和健康有益的消费模式，主要是侧重于人类同自然的和谐。事实上人类自身的和谐在很大的程度上影响着人与自然之间的和谐，特别是影响到不同国家之间、人类对自然界的态度等。简单地说，生态文明在于增进和谐，既包括了生态环境的和谐（也就是人与自然的和谐），也包括了社会环境的和谐（也就是人与人之间的和谐）。④用道德来调节人与自然的关系的生态伦理学作为一种全新的伦理学，其革命性变革在于在强调人际平等、代际公平的同时，又试图扩展伦理的范围，把人之外的自然存在物纳入伦理关怀的范围，用道德来调节人与自然的关系。生态伦理观的基本思想是人对自然的关爱。

（三）生态环境管理方式的主要理论

生态环境管理方式可理解为将生态、经济和社会相结合的管理战略。这种管理方式改变了传统的分要素方式，它的要求是建立综合的管理方式。生态系统管理方式的主要目的是维持生态系统功能的可持续性，以避免人类活动对环境的破坏。

1. 生态系统是非平衡的

传统的管理战略是基于自然平衡的观念，认为生态系统在本质上是平衡的，或至少是一个动态平衡的系统。这个观念主宰了生态保护与管理思想达数十年之久，它认为对于给定的一个生态系统，只有一个稳定的最佳状态，一旦达到了这个稳定的状态，它将趋向于保持这种稳定的状态或保持动态的平衡。因此管理和保护战略主要是侧重于将生态系统维持在某个理想的或正常的平衡状态，当其背离这一状态时，人们就设法使其恢复平衡状态。然而，新的观念正好与此相反，认为生态系统是动态的、非平衡的，可以以任何的稳定方式存在，其内部的控制机制使得生态系统对外部条件的变化进行“自我调节”。这里重要的不是不变，而是变化。高度变化的生态系统具有灵活性，会对环境的变化产生多种反应。在变化中，一些内容或属性可能会丧失，也会产生一些新的内容或属性。生态系统会自我调节形成一个新的稳定状态，并会保持一段时间。

2. 实行综合资源管理

综合资源管理是生态系统管理思想的组成部分。这一观念认为，人类对资源的利用是可以的，也是必需的，但应以生态系统能够支持为前提。在综合资源管理方法下，人类的需求和使用被认为是最主要的，管理的目的是在对生态系统产生影响最小的情况下，尽可能多地为人类提供所需。在生态系统管理中，重点是维持生态系统的完整性，人类的活动以不影响系统的完整性为前提。

3. 生态景观管理思想

最近几年，生态系统管理方式被扩展到地区或景观的范围，因此被称为生态地区/景观管理。其目的是在允许人类进行可持续利用资源的基础上，促进更大范围的生态完整性。在这一观念中，景观单元是最基本的管理单位，首先应关注景观单元的完整性，而对生物多样性的关注是第二位的。其理由是如果景观受到保护，则与其相关的物种自然会受到保护。前面提到过，只有在更大范围内的生态完整性，才能够保持生态系统的持续、健康发展，所以这一观点也可以说是对过去各种观念的一个综合与提高。

4. 倡导适应性管理

适应性管理是认为生态系统是复杂和变化的，人类对生态系统的认知也是非常有限的，所以对人类制定的任何管理目标，允许在实践中不断调整以逐步达到最佳状态。也就是说，根据人类对自然界的逐步认识来调节制定的目标，通过适应性的变化和调整来达到最佳状态，以实现真正意义上的可持续发展。

三、生态环境管理的内容

生态环境管理的内容从范围来划分可分为资源管理、区域生态环境管理、专业生态环境管理；从管理性质来划分可分为生态环境计划指导性管理、生态环境质量管理、生态环境技术管理。各类生态环境管理的内容相互交叉渗透，形成生态环境管理系统。

（一）从生态环境管理的范围来划分

1. 资源（生态系统）管理

资源管理主要是自然资源的保护，即自然资源最佳利用的管理工作。包括可更新资源的恢复和扩大再生产（永续利用），以及不可更新资源的合理利用。资源管理当前遇到的危机主要是资源利用不合理和浪费。

2. 区域生态环境管理

区域生态环境管理包括整个国土的生态环境管理、生态试验协作区和省市生态环境管理、城市生态环境管理，以及水域生态环境管理等。

3. 专业生态环境管理

专业生态环境管理包括工业生态环境管理（如化工、轻工、石油、冶金等的生态环境管理）、农业生态环境管理（如农、林、牧、渔等的生态环境管理）、交通运输生态环境管理（如城市交通生态环境管理、高速公路生态环境管理、生态环境设计等）、商业，医疗等部门的生态环境管理，以及企业生态环境管理。

（二）从生态环境管理的性质来划分

1. 生态环境计划指导性管理

通过计划协调发展与环境的关系，对生态环境管理加强计划指导，是生态环境管理的重要内容。生态环境计划管理，首先，要制定好生态环境建设规划，使之成为发展规划的有机组成部分；其次，认真执行生态环境建设规划，用规划指导生态环境保护工作，并根据实际情况检查和调整生态环境建设规划。

2. 生态环境质量管理

生态环境质量管理主要是为了保证人类生存与健康所必需的生态环境质量而进行的各项管理工作。首先，要通过对生态环境的监测获得生态环境状况的资料，然后，通过生态评价判断生态环境的现状以及预测其变化趋势，否则其管理就不能有效地进行。已经采取的生态环境管理措施也要通过监测、评价以不断地调整、改进。

3. 生态环境技术管理

通过制定技术标准、技术规程，以及对技术发展方向、技术线路、技术政策和污染防治技术进行生态环境经济评价，以协调技术经济发展与生态环境保护的关系，使科学技术的发展既能促进经济不断发展，又能保证生态环境质量不断得到改善。

生态环境技术管理包括：①制定生态环境质量标准、污染物排放标准以及其他的生态环境技术标准；②进行污染防治技术的生态环境经济评价；③对生态环境科学技术的发展进行预测，制定生态环境科学技术发展规划等。

(三) 生态环境管理系统

各类生态环境管理的内容是相互交叉渗透的，这种交叉渗透关系如图 10-2 所示。如区域生态环境管理中既有资源管理又有专业生态环境管理，同时又可分为计划管理、质量管理和技术管理，所以现代生态环境管理是一个涉及多种因素的管理系统。

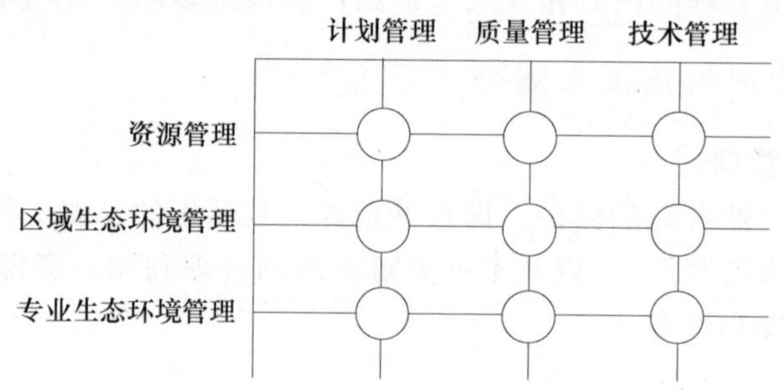

图 10-2　生态环境管理交叉渗透图

四、生态环境管理的程序

生态环境管理的程序一般可以分为五个阶段，首先是明确问题，通过调查研究确定所要解决的问题及问题的关键所在，在仔细分析研究问题之后提出可能采取的各种方案对策，比较各种方案的费用和收益，从中选出可行的对策，再制定出详细的规划，包括短期规划和长期规划，然后就是执行规划，对生态环境进行管理，最后是对方案的效果进行观察与评价，必要时对规划进行调整（图 10-3）。

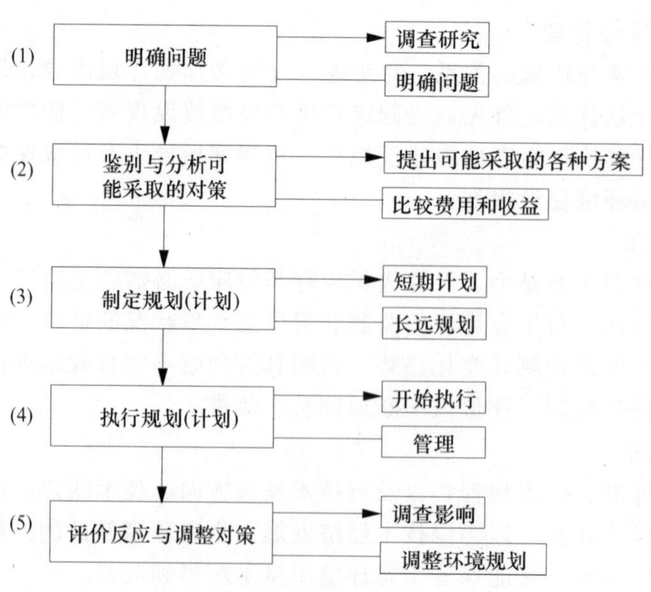

图 10-3　生态环境管理的一般程序

五、生态环境管理的手段与方法

（一）生态环境管理的手段

生态环境管理的手段有行政干预、法律手段、经济手段、环境教育和技术手段等。

（1）行政干预是环境保护部门经常采用的手段。主要是研究制定环境政策、组织制定和检查环境计划；运用行政权力，将某些地域划为自然保护区、重点治理区、环境保护特区；对某些环境危害严重的工业、交通企业要求限期治理，甚至勒令停产、转产或搬迁；采取行政制约手段，如审批环境影响报告书、发放与环境保护有关的各种许可证；对重点城市、地区、水域的防治工作给予必要的资金或技术援助。

（2）法律手段是生态环境管理强制性的措施。按照环境法规、环境标准来处理环境污染和破坏问题，对违反环境法规、污染和破坏环境、危害人民健康、财产的单位或个人给予批评、警告、罚款，或责令赔偿损失；协助和配合司法机关对违反环境保护法律的犯罪行为进行斗争，协助仲裁等。

（3）经济手段是生态环境管理中一种重要措施。对因积极防治环境污染而在经济上有困难的企业、事业单位给予资金援助；对排放污染物超过国家规定标准的单位，按照污染物的种类、数量和浓度征收排污费；对违反规定造成严重污染的单位或个人处以罚款；对排放污染物损害人群健康或造成财产损失的排污单位责令对受害者赔偿损失；对利用废弃物质生产的产品给予减、免税收或其他物质上的优待；对利用废弃物作生产原料的企业不收原料费。此外还有推行开发、利用自然资源的征税制度等。

（4）环境教育是生态环境管理不可缺少的手段。主要是利用书报、期刊、电影、广播、电视、展览会、报告会、专题讲座等多种形式向公众传播环境科学知识，宣传环境保护的意义以及国家有关环境保护和防治污染的方针、政策、法令等。在高等院校、科学研究单位培养环境管理人才和环境科学专门人才；在中、小学进行环境科学知识教育；对各级环境管理部门的在职干部进行轮训。

（5）技术手段种类很多，如推广和采用无污染工艺和少污染工艺；因地制宜地采取综合治理和区域治理技术；登记、评价、控制有毒化学品的生产、进口和使用；交流国内外有关环境保护的科学技术情报；组织推广卓有成效的管理经验和环境科学技术成果；开展国际环境科学技术合作等。

（二）生态环境管理的方法

生态环境管理的方法有预测、决策、系统分析等。

1. 生态环境预测

生态环境预测就是根据预测规律，对人类活动将要引起的生态环境质量变化趋势进行预测。预测技术主要包括定性预测技术、定量预测技术、评价预测技术。

（1）在生态环境管理过程中经常要进行污染物排放量增长预测、技术发展的生态环境影响预测、经济发展的生态环境影响预测，以及生态环境保护措施的生态环境效果与经济效益预测等。

（2）预测过程是在调查研究或科学实验基础上的科学分析。包括：通过对过去和现状的调查以及科学实验获得大量材料、数据，经过分析研究找出反映事物变化规律的真实情况，借助数学、电子计算技术等科学方法，进行信息处理和判断推理，找出可以用于预测的规律。生态环境预测就是根据预测规律，对人类活动将要引起的生态环境质量变化趋势，即未来的变化，进行预测。

(3) 预测技术主要有定性预测技术、定量预测技术、评价预测技术等。定性预测技术主要是指根据过去和现在的调查总结，经过判断、推理，对未来的生态环境质量变化趋势进行的定性分析。定量预测技术是指在预测的过程中所进行的量化预测分析的方法。如能耗增长的生态环境影响预测、开发水利资源的生态环境影响预测等，其主要内容包括：通过调查研究、统计回归等方法，找出"排污系数"、"万元等标污染负荷"；并根据大量的调查和监测资料找出污染增长与生态环境质量变化的相关关系，或找出人类开发活动与生态环境质量变化的相关关系，建立数学模型或可用于定量分析的系数；运用电子计算技术等科学方法进行预测。评价预测技术主要是用于生态环境保护措施的生态环境经济评价、大型工程的生态环境影响评价、区域综合开发的生态环境影响评价等。

2. 生态环境管理的决策技术（决策方法）

决策是根据综合分析，在多种方案中选择最佳方案，即满足某一目标或两个以上多目标的要求。没有正确的决策也就没有正确的生态环境政策和生态环境规划。

常用的决策技术有数学决策法（如线性规划、动态规划与目标规划）、生态环境政策决策方法。

3. 系统分析方法，费用、效益分析方法，价值工程等科学方法

这些方法在生态环境管理上得到了广泛的应用。

环 境 管 理

环境管理是国家环境保护部门的基本职能。它运用行政、法律、经济、教育和科学技术手段，协调社会经济发展同环境保护之间的关系，处理国民经济各部门、各社会集团和个人有关环境问题的相互关系，使社会经济发展在满足人们的物质和文化生活需要的同时，防治环境污染和维护生态平衡。

主要内容可分为三方面：①环境计划的管理：环境计划包括工业交通污染防治计划、城市污染控制计划、流域污染控制规划、自然环境保护计划，以及环境科学技术发展计划、宣传教育计划等；还包括在调查、评价特定区域的环境状况的基础上综合制定的区域环境规划。②环境质量的管理：主要有组织制定各种环境质量标准、各类污染物排放标准和监督检查工作；组织调查、监测和评价环境质量状况以及预测环境质量变化的趋势。③环境技术的管理：主要包括确定环境污染和破坏的防治技术路线和技术政策；确定环境科学技术发展方向；组织环境保护的技术咨询和情报服务；组织国内和国际的环境科学技术合作交流等。

第二节　生 态 规 划

生态规划是生态环境管理和建设的重要组成部分。通过生态规划，合理地利用自然资源，并保持和增强自然资源和自然环境的再生能力。为有计划、有步骤地实现经济、社会和生态环境的协调可持续发展奠定基础。

一、生态规划的概念

生态规划指根据生态经济学原理，结合国民经济发展计划，实现和保护生态平衡的长期计划。其目的是：通过生态规划，合理而有效地利用各种自然资源，以满足不断增长的社会生产和消费需要；同时保证人类社会生存活动不受妨碍并有利于充分发挥自然界的功能，以保持和增强自然资源和自然环境的再生能力。

生态规划是在人类生产、非生产活动和自然生态之间进行平衡的综合性计划。一般包括：①保证可再生资源不断恢复、稳定增长、提高质量和永续利用的计划和措施。②保护自然系统生物完整性的计划和措施，如严禁滥捕野生动物、合理采集野生植物、建立自然保护区、保护稀有野生生物和拯救濒临灭绝的物种等。③合理有效地利用土地、矿产、能源和水等不可再生资源的计划和措施，以增加自然系统的经济价值。④治理污染和防止污染的计划和措施。⑤改善人类环境质量的计划和措施，以增进人类身心健康，保护人类居住环境的美学价值。

制定生态规划，应根据本国、本区域或本地的自然、经济、社会条件和污染等生态破坏状况，因地制宜地研究确定本地区的生态建设性状指标，以确保资源的开发利用不超过该地区的资源潜力，不降低它的使用效率，保证经济发展和人类生存活动适应于生态平衡，使自然环境不发生剧烈的破坏性的变动。生态建设性状指标包括：划分城市和乡村使用土地资源的合理比例；划分城市内工厂、道路和住宅的用地比例；划分乡村地区农田、园地、道路和住宅的用地比例；确定人口容量、资源使用、经济发展规模和生活设施的数量指标等。生态规划是国民经济和社会发展的有机组成部分，是生态环境决策在时间、空间上的具体安排，是管理者对一定时期内生态环境保护目标和措施所做出的具体规定，是一种带有指令性的环境保护方案，其目的是在发展经济的同时保护生态环境，使经济与社会协调发展。

早期生态规划多集中在土地空间结构布局和合理利用方面。随着生态学的不断发展及其在社会经济各个领域的广泛渗入，特别是复合生态系统理论的不断完善，生态规划已不仅仅限于土地利用规划、空间结构布局等方面，而是逐步扩展到经济、人口、资源、环境等诸多方面。生态规划强调运用生态系统整体优化观点，对规划区域内城乡生态系统的人工生态因子（如土地利用状况、产业布局状况、环境污染状况、人口密度和分布以及建筑、桥梁、道路、城市管线基础设施分布等）和自然生态因子（气候、水系、地形地貌、生物多样性、资源状况等）的动态变化过程和相互作用特征都应给予相当的重视，研究物质循环和能量流动的途径，进而提出资源合理开发利用，环境保护和生态建设的规划对策。其目的在于区域与城市生态系统的良性循环，保持人与自然、人与环境关系的持续共生，协调发展，追求社会的文明、经济的高效和生态环境的和谐。

生态规划的类型按地理空间尺度划分有区域生态规划、景观生态规划、生物圈生态保护区建设规划等。按地理环境和生物生存环境划分有陆地生态、海洋生态、淡水生态、草原生态、森林生态、土壤生态、城市生态、农村生态系统等生态规划，其中城市与农村生态规划是目前城市和农村发展建设管理的重要内容。按社会科学门类划分有经济生态规划、人类生态规划、民族文化生态规划等。按环境性质划分包括生态建设规划、污染综合防治规划和自然保护规划。按空间目标布置划分包括生态城市规划、生态示范区规划或生态区域规划等。此外，在生态环境规划中，还应包括生态科学技术与环境科学技术发展规划，如为实现各种生态环境规划所需要的科学技术研究项目；发展生态科学与环境科学体系所需要的基础理论研究；生态环境管理现代化等。

进入20世纪80年代后，全球生态环境意识不断提高，计算机技术也飞速发展，在可持续发展理论、复合生态系统思想及地理信息系统技术的推动下，生态规划的理论和方法得到新的开拓。以前强调人类活动服从自然特征和自然过程的生态决定论，后来开始注意人类本身的价值观和文化经济特征的影响，综合考虑自然、生物（人）、文化的相互作用。现代生态规划具有以下特点：①以可持续发展为目标，应用范围不断扩大。现代生态规划综合运用生态学、生态经济学、系统科学、地理学等学科的知识，从复合生态系统整体出发，协调人与环境、社会经济发展与资源环境之间的关系，使生态系统结构与功能相协调，系统整体协调优化，可持续发展成为生态规划的追求目标。同时，现代生态规划已不局限于传统的土地利用规划，而是广泛应用于不同领域，涉及社会、经济、人口、资源和环境等诸多问题，规划对象从区域、城市、农村到保护区，既包含空间的规划，也有对体制、政策、行为等的规划。生态规划同生态工程、生态管理共同构成可持续发展生态建设的核心。②更强调规划的生态学基础。现代生态规划将更多地运用生态学知识，使规划建立在合理的生态学基础上。③突出生态合理性与时效性。由于持续发展的要求，生态规划必然从"生态决定论"的束缚中摆脱出来，走上自然环境、社会与经济的新综合。④新技术与方法的应用。随着系统生态学及其他学科的不断发展，以及计算机技术、遥感技术和地理信息系统技术的广泛应用，现代生态规划方法与手段也不断完善。⑤由定性描述分析走向定量模型和高度综合。计算机技术在生态规划中得到广泛的应用，使得多属性、大范围的空间模拟分析成为可能，从而推动定量分析与模拟在生态规划中的发展与应用。⑥由"软"科学走向"软"、"硬"结合。现代生态规划注重宏观规划与具体生态设计的结合，将生态工程和生态技术引进到规划中，使之成为落实生态规划的有力工具。

在我国，尽管生态规划的研究与实践起步较晚，但它一开始就吸取了现代生态学的新成果，并与我国区域，尤其是城市、农村发展，生态环境问题以及持续发展的主题相结合，无论是理论与方法的研究，还是规划实践，均已形成自己的特色，有的方面已达到国际领先水平。

二、生态规划的目标与原则

（一）生态规划的目标

生态规划的目标包括系统的基准值、总体目标、近期和远期目标及分年度目标等。复合生态系统规划的总体目标又可分为整体目标、经济系统目标、社会系统目标和生态环境系统目标。

1. 整体目标

生态规划的总目标是依据生态控制论原理调控复合系统内部各种不合理的生态关系，提高系统的自我调节能力，在一定的外部环境条件下，通过技术的、行政的、行为的诱导实现因地制宜的可持续发展，即实现高效、公平和可持续发展。

2. 经济系统目标

充分利用当地资源优势和技术优势，因地制宜发展产业和进行技术改造，使产业结构与资源结构相匹配，与技术结构相协调，提高产业的产投比效益，增加经济系统的调节能力。从单一的资源优势结构过渡为资源-技术优势组合结构，形成合理的城乡关系、工农关系、内外经济联系协调发达的经济网络。

3. 社会系统目标

实现城乡结构与布局合理、生活环境干净舒适、人口增长与经济支持能力相适应、人口结构合理、社会服务便利、公众生态意识提高、行政管理机构精干、具有灵敏高效的信息反馈能力和先进的决策支持系统。

4. 生态环境系统目标

根据自然条件特点，实现自然资源特别是土地资源和水资源的持续利用，提高系统各环节的生态效率，增强生态系统的服务功能，使系统达到高效、稳定、合理，为公众提供环境优美、舒适的生活和居住条件。

（二）生态规划的原则

进行生态规划应遵循以下原则。

1. 整体性原则

生态规划从生态系统的原理和方法出发，强调规划目标与区域总体发展目标的一致性，追求社会、经济和生态环境的整体最佳效益。

2. 趋适开拓原则

生态规划以环境容量、资源承载能力和生态适宜度为依据，寻求最佳的区域或城乡生态位，不断开拓和占领空余生态位，充分发挥生态系统的潜力，强化人为调控能力，促进可持续发展的生态建设。

3. 协调共生原则

复合生态系统具有结构的多元化和组成的多样性特点，子系统之间及各生态要素之间相互影响、相互制约，直接影响系统整体功能的发挥。在生态规划中坚持共生就是要使各子系统合作共存、互惠互利、提高资源利用效率；协调指保持系统内部各组分、各层次及系统与周围环境之间关系的协调、有序和相对平衡。

4. 区域分异原则

不同地区的生态系统有不同的结构、生态过程和功能，规划的目的也不尽相同，生态规划必须在充分研究区域生态要素功能现状、问题及发展趋势的基础上进行。

5. 高效和谐原则

生态规划是要建设一个高效和谐的社会-经济-自然复合生态系统，因此生态规划要遵守自然、经济、社会三要素原则，以自然为基础，以经济发展为目标，以人类社会对生态的需求为出发点。

6. 可持续发展原则

生态规划遵循可持续发展原则，在规划中突出“既满足当代人的需要，又不危及后代满足其发展需要的能力”的原则，强调资源的开发利用与保护增值同时并重，合理利用自然资源，为后代维护和保留充分的资源条件，使人类社会得到公平持续发展。

三、生态规划理论基础

生态规划是一项综合性极强的工作，除了要掌握相关生态学理论、系统科学理论及城市规划理论外，还需要对其他相关学科的理论及知识进行了解，如土壤学、气象学、地质学和资源学等各个方面。

（一）生态学理论

生态学理论参见本章生态环境管理的理论基础部分。由于人类长期以自我为中心，过多地注重人类社会经济的发展和经济效益，忽视了自然环境对人类社会的服务功能及价值，导致人类在发展过程中面临一系列诸如资源衰退、土地退化沙化、森林破坏、水土流失、环境污染、水资源紧缺等生态环境问题，从而严重制约着系统的可持续发展，也促使人们更加重视应用生态学的原理和方法来研究人类社会经济与环境协调发展的战略与实现途径。生态学作为生态规划的基础学科，要求在生态规划中必须站在区域生态整体性的高度，从生态演替的内在基础与人类生态系统各个角度来把握系统的空间格局、生态过程、功能特征、动态演替，为生态规划提供客观科学的依据，并在具体规划中得到充分体现。

（二）系统科学理论

系统科学理论包括一般系统论、控制论、信息论、耗散结构理论、自组织理论、灰色系统理论等，它们从不同的角度对系统问题进行研究，形成和完善了系统论的概论和范畴，从系统的角度揭示客观事物和现象之间的相互联系、相互作用的本质和规律。

生态规划中应用的系统科学的基本原理如下：

(1) 整体性原理。系统论认为，系统的性质和发展规律存在于系统各要素相互关联和相互作用之中，而不是各要素孤立的特征和活动的简单加和。必须从系统的整体和全局进行分析，正确处理整体和局部之间的辩证关系，反对孤立地研究各组成部分或从个别方面思考和解决问题。

(2) 关联性原理。关联性原理与整体性原理密切相关，强调研究分析系统各组成要素之间及系统各层次之间的相互联系。

(3) 结构性原理。该原理从系统的结构是系统内部所有要素之间关联方式的反映这一点出发，强调系统的结构决定其功能，结构的不同和改变相应地导致系统的功能发生变化。

(4) 开放性原理。该原理指出，系统与环境密不可分，系统和环境之间不断进行着物质、能量和信息的交换，互相联系，互相作用，并在一定条件下可以相互转化。

(5) 系统的动态性原理。该原理强调系统不是静止不变的，而是在不断变化和发展的，系统的结构和各要素在时间上是不断变化的，同时系统与环境之间也在不断进行物质、能量和信息的交换，系统的平衡是一种相对平衡。

（三）其他学科的理论

1. 植物群落学

植被是自然生态系统最重要的组成部分。不同的植被不仅形成不同的景观，而且具有不同的生态效能。顶极群落理论是指群落的组成、结构、稳定性、生产力朝着相对稳定的顶极方向发展，越趋向顶极，植物的组成与结构越复杂，稳定性越高，可根据顶极理论创造与当地气候环境相适应的顶极植物群落。

2. 城市生态学

城市生态学是用生态学的方法研究城镇中的生物圈，对其历史、结构、功能进行生态学描述；研究城市生态系统，即社会、自然、经济亚系统间的关系。

3. 环境规划理论

环境规划理论涉及两方面：一是人与环境的关系，如与城市环境有关的科学，属于环境科学研究内容；二是人与自然的协调，属于风景园林学科，如景观规划。

4. 景观生态学

景观生态学主要研究景观结构、景观功能和景观动态。其中景观结构涉及的斑块-廊道-基底模式理论及方法是景观规划及生态规划需要考虑的重要因素。斑块大小、形状、数量及其内部的物种与斑块自身的特性有关，也与生境多样性、年龄、用地的异质性、隔离度、边界不连续性等相关。在生态规划中，可以根据物种情况确定斑块的合理面积，以调整生境多样性、干扰、隔离性等因素。斑块数量是规划中要考虑的另一个重要因素，对物种稳定而言，在总面积相同的条件下，斑块数量少比多好，可确保内部环境的稳定性。廊道是线状和带状的斑块，它的连接功能在景观中有两个重要作用：一是物种通过廊道从一个地方向另一个地方流动；二是屏障功能，即减轻地表侵蚀的作用，如植被带对物种起到的保护作用。基底是区域中的背景地域，它决定了景观的性质。

5. 城市规划理论

城市规划是通过合理配置城市土地和空间资源，对城乡物质空间进行系统的规划，建设适合人类生存的环境。生态规划的理论基础主要为生态学理论和系统科学理论。

四、生态规划的指标体系

生态规划指标体系的结构指组成指标体系的各个部分及其相互关系。指标体系应充分体现科学性、综合性、层次性、简洁完备性等特点，并根据复合生态系统的特点，从协调社会经济发展与生态环境保护的关系出发来选择。

（一）确定规划指标体系的依据

1. 国家标准

制定生态建设规划指标体系首先要符合国家有关的法规、标准和条例。例如，我国在生态示范区、生态市（表 10-1）、生态省建设中都提出了相应的指标要求，进行上述类型的生态规划时，指标体系必须符合国家要求。

表 10-1　生态市建设规划指标（刘康和李团胜，2004）

项　目	序　号	指标名称	单　位	指　标
经济发展	1	人均国内生产总值	元/人	
		经济发达地区		≥30 000
		经济欠发达地区		≥20 000
	2	年人均财政收入	元/人	
		经济发达地区		≥3600
		经济欠发达地区		≥2400
	3	农民人均收入	元/人	
		经济发达地区		≥7500
		经济欠发达地区		≥5500
	4	城镇居民年人均可支配收入	元/人	
		经济发达地区		≥16 000
		经济欠发达地区		≥13 000
	5	第三产业占 GDP 比例	%	≥50
	6	单位 GDP 能耗	吨标煤/万元	≤1.4
	7	单位 GDP 水耗	m^3/万元	≤150
	8	规模化企业通过 ISO14000 认证比例	%	≥20
环境保护	9	森林覆盖率	%	
		山区		≥70
		丘陵区		≥40
		平原地区		≥15
	10	受保护地区占国土面积比例	%	≥17
	11	退化土地恢复治理率	%	≥90
	12	城市空气质量	每年好于或等于Ⅱ级标准的天数	
		南方地区		≥330
		北方地区		≥280
	13	城市水功能区水质达标率 近岸海域水环境质量达标率	%	100，城市无超Ⅳ类水体
	14	主要污染物排放强度	kg/万元（GDP）	<5.0
		SO_2		<5.0
		COD		不超过国家主要污染物排放总量控制
	15	集中式饮用水源水质达标率	%	100
		城镇生活污水集中处理率		≥70
		工业用水重复率		≥50
	16	噪声达标区覆盖率		≥95
	17	城镇生活垃圾无害化处理率	%	100
		工业固体废物处置利用率		≥80，无危害废物排放
	18	城镇人均公共绿地面积	m^2/人	≥11
	19	旅游区环境达标率	%	100
	20	环境保护投资占 GDP 比例	%	≥3.5

续表

项　目	序　号	指标名称	单　位	指　标
社会进步	21	城市生命线系统完好率	%	≥80
	22	城市人均铺装道路面积	m^2/人	≥8
	23	城市化水平	%	≥50
	24	城市气化率	%	≥90
	25	城市集中供热率	%	≥40
	26	恩格尔系数	%	<40
	27	基尼系数		0.3～0.4
	28	高等教育入学率	%	≥60
	29	科技、教育经费占 DGP 比例	%	≥7
	30	环境保护宣传教育普及率 公众对环境的满意率	%	>85 >90

2. 国际标准

生态建设是实现可持续发展的重要途径，国际上许多组织和机构都在进行此方面的研究，也制定了一些标准，参考这些国际标准，对生态规划指标的确定有一定的意义。

3. 同类先进地区的标准

国家和国际标准只是为生态规划指标体系的建立提供了宏观的指导，但针对性不强。因此，在建设指标体系时以公认的同类先进地区建立的指标体系为参考更具有针对性和可比性。

（二）指标体系的结构

一般来说，完整的指标要素应包括以下要素。

1. 分类指标

分类指标是综合性指标，由多个单项指标构成。在复合生态系统研究中，一般最高一级指标分为社会、经济、生态环境三大分类指标，每个分类指标下又可分为若干次级分类指标，如社会指标下可分人口指标、生活质量指标、社会福利指标等；经济指标下可分为国民经济指标、产业结构指标；生态环境指标下分为土地利用指标、环境污染指标等。

2. 单项指标

单项指标是具体的、可明确度量的指标，用来描述和反映分类指标的状况。

3. 参考标准

参考标准指国家或地方法律规定的标准或国内外已成功应用的指标。如在生态环境指标中根据所处地区、社会经济发展水平等，水环境、人均公共绿地和空气质量环境等指标的具体度量值可分别参考国家标准来制定。

规划指标的选取要根据规划对象、范围、内容和要求来确定，在选取方法上常用的有专家咨询法、层次分析法等。

五、生态规划的程序与方法

（一）生态规划的程序

生态规划的过程可以概括为以下八个步骤：

（1）生态规划提纲的编制。对整个规划工作规划的组织和安排，编制各项工作计划。

（2）生态调查与资料收集。这一步骤是生态规划的基础。资料收集包括历史、现状资料，卫星图片、航片资料，访问当地人获得的资料，实地调查资料等。然后进行初步的统计分析、因子相关分析以及现场核实与图件的清绘工作，然后建立资料数据库。

（3）生态系统分析与评价。这是生态规划的一个主要内容，为生态规划提供决策依据。主要是分析生态系统结构、功能的状况，辨识生态位势，评价生态系统的健康度、可持续度等。提出自然-社会-经济发展的优势、劣势和制约因子。

（4）生态环境区划和生态功能区划。这是对区域空间在结构功能上的步骤和划分，是生态空间规划、产业布局规划、土地利用规划等规划的基础。

（5）规划设计与规划方案的建立。它是根据区域发展要求和生态规划的目标，以及研究区的生态环境、资源及社会条件在内的适宜度和承载力范围，选择最适于区域发展方案的措施。一般分为战略规划和专项规划。

（6）规划方案的分析与决策。根据设计的规划方案，通过风险评价和损益分析等进行方案可行性分析，同时分析规划区域的执行能力和潜力。

（7）规划的调控体系。建立生态监控体系，从时间、空间、数量、结构、机制等几方面检测事、人、物的变化，并及时反馈与决策；建立规划支持保障系统，包括科技支持、资金支持和管理支持系统，从而建立规划的调控体系。

（8）方案的实施与执行。规划完成后，由下面部门分别论证实施，并由政府和市民进行管理、执行。

具体的规划编流程见图 10-4。

（二）生态规划的方法

生态规划的对象是复杂的复合生态系统，其组成结构及其生态关系是复杂多样的，又具有动态的、模糊的、不确定的特点，完全照搬应用传统的方法很难得到满意的效果。随着生态学及其他相关学科的发展，生态规划也逐渐发展和形成了一套将整体论与还原论、定量分析与定性分析、客观评价与主观感受、硬方法与软方法相结合的生态综合方法论。

1. 模式识别的方法

生态规划强调整体性原则，工作的重点是认识和理解系统组分的相互关系，掌握系统的特点。基于还原论的传统思维方法是将研究对象分解为一个个相对独立的组分，根据组分之间存在的一定因果关系或数量变动规律，通过系统关系和初始条件对系统的发展进行研究。这种方法适合于简单的，不考虑外在影响、时滞效应和反馈环的物理系统，但对于具有自组织自调节功能、与环境协同进化的生态系统就不一定适合。因为生态系统在演替过程中，其各种参数、生态关系环境条件是不断变化的，问题也在相应发生变化，人们不可能获得足够的、精确的微观信息来完全确定它的发展状态。生态的模式识别方法就是以系统的各种生态关系为对象，将系统内部结构看作灰箱或黑箱，通过信息反馈来辨识系统的总体特征。

2. 关键因素辨识法

生态系统在发展演替过程中，总是存在有利于系统发展的环境或生物因子，以及促进系统组分增长的正反馈过程。同时，也必然存在一些制约系统发展的限制因子和维持系统发展的关键因素。建立科学合理的指标体系，采用多种方法对其进行分析评价，可使人们辨识复合生态系统的组成、结构与功能，明确系统的优势和劣势、关键的反馈环节和生态过程，以

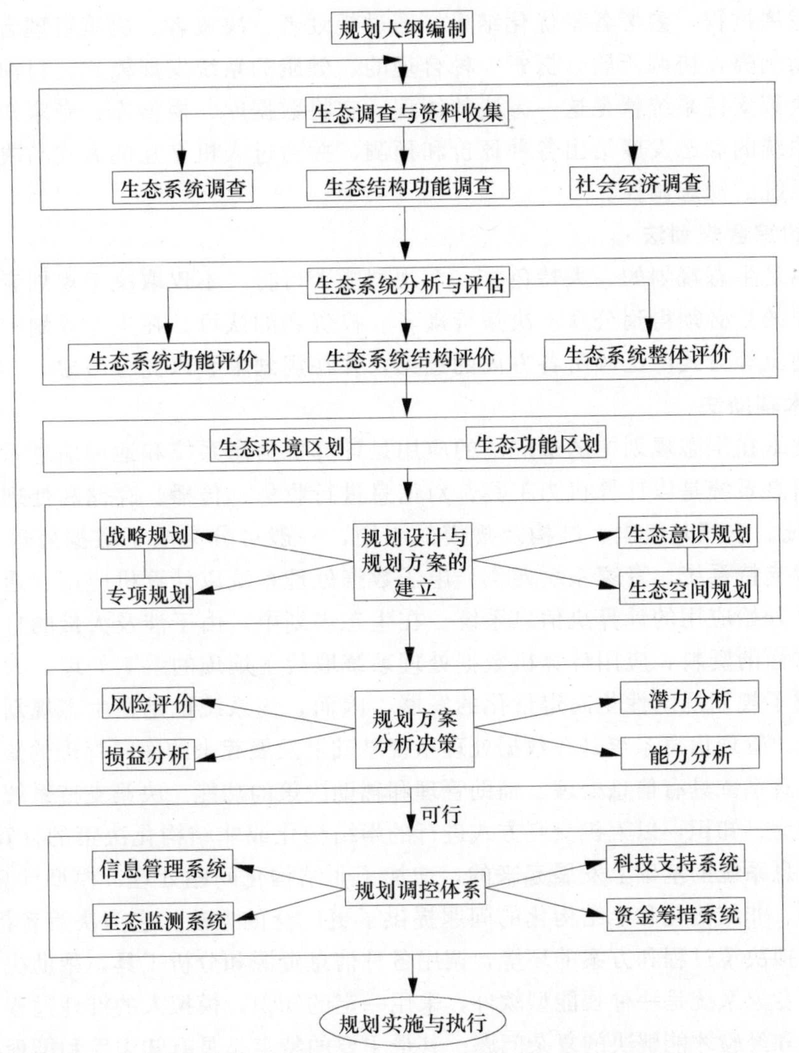

图 10-4　生态规划程序（海热提和王文兴，2004）

及系统发展过程中存在的主要风险和机会，使规划更具有针对性，发展目标更切实可行。

3. 局部行为分析法

生态系统的复杂性决定了不可能完全模拟系统，也没有必要去把每一个细微的环节都搞清楚。在进行生态系统评价与规划时，主要关心的是对系统发展起重要作用的环节和问题。因此，应在系统关键因素辨识的基础上，从问题的诊断、生态过程的识别、人类行为和政策的检验分析入手，应用各种模型和方法，进行问题和过程的局部模拟，并以此为基础构建系统模型，模拟系统的整体行为。

4. 面向过程的交互式优化法

数学模型与方法在生态规划中的应用日趋广泛，但其本质是根据固定的法则对系统进行优化。人们所面对的社会-经济-自然复合生态系统存在着十分复杂的生态关系，系统的参数、过程和关系在不断发生变化，按固定法则得出的理想控制模式很难适用该系统。因此，数学模型和方法所得出的结果只能作为规划的参考，而不是规划的最终目标，生态规划必须跟踪系统的发展过程，参考各种优化结果，通过规划者、决策者、决策管理者及各方面的合作综合，权衡利弊，协调矛盾，探索一种合理的、健康的系统发展模式。目前在很多生态规划中应用的决策支持系统就是这一方法的体现，它将数据库、模型库、专家知识库有机结合起来，根据系统的动态发展给出各种评价和预测，并通过人机交互的方式与决策管理者相互交流，实现系统的动态调控。

5. 公众参与的综合规划法

以人为本是生态规划的一大特色。一个规划能否可行，不仅取决于规划者的知识水平和能力，更重要的是必须得到公众、决策管理者、投资者的认可。在生态规划中必须通过社会调查、座谈交流等方式广泛倾听各方面的意见，并在规划中予以充分考虑。

6. 计算机技术辅助法

计算机技术在生态规划中的最广泛的应用是计算机信息系统和地理信息系统。

计算机信息系统是以计算机为工具，对信息进行收集、传播、存储和处理，具有完整功能的人-机系统。按照其组织、结构及规模的不同，一般可分为电子数据处理系统、管理信息系统、决策支持系统、专家系统四类。电子数据处理系统以计算机应用、通信和数据处理为主，是最早开始应用的计算机信息系统。在生态规划中，由于涉及大量的自然、社会、经济、人口等方面的资料，应用计算机数据处理系统取代了烦琐的手工处理，大大提高了工作效率，也促成了规划从定性化向定量化的发展，因而，该系统也是在生态规划中应用最为广泛的信息系统。管理信息系统是在数据处理系统基础上发展起来的面向管理的集成系统。一个典型的管理信息系统具有信息处理、辅助管理和辅助决策的功能。决策支持系统是辅助决策者通过数据、模型、知识，以人机交互方式进行的半结构化或非结构化决策的计算机应用系统。它是在管理信息系统的基础上发展起来的，增加了非结构化问题处理、模型计算和各种方法，为解决结构化、非结构化和半结构化的问题提供了更广泛的方法。它为决策者提供分析问题、建立模型、模拟决策过程和方案的环境，调用各种信息资源和分析工具，帮助决策者提高决策水平和质量。专家系统是一种智能型软件，采用一定的知识，模拟人的推理过程来解决通常需要专家的知识和经验才能解决的复杂问题。其最主要的特点是具有知识库和推理机制。

地理信息系统作为传统科学（如地理学、地图学和测量学）与现代科学技术（如遥感技术、计算机科学）相结合的产物，正逐步发展成为一门处理空间数据的现代化综合性科学。它具有空间特征数据的采集、存储、分析处理、转换及显示等功能。随着计算机的普及与信息系统的发展，GIS已成为城乡发展规划、土地管理、环境保护、自然资源开发与管理的重要工具。GIS作为一类分析与处理空间资源数据与信息的计算机系统，具有空间特征数据的采集、存储、分析处理、转换及显示等功能。GIS已广泛应用于地学、资源与环境的评价管理，城市及区域的规划与管理等许多领域。GIS技术为生态规划提供了有力的工具，促进了生态规划向更深层次发展，如利用GIS建立区域管理信息系统、进行区域生态分析与评价、建立生态规划决策支持系统等。

环境规划

环境规划是为使环境与社会经济协调发展而对环境所做的时间和空间的合理安排。它是国民经济和社会发展的有机组成部分，是实行环境目标管理的基本依据，是管理者对一定时期内的环境保护目标和措施所做出的具体规定，是一种带有指令性的环境保护方案，其目的是在发展经济的同时保护环境，使经济、社会与环境协调发展。

环境规划的发展有以下特点：①环境与经济协调规划继续受到重视并成为热点；②环境规划的技术路线将从污染末端控制向生产全过程控制转变；③环境规划的污染控制方式将更突出区域集中控制；④污染物总量控制规划将继续得到重视；⑤城市生态规划越来越被人们重视；⑥环境规划决策支持系统的建立将会成为研究的重点之一。

思考题

1. 什么是生态环境管理，生态环境管理有什么意义？
2. 生态环境管理有哪些主要内容？
3. 什么是生态规划，生态规划有什么意义？
4. 简述生态规划的过程。
5. 简述生态规划的目标和原则。

推荐读物

海热提，王文兴. 2004. 生态环境评价、规划与管理. 北京：中国环境科学出版社

刘康，李团胜. 2004. 生态规划——理论、方法与应用. 北京：化学工业出版社

欧阳志云，王如松. 2005. 区域生态规划理论与方法. 北京：化学工业出版社

参考文献

曹志平. 1999. 生态环境可持续管理. 北京：中国环境科学出版社

陈波，包志毅. 2003. 生态规划：发展、模式、指导思想与目标. 中国园林，19 (1)：48～51

陈涛. 1991. 试论生态规划. 城市环境与城市生态，4 (2)：33～37

高吉喜. 2002. 新世纪生态环境管理的理论与方法. 环境保护，(7)：9～14

郭怀成，沿金城，张天柱. 2001. 环境规划学. 北京：高等教育出版社

郭怀成. 2006. 环境规划方法与应用. 北京：化学工业出版社

海热提，王文兴. 2004. 生态环境评价、规划与管理. 北京：中国环境科学出版社

刘康，李团胜. 2004. 生态规划——理论、方法与应用. 北京：化学工业出版社

欧阳志云，王如松. 1995. 生态规划的回顾与展望. 自然资源学 报，10 (3)：203～215

欧阳志云，王如松. 2005. 区域生态规划理论与方法. 北京：化学工业出版社

舒延飞，包存宽，陆雍森等. 2006. 规划环境影响评价与生态规划的现状及其关系. 同济大学学报（自然科学版），34 (3)：382～387

汤万金，刘平. 2003. 矿区可持续生态环境管理规划方法研究. 世界标准化与质量管理，(1)：29～32，38

王燕茹. 2007. 树立科学发展观，加强可持续发展的生态环境管理. 生态经济，B05：365～368

严良，向继业，张春梅. 2007. 矿区可持续发展能力建设中生态环境管理研究. 环境科学与管理，32 (7)：156～160

燕乃玲. 2007. 生态功能区划与生态系统管理：理论与实证. 上海：上海社会科学院出版社

叶文虎. 2000. 环境管理学. 北京：高等教育出版社

赵晓光，石辉. 2007. 环境生态学. 北京：机械工业出版社